人はみな妄想する

――ジャック・ラカンと鑑別診断の思想

松本卓也

青土社

人はみな妄想する　目次

序論

第一部 ラカンの理論的変遷を概観する

人はみな妄想する　ジャック・ラカンと鑑別診断の思想

凡例

ラカンの著作からの引用については、その大部分を略記する。学位論文『人格との関係からみたパラノイア性精神病』は「PP」の記号につづけてスイユ Seuil 版の頁数、および朝日出版社の邦訳の頁数を記す。『エクリ』ならびに『他のエクリ』はそれぞれ「E」、「AE」の記号につづけてスイユ版の頁数を記す。『セミネール』については「S」の記号につづけて巻号数と頁数を記す。『セミネール』の頁数については、ジャック＝アラン・ミレールの校訂を経て出版されたスイユ版およびエディシオン・ドゥ・ラ・マルティニエール Éditions de La Martinière 版については原書頁数を記し、岩波書店の邦訳が存在する場合は邦訳頁数を併記する。未刊のセミネールについては、国際ラカン協会 Association lacanienne internationale 版の頁数を記すが、その場合は頁数の末尾に「A」の記号を付す。なお、ラカンの訳語については、基本的には岩波書店の『セミネール』に従うが、独自に変更した部分もある。

同様に、フロイトの著作からの引用については、フィッシャー Fischer 版の『全集 Gesammelte Werke』に収録されている文献の場合は、「GW」の記号につづけて巻号数と原書頁数を示す。フィッシャー版『全集』の拾遺集である「Nachtragsband」は「GWNb」と表記する。なお、フロイトの訳語については、「リビドー」を「リビード」と表記する等、基本的には岩波書店の『フロイト全集』に従うが、文脈に応じて適宜訳語を変更してある。

その他の外国語文献については、邦訳がある場合は原書頁数、邦訳頁数の順に表記する。なお、すべての外国語文献の引用について、既存の翻訳がある場合は訳文を参考にしたが、文脈に応じて訳文を適宜変更した部分があることをお断りしておきたい。

自験例（筆者が実際に経験した症例）の記載については、個人情報保護の観点から細部を適宜変更し、匿名化を行っている。

序論

問題設定

1　現代思想の争点としての「神経症と精神病の鑑別診断」

『人はみな妄想する』といういささか挑発的なタイトルをもつラカン論を書き始めた私たちには、すでにいくつかの声が届きつつある。ある声はこう言うだろう――「いまさら、ラカンを?」、と。あるいは別の声はこう言うだろう――「かつて構造主義の四銃士のひとりとして名を馳せたラカンは、ジル・ドゥルーズとフェリックス・ガタリ（以下、ドゥルーズ＝ガタリ）や、あるいはジャック・デリダといったいわゆる『ポスト構造主義』の思想家たちによって一九七〇年代にすでに乗り越えられたのではなかったか?」、と。しかし、「構造主義からポスト構造主義へ」などといった手垢のついた論評によって、ラカンを過去の遺物として捨て去ることはできない。なぜなら、ラカンの理論と実践の核心点、およびラカンと彼の批判者たち――ドゥルーズ＝ガタリや、デリダ――との対立の核心点は、これまで不当なまでに無視されてきた、私たちはそう考えるからである。

では、その核心点とは何か。それは、「神経症と精神病の鑑別診断 clinique différentielle/diagnostic différentielle」である。

基本的な用語を確認しておこう。「神経症 neurosis/névrose」は、一八世紀半ばにスコットランドの医師ウィリアム・カレンによって導入された用語である。この用語は、生理学的に説明することのできない種々の神経系の疾患を幅広く指すものであった。一八世紀末になると、啓蒙思想に依拠するフランスの精神科医フィリップ・ピネルが、神経症の内部に「精神病 aliénation mentale/psychose」を区別した。彼の言う「精神病」は、幻覚や妄想といった悟性の障害や、精神機能の衰退を含む重篤な精神障害を指すものであった。ここに神経症と精神病の対立が始まる。二〇世紀になり、カール・ヤスパースが精神医学を方法論的に基礎づけると、神経症と精神病の対立はより明確になる。一方の神経症は記述心理学的に了解可能かつ正常人の心理と連続したものであり、他方の精神病は了解という仕方によっては捉えられず、精神活動における秘匿的な因果性（内因）によって生じたものとして理解されるようになったのである（⇩219頁）。同時に、臨床の現場では、神経症（ヒステリーや強迫神経症）は主として外来で精神療法的に治療され、精神病（パラノイアや統合失調症、メランコリー、躁病）は精神病院の入院環境下で管理される、という住み分けが生じた。こうして、神経症／精神病は、それぞれ軽症／重症、心因性／内因性、外来での精神療法／入院環境下での管理という二分法のもとで把握されるようになったのである。ゆえに、「神経症と精神病の鑑別診断」という言葉は、この二つを区分しなければならないという臨床的な要請のみならず、疾病論的な要請やメンタルヘルス政策上の要請のもとにもあることになる。

臨床の領域を神経症と精神病の二つに区分する要請は、精神分析の創始者、ジークムント・フロイトにも引き継がれていた。フロイトは、神経症では治療の要石となる転移が形成されるのに対して、精神病では転移が形成されないと考えた（⇩97頁）。すると、精神分析が対象とする症例は、いくつかの例外を除いて、そのほとんどが神経症者であるということになる。一九五〇年代のラカンもまた、このフロイトの原則を引き継いでいた。ラカンは、フロイトの議論を体系化し、エディプスコンプレクスの導入が神経症と精神病の分かれ目となると考えた。そして彼は、神経症と精神病のあいだには連続性はなく、両者は心的構造としてはっきりと分断されていると主張したのであった。

ところが、一九七〇年代のフランスでは、フロイト＝ラカンのこのような理論に手厳しい批判を加える論者が現れた。その急先鋒が、ドゥルーズ＝ガタリである。彼らが一九七二年に発表した著作『アンチ・エディプス』は、そのタイトルが示すとおり、精神分析のエディプス主義を批判するものであったが、その批判は実のところ精神医学と精神分析における神経症と精神病の鑑別診断論を主な標的としている。彼らは、ヤスパースが（そして、ラカンも）精神病のメカニズムとして想定した「過程 Prozess/processus」は、神経症と精神病の別によらず、あらゆる人間にそなわっていると考えた。そして彼らは、臨床実体としての神経症と精神病は、過程がエディプス的な家族をはじめとしたさまざまな壁にぶつかった結果として生じた挫折の諸形態にすぎないと考えた（Deleuze & Guattari, 1972, pp.334-6/下128-9頁）。彼らが「神経症と精神病のあいだに本性上の差異は存在しない」と言うのはそのためである。ならば、神経症と精神病の両者はともに、「欲望的生産」としての過程（＝生産過程）という観点から理解しなければならない（Ibid., p.150/上243頁）。ドゥルーズ＝ガタリはそう主張しているのである。

ドゥルーズ＝ガタリによるフロイト＝ラカンの鑑別診断論への批判は、一九八〇年の『千のプラトー』でも引き継がれている。なかでも第二章《プラトー》「一九一四年——狼はただ一匹か数匹か?」は、まさにフロイトの鑑別診断論を批判し、さらには換骨奪胎することにあてられている。特に強い批判にさらされているのが、フロイトによる症例「狼男」の夢の解釈である。フロイトは、狼男の夢に登場する「木にとまった六頭か七頭くらいの狼」を、すぐさまエディプスの象徴へと還元してしまい、複数的に存在する群れ（多様体）としての狼を無視してしまう（GW12, 54）。ドゥルーズ＝ガタリにとって、それはフロイトが狼男をエディプスに従う神経症としてしか考えていないからなのだ（Deleuze & Guattari, 1980, pp.40-1/上68-9頁）（⇩67頁）。

デリダのラカン批判についても同じことが言える。五〇年代のラカンは、神経症を家族主義的＝血統主義的な伝達の結果として捉えていた。つまり、オイディプスの家系のように、父の罪が世代を超えて家系のなかで受け継がれていくことが、神経症のモデルとされていたのである。そして、この伝達を支えるシニフィアンこそが〈父の名〉le Nom-du-Pèreであり、神経症／精神病の違いは、この〈父の名〉のシニフィアンが導入されている／いないという点に求められていたのであった。デリダは、神経症と精神病の鑑別診断論を明示的に批判することはなかったものの、彼のラカン批判――あらゆる事柄を父へと帰着させることは不可能なのではないか？　父のパロールの世代間伝達はそこかしこで失敗＝誤配にさらされているのではないか？　という批判――は、神経症の心的構造を支えている〈父の名〉とファルスのシステムの安定性を問いに付すことによって、同時に、ラカンの鑑別診断の堅固な原理を脱構築することを試みていたとも考えられるのである。

ただし、ラカンは単に批判されているばかりではなかった。七〇年代、とくに七〇年代後半のラカンは、ドゥルーズ＝ガタリやデリダによる批判と前後して、鑑別診断以後、ポスト－鑑別診断とでも呼ぶべき新たな精神分析を発明し、フロイトの精神分析を更新することを企てていた。そのパースペクティヴでは、もはや神経症と精神病の鑑別診断は第一義的な問題にはならない。そして、ドゥルーズ＝ガタリが言う、欠如のイデオロギーによらない「欲望的生産」を、欲動、あるいは本書が後に注目する「自閉的享楽」であると捉えるならば、両者のあいだに新たな対話の可能性をひらくことができるだろう。七〇年代以降のラカン理論はむしろドゥルーズ＝ガタリの議論、さらにはジャック・デリダの議論と並行的なものとして考えられるべきものなのである。

断言しよう。神経症と精神病の鑑別診断という臨床的な問題を理解しないかぎり、いわゆるフランス現代思想におけるラカンの位置づけを理解することも、ラカンに対して向けられた批判を理解することも不可能である、と。本書が思想の領域において行おうとしているのは、その論証である。後に私たちは、近年フランスを中心にはっきりとした形をとりはじめた現代ラカン派の立場からドゥルーズ＝ガタリやデリダのラカン批判を再検討し、現代思想におけるラカン理論の位置づけを更新することを試みる（⇩382頁〜）。

2　サルトルからラカンへ——無意識の主体とは何か？

本書が目指す論証のためには周到な準備が必要である。時代を少し遡り、ラカンの思想上の位置づけをあらためて確認していこう。

ラカンは、フランスで一九五〇〜六〇年代に台頭した構造主義の潮流に位置する特異な精神分析家として、ミシェル・フーコーやルイ・アルチュセールらとともに思想の場に導入された。当時、仮にアルチュセールの理論がクロード・レヴィ＝ストロースの構造主義の手法でカール・マルクスを読むものであったとすれば、ラカンの理論は構造主義の手法でフロイトを読むものだと考えられていた。つまり、ラカンの理論は構造論的精神分析である——おおむねこのような理解が、思想の領域における初期のラカン受容であったと言ってよい。

しかし、次のことをはっきりとさせておかなければならない。ラカンは精神分析に適用されたレヴィ

＝ストロースに収まるものではない。なぜなら、ラカンの思想的立場は構造主義からだけでなく、それに先行する実存主義からも影響を受けているからである。このことを意外に思う向きもあるかもしれない。というのも、フランスにおいて五〇～六〇年代に爆発的に影響力を高めた構造主義は、実存主義とはっきりと対立していたからである。

ジャン＝ポール・サルトルに代表される実存主義の思想は、個人がいかに生き、いかに社会に参加し行動するかという主体 sujet の問題に主眼をおいていた。反対に、構造主義は、個人が「主体的に自らの人生を選択する」と思っているときに、すでに何らかの構造が働いていること、言い換えれば歴史的に共有された思考や行動のパターンが働いていることを暴き出した。つまり構造主義は、人間が社会に参加し歴史を主体的につくることよりも、むしろ歴史の側が人間をつくることを重視したのである。このことを実存主義の側からみると、構造主義は共時的な構造しか扱っておらず、構造を通時的に変化させていく主体を考慮に入れていない不十分なものだということになる。構造主義に対するサルトル(1966) の批判は、まさにこの点をつくものであった。

構造主義と実存主義という二つの思想的潮流に対するラカンの関係は両義的である。ラカンは、レヴィ＝ストロースの手法を援用していたことからもわかるように、たしかに構造主義に親和的な考えをもっていた。彼は、人間に先行する歴史を重視し、それぞれの個人の症状は家系のなかで伝承された象徴的布置によって決定されると考えた（⇩413頁）。あるいは、ラカンが頻繁にもちいる「シニフィアン」という術語が構造主義言語学から借用されたものであることを考えてみてもよい。

このような構造主義への親和性から、ラカンは実存主義が重視した主体を「脱中心化」する者だと考えられていた。当然、サルトルはそのような思想を承認することができない。実際サルトルは、主体を

「脱中心化」するラカンの思想は必然的に「歴史への不信」へと結びつくのだ、と批判していたのであった。その批判に対して、ラカンは次のように応答している。

質問者——サルトルはより正確な批判をあなたに向けています。「ラカンにおける主体の消滅ないし「脱中心化」は、歴史の価値下げにつながっている」、と……。

ラカン——そうでしょう。サルトルの全哲学は、主体と意識がわかちがたく結びついていることを望んでいます。でも、フロイトにおいては、この結びつきが断ち切られているのです。フロイトにとっては、下意識や前意識は問題ではないのです。……サルトルが唱えている異議は、私だけに向けられたものではまったくなく、フロイトにもまた向けられているのです。実際のところ、私がどれだけ言っても、サルトルはフロイトの真の精神分析には決して興味をもとうとしませんでした。

(Lacan, 1966)

二人の対立は明確である。一方のサルトルは、主体を対自存在としての意識と関連づけている。つまり、彼にとって重要なのは、ひとが自己のおかれている歴史をはっきりと見据えつつ、その状況のなかで自らの主体性を最大限に発揮し、つねに自己を意識的に乗り越えていくことである。他方のラカンは、主体を意識から切り離している。それは、ラカンのいう主体とは、つねに「無意識の主体 sujet de l'inconscient」だからである。ラカンが主体を「脱中心化」したといっても、それは主体を無視することと同じではない。それは、無意識のなかに主体をみてとることなのである。

無意識の主体。それは一体どのような主体だろうか?

それは、例えば「言い間違い」に現れる主体である。ひとは毎日、知らず知らずのうちに言い間違いをしている。日常生活のなかでは、その言い間違いは大して気に留められることもなく忘れ去られてしまうだろう。なぜなら、それは私が意識的に（意図的に）発した言葉ではないがゆえに、重要なものとして扱われないからだ。しかし、ひとたび無意識を扱う精神分析の現場に身をおくと、その言い間違いが突如として重要な意味を帯びてくる。分析家は、分析主体(1)が語った言葉のなかのわずかな言い間違いを、彼に向けて意味ありげに繰り返すだろう。そのとき、分析主体は自らの語りのなかに含まれていた言い間違いを、自らの内部にある異物として発見することになる。

具体例を挙げておこう。フロイトが治療した強迫神経症の症例に、「ねずみ男」という人物がいる。彼は、交際中の女性のことを考えながら、「神が彼女をお守りくださいますように Que Dieu la préserve」と祈ることを習慣にしていた。しかし、彼の頭のなかには、その祈りの言葉を「神が彼女をお守りくださいませんように Que Dieu *ne* la préserve」という呪いの言葉にすり替える否定辞（「虚辞の ne」）が何度も浮かんでしまう。彼はそのことに苦しみ、祈りの言葉を短くしたり、早口でしゃべってみたりと様々な防衛を試みていた（GW7, 458）。ラカンは、「虚辞の ne」において「言表行為の主体 sujet de l'énonciation」（E800）が見いだされると述べていたが、ねずみ男のこのエピソードはまさに無意識の主体の現れとして理解することができる（Miller, 1985a: Cours du 22 mai 1985）。このような無意識の噴出に直面した分析主体

（1）分析主体 analysant とは、被分析者、つまり一般的な意味で「精神分析家のもとで分析を受ける者」のことを指す。ラカン派で被分析者のことを分析主体と言うのは、精神分析が単に「受ける」ものではなく、分析空間のなかで被分析者が自ら主体的に作業を行うことを重視しているからである。なお、分析主体という言葉それ自体には「（無意識の）主体」の意味は含まれていないことに注意されたい。

は、「その言い間違いは偶然である。私はそんなつもりで言ったのではない」と主張するかもしれない。しかし、「そこにこそ無意識の主体が現れたのだ」とラカンなら答えるだろう。主体が意識の相関物ではなく、むしろ無意識の相関物であるというのは、この意味においてである。これが、「精神分析は主体の問題をみごとに転覆させる」(E794)というラカンのテーゼの意味である。

当然のことながら、精神分析が考えるこのような主体は、決して安定した形で存在するようなものではない。それは、言い間違いや言葉のどもりのように、語りのなかの裂け目として現れることしかできないものである。そして、現れたかと思えば次の瞬間には消え去ってしまう、拍動する点のようなものでもある(この意味で、ラカンの主体の概念は、サルトルが「無」でありつつも志向性を有するものとして定義した「意識」とふたたび似通ってくるだろう)。さらに言えば、無意識の主体は、実体として存在するわけではない。人間の心をひとつの玉ねぎのように見立て、外側から一枚ずつ皮を剥いでいくとき、その中心に最後に残る芯の部分が心の核であると考えられることがある。この考えは、自我心理学が想定するような球体としての自我のあり方に対応するだろう。しかし、ラカンはそのようには考えない。むしろ、主体は中心を外れた ex-centrique ところにあると考えるのである(E11)。ラカンは、スタティックなものになりがちな構造主義に、無意識の主体が現れうる構造の外部を確保し、そこにサルトル的な主体のダイナミズムを再導入しようとしていた。この意味で、ラカンの理論は、レヴィ゠ストロースの構造主義に、フロイトによる主体の転覆というひとひねりを加えた上で、サルトルの主体の理論を接続したものだと考えることができるのである。

要約しよう。ラカンの構造主義は、ジャック゠アラン・ミレール(2)(1998a)が言うように「構造主義そのものではなく、主体の考察をともなった構造主義」である。かつて浅田彰(1983)が的確に整理したように、「狭義の構造主義が、構造をつねに―すでに完結したものとみなし、その閉域の共時的分析に専念するところで、ラカンは、構造の生成過程を追跡し、構造と未だ構造に包摂されざるものとのダイナミックな相互作用を分析しようとする」のである。後述するように、ラカンの鑑別診断は、この主体による鑑別診断であった。冒頭に掲げたドゥルーズ＝ガタリ、あるいはデリダのラカン批判は、これらの前提のもとになされている。

3 臨床における鑑別診断と主体の問題

ここまで、思想の領域におけるラカンの位置づけをごく簡単に振り返ってきた。では、臨床の領域では、ラカンはどのように受容されてきたのだろうか。簡潔さを期すために、話を国内に限定しておこう。七〇年代までの本邦のラカン受容は、おおむね彼の学位論文『人格との関係からみたパラノイア性精神

（2）ジャック＝アラン・ミレールは一九四四年生まれの精神分析家であり、ラカンの娘ジュディットの夫でもある。高等師範学校でアルチュセールに師事したのち、彼の勧めによってラカンのセミネールに参加した際に、ラカンにその才能を見出された。以後、ミレールはラカンの側近として活躍し、ラカンの死後はフロイトの大義派 Ecole de la Cause freudienne の中心人物となった。また彼は、ラカンのテクストの校訂者も務めている。一九九二年には世界精神分析協会 Association Mondiale de Psychanalyse を設立し、世界各国のラカン派の連帯を組織している（なお、現在この協会は、フロイトの設立した国際精神分析協会 International Psychoanalytical Association に匹敵する数の精神分析家を擁する団体となっている）。なお、フランス国内ではミレールらとは異なる立場をとるラカン派の団体も各種存在する。なかでもミレールの精神分析を担当し、二〇〇〇年代までラカンの著作の出版権をめぐってミレールと法廷闘争を行ったシャルル・メルマンは、国際ラカン協会 Association lacanienne internationale を組織している。

病』(一九三二年)を中心としたものであった。なぜなら、この学位論文は、本邦の精神病理学のなかで注目を集めてきた「パラノイア問題」を扱ったものであり、精神分析の言説に馴染みの薄い本邦の文脈にも受け入れやすいものだったからである。

構造主義的なラカン理論の導入が精力的に行われるのは、八〇年代から九〇年代にかけてである。当時、日本精神病理学会（旧・精神病理懇話会）の機関誌『臨床精神病理』誌を中心に、幾人かの精神科医がラカン論を次々と発表し、それらの成果は八八年の『夢と構造』（新宮一成）、九〇年の『分裂病と構造』（小出浩之）、九五年の『構造論的精神病理学』（加藤敏）、および『神経症概念はいま――我々はフロイトのために百年の回り道をしたのだろうか』（鈴木國文）などの単行本にまとめられていった。これらの一連の著作はそれぞれ、神経症（新宮、鈴木）と精神病（小出、加藤）についてのラカン理論を本邦の精神病理学の文脈のなかに位置づけるものであったと言ってよい(3)。

しかし、本邦の臨床の領域では、神経症と精神病のあいだを区分する原理、すなわち本書のテーマである神経症と精神病の鑑別診断についてはほとんど論じられてこなかった。当然のことながら、臨床の領域においては、思想の領域に劣らず、直接的に鑑別診断が重要な問題となる。さらに、ミレールによれば、フロイトとラカンの臨床は、ほかならぬ神経症と精神病の鑑別診断にその基礎をもっていたのだという。以下のとおりである。

ラカン博士は臨床実践場や、八〇歳を越え、ほとんど死ぬ間際まで、二週間ごとに続けられたパリ精神病院の臨床講義において、若い精神科医や治療者が神経症か精神病か、病例の区別ができず、逃げや自己防衛のために、「境界例」概念をもち出してくるのを、いつも苦々しく思っておりました。そんな時、ラカンはどちらかに決めなさいと言いました。私も、その態度こそがフロイトの線に沿っていると信じます。フロイトの基本方針は精神病と神経症の構造的峻別のうちにあると思います。（Miller & 北山、1991、強調は引用者）

後に詳しく検討することになるが、精神分析臨床において神経症と精神病の鑑別診断が重要なのは、精神分析家のもとを訪れた分析主体が神経症であるか精神病であるかによって、分析の導入から介入の仕方まですべてのやり方が異なってくるためである（⇩56～57頁）。もし、精神病構造をもつ分析主体に対して、神経症者と同じ対応をとってしまうと、最悪の場合、状態を悪化させたり、本格的な精神病を発病させたりしてしまうおそれがある。そのため、自由連想法をもちいた精神分析を開始する前には、分析主体が神経症と精神病のどちらの構造をもっているのかを鑑別しなければならないのである。ラカンの理論と実践は、このような臨床的要請によって貫かれているといっても過言ではない[4]。ならば、ラカンを理解するためには、彼が論文やセミネールのなかでつねに鑑別診断を問題にしていたことを念頭におく必要があるだろう。

では、ラカンおよびラカン派の鑑別診断とは、一体どのようなものだろうか。最初に確認しておくべ

（3）ラカン派では、神経症と精神病にそれぞれ下位分類を設けている。神経症はヒステリーと強迫神経症、および恐怖症から構成され、精神病はパラノイアとスキゾフレニー、およびメランコリーと躁病から構成される。

（4）このような鑑別診断の要請は、なにも精神分析だけに当てはまるものではない。一般的な精神医学の臨床（あるいは、臨床心理士による心理臨床）においても鑑別診断は重要である。とくに精神医学の臨床の場合、患者が精神病圏の病態であるかどうかによって、抗精神病薬の使用が検討されうるかどうかが決定されるため、慎重な鑑別診断が要求される。

きなのは、現代の精神医学がもちいる標準的な鑑別診断とラカン派の鑑別診断は、対照的といっていいほど大きく異なっているということである。ミレール（1998a）は、「精神医学の診断は客観性の水準で作られており、『機械的』なものだと思える。精神医学は、身体医学と同じように、分析の領野にいる私たちは、主体の側にある」と言う。言い換えよう。精神医学は、身体医学と同じように、患者が示す症状を客観的に（客体として）捉え、その症状のいくつかの集合から「統合失調症」や「不安障害」といった診断を下す。反対に、精神分析は主体という観点から診断を行う。ラカン理論が主体を重視する構造主義であったことを先に確認しておいたが、鑑別診断においても同じ（無意識の）主体が問題となるのである。

さて、ラカン派精神分析の鑑別診断では、どのように主体を把握するのだろうか。ここで、ラカンが身体医学と精神分析の診察を比較している六六年五月五日の講義を参照してみよう。

> 例えば、〔胸部の打診によって得られる〕濁音という兆候＝記号 signe は、肺の肝変化〔＝肺が肝組織のような外観に変化すること〕が起こっていることを知ること savoir を可能にします。このような兆候と、分析可能な症状 symptôme として私たちが理解すべき意味における症状との差異は、…〔分析可能な〕症状のなかには知 savoir に関わる情報がつねに存在しているということにあります。（S12, 335A, 強調は引用者）

パラフレーズしよう。身体医学（および現代の精神医学）は、患者において観察できる何らかの変化を、兆候として、つまり何かを表す記号 signe として捉えている。つまり、胸部の濁音は肺組織の変化を示し、それがある種の肺疾患を示唆する知となるのである。同様に、現代の精神医学の臨床において標準的にもちいられている診断基準である『精神障害の診断と統計マニュアル』（以下、DSMと略記）では、「抑うつ気分（気分の落ち込み、憂鬱さ）」という兆候があることは、その患者が「大うつ病性障害（うつ病）」という診断をつけられうるという知を示すものとされている。言い換えれば、ここでは「抑うつ気分」という兆候と「うつ病」という診断は、ソシュールの考えた記号におけるシニフィアンとシニフィエのように固く結びついており、主体が考慮される余地は一切ない。

反対に、ラカン派精神分析では、何らかの疾患の存在を疑わせる兆候があったとしても、すぐさまその疾患の診断をつけることはできない。幻覚には「主体の構造という点では、いかなる診断学的価値もない」（E71）とラカン自身が述べているように、幻覚の存在をすぐさま精神病（あるいは統合失調症）の診断に結びつけるわけにはいかない。症状がどのような構造のなかで表現されているのか、そこにどのように主体が現れているのかを明らかにしないかぎり、ラカン派では診断をつけることができないのである。つまり、ラカン派精神分析において分析主体の語りのなかに観察されるべきものは、診断と直線的に結びつくような知ではなく、主体と関係する知なのである。

では、ラカン派精神分析では分析主体の語りのどのような点に注目し、診断を行っているのだろうか。次の架空の症例で確認してみよう。

ある男性が自分の身の回りに起こった異様な変化に苦しみ、精神分析家のもとを訪れる。彼は次のように言う――「何が起こったのか私には分かりません。でも、確実に何かが起こっていて、とにかく不気味なのです。誰かが私の仕事を妨害するために、何かを仕組んでいるにちがいないのです。このことをみんなに説明したのですが、誰にも信じてもらえません。どうやら、私だけが狙われているようなのです」。

もし、DSMに習熟した精神科医がこの患者を面接したとすれば、この患者の「誰かが私の仕事を妨害するために、何かを仕組んでいるにちがいない」という訴えがもつ、「現実には到底ありえないようなことについての確信」という特徴に注目するであろう。そして、その訴えに「被害妄想」という症状名を与え、最終的にはこの症状を「統合失調症」や「妄想性障害」といった診断名に結びつけるであろう。

ラカン派精神分析の立場からも、この患者に対しては、おそらくほぼ同じ診断がなされる（「ほぼ」というのは、精神医学の「統合失調症」という概念の範囲は広く、ラカン派でいうところのパラノイアからスキゾフレニーまでをカバーしているからである）。しかし、その診断のプロセスは決定的に異なっている。ラカン派精神分析では、この患者の訴えの内容そのものよりも、むしろこの訴えのなかに現れている知と主体のあり方に注目する。どういうことか？　この患者は、自分の身の回りに何か異様な変化が起こったことを知っている。しかし、その変化が何であるのかを彼は知らない。そして――これが一番大事なことであるのだが――その変化が何であるのかを知っている人物（黒幕）がどこかにいることを彼は知っている。そして、この患者が感じ取っている世界の変化は、任意の誰かに向けられているのではなく、彼自身にだけ向けられている。いわば、彼の感じている変化は、ほかならぬ彼の主体に差し向けられているのである。つまり、いまだはっきりとした形をとってはいないものの、大他者 l'Autre[5] と呼びうる存在が突如として現れ、患者を受動的な存在へと変え、彼の主体を対象として享楽しようとしはじめていることが、この語りから読み取れるのである。知と主体をめぐるこのような布置は、ラカンがいうところのパラノイアの定義——「大他者それ自体の場に享楽を見出すこと」(AE215)——そのものであると言ってよい。ラカン派精神分析は、身体医学や現代の精神医学が重視するような兆候と診断を結びつける知ではなく、症状のなかに現れる知と主体の関係に注目するのである。

同様に、神経症の症例でも知と関連する主体が問題になる。フロイトが記述した「否定」の問題を例にとってみよう。ある神経症の分析主体が、昨日みた夢を分析家に報告する。それを聞いた分析家は、なにか意味ありげに深い溜息をつくかもしれない。すると分析主体は、分析家に対して、「あなたは夢に出てきたこの人は誰なのかとお尋ねですね。私の母ではありませんよ」(GW14, 11) と先回りして答えてしまう。フロイトによれば、この「母ではありませんよ」のような否定はつねに肯定を表している。つまり、この分析主体は、実際の発言とはうらはらに、「夢に出てきた人物は私の母である」と言っていることになる。もちろん、フロイトの「否定」論は、「分析主体が否定したことはすべて肯定として受け取るべきである」という乱暴なテーゼを主張しているわけではない。夢を報告した分析主体が、分析家の返答に先回りして、つまり分析家がその後に言うと思われる事柄(=知)を前提として、「私の母

(5) 「大文字の他者」と表記されることもある。ラカンは、小文字の他者 l'autre と大文字の他者 l'Autre を区別している。一方の小文字の他者は、ひとが日常生活のなかで出会う他人であり、自我と同じ水準にいる存在である。そのため、自我と「小文字の他者」のあいだにはしばしば嫉妬や攻撃性といった想像的な関係が結ばれる。他方の大文字の他者は、自我と同じ水準には存在せず、主体とのあいだに象徴的な関係を取り結ぶ存在である。例えば、幼児にとっての全能の母親のように、主体を超出する存在が大他者である (S4, 169/上 214 頁)。また、分析家は分析主体にとってしばしば大他者として現れる (E680)。それは、分析家が分析主体の語りの暗黙の宛先、すなわち「パロールの場」(E807) となるからである。また、大他者は主体に対して法を制定し、主体を決定づける存在でもある (⇩201～202頁)。

ではありませんよ」と発言してしまう一種の失錯行為のなかに、無意識の主体が現れている、ということをフロイトは述べているのである。この分析主体は、「私の無意識はその人物が母であることを知っている（そうでなければ、そもそも「母」という考えが思い浮かぶはずがないのだ）が、私の意識はそのことを知らない」という主体の分裂を分析家に向けて雄弁に語ってしまっているのである。

現代の精神医学の診断は、このような主体の水準を完全に無視している。DSMは、もともとは各国においてバラバラであった病名を統一し、統計による比較研究に利することを当初の目的として作られたものであった。しかし、DSMはその第三版への改定（一九八〇年）を期に「無理論的 atheoretical」であることを標榜し、精神分析（および力動精神医学）による病因論を徹底的に排除するようになった。その目標の達成のために採用されたのが、特定の症状がいくつあるのかをチェックリストに従って調べることで診断を可能にする「操作的診断」という考え方であった。さらに、DSMをもとにした『精神科診断面接マニュアル』（以下、SCIDと略記）等の構造化面接の手法が開発され、多くの医療機関でもちいられている。SCIDに代表される構造化面接では、質問項目がDSMの診断基準に沿った項目によって構成されていることはもちろん、さらにはそれぞれの質問を行う順序までがフローチャートのように決められている。そして、そのチャートに従って問診を進めていけば、面接者の技能にかかわらず必ず「正確な診断」にたどり着くことができるとされている。これが構造化面接の基本的発想である。

例えば、SCIDでは次のような質問が順番になされていく――「この一ヶ月間に、一日の大半を憂うつに感じたり、落ち込んだりすることが毎日のように続いた時期がありますか？」「いつもは楽しんでいることに興味や喜びをなくしたことはありますか？」。構造化面接を推奨する精神科医は、このような細かい質問項目を次々と問うていくことによって、「話をよく聞いてもらった」という印象を患者に与えることができるがゆえに、構造化面接は「正確な診断」のみならず「良い医師－患者関係」の構築にも役立つと主張する。冗談のような話である。丁寧にマニュアル化されたマクドナルド式の接客が目指す「顧客との良好な関係」が、精神医療の目指すところであるとでも言うのだろうか。そもそも、構造化面接では精神分析的な「否定」の問題は排除されている。端的にいって、患者が嘘をついた場合、どうなるのだろうか？　その嘘には、診断学的価値はないのだろうか？　そのような問いが構造化面接からはすっかり抜け落ちている。ＤＳＭにもとづいた構造化面接は、臨床診断という行為を、決められた問いとそれに対する答えからなるアンケート調査に還元してしまうのである。

あるいは、精神病の構造をもつ患者ならば、構造化面接の質問のなかで「この一ヶ月間」と限定されているのはなぜか、という点に躓くかもしれない。彼らは、構造化面接の規則に従って矢継ぎ早に繰り出される質問の裏に、医学の体系という専制的な「知」の支配をみてとり、そこから妄想を構築していくかもしれない。「この一ヶ月間」という冷えきった言葉が、偶然にもちょうど一ヶ月前から変調を自覚していた精神病者に決定的なダメージを与えてしまう可能性をいささかも想像することのないこのような言葉遣いが、いったいどうして患者に対してもちいるべきものになりうるのだろうか？

精神症状を身体症状と同じ水準で扱う構造化面接は、主体を無視する面接である。DSM-III が神経症を葬り去った、ということはよく指摘されるが、それは疾患カテゴリーとしての「神経症」を消滅させただけでなく、神経症においてもっとも顕著にあらわれる主体を捨て去ってしまったということにほかならない。DSM-III 以降の現代の精神医学は、客観化された兆候（所見）以外のものを、まるで存在しないかのように扱う。そして、その客観化された兆候なるものは、主体の分裂や、知に対する主体のあり方をまったく考慮にいれていない。総じて、現代の精神医学の基本的態度は、「みえるものだけしかみようとしない」というものである。そう、現代の精神医学は、無意識（の主体）について「抑圧という意味でも何も知ろうとしない」。ラカンがこの「抑圧という意味でも……」という表現を「排除 Verwerfung」と関連づけたように、私たちは現代の精神医学に対して「無意識の排除」という診断を与えるべきなのである。

以上の検討から明らかなように、ラカン派精神分析の診断は、現代の精神医学に抗するものである。本書では、ラカン派精神分析における鑑別診断論の展開を辿っていくことになる。その検討のなかで、分析主体の語りのなかに隠された意味をいかに読み解くか、あるいは、意味のゼロ度に位置する言葉がいかなる重要性をもっているか、という点についても論じていくことになるだろう。こういった観点は、臨床心理士が面接を開始する前にアセスメントが必要なように、精神分析家がある分析主体と分析をはじめる際に、そして究極的には精神科臨床のなかで診断面接を行う際にもかならず必要となってくる。本書が臨床の領域で行おうとしている事柄のひとつは、その論証である。

4　ラカンの生涯と鑑別診断の要請

本書では、ラカンの理論と実践は神経症と精神病の鑑別診断にその基礎をもっているという前述のミレールの指摘を承けて、ラカンがその生涯のすべてを通じて「鑑別診断」という課題を取り扱っていたという仮説をとる。そして、その仮説のもとでラカン理論の通史を描き出すことを試みる。そのための準備として、ラカンの鑑別診断論が立脚している諸前提、およびラカンが鑑別診断論を必要とした理由をここで確認しておく必要があるだろう。

まず、ラカンの生涯を簡単にふりかえっておこう。

ジャック＝マリー＝エミール・ラカンは一九〇一年四月一三日にパリに生まれた。パリ大学医学部を卒業した後、サンタンヌ病院のアンリ・クロードやパリ警視庁精神障害者特別医務院医長ガエタン・ガティアン・ドゥ・クレランボーに師事し、三二年には博士論文『人格との関係からみたパラノイア性精神病』を提出し医学博士となっている。この博士論文は、「パラノイア」と呼ばれていた疾患群の疾病論的位置づけをめぐって生じた大きな論争である「パラノイア問題」を扱うものである。ラカンは、ドイツ、フランス、イタリアのパラノイア研究の総括を行い、そこにフロイトの葛藤をめぐる議論を導入することによって、パラノイア問題に一石を投じようとした。同年の六月から、ルドルフ・レーヴェンシュタインによる教育分析を開始し、一九三八年には精神分析家として個人開業している。

一九五一年から、後に『セミネール』と呼ばれることになる通年講義が開始され、これはラカンの死の前年八〇年まで続けられることになる。六三年には、変動時間セッション（短時間セッション）と呼ばれる分析セッションのやり方を問題視され、当時所属していたフランス精神分析協会 Société française de psychanalyse から除名されてしまう。そこでラカンは六四年に独自の学派であるパリ・フロイト派 École freudienne de Paris を立ち上げる。同年より、アルチュセールの協力によってセミネールは高等師範学校に場所を移して行われるようになる。こうして新しい場所での理解者を獲得した彼は、当時流行していた構造主義の潮流に乗り、哲学や思想の領域でも広く受容されはじめる。六六年にはそれまでの主要論文を集めた著作『エクリ』が刊行され、話題を集める。六七年には「パス passe」と呼ばれる独自の精神分析家の資格制度を制定し、六八年にはパリ第八大学に精神分析学部が設置され、制度的にも地盤を固めている。この学部の教員はほぼラカン派で占められ、現在も存続している。晩年は「ボロメオの結び目」と呼ばれるトポロジーの理論に熱中するがやがて行き詰まり、八〇年一月一五日にパリ・フロイト派を解散する。その後、学派の主導権をめぐって激しい争いが勃発するが、八一年一月一九日にはミレールと彼の支持者たちによってフロイトの大義派が創設される。ラカンはそれを見届けたのち、同年九月九日に大腸がんのためパリに没した。

この略歴からもわかるように、ラカンが精神科医として活動した期間はわずかであり、彼はその半生を精神分析家として過ごしたといえる。しかし驚くべきことに、彼は精神分析的（力動的）な診断カテゴリーをもちいるのではなく、古典的な精神医学の診断カテゴリーを終生使いつづけていた。実際、六七年にサンタンヌ病院の精神科医に向けて行った講演で、彼は次のように述べている。

> 〔古典的な精神医学以降に〕臨床的変革は少しもありませんし、わずかな寄与もありません。私たちには一九世紀の素晴らしい遺産が遺されていますが、クレランボーによってなされた最後の補足を除いては、それ以来少しも変化がないのです。（Lacan, 1967）

つまりラカンは、エミール・クレペリンやカール・ヤスパースらによって体系化され、そこにクレランボーによって精神自動症が付け加えられた古典的な精神医学（本邦でいうところの「精神病理学」に相当しよう）にのみ価値を認め、それ以外の臨床は精神医学に何の変革ももたらさなかったと断じているのである。[6] さらに彼は、七〇年代のフランスにおいて盛り上がりをみせた反精神医学に対しても冷ややかな態度をとっていた。周知のように、反精神医学は、「診断」という行為を精神医学の権力と断じた。当時、ラカンの周辺には、モード・マノーニなどの反精神医学の立場に立つ者もいた。しかしラカンは、反精神医学を「〔患者の解放運動ではなく〕精神科医の解放運動」と揶揄し、古典的な精神医学の診断カテゴリーを断固として擁護しつづけていたのである（Miller, 1998a）。

ところで、先に引用した発言のなかで、フロイトをはじめとする精神分析の臨床がまったく言及されていないのはなぜだろうか。よく知られているように、ラカンは「フロイトへの回帰」を主張した人物である。しかし、そう主張したにもかかわらず、彼はフロイトの臨床を「素晴らしい遺産」として認めていないということなのだろうか？　そうではない。むしろラカンは、フロイトの臨床さえも、古典的な精神医学の臨床の延長線上に位置づけているのである。実際、フロイトは古典的な精神医学の診断カテゴリーの内部で自らの議論を組み立てている。少なくとも精神病の領域ではそれが明らかである。例えば、症例シュレーバーを扱うフロイトの論文は、「自伝的に記述されたパラノイア（妄想性痴呆）の一症例に関する精神分析的考察」と題されているが、この「妄想性痴呆 dementia paranoides」とは、クレペリンの用語にほかならない。一九一一年に発表されたこの論文は、クレペリンの疾患分類や当時出たばかりのオイゲン・ブロイラーの「精神分裂病」の概念を大いに参照しながら書かれているのである。

ミレール（1996a）も、ラカン派の臨床はドイツやフランスの古典的な精神医学を継承するものであり、その診断カテゴリーは古典的な精神医学とほとんど変わらないのだと証言している。実際、六〇〜七〇年代のラカンの弟子たちは、師の教えを理解するために、クレペリンやクレランボーといった古典的な

（6）唯一の例外は、ヒステリーである。「分析的ディスクールに基づいているものでは、ヒステリーと呼ばれる臨床類型があるだけである。そのほかの臨床類型はすべて〔古典的な〕精神医学から由来している」（Miller, 1998a）。

精神医学の著作の再販やフランス語への翻訳に尽力していた。いや、そうしなければならなかった、と言った方が正確であろう。当時、ラカンの下で精神分析を学ぼうとする者たちには、その基礎として、古典的な精神医学のテクストを学ぶことが必要とされたのである。もちろん、ラカンの鑑別診断論は、単にクレペリンやヤスパースの理論をそのまま借用したものではない。むしろラカンは、彼らの古典的な理論をフランス風に改版したのである。本書では、とりわけヤスパースの鑑別診断論とラカンのそれとの関係を後に検討することになるだろう（⇩218〜223頁）。

次に、ラカンが鑑別診断論を必要とした理由について考えてみよう。先に述べたように、彼は精神科医でもあり、博士論文のテーマはパラノイア問題であった。そのため、彼は古典的な精神医学における鑑別診断論にはよく通じていたはずである。しかし、彼が鑑別診断論を必要としたのは、むしろ精神分析家になった後のことであった。一体、どういうことだろうか。このことを理解するには、ラカンの理論が形成された環境や条件のことを考えてみるとよい。

一般的に、精神分析では、カウチ（寝椅子）を使った分析が行われる。しかし、カウチでの分析を行う前には、必ず対面での予備面接が行われる。この予備面接の段階では、来談理由や病歴を聴取し、分析のおおまかな方向づけを行うと同時に、神経症と精神病とをできるかぎり鑑別する必要がある。それは、精神病者、あるいは精神病構造をもっているがまだ発病していない者（前精神病 prépsychose の患者）に対しては、より慎重に精神分析を行う必要があるためである。というのは、先にも述べたとおり、精神病構造をもつ患者に不用意に精神分析を行ってしまうと、精神病を顕在発症させてしまうおそれがあるからである（S3, 285/下 159-60 頁）。実際、ラカンは、論文「精神病のあらゆる可能な治療に対する前提的問題について」（以下、「前提的問題」と略記）のなかで神経症と精神病の鑑別診断の重要性について論じているが、この「前提的問題 question préliminaire」とは、まさに「前提的面接＝予備面接 entretien préliminaire において扱われるべき問題」のことを指しているのである。

八〇年代以降、とりわけミレール（1983b）の提言によって精神病者に対する分析も積極的に行われるようになってきたが、それでも症例が神経症であるか精神病であるかによって、分析への導入の仕方から分析の進め方まで、何から何までもが異なる。それゆえ、分析をもとめてやってきた患者が神経症の構造をもっているのか、それとも精神病の構造をもっているのかを予備面接のなかで検討することが、臨床における第一の指針になるのである。

本書の構成と限界

1　本書でもちいる読解の方法

以上の検討から、本書ではラカンの著作とセミネールを「神経症と精神病の鑑別診断」という観点から通史的に読解し、この問題を思想と臨床の両面から掘り下げていく。

しかし、よく知られているように、ラカンを読解することには独特の困難が伴う。私たちは、その困難は、彼の論文やセミネールをひとつの「理論」としてまとめあげることそれ自体の難しさにあると考える。というのも、ラカンはその生涯をつうじて、自分のもちいる概念の定義を、かなり速いスピードで――しばしば聴衆や読者に明示的に通知することなしに――変更しつづけたからである。それは、彼が自らの臨床経験から理論を絶えず更新していったからだといわれている。ミレール（2002a）は、そのことを「ラカンの理論なるものは存在しない」という警句で表現している。言い換えれば、彼の理論は、安定した形態をとることがほとんどなかったのである。

このような特徴をもつ理論を論じる方法は、おそらくひとつしかない。彼の理論を貫くあるひとつのテーマについて執拗に精査し、そのテーマについてどの瞬間にどのような理論の更新が生じているのかを可能なかぎり確定すること、である。それは、ラカンの理論をひとつの「理論なるもの」として読解するのではなく、複数の学説がせめぎあいながら展開する理論的変遷として読解することである。このような読解の方法を、かつてミレールは「ラカン対ラカン」と呼び、向井雅明はその方法を『ラカン対ラカン』(1988)、および「ジャック・ラカンの理論的変遷」(2008)のなかで実際に展開したのであった。このような方法によってなされる研究は、テーマの設定次第で無数に行うことが可能である(実際、現在、パリ第八大学精神分析学部やレンヌ第二大学人文科学部精神病理学研究ユニットに次々と提出されている博士論文のかなりの部分がこのような方法論で書かれている)。それらの研究が蓄積するにしたがって、次第にラカン理論と、彼の理論をオリエンテーションとしてなされる実践は豊かなものになっていくだろう。

2　本書の限界

ラカン派では、診断カテゴリーを大きく神経症、精神病、倒錯の三つに区分しているが、本書では倒錯については不問とする。その理由としては、ラカン自身の論文やセミネールでの主眼が神経症と精神病の鑑別診断に置かれていること、倒錯との鑑別診断を考慮すると記述が煩雑になりすぎること、また倒錯者は自らの享楽をつねに満足させているため精神分析家や精神科医のもとを訪れることがほとんどないこと(Miller, 2009b)などがあげられる。また、倒錯に関しては近年、十川幸司(2012)や河野一紀(2014)による新たな理解が提出されているところであり、本書が目指す通史的な読解にとって倒錯はいまだ扱いづらい位置にあると考えられる。

また、本書ではそれぞれの診断カテゴリーの治療についても、わずかしか論じないこととする。筆者には精神科臨床の経験はあれど精神分析臨床の経験はなく、精神分析的な治療について論じる力量が不足しているからである。また、特に神経症の治療に関してはすでに赤坂和哉（2011）の議論があり、限られた紙幅のなかで屋上屋を架すようなことは不要であると考えられる。臨床的な観点から見た場合、本書は予備面接のための理論であり、いわば分析治療を開始する前の段階についての議論であると理解されたい。

本書では、ラカンのテクストのみならず、ラカン派の論者の議論を少なからず参照している。ただし、参照範囲はフロイトの大義派、特にジャック＝アラン・ミレールとその周辺の論者の議論にほぼ限定した。周知の通り、フランスのラカン派はいくつもの団体に分裂しており、それぞれの団体で多様なラカンの読解が行われている。しかし、それらすべての読解を整合的に取り扱うことは議論をいたずらに煩雑にすることになり、そこで生じている論争のすべてを俯瞰的に論じることは筆者の能力を超えているからである。

3　本書の構成

本書は、本序論につづく以下の三部と結論によって構成される。

第一部ではラカンの鑑別診断論の理論的変遷の全体像を導入的に提示する。

第二部では、まずフロイトにおける鑑別診断論をラカンとの関係に注目しながら概観する。その後に、「エディプスコンプレクス」の概念についてのラカンの理論的変遷に焦点をあて、彼の三〇年代から七〇年代にかけての鑑別診断論を通史的に検討する。

第三部では、七〇年代のラカン理論から導き出される「人はみな妄想する」という論点と、「症状の一般理論」にもとづいて、鑑別診断以後、ポスト‐鑑別診断のラカン理論を、いわゆるフランス現代思想の文脈から検討する。ここでは、一般的にラカンに敵対していると考えられてきたドゥルーズ＝ガタリとデリダの思想をとりあげ、彼らの議論が実のところ七〇年代のポスト‐鑑別診断的なラカン理論と奇妙な共鳴を示していることを明らかにする。

結論では、ラカンの理論と臨床の全体が、神経症と精神病の鑑別診断論とポスト‐鑑別診断論という両方の側面をもっていることを指摘し、現代におけるその意義を展望する。

第一部

ラカンの理論的変遷を概観する

はじめに

本書は、「神経症と精神病の鑑別診断」を主題としている。ところで、「神経症と精神病の鑑別診断」という言葉は、一見ひどく単純なことを問題にしているようにもみえる。幻覚や妄想があれば精神病、なければ神経症と診断するのではいけないのだろうか。実際、DSMに代表される操作的診断では、幻覚や妄想の有無が「精神病性障害」という大きな疾患グループの主要な診断項目のひとつとされているのである。

しかし、鑑別診断はそれほど単純なものではない。例えば、フロイトとヨーゼフ・ブロイアーの『ヒステリー研究』に登場する症例は、そのほとんどが何らかの幻覚や妄想を呈している。だとすれば、彼女たちはヒステリー（神経症）ではなかったのだろうか。いまや、彼女たちはみな統合失調症だったと主張すべきなのであろうか？

本書において私たちは、ラカンによる神経症と精神病の鑑別診断論とその理論的変遷を概観していく。そうすることによって、神経症と精神病の鑑別診断がラカンの理論と実践の全体にとって重要な問題であること、そして幻覚や妄想の有無のみでは何も診断することができないことが明らかになるだろう。

第一章　三〇年代ラカン——妄想の無媒介性とシュルレアリスム

まず、神経症からはじめよう。神経症についてのフロイトの第一の発見は、「神経症の症状には意味がある」ということであった（GW11, 265）。彼の考えでは、神経症の症状は、生活史に起源を持つ葛藤が象徴的作業に媒介され、間接的に表現されたものである。例えば、『ヒステリー研究』に登場するツェツィーリエ・M夫人の症例では、会食の場に「ちゃんと登場すること rechte Auftreten」ができないかもしれないという不安が、象徴的作業に媒介されることによって、「右足の激痛」に変換されていた（GW1, 248）。「右の recht 足を踏み出す Auftreten」ことができない、というわけである。そして、その媒介を逆から辿り解読すること（解釈）によって、症状は理解可能なものになり、さらには解消されるのであった。フロイトは、このような前提のもとに神経症を治療していた。

では、精神病の場合はどうだろうか。フロイトは、「神経症の場合なら、かなり苦労して深層から掘り出さねばならないものの大半が、精神病ではおもてにあらわれていて、誰の目にも明らかか」（GW14, 87）であると述べている。つまり、神経症の症状が象徴的作業によって媒介されたものであるとすれば、精神病の症状はそのような媒介を欠いており、葛藤が目に見えるような形で現れているというのである（⇩83〜87頁）。

ラカンは、一九三二年に書かれた学位論文『人格との関係からみたパラノイア性精神病』において、フロイトが論じたような神経症の症状と精神病の妄想の意味論的な差異にすでに注目していた。ラカンによれば、精神病の妄想は神経症の症状のいわば「ネガ」としてあらわれる。すなわち、妄想は葛藤が象徴作業による媒介をうけずに、生《なま》の形で患者に到来したものである。言いかえれば、患者の生活史上の葛藤に潜在していた素材が、象徴的作業を経ずに無媒介的に出現したものが精神病の妄想だというのである。そのことをラカンは、「妄想は、なんらの解釈を必要とすることなく、その主題だけによって、精神分析が神経症者のうちにかろうじて明るみに出したあの本能的および社会的コンプレクスを表現している」と評している（Lacan, 1933）。例えば、神経症者にエディプスコンプレクスを見出すには、彼らの多くの語りを聞き、それを多少なりとも解釈しなければならない。反対に、精神病ではときに「母親（父親）が性交に誘ってくる」といったエディプスコンプレクスそのものを無媒介に言明する妄想が聞かれることがある（⇩120頁）。

ラカンが妄想の無媒介的かつ字義的な意味作用（あるいは、意味作用の不在）に注目するようになった背景には、同時代のシュルレアリスト、サルバトール・ダリの影響がある。ダリが三〇年の「腐ったロバ」と題されたエッセイのなかで提唱した「パラノイア的技法」は、「ある事物の表象が、形象的・解剖学的な修正をまったく加えないで、もうひとつ別の完全に異なる事物の表象となること」であった（Dali, 1930, 強調は引用者）。それは、「解剖台の上のミシンとこうもり傘の偶然の出会い」という表現に代表されるように、ある表象がその本来の文脈を離れ、本来ならまったくそぐわない場所に突如として出現することによって、法外な（非）意味が出現することである。これはラカンの考える精神病の妄想によく似ている。つまり、象徴的な加工なしに、潜在していた表象が生《なま》の形で現実世界に無媒介に出現するという点で、シュルレアリスムの表現と精神病の妄想は同じ意味作用（の不在）を形成しているのである。三〇年代のラカンは神経症と精神病の鑑別診断を明確に論じてはいないものの、この媒介性－無媒介性の対立は、彼の五〇年代以降の鑑別診断に継承されることになる。

第二章　五〇年代ラカン――精神病構造をどのように把握するか

五〇年代のラカンは、精神分析に構造主義と構造主義言語学の考え方を導入した。彼は、レヴィ＝ストロースから「構造」の概念を、フェルディナン・ド・ソシュールから「シニフィアン」の概念を、そしてローマン・ヤコブソンから「隠喩と換喩」の対概念を導入したのである。このことは誰でも知っているし、どの解説書にも書かれている。しかし、これらの概念の導入が、精神分析臨床に一体どのような帰結をもたらしたのかという点について、本邦ではこれまでほとんど話題にならなかったように思われる。それではラカンと構造主義の関係を理解したことにはならない。というのは、ラカンに神経症と精神病の鮮やかな鑑別診断の手法をもたらしたものこそが、構造とシニフィアンと隠喩と換喩の導入だったからである。

では、ラカンが構造主義の諸概念をもちいながら構築した鑑別診断論を概観していこう。

ミレールは、ラカンによる「構造」の概念の導入の効果について、次のように語っている。

> 精神の構造という言葉は、精神の連続体なるものは存在しないということを意味している。もし精神の連続体なるものがあれば、『あの患者はちょっと精神病的で、ときどき神経症的で、倒錯的でもある』などと言えることになる。このような見方は、米国や英国の臨床現場でみられるものであり、神経症と精神病の差異をぼやけさせている。このような集団では、精神病と倒錯のミックスと

いう診断をつけることができる。それにくわえて、「境界例」というカテゴリーが全体をさらにぼやけさせてしまう。（Miller, 1996a）

ここで批判されている臨床現場とは、すべての分析主体が精神病的な核をもっていると考える英米圏（とりわけクライン学派）の精神分析であろう。クライン学派では、すべての分析主体は自らの原初的対象関係として妄想分裂ポジションと抑うつポジションをもっていると考える（⇩170〜172頁）。そして、この二つのポジションはパラノイアやうつ病といった病態の基盤となるとともに、分析の現場においてもめまぐるしく現れ、移り変わると考えられている。それゆえクライン学派では、神経症の分析主体でも、ときに様々な度合いで精神病的になりうると考えられるのである。

反対に、ラカンは、人間は神経症、精神病、倒錯という三つの構造のどれかをとり、この三つの構造のあいだには移行領域や中間形態がないと考えた。それは、この三つの構造がそれぞれ抑圧 Verdrängung、排除 Verwerfung、否認 Verleugnung という互いに区別される三つの否定のメカニズムによって構造化されているからである。本書では、他の二つに比して臨床上問題となることが少ない倒錯については不問とするが、そうすると神経症と精神病のあいだには一種の排中律があるといえる。すなわち、神経症でないならば精神病であり、精神病でないならば神経症であり、両者の併存や中間（いわゆる境界例）などというものはないと考えることができる。

では、神経症や精神病といった構造は、どのように見分けられるのだろうか。ラカンは、どんな症状もそれ単独では神経症や精神病の構造を判別する根拠とはならないという。彼が具体的にあげている例は、同性愛である（E546）。同性愛は、倒錯的なものと考えることもできるが、精神病やヒステリーにも頻繁にみられる（このことは症例シュレーバーや症例ドラをみればすぐにわかる）。また、幻覚や妄想もヒステリーと精神病の両者でみられるが、これも構造の指標とはならない。そこでラカンが持ち出すのが「〈父の名〉の排除 forclusion du Nom-du-Père」である。〈父の名〉とは、象徴界（人間の象徴機能）を統御しているシニフィアンのことである。ある患者に〈父の名〉が存在すれば彼は神経症であり、排除されていれば（すなわち、そもそもの初めからないものとされていれば）彼は精神病であるとラカンは考える（⇩207頁）。

しかし、〈父の名〉が排除されているとすれば、当然そこに〈父の名〉は存在しない。では、〈父の名〉が「無いもの」であるときに、どうやって〈父の名〉が不在であることを見出すことができるのだろうか？　このような探求は、この世界に一角獣が存在しないことを証明するような不可能な試みにも似てくる。臨床的に「〈父の名〉の排除」そのものを捉えることは非常に難しいのである。ラカンは、症例シュレーバーには「父である être père」という原初的シニフィアンが欠損している、と述べており、排除そのものを指摘しているようにみえる。しかし、この指摘はシュレーバー自身によって書かれた『ある神経病者の回想録』のような潤沢な資料があったからこそ可能であったと考えるべきであり、この水準での「排除」の割り出しを日常臨床で行うことは不可能に近い（⇩151頁）。では、どうすればいいのか。

七〇～八〇年代のラカン派で行われてきた精神病の研究は、いかにして「〈父の名〉の排除」を臨床的に捉えるかという問題を追求していた。大きくわけて、研究方向は二通りある。（1）〈父の名〉の排除の証拠となる要素現象 phénomène élémentaire〔＝基礎的現象〕の有無によって精神病と神経症を鑑別しようとするもの、（2）排除を間接的に示唆する指標であるファリックな意味作用 signification phallique

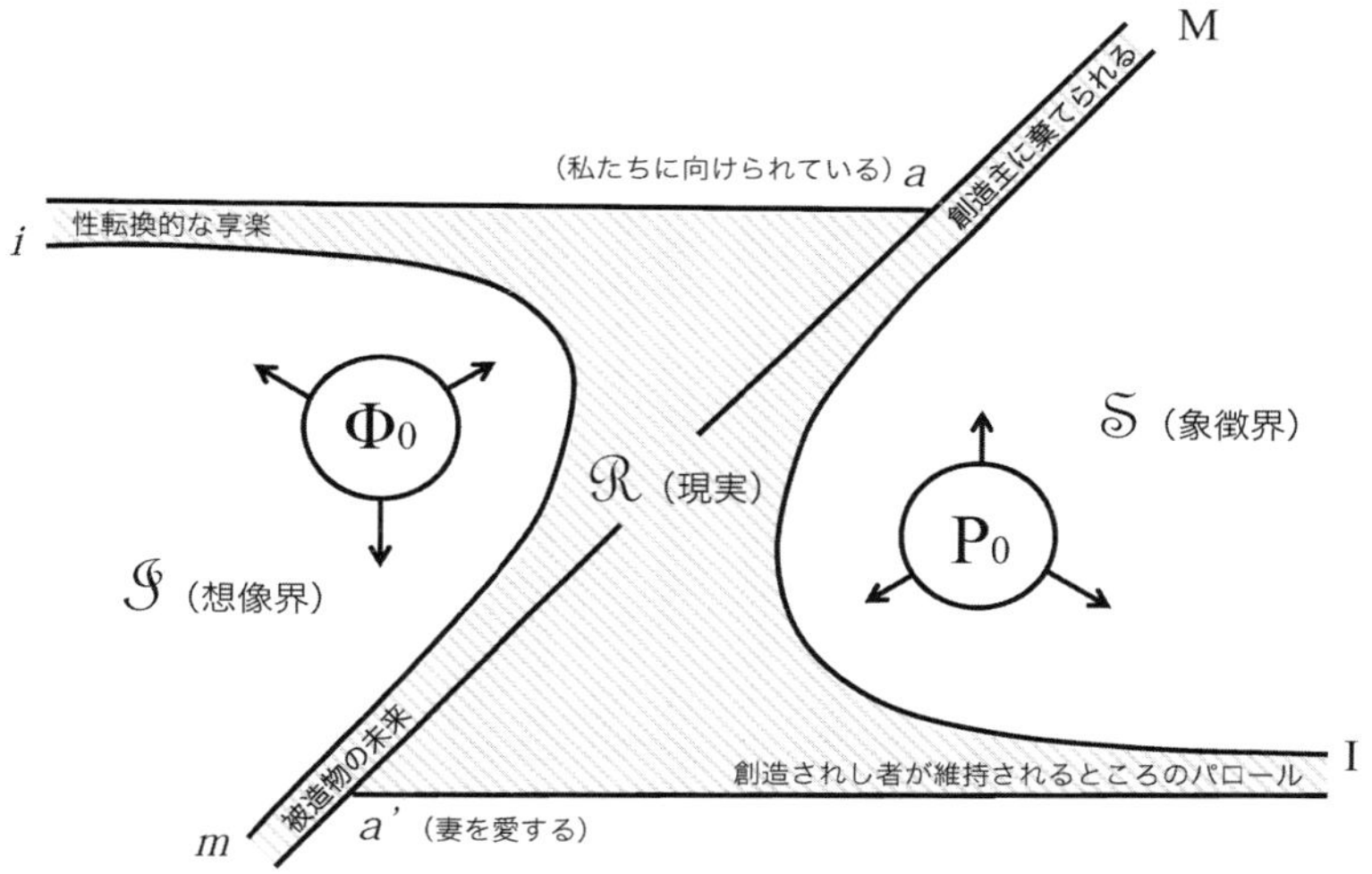

図１　シェーマＩ（シュレーバーのシェーマ）

の成立の有無によって神経症と精神病を鑑別しようとするもの、この二つである。なお、この二つの指標は、シェーマＩ（E571）に穿たれている二つの穴、すなわち（１）P_0（〈父の名〉の不在の効果）、（２）Φ_0（ファリックな意味作用の不在の効果）におおむね対応する（図１）。この二つの指標をめぐる議論は、それぞれ「シニフィアン」と「隠喩」の観点から神経症と精神病を鑑別しようとするものである。以下にこの二つの研究を概観しておこう。

1　要素現象の有無による神経症と精神病の鑑別診断

要素現象の研究は、おもにフランソワ・ソヴァニャによって行われてきた。彼によれば、要素現象は「〈父の名〉の排除の証拠」である（Sauvagnat, 1991）。要素現象と構造とのあいだには「強い一致」がみられるがゆえに、要素現象を見出すことが精神病構造の証拠となるというのである。どういうことだろうか。

ラカンがあげているのは、葉脈と植物の例である（S3, 28/上29-30頁）。葉脈は、維管束という管によってつくられる単純な基本的単位である。そして、植物全体という複雑な構造は、あらゆるレベルでこの基本的単位と相似的に構造化されており、植物のどの部分をとっても葉脈と共通する構造を見出すことができる。つまり、葉脈と植物全体のあいだには、部分と全体が一致するフラクタルな関係があるのだ。同様に、要素現象は妄想（精神病構造）における基本的単位であり、要素現象と妄想のあいだにもフラクタルな関係がなりたつといえる。例えば、症例シュレーバーの発病期に生じた「性交を受け入れる側である女になってみることも元来なかなか素敵なことにちがいない」という思考の突発的な侵入は、「自らが女性化して神と主治医フレックシヒ教授に性的に濫用される」「神の女になり世界を救済する」という彼の最終的な被害（誇大）妄想をすでに萌芽的に孕んでいる。[1]「妄想を部分において考えようと、全体において考えようと、妄想において働いているのはいわばつねに同じ構造化する力」（S3, 28/上30頁）なのである。要素現象は、妄想をつくる原動力であり、精神病の構造それ自体を構造化している。それゆえ、精神病を把握するためには、その構造全体を支配する最小の基本的単位である要素現象を見出せばよいのである。

要素現象の主な特徴は、本来なら象徴界に属する「シニフィアン」が、現実界にあらわれることにある（S3, 23/上21頁）。通常、シニフィアンは、ほかのシニフィアンと連鎖した状態で象徴界に存在している。シニフィアンは、言葉が単独であるだけではその意味がわからないのと同じように、二つ以上のシニフィアンが連鎖しないかぎり、象徴的な意味をもつことができないのである。もしこの連鎖が切れてしまい、シニフィアンがバラバラになってしまうと、そのシニフィアンはもはや象徴界ではなく現実界に存在することになる。つまり、要素現象とは、シニフィアンが他のシニフィアンに連鎖せずに「切れた連鎖」（E535）、「現実界におけるシニフィアン」（E583）として単独で現れる現象なのである（⇩226～228頁）。

では、実際の臨床のなかで、要素現象はどのような体験として現れるのだろうか。ここでは、「確信」と、「病的な自己関係づけ」の二つの体験をとりあげよう。

精神病においてみられる独特の「確信」体験は、まさに要素現象の構造によって成立している。通常、象徴界に属するシニフィアンは「ある」と「ない」の二項対立の可能性のなかにあり、対立項による訂正の可能性がある。例えば、テーブルの上にあるパンは、誰かに食べられてなくなってしまうことが常に可能であり、それが普通である。反対に現実界は、あるところには過充満にありすぎるし、ないところには絶対的に欠如する。精神病では、象徴界の水準にあるはずのシニフィアンが、現実界の水準であらわれる（二項対立の可能性のなかにあるはずのシニフィアンが、対立項を失った形で出現する）という異常事態が

（1） この点をもって「性交を受け入れる側である女になってみることも元来なかなか素敵なことにちがいない」という思考を要素現象と考える立場と、これをファンタスムの精神病的な代理と考える立場がある（⇩255頁）。

生じる。つまり、そこにないということが不可能なかたちで、あるものが現れるのである。ラカンはこのような事態を「弁証法＝対話《ディアレクティーク》の停止 arrêt dans la dialectique」と呼んでいる。精神病では、シニフィアンは弁証法以前の「即自」として現実界に現れるため、その訂正を可能ならしめる対立項がそもそも存在しないのである。

　臨床においてよく観察される事例をみれば、このことはすぐにわかる。声（幻聴）の存在を訴える精神病者に対して、「声は現実には存在しない」と説得することは無意味である。そもそもそこでは「聞こえない」という可能性それ自体が失われているからだ。同じことが不在の確信についてもいえる。メランコリー（精神病性のうつ状態）における貧困妄想では「お金が無い」などという訴えが確信をもってなされるが、彼らに預金残高をみせて説得することは無意味である。そもそも「お金のある」可能性それ自体が失われているからだ。精神病の幻覚や妄想にみられる「確信」体験の独自性は、この体験が「確信しているか、していないか」の次元にあるのではなく、「信じる」という事態の成立可能性そのものの次元において生じていることに由来するのである。

　この確信という体験を臨床のなかで見つけ出すためには、「主体のメタ言語的位置」に注目することが重要であるとミレールは言っている。つまり、自分の発言に対して、主体自身がどういう態度をとっているかに注目するのである。要素現象としての確信は、主体がどれだけ否定しようとしても否定することができないものであり、主体は否定できないものの出現を前にしてただ「困惑」に陥ることしかできなくなる（⇩138〜140頁）。この意味において、「排除 forclusion とは、否定できないものを引き出す否定」だと言えるのである（Miller, 1996a）。

　次に、要素現象の形態のひとつである「病的な自己関係づけ signification personnelle」[2] をみてみよう。

精神病では、外界の偶然の出来事を自分に関係があると確信する体験がしばしば観察される(Sauvagnat, 1988)。しかし、外界の出来事を自分に関係づけることは、精神病者でなくとも日々おこなっていることではないだろうか。例えば、ひとは、自分が好意をもつ人物の一挙手一投足に、自分に対する何かのサインを見出すことがある。「一日に三回も私の方を振り向いたのは、私に好意をもっているからではないか?」、等と。しかし、このような日常の体験はあくまでも弁証法的=対話的なモードで現れている。というのは、このような関係づけの後にはすぐに、「そうなのかな、いや違うかもしれない。やっぱりそうだ。でも、勘違いだったら困るな……」という動揺性の疑いがつづくからである。このような思考は、むしろ神経症の特徴である。

反対に、精神病では、関係づけは非弁証法的=非対話的なモードで現れる。例えば、精神病者は、通りで赤い車に出会うという偶然の出来事に際して、『車だ。これは不自然だぞ』、こんな時に赤い車が通るなんて、何かがあるのだな」と考えてしまう(S3, 17/上13頁)。つまり、精神病者は外界の偶然の出来事を、自分にとって何か特別な意味をもった必然的な出来事として捉えてしまうのである。自験例のある精神病者は、周囲の人々の何気ない会話のなかに突然違和感を感じ取り、「あれは、私のことを話

(2)「signification personnelle」とは、ドイツの古典精神医学において「krankhafte Eigenbeziehung」(Neisser, 1892)と呼ばれていた精神病現象(ある偶然の出来事が、必然としか思えないような形で患者個人に関係づけられる現象)を指す術語の仏訳である。この訳語はすでに一九〇九年にセリューとカプグラによってもちいられているため、「signification」には構造言語学における「意味作用」の含意はないものと考えられる(Sérieux & Capgras, 1909, p.216)。そのため、本書では「krankhafte Eigenbeziehung」の直訳である「病的な自己関係づけ」を「signification personnelle」の訳語として採用した。

している！Ça parle de moi！ 私の悪口を言っているのだ」と述べた。クルト・シュナイダー（2007）が紹介している精神病者は、散歩中に偶然出会った犬をみて、一挙に「これは私に向けられた啓示である！Ça s'addresse à moi！」という妄想的な確信を生み出していた。ラカンは、人間は「〈それ〉が彼について話すça parle de lui」あるいは「〈それ〉が彼に差し向けられているça s'addresse à lui」という契機においてはじめて自らを把握すると述べた（E835）が、精神病はこのような主体の謎めいた指し示しの現場をもっとも強烈な形で垣間見せてくれるのである（Miller, 1983b）。

2 ファリックな意味作用の成立の有無による神経症と精神病の鑑別診断

ラカンは、フロイトが夢工作（日中の記憶から夢をつくりあげる象徴的加工）にみてとった縮合Verdichtungと遷移Verschiebungという二つのメカニズムを、隠喩métaphoreと換喩métonymieという言語学上の対概念へと読み替えている（E511）。彼によれば、隠喩は新たな意味作用を出現させるのに対して、換喩は新たな意味作用を出現させないものと定義される（E515）。ここで示された隠喩と意味作用の関係は、神経症と精神病の鑑別診断にとって重要な意味をもつ。なぜなら、さきにみたとおり、神経症と精神病をわけるのは〈父の名〉の存在であり、〈父の名〉は母の欲望に対する隠喩として介入するものだからである。

神経症では、〈父の名〉が隠喩として導入されている。ラカンはその隠喩を「父性隠喩métaphore paternelle」と呼ぶ。すると、神経症では「父性隠喩によってのみ喚起される意味作用」（E555）が生み出されていることになる。その意味作用を、ラカンは「ファリックな意味作用 signification phallique」と呼んでいる。図2に、論文「前提的問題」における父性隠喩の式を簡略化して示す（E557）。

$$\frac{\text{〈父の名〉}}{\cancel{\text{母の欲望}}} \cdot \frac{\cancel{\text{母の欲望}}}{\text{想像的ファルス}} \rightarrow \text{ファリックな意味作用の産出}$$

図２　父性隠喩とファリックな意味作用の産出

この式は、神経症の症状のほとんどが性的な意味作用をもっていることの理由を示している。症状だけにとどまらず、夢、機知、錯誤行為といった現象は、隠喩によって生み出された意味作用を隠しもっている。先にみたように、このことを喝破したのはフロイトである。ラカンは、このような無意識の象徴表現によって生み出される意味作用を、父性隠喩によるファリックな意味作用として捉えなおしたのである（⇩202〜206頁）。

では、神経症と精神病には、意味作用という点ではどのような違いがあるだろうか。神経症では、〈父の名〉が導入されているため、ファリックな意味作用が生み出されている。精神病では父性隠喩が導入されておらず、そのためファリックな意味作用が生み出されていない。その結果、精神病が発病する際には、通常なら〈父の名〉を媒介として得られていたはずの意味作用が生じてこず、世界の総体がひとつの大きな無意味、すなわち「謎」として立ち現れることになる（⇩250頁）。

精神病において現れる意味作用の謎めいたあり方を、セルジュ・ルクレール（1958）による寓話的な症例で確認してみよう。それはある人物が、「おまわり hirondelles（＝字義通りには「つばめ」を意味する語であるが、しばしば警察官を意味する隠語としてもちいられる）」による滅多打ちを受けた数日後から、「鳥に襲われる」という被害妄想を呈した、というものである。ルクレールは、この症例では「象徴的秩序から排除されたもの、つまり「hirondelles」というシニフィアンが、妄想のただなかで現実界に再出現している」という。排除された「hirondelles」というシニフィアンは、「hirondelles」というシニフィアンそのものとして出現しており、その他に何の意味作用も形成していないのである。言い換えると、神経症の症状には、「つばめ」と言うことで「おまわり」を意味するような隠された意味作用、つまり意味する＝言わんとする vouloir dire 内容がある。反対に、精神病では、シニフィアンはシニフィアンそのものとして現実界にあらわれている[3]。このようなシニフィアンのあり方（現実界のなかのシニフィアン）が、精神病者に強い困惑をもたらすのである（⇩230〜232頁）。

ファリックな意味作用の成立の有無という点に注目して神経症と精神病の鑑別を行うことを提唱した論者の一人に、ジャン＝クロード・マルヴァルがいる。彼は、七八年のエポックメイキングな論文のなかで、幻覚や妄想を呈するヒステリー、すなわち「ヒステリー精神病」の一症例を提示し、この症例が〈父の名〉の排除によって規定される精神病ではなく、神経症であるということを鮮やかに論証している（Maleval, 1981）。この症例に少々立ち入ってみよう。

【症例】 マリアは、ニューカレドニア生まれの四人兄弟の末子である。彼女は黒人の父と混血の母のあいだに生まれたが、子供たちのなかで一番色が黒かったため、両親からあまり愛されなかった。マリアはフランス文化を学ぶために渡仏し、学業を収めた後に就職するが、すぐに退職していた。抑うつや希死念慮のために一年前から精神病院に通院し、さらにさまざまな集団精神療法やロジャース派の精神療法を試みたが改善せず、二四歳のときに精神分析を受けにマルヴァルのもとにやってきた。

彼女は寝椅子の上で幻視を語り、分析家が彼女を殺してしまうのではないかと危惧し、「私の父は一つの理論théorieだったのです」などと奇妙なことを語っていた。その一〇日後、男性との性的な交流を契機として、マリアは自分が「世界に愛を運ぶ未確認飛行物体」であり、また「海の汚染を浄化するために選ばれた人間」だと興奮して述べたため、精神病院に入院することになった。

マルヴァルは、この妄想には精神病的な〈父の名〉の排除がみられず、神経症的な隠喩による意味作用が保たれているという。つまり、ここでは妄想それ自体が「何かを意味して＝言わんとしている」というのである。マリアの妄想は容易に解釈することができる。すなわち、マリアは、自らの肌の色（汚染）を浄化して、両親からの愛を得ようとしていたのである。未確認飛行物体というのは、マリアにとっての全能のファルスのイメージが投影されたものである。つまり、彼女は混血児として生まれたこと、白人でなかったことを悔やんでいたのだ。また、「私の父はひとつの理論です」という彼女の発言は、この男性への接近が難しいことについての彼女の苦しみの隠喩的表現（まるで「理論」のように堅物だ）なのである。

マルヴァルは、精神病であらわれる真の妄想と、神経症や器質性疾患であらわれる妄想もどきを、それぞれ「妄想délire」と「仮性妄想delirium」と呼び、意味作用の面から両者を明確に区別する。妄想では主体は消滅し、精神病者は大他者に対する犠牲の位置につく。反対に、仮性妄想は、患者のファンタ

（3） マルヴァルは、ルクレールによる「排除」の説明の不十分さを指摘している。ルクレールの例では、排除は任意のシニフィアン（この場合は「hirondelle」）に対して起こるということになる。しかし、マルヴァルによれば、ルクレールがこの論文を発表した一九五八年当時のラカンは、精神病における排除とは任意のシニフィアンの排除ではなく、〈父の名〉という特定のシニフィアンの排除にほかならないと考えていた（Maleval, 2000, p.75）。

スム（空想）や以前からの心配事から連続したものである。より詳しくいえば、神経症における仮性妄想は、象徴界の穴に縁どられた不可能な対象が、不安を引き起こすファルス的なものとして受肉化され、主体を魅惑する想像的な産物としてつくりだされたものである。それは、いわば抑圧されたものの回帰を中心として、ファンタスム的投射がなされたものであり、いうなれば日中にみる悪夢のようなものである。

ＤＳＭのように、妄想を「外的現実に対する間違った確信」と定義してしまうと、マルヴァルのいう妄想と仮性妄想の差異は決定的に無化されてしまう。この区別なしに、精神病を治療したと語ることにいかなる意味があるのだろうか。ラカンは次のような痛烈な一節を書き記している――「精神分析家たちは、精神病の治癒を成し遂げたと主張するが、それはすべて精神病が問題ではない症例においてなのである」（E547）。このような認識のもとに、マルヴァルは「統合失調症」と診断されてきた過去のさまざまな症例がヒステリーであった可能性を鋭く指摘している。

神経症と精神病を混同してしまうことは、正しい治療の方向性にはなりえない。それは何よりも、神経症と精神病では転移に対する主体の位置が異なるためである。

一般的に、神経症者は自分に関する何らかの「知 savoir」を分析家がもっていると想定すること、そして自分の症状のなかに何らかの「主体 sujet」が現れていることを想定することから分析を開始する。これこそが、ラカンが転移に与えた定義、「知を想定された主体 sujet supposé savoir」の意味するところである（⇩25～26、98～99頁）。しかし、精神病者にとっては同じ転移という事態が危機となりうる。なぜなら、精神病者にとって、自分に関する「知」を分析家がもっているということ、つまり「自分の考えがすべて分析家に知られている、つつぬけになっている」という状況や、自分を超えた存在（主体）

が自分のなかで蠢いていることより恐ろしいものはないからである。ラカンは、精神病の治療にさきだって、このような前提的問題を考察することが必要不可欠であると考える。治療に際しては転移について常に考えておく必要があるが、転移を問題にするためには、分析の開始前の予備面接において神経症と精神病の鑑別を可能なかぎり行わなければならないのである（E583）。

くわえて、神経症者に対して行われる自由連想や解釈といった分析の技法も、精神病者を危機に陥れる危険性があることに注意しなければならない。精神病発病前の患者に、神経症患者と同じ仕方で自由連想を要請することは、彼らを発病へと導いてしまう危険性を孕む。なぜなら精神病は、「発言すること prendre la parole」、すなわち自分の言葉で主体定立的に語ることの要請に答えられないときに、まさに発病するからである（S3, 285/下160頁）。自験例のある女性は、会社の朝礼で他の社員の前に立たされ演説をさせられた翌日から被害的内容をもつ幻聴の出現をみた。彼女は、当時を回想して「（朝礼のときは）うまく喋ることができなかった」と語った。このように、精神病発病前の患者は、自分自身の言葉で発言しようとした瞬間、語りが「うまくいかない」という事態に陥り、発病に至るのである（⇩157～158頁）。解釈についても同様である。ラカンによれば、症例シュレーバーは主治医フレックシヒ教授が診察時に述べた「（睡眠薬の投与によって）その睡眠がきっと実を結ぶ être bien fécond（＝非常に多産）でしょう」という解釈の機能をもつ言葉によって、父になることを意味する妊娠、生殖のテーマの前に立たされたがゆえに混乱に陥ってしまったのだという（S3, 347/下265頁）。

第三章　六〇年代ラカン——分離の失敗としての精神病

五〇年代のラカンは、シニフィアンや意味作用といった構造論的な概念によって精神病を捉えていた。もちろん、ラカンはその時代からすでにシニフィアンに還元できない側面をも問題としていたが、六〇年代に入り理論全体の重心が対象aやファンタスム、享楽に移るにつれて、精神病に関してもシニフィアンに還元されない側面が重視されることになる。つまり、精神病を捉えるには、「シニフィアンの主体」と「享楽の主体」の両極を考慮することが必要だとされるようになるのである（AE215）（⇩260〜262頁）。

八〇年代初頭にミレールが行った仕事は、このような六〇年代のラカンの臨床の定式化であった。ここでその流れを確認しておこう。ミレールは、八〇年のカラカス会議での講演「もうひとりのラカン」のなかで、「構造と言語」を重視する五〇年代の構造主義的なラカンに対比して、対象aやファンタスムを重視する六〇年代のラカンをもうひとりのラカンとして浮き彫りにさせ、「ラカンの影響がシニフィアンの作用なるものの一方的評価として受け取られる場合、分析経験にはまったくの混乱がもたらされる」と断言した（Miller, 1984）。そしてミレールは、ラカンの死の直後から『ラカン的臨床』（1982）と題された連続講義を開講し、そのなかで「もうひとりのラカン」で提起されたパースペクティヴを理論的かつ臨床的に定式化していくことになる。

ミレールの定式化する六〇年代ラカンの精神病論では、もはや「〈父の名〉の排除」は精神病の唯一の中心的メカニズムではない。それは、ラカンが論文「無意識の位置」のなかで、人間の心的システムの構造化を「疎外と分離 aliénation et séparation」という二つの操作として捉え、父性隠喩を「分離の原理 principe de la séparation」（E849）として位置づけたことに由来する（⇩295〜296頁）。六〇年代の理論では、これまで〈父の名〉の排除の理論で理解されてきた精神病を、「分離の失敗」「ファンタスムの不在」「対象*a*の非‐抽出 non-extraction」といった観点によって、いわば裏側から照射することが可能になったのである（Miller, 1982: Cours du 28 avril 1982）（⇩286〜287、294〜296頁）。

詳しくみていこう。ひとは、疎外と分離という二つの契機を経てはじめて神経症者として構造化される。疎外とは、シニフィアンの構造（＝大他者）の導入によって、人間が原初的な享楽を失い、この消失のなかで主体が姿が現すことを指す。その結果、ひとは原初的な享楽から遠ざけられ、快原理（＝シニフィアンのシステム）に従属するようになる。すると、もともとあったと想定される原初的な享楽は、快原理にとって受け入れることができないほどの過剰な快、快原理の安定したシステムを撹乱する致死的な快であることになる（⇩274頁）。

しかし、疎外において導入された大他者は、一貫した大他者（A）ではなく、それ自身のうちにひとつの欠如を抱え込んだ非一貫的な大他者（Ⱥ）である。[4] その大他者の欠如を埋めるために、ひとはかつて失った原初的な享楽を部分的に代理する対象*a*を抽出し、それを大他者に差し出す。この過程を分離と呼ぶが、この分離によって、ひとは大他者に内在する欠陥（Ⱥ）を認めながらも、その欠陥を対象*a*

（4）「一貫した consistant」「非一貫的な inconsistant」という形容詞は、それぞれ「頼りがいのある」「頼りがいのない」という意味をあらわすとともに、「無矛盾の」「矛盾した」という意味をあらわす論理学用語でもある。

で覆い隠して見えないようにする（$\not{A}+a=A$）二重の態度を両立させた汎フェティシズム的な態度（自我分裂）に到達する。こうして、対象aを媒介とすることによって、享楽から適切な距離を保つことを可能にするファンタスム（$\$\lozenge a$）が形成されるのである。反対に、精神病では分離は成功しておらず、対象aが抽出されていない。それゆえ、精神病では享楽から適切な距離を保つためのバリア機能（$\lozenge$）であるファンタスムが働かず、致死的な享楽に無媒介にさらされることになる（⇩296頁）。

このことを臨床的な水準でみてみよう。神経症では、享楽は局在化され、制御されている。例えば、神経症者は、幼児期の出来事を想起する代わりに身体の上に症状を表現し、その症状のなかに密かな楽しみや苦痛を織り込んでいる。このときに働くのが、ファンタスムである。ファンタスムは、神経症者を原初的な享楽から遠ざけると同時に、対象aの回路によって、その享楽のわずかな一部分を神経症者に獲得させることを可能にしている。

精神病者の享楽のあり方は、これとは異なる。精神病では、まず発病時に享楽の脱局在化 délocalisation が生じる。すると、ファンタスムによって限界づけられていない致死的な享楽が、精神病者のまわりの世界のいたるところで蠢きはじめる。精神病者は、いわば死の世界に取り囲まれるのである。この享楽の氾濫は、極度の不安と困惑とともに、ある種の恍惚体験を精神病者にもたらす（精神医学でいうところの妄想気分に相当する）。同時に、世界には対象aが氾濫しはじめる。例えば、対象aのひとつである「眼差し」が顕在化することから、何かから見られている、TVカメラで監視されているという体験、すなわち被注察感が生じる。あるいは、もうひとつの対象aである「声」が顕在化し、その声は致死的な享楽の声として患者に話しかける。この声は患者に罪責性を宣告するがゆえに、精神病では「死ね！」「あばずれ！」などといった幻聴が生じるのである（⇩286～287頁）。

このような高い強度をもつ体験は精神病者を魅了し、寛解（一次的な症状の軽快）に至ったのちにも、時として「あの頃に戻りたい」と思わせるほどの力をもつ。しかし、不安定な享楽に支配される状況に安住することは決してできない。この脱局在化された享楽に対して、精神病者は再度の局在化 localisation を試みる。シュレーバーの場合では、神や主治医フレックシヒ教授に対して享楽が局在化される。彼らは、シュレーバーを性的に享楽する存在（妄想的な大他者）となるのである。ラカンは、このような事態を、パラノイアは「享楽を大他者それ自体の場に見出す」（AE215）と表現している。コレット・ソレール（2008）は、ラカン的な意味での精神病の妄想の厳密な定義を「享楽を患者にとって受け入れ可能な形式に整形するためのシニフィアン化の過程」とする。同様にマルヴァル（2011）は、精神病では「脱局在化した享楽のシニフィアン化の試み」があると結論づけている。この意味で、フロイトが言ったように妄想形成は「回復の試み」なのである（GW8, 308）。このような享楽のあり方は、神経症におけるファンタスムによって限界づけられた享楽のあり方や、倒錯における大他者の享楽の道具となるようなあり方とは大きく異なっている。つまり、精神病では、その病初期において享楽は脱局在化されるが、後の回復過程のなかで享楽は局在化されシニフィアン化されていくという、病に内在する「妄想の論理 logique du délire」が認められるのである（Maleval, 2011）（⇩326〜327頁）。

では、六〇年代のラカン理論の立場から、神経症と精神病の鑑別診断を論じるとどうなるだろうか。五〇年代の理論は、シニフィアンの病理によって説明することが容易なパラノイア（妄想型統合失調症）をもっとも鋭く鑑別することができた。六〇年代の理論は、パラノイアとスキゾフレニー（主として破瓜型統合失調症に相当する）を享楽の回帰のモードという観点から鑑別することを可能にする。すなわち、両者はともに精神病であるが、パラノイアでは「享楽が大他者それ自体の場に見出される」のに対し、スキゾフレニーでは「享楽が身体に回帰する」という違いがあると考えられるようになるのである（Miller, 1982: Cours du 28 avril 1982）（⇩296〜298頁）。しかし、それだけではない。六〇年代の理論は、シニフィアンの病理だけでは捉え切れないその他の精神病を、享楽や対象 *a* のあり方から鑑別することを可能にするのである。ここでは、摂食障害とうつ病を検討してみよう。

摂食障害は、精神医学のなかではひとつの独立した診断カテゴリーを構成している。しかし先に述べたように、ラカン派の診断カテゴリーは神経症、精神病、倒錯の三つしか存在しない。それゆえ、摂食障害の事例についても、その患者が神経症なのか精神病なのかを鑑別しなければならない。

摂食障害を専門とするイタリアのラカニアンであるマッシモ・レカルカティ（2001）の整理によれば、神経症構造をとる摂食障害は、何かに対する欲求 besoin の次元ではなく、無に対する欲望 désir de rien の次元にある病理である。それは、家族や社会といった大他者を前にして、欲求に対する欲望の超越性を主張しようとする試みとして現れる。例えば、アンティゴネーを例にとることができよう。彼女は、自分の兄の遺体を埋葬することにこだわったが、それは国家＝大他者の法に反することであった。埋葬それ自体に世俗的な意味があるわけではなく、アンティゴネーの置かれていた立場を考えれば、埋葬に固執することは彼女にとって何の欲求も満たしてくれない無益な行為である。しかし、それでもアンティゴネーは埋葬への欲望を絶対に譲れないものとして主張しつづけ、そして絶命した。神経症構造をとる摂食障害は、このアンティゴネーの試みと同じ水準にある。それは大他者に対する果敢なプロテストである。この意味で、摂食障害は食べる意欲が低下したという意味での「食欲不振症」などではなく、厳密な拒絶としての「拒食」である。これは、大他者の全能性に対抗し、大他者を去勢に導こうとする「分離」のオルタナティヴなモードであるといえる。

反対に、精神病の摂食障害を特徴づけるのは、このような欲望の病理ではなく、むしろ享楽や対象 *a* である。レカルカティは、精神病の摂食障害をフロイトの涅槃原則と結びつけて、彼女たちは死に至るほどまでに自らを無に帰することによって想像的安定化を図っているとみる。また、とくに想像を絶するほどの過食を行う精神病者においては、食と関係する対象 *a* としての乳房が氾濫しているさまをみてとることもできるだろう。

同様に、うつ病に関しても、対象 *a* とファンタスムの観点をもちいることで神経症と精神病を鑑別することができる。ピエール・スクリャービン（1997）によれば、一方では、神経症の抑うつは、主体がすべてに対する欲望を失い、対象への備給を撤収することに由来する。他方では、精神病（メランコリー）とマニーの場合では、ファンタスムそれ自体が瓦解し、対象 *a* との距離の維持ができなくなる。それゆえ、メランコリーにおいては、主体は対象の重苦しい影のもとに沈み込み、対象の廃物という地位にたどり着くに至る。躁病においては、主体はもはや対象によって重りをつけられてはおらず、対象による仲介なしにシニフィアンの純粋で致命的な法と出逢うことになる。また、シンツィア・クロサリ・コルヴィ（2011）によれば、神経症構造をとるうつ病は「欲望に関して譲ること」の一形態であり、主体に穿たれた深淵を直視しようとしない態度、すなわち道徳的臆病さ lâcheté morale（AE526）に起因するとされ、精神病構造をとるうつ病は対象 *a* の非-抽出によって特徴づけられる。

第四章　七〇年代ラカン——鑑別診断論の相対化

五〇年代のラカンが主としてシニフィアンの領域で神経症と精神病の鑑別診断を行い、六〇年代のラカンが主として享楽や対象 *a* の領域でそれを行っていたのだとすれば、七〇年代前半のラカンは、この二つの領域を分割して論じることをやめ、ひとつにまとめて論じようとしていたと要約できる（⇩304〜305頁）。

七〇年代のラカンは、まず、疎外と分離をひとつの式にまとめて表すことのできるディスクールの理論を構築した。この理論では、神経症者はディスクールの内部にある者として、精神病者はディスクールの外部にある者として位置づけられる（⇩322〜324頁）。次いで、ラカンは性別化の式を構築した。この式では、神経症者はファルス関数に従う存在として、精神病者はファルス関数に従わない例外の位置を受肉化する存在として論じられるようになる（⇩342〜346頁）。

七〇年代後半になると、ラカンはもはや神経症と精神病の鑑別診断を明示的には論じなくなる。それは、彼がこの時期に「症状の一般理論」と呼ばれる理論を構築し、神経症の症状と精神病の妄想を同じ枠組みで論じることを可能にしたからである（⇩354〜360頁）。この理論は、後に、「サントーム sinthome」の概念の創出と精神分析の再定義を可能にした（⇩371〜380頁）。なお、これらの議論はより詳細な説明を必要とするため、詳しくは第二部で詳述することにしたい。

さて、ここでは七〇年代後半のラカンがもちいるトポロジーの理論と、神経症と精神病の現代的な位置づけについて少々触れておきたい。この時期のラカンは、人間の心的構造をトポロジーの観点から捉えようとしていた。七二年にはじめて導入されたボロメオの結び目は、三つの輪によって形成された結び目であるが、どの二つも互いに交差してはいないことが特徴である。七三年になると、これまで現実界、象徴界、想像界と呼ばれてきた領野がボロメオの結び目の三つの輪と同一のものであるとされる。つづく『R.S.I.』と『サントーム』のセミネールでは、R、S、I（それぞれ現実界、象徴界、想像界を指す）という三つの輪がバラバラになってしまわないように繋ぎとめる第四の輪と症状の関係が論じられる。すなわち、神経症や精神病といった様々な病態が、R、S、Iの三つの輪がうまく接続されないこと、あるいは輪の解体を食い止めるために第四の輪（サントーム）が導入されること（補填）から生じると説明されるのである。

以前ならば、このようなラカンの議論は、主にトポロジーを愛好する一部のラカニアンによって積極的に言及されるにとどまっていた。しかし、九〇年代以降、このモデルはラカン派の中心的な関心事となる。なぜか。ラカンが『サントーム』のセミネールで論じたジェイムズ・ジョイスは、文学の創造によって精神病を顕在発症することなしに生涯をおえることができていた。そのため、症例としてのジョイスとサントームの理論が、精神病の顕在発症予防や、「発病しない精神病 psychose non-déclenchée」の構造を明らかにする可能性を秘めていると考えられたのである。

それと関連して、ミレールが九八年に提唱した「普通精神病 psychose ordinaire」という新たな心的構造が、ここ一五年ほどの現代ラカン派では大きな注目を集めた（Miller, 1999a）。普通精神病という用語は耳慣れないものであるが、この用語は精神病院に長期入院しているような「普通の」精神病の症例のことを指すのではないということにまずは注意されたい。普通精神病は、むしろ精神病という事態が普通に生きられているような症例を指すのであって、顕在発症を来し奇怪な妄想体系を創り上げる「並外れた精神病 psychose extraordinaire」と対になるものである。

並外れた精神病と普通精神病との違いは、前者が幻覚や妄想によって発病 déclenchement するのに対して、後者は発病する代わりに、様々な社会的紐帯から脱接続 débranchement するという点にある。ミレール（2009b）は、この脱接続という外部性について三つの例をあげている。一つ目は、社会のなかに固定した位置を占めないという「社会からの脱接続」である。二つ目は、身体が自己に接続されず、ズレをはらむ「身体の脱接続」である（ジョイス『若い芸術家の肖像』における、自己の身体が崩れ落ちるような体験）。三つ目が、世界に対する独特の空虚感としてあらわれる「主体の脱接続」である（⇩346〜348頁）。

近年、フランスでは公的機関で無料の精神分析を提供する試みがなされているが、その機関を訪れる相談者の数多くがこの「普通精神病」の構造をもっていたという。これまでラカン派では「正常者」は一種の「発病していない神経症」、つまり「普通神経症」として扱われてきた(5)。しかし、いまや「普通精神病」の構造が急速に拡大しているとなると、これは時代の大きな変化を反映している可能性を考えることのみならず、これまで自明のものとみなされてきた神経症と精神病のあいだの断絶を再考することをも私たちに要請するだろう。実際、現代ラカン派では、古典的な神経症と精神病の鑑別診断論をその根底から問い直すような議論もなされてきたのである。

では、現代ラカン派が普通精神病の発明にいたった道筋をさかのぼり、神経症と精神病の関係を再検討してみよう。

1　症例狼男の再検討

神経症と精神病の関係を問い直すための呼び水となったのは、フロイトの症例狼男の再読であった。そもそも、フロイトは狼男を強迫神経症と考えていた。しかし、ラカンは狼男から精神病の特異的メカニズムである「排除」の概念を取り出していた。さらに、狼男はフロイトの分析の後に心気パラノイアのような病像を呈したことが知られている（Brunswick, 1928）。また、ドゥルーズ＝ガタリの『千のプラトー』でも、狼男を神経症と診断し、エディプス的な解釈を彼に押しつけるフロイトの態度が問題とされていたことも思い出しておこう（⇩12頁）。一体、狼男は神経症と精神病のどちらの症例なのだろうか？

八七－八八年のミレール（2009c, 2010）の専門研究課程（DEA）における講義は、この根本的な問いを再検討することにあてられている。ミレールは、神経症と精神病の断絶という理論的前提をいったん括弧に入れ、父の名の隠喩（去勢）の成立／排除の二項対立が、神経症／精神病の二項対立と本当に対応しているのかどうかを問うている――「一方で、狼男には去勢がある。つまり、女性への同一化と狼への恐怖を抑圧している。しかし他方では、去勢の排除もあり、その結果として女性への同一化が維持されている」。狼男において狼への恐怖と女性への同一化が共存していることは、まさに去勢の存在と去勢の不在が共存しているという二面性として考えられる。

（5）このような考えはフロイトに由来する。「神経症は、流動的な移行段階を経ていわゆる正常状態とつながっており、また一方で、正常と認められる状態で神経症的傾向の徴候が証明できないようなものはほとんどない」（GW17, 109）。

さらに議論は、抑圧と排除という二つの概念そのものの二面性にも及ぶ。一方では、否定しながらそれを保持する否定（抑圧）と、全てを消し去る否定（排除）という両者を区別する視点がある。しかし他方では、対象という側面からみた場合、抑圧が「リビードの対象備給〔＝享楽〕に差し向けられている」（GW12, 146）のに対して、排除はシニフィアンにかかわっているという点で、抑圧と排除を排中律のようにもちいることはできないというのである。

2 排除の一般化

ミレール（1987a）は、八七年五月二三日の講義のなかで「一般化排除 forclusion généralisée」という考えを述べている。これは、ラカンが「大他者の大他者は存在しない」と述べたことに由来している（⇩263頁）。神経症や精神病といった構造の如何にかかわらず、象徴体系を支えるシニフィアンは存在しない。それゆえ、神経症でも精神病でも、「排除」と呼びうる象徴体系の穴があることになる。この欠如のことを、ミレールは一般化排除と呼ぶのである。

そうなると、人は心的構造の如何にかかわらず、構造的な排除によって穿たれた欠如を補填しなければならないことになる。そして、その補填のためにもちいられる〈父の名〉は、もはや唯一の固有名ではありえず、父の名として機能をはたすことのできる複数の述語の一つにすぎないことになる。ラカンが「〈父の名〉le Nom-du-Père」を複数化して「〈複数形の父の名〉les Noms-du-Père」と綴ったことは、〈父の名〉がもはや単一のものではありえず、その機能を担う様々な〈父の名〉のあり方が要請されるからにほかならない。

3　妄想の普遍化

精神病の構造的条件である排除が一般化されると、精神病の構造そのものも一般化されるのであろうか。ある意味で、答えはイエスである。実際、ラカン（1979）は最晩年に次のように言っている――「フロイトはこう考えた。すべては夢であると。そして（こういう表現を使えるならば）人はみな狂人であると。言いかえれば、人はみな妄想的なのである」。ラカンのこの発言をうけて、ミレール（1993a, 2008b）は「人はみな妄想する Tout le monde délire」をキーワードとして後期（およそ七〇年代以降の）ラカンの理論を発展させている。

スクリャービン（2006）はさらにラディカルなことを述べている。「〈父の名〉の排除」は構造的なものであり、すべての主体に共通する。となると、神経症の構造を規定すると思われていた父性隠喩は、もはや精神病者がつくり上げる妄想性隠喩となんの違いもないことになる。父性隠喩は、それが社会的に共有されているという点以外で「正常」であるわけではないというのである。つまり、神経症も精神病も、それぞれのやり方で排除を補填しているのである（なお、スクリャービンは普通精神病を補填が失敗したものとして位置づけている）。

4　神経症と精神病のあらたな位置づけ

排除が一般化されれ、妄想も一般化されるとなると、もはや神経症と精神病のあいだの断絶は維持されず、両者のあいだに連続性が認められるようになるのだろうか。必ずしもそうではない。スクリャービン（1993）は「結び目のトポロジーによって、神経症と精神病は少なくとも補填の機能という点からは近づく」が、「しかし神経症と精神病を分割する根源的な点は維持されている」と言う。

マルヴァル（2011）もまた、排除がたとえ一般的なものとなっても、精神病に限定的な〈父の名〉の排除というメカニズムは一般化排除とは独立して存在していると考えている。彼によれば、晩年のラカンは、例えば七七年一月一一日の講義で「精神分析は妄想である」（S24, 52A）などと言っているが、これは「妄想」という語を「保証が不在のディスクール」という拡張した意味でもちいているにすぎず、本来の精神病の妄想とは一線を画すものであるという。つまり、排除にはすべての主体に共通する「一般化排除」と、精神病に特異的な「限定的排除 forclusion restreinte」の二つがある。そして、この二つの排除に、普通妄想 délire ordinaire と精神病の妄想 délire psychotique がそれぞれ対応している。ミレールが「人はみな妄想する」と言っているのは、一般化排除や普通妄想という考え方から発展してのことであって、精神病とは関係がないものであるとマルヴァルは主張している。

このような理解は、ラカンのトポロジーともある程度相関している。ラカンが七五年に提出したパラノイアの新たな定義によれば、パラノイアとはR、S、Iをひとつづきの一貫したものとすることである（S23, 53）。これを図式化したものが、クローバーの結び目 noeud de trèfle（S23, 86）である（図3）。この図式ではR、S、Iはそれぞれの輪として独立せず、相互に直接むすびついている。この結び目には、ボロメオ構造はそもそも存在しない。マルヴァル（2000）は、このボロメオ構造の不在を、トポロジーの視点からみた〈父の名〉の排除、すなわち精神病の基準であると考えている。

ミレールもまた、ある症例検討会のなかで、神経症と精神病のあいだにはやはり連続性はないと断言している。少々長くなるが以下に引用しよう。

モレル：……私たちの議論にはもう一つの連続性があります。それは、神経症から精神病へのグラデーションへと私たちを導く連続性です。

ミレール：全然違います。むしろ、精神病という大きな章立ての内部におけるグラデーションが問題となっているのです。しかし、……神経症と精神病のあいだのグラデーションを含みもつのかどうかを自問してみることは確かに可能です。私の答えは、ノーです。〔神経症と精神病の〕両方にクッションの綴目 point de capiton があります。一方〔＝神経症〕ではクッションの綴目があり、それは〈父の名〉です。他方〔＝精神病〕にもクッションの綴目があり、それは〈父の名〉ではないものです。数学の用語をつかって近似的にいうなら、これは〔神経症と精神病の〕連続性というよりも相応関係 homologie です。ただし、非NP〔＝父の名〕の綴り閉じ capitonnage の構造は、NPの綴り閉じよりも複雑であるということに気づかされます。ラカンは、それを結び目によってあらわそうとしています。その結果、NPの綴り閉じは、往々にして非NPの綴り閉じのひとつの単純化、ひとつの特殊例のようにみえます。この意味で、とてもアイロニカルではありますが、神経症を精神病のサブセッ

図３　クローバーの結び目（パラノイア）

ト〔＝部分集合〕として語ることができます。このためにラカンは、「人はみな妄想する」と言うようになったのです。（Miller, 1997, p. 256）

ミレール（1999c）は、この討論でみられた意見の対立を臨床における二つの観点として整理している。第一の視点では、神経症と精神病は不連続であり、神経症はいわゆる正常者と地続きである。第二の視点では、精神病と正常者が連続性をもつ。後者の視点は、現代的な普通精神病の視点に直接つながっている。トーマス・スヴォロス（2008）は、「人はみな妄想する〔＝人はみな精神病である〕」の臨床と、神経症と精神病を明確に区別する臨床は両立できるという。つまり、この二つの臨床は、物理学におけるニュートンとアインシュタインのような関係にあり、「より広い射程をもつサントームの臨床は大きな有用性をもつが、排除の臨床もある条件下では有用である」とみなされるのである。このような折衷的見解は穏当なものではあるが、たしかに臨床的にみてもある程度納得のいくものである。というのは、私たちの臨床にはシュレーバーもいれば、ジョイスもいるからである。この折衷的見解の意義については本書の結論部でふたたび取り上げる（⇩437～442頁）。

以上、ラカンにおける神経症と精神病の鑑別診断論の段階的な理論的変遷を、ラカン派における研究を含めて簡単に概観した。その結果、理解されたのは次の三点である。

（1）ラカンはその理論的変遷を通じて、絶えず鑑別診断の問題を再考しつづけた。
（2）七〇年代に入ると、鑑別診断という問題そのものが相対化されていく。
（3）現代ラカン派では鑑別診断的アプローチと非‐鑑別診断的アプローチの両者が並走している。

私たちは、本書の序論において、ラカンの理論と実践の核心点が神経症と精神病の鑑別診断にある、という仮説を立てたのであった。その仮説はおおむね立証されつつある。

第二部からは、フロイトからラカンに至る鑑別診断論の変遷をより詳細に検討していく。そして、第三部では、序論で先取り的に述べておいた問題、すなわち七〇年代ラカンにみられる鑑別診断論の相対化が、ドゥルーズ゠ガタリやデリダによるラカン批判に対する、ラカン自身による応答として読むことができるという点を検討していく。

第二部

神経症と精神病の鑑別診断についての理論的変遷

第一部では、フロイト＝ラカンによる神経症と精神病の鑑別診断のおおまかな見取り図を確認した。ここからは、その理論的変遷をより詳細に検討していこう。

さて、ラカン的立場から神経症と精神病の鑑別診断を考えるとき、私たちはどうしても「エディプスコンプレクス complexe d'Œdipe」を中心において考えざるをえない。なぜなら、ラカンは次のように述べていたからである。

> エディプスを経験していない神経症などというものは存在しません。……他方、精神病の場合にはエディプスにおいて何かが本質的に機能しなかった、あるいは完遂されなかったということが大いに考えられます。(S3, 227/下74頁)

神経症ではエディプスコンプレクスが機能しており、精神病ではエディプスコンプレクスがうまく機能していない。きわめて簡潔な図式化である。この図式化は五〇年代のラカンだけのものではない。彼は一九三八年の『家族コンプレクス』のなかで既に、母と子供が父抜きの二者関係にあること、つまり〈父〉が不在であることが精神病の原因のひとつであると考えていた(AE45)。この考えは、五〇年代には精神病における「〈父の名〉の排除」として定式化される。また、晩年にあたる七〇年代後半になると、ボロメオの結び目のある種の交差エラーが精神病圏の病理と関連づけられ、エディプスコンプレクスはボロメオの結び目の解体を防ぐ方法のひとつだと考えられるようになる。このように、エディプスコンプレクスの有無、なかでもその中核となる〈父〉の導入の成功／失敗を、神経症／精神病の診断と関連づける考えは、理論的変遷のなかでその都度の強調点の変更を受けながらも、ラカンのなかでかなり長期間にわたって維持されていたと考えられる。

精神病の構造的条件としての「エディプスコンプレクスの機能不全」と「〈父の名〉の排除」。これらの概念は、ラカンによってあまりにも有名になった。そして、これらはラカンによる「フロイトへの回帰」の成果であるといわれている。しかし、本当にそうなのだろうか？　実のところフロイトのテクストを仔細に読むならば、エディプスコンプレクスの有無と神経症と精神病の鑑別診断を直接的に結びつける議論をそこに見出すことは困難である。たしかに、フロイトが発明したエディプスコンプレクスという概念は、もともと「神経症の中核コンプレクス Kernkomplex」(GW7, 176) という術語を置き換えるようにして登場したものではある。しかし、フロイト自身はエディプスコンプレクスの有無によって神経症と精神病を積極的に鑑別しようしたことは一度もなかった。また、「排除 Verwerfung」という術語にも問題がある。よく知られているように、ラカンはフロイトの著作のなかから「排除」という術語を取り出し、この術語であらわされるメカニズムが精神病の構造的条件であると述べた。しかし、実のところ、一時期のフロイトは精神病に特異的なメカニズムに、ラカンにとっては倒錯のメカニズムにあたる「否認 Verleugnung」の語をあてていた (GW14, 24)。これらの事実を考えあわせると、ラカンのフロイト読解にはすぐさま首肯しがたい点があると言わざるをえない (⇩110〜112頁)。

端的に言って、「エディプスコンプレクスの機能不全」や「〈父の名〉の排除」を精神病の構造的条件とするラカンのフロイト読解は、一種の力技である。しかし、フロイトによる神経症と精神病の鑑別診断論を仔細に検討していくと、この力技がフロイト理論の実にエレガントな体系化になっていることが理解できる。結論を先に述べるなら、ラカンは、フロイトが神経症と精神病の鑑別診断について断片的に述べていたことを再解釈していくなかで、それらをエディプスコンプレックスの図式と排除の理論において統合することに成功し、それを後に脱構築したのである。

第一章　フロイトにおける神経症と精神病の鑑別診断（一八九四〜一九三八）

1　防衛の種類による鑑別診断（一八九四〜一八九六）

まず、フロイトにおける神経症と精神病の鑑別診断論を読解していこう。

フロイトが神経症と精神病の鑑別診断について初めて論じたのは、一八九四年の「防衛‐神経精神症」においてである。ここでフロイトは、神経症と精神病を「防衛 Abwehr」のメカニズムの種類の違いから鑑別しようとしている。つまり、神経症における防衛と精神病における防衛は、その質が異なるというのである。

では、防衛とは何だろうか？　ひとは心的生活のなかで、さまざまな表象[1]を受け取り、それを処理している。しかし、ときには、自分にとって受け入れがたい表象、つまり自我 Ich〔＝私〕にとって「相容れない表象 unverträgliche Vorstellung」が自我に到来することがある。その相容れない表象は、非常に苦

（1）　フロイトがもちいる「表象 Vorstellung」という概念は、ドイツ哲学で通常もちいられる「心に思い描かれた対象」という意味での表象ではなく、むしろ「対象の側から〔心的装置に〕到来し、「記憶系」に記載されるもの」である。この記憶系は到来した表象の単なる集積所ではなく、表象を種々の連想の系列において相互に結びつける場所である（Laplanche & Pontalis, 2004）。この意味で、フロイトの言う「表象」はラカンの「シニフィアン」の前駆的概念であると言える。セミネール『精神分析の倫理』における言及（S7, 57/上65頁）も参照せよ。

しい情動を呼び起こしてしまう。この窮地を解決しようとする心の働きが防衛（抑圧[2]）である。つまり、防衛とは、苦しい情動を伴った相容れない表象を様々な仕方で処理しようとする試みのことであり、その処理の仕方によって様々な種類の防衛が存在することになるのである（GW1, 61-3）。

神経症における防衛（転換と配転）

神経症の下位分類にはヒステリーと強迫神経症がある。まず、ヒステリーにおける防衛をみておこう。ヒステリー者は、相容れない表象に対して、「表象の興奮量全体を身体的なものへと移しかえることによってその表象を無害化」しようとする。これが、ヒステリーに特異的な防衛としての「転換 Konversion」（GW1, 63）である。例えば、『ヒステリー研究』に登場する症例アンナ・Oには、「グラスから水を飲めない」という症状があった。この症状は、彼女がかつて体験していた「自分の嫌いな婦人が飼犬にグラスから水を飲ませている」という場面から生じたものである。この場面が相容れない表象として経験されたため、その表象がもつ興奮は、転換のメカニズムに従って、身体的なものへと置き換えられる。「グラスから水を飲めない」という身体の水準における症状は、この置き換えの結果として出現している（GWNb, 233）。

神経症のもうひとつの下位分類である強迫神経症では、相容れない表象（仮に表象Aとする）から苦しい情動が切り離され、その情動はまったく別の表象Bと結びつく。すると、苦しい情動が新たに結びついた表象Bは、相容れない表象Aそのものではないため、苦しい情動を伴いながらも心的生活のなかに頻繁に顔をだすことができるようになる（強迫表象）。強迫神経症においてよく観察されるこの防衛は「配転 Transposition」と呼ばれている（GW1, 68）。この配転の結果、強迫神経症では「手を洗わなければならない」といった一見どうでもいいような事柄がたえまなく頭に浮かび、その表象は患者にとって非常に苦しいものとして経験されるのである。

精神病における防衛（排除）

では、精神病ではどのような防衛が働いているのか。フロイトは、精神病では転換や配転よりもずっと強力な種類の防衛が働いていると言う。それは、「自我がその相容れない表象をその情動ともども排除 verwirft してしまい、自我はあたかもそのような表象が自我のなかに一度たりとも入り込んではいなかったかのように振る舞う」防衛である（GW1, 72, 強調は引用者）。つまり、相容れない表象をそもそもはじめから到来しなかったことにしてしまうのである。これが精神病を、より正確には「幻覚性錯乱 halluzinatorische Verworrenheit」を特徴づける防衛である。

フロイトがこの「排除」の具体例としてあげているのは、次のような症例である（GW1, 72-3）。ある男性に好意を抱いた若い女性が、二人は相思相愛であると信じ込んでいる。しかし、男性が自分に好意をもっていないことがわかり、彼女はそのことに失望する。そして彼女は失意のあまり、「男性が自分に好意をもっていない」という相容れない表象を排除する。しかし、「男性が自分に好意をもっていない」という表象は実際の現実とわかちがたく結びついているため、この表象を排除することは、現実から目を背けることに繋がる。その結果、彼女は、あたかも自分が男性と相思相愛であるかのように、幻覚のなかで彼の声を聞き、彼と幸せな生活を送るという錯乱状態に至る。つまり彼女は、幻覚のなかで

（2）一八九六年以降は、「防衛」の代わりに次第に「抑圧 Verdrängung」の語がもちいられるようになる。

い」という相容れない表象を見ないですますことができたのである。

フロイトは、この幻覚性錯乱の症例にみられる幻覚の内容が、病のきっかけである「男性が自分に好意をもっていない」という相容れない表象を際立たせていることを指摘している。どういうことか。「男性が自分に好意をもっていない」という表象そのものは、自我とは相容れないものとして排除されているため、彼女の幻覚的な心的生活のなかには現れてこない。しかし、幻覚性錯乱のなかに現れている「二人は相思相愛である」という内容をもつ幻覚的な表象群が、排除された「男性が自分に好意をもっていない」という表象と関連していることは誰の目にも明らかなのである。

ここで注目しておくべきなのは、神経症と精神病のそれぞれにおける相容れない表象の取り扱われかたの違いである。神経症の場合では、転換と配転のどちらの防衛がもちいられるにせよ、相容れない表象が心的生活のなかに存在することは少なくとも許容されている。言い換えれば、神経症では、到来した相容れない表象は心的生活のなかにまがりなりにも受け入れられているのである。反対に、精神病の場合では、相容れない表象は排除され、心的生活のなかに存在しないことになっている。そして精神病では、排除された表象の代わりに、その表象と密接に関連した表象群が幻覚のなかで活性化されている。

この二つの防衛の違いが、後にラカンが定式化する抑圧と排除の違いをはっきりと先取りしていることは、もはや明らかであろう。ラカンは、精神病の基本的なメカニズムは、ある原初的シニフィアン（表象）を是認 Bejahung するのではなく、そのシニフィアンの存在をそもそも認めないような形で排除 Verwerfung することであると考えた。つまり、精神病では原初的シニフィアンについて「抑圧という意味でさえも何も知ろうとしない」という態度がとられるのである（⇩136〜137頁）。

また、症状の内容についても、神経症と精神病では明確な違いがある。神経症の症状例では、「飼犬にグラスから水を飲ませる」という相容れない表象が「グラスから水を飲めない」という身体症状に変換されていたが、その際には、表象に対する何らかの心的加工が働いていた。反対に、精神病の症状にはそのような心的加工を認めることができない。精神病では、病のきっかけとなった相容れない表象そのものは心的生活のなかに現れず、その表象と関連する表象がそのままの形で幻覚としてあらわれているのである。[3]

次節では、このような心的加工の有無と神経症と精神病の鑑別診断について、さらに詳しくみていこう。

2 表象の心的加工の有無による鑑別診断（一八九四〜一九〇五）

フロイトは、無意識における表象の加工に注目することによって神経症の症状形成のメカニズムを明らかにした。念のためもう一例あげておこう。『ヒステリー研究』でとりあげられたあるヒステリー者

（3）「防衛‐神経精神症再論」では、慢性パラノイアないし妄想性痴呆（精神医学でいうところのシュレーバー型の統合失調症に相当する）における抑圧（防衛）が検討されている。フロイトは、慢性パラノイアでも前額法によって無意識の表象を明らかにすることができると述べている。ただし、慢性パラノイアの場合、「無意識に由来する言葉を、〔患者は〕たいていは自分の声として心のなかで聞いたり、幻聴として体験したりする」（GW1, 395）と言う。ここでも、幻聴の内容は心的加工を経ていない無意識の表象そのものである。

は、なんら器質的原因がないにもかかわらず、立つことと歩くことができない状態に陥っていた（GW1, 217）。フロイトの分析が明らかにしたのは、この失立・失歩症状が「一人でいることAlleinstehen」という表象を心的に加工することによって形成されていることであった。家のなかで「一人でいること（孤独であること）」ことに苦痛を感じていたこの患者が、その苦痛を身体へと転換させる際に、この「Allein-stehen」という表象は「一人でallein立っているstehen」という表象へと加工されていた。そのため、この患者は立つことも歩くこともできなくなっていたのである。ここで生じている、一種の言葉遊びのような表象の加工の過程を、患者は知らない（意識的には気づいていない）。つまり神経症者は、自分の知らないうちに（無意識において）表象の加工を行うことによって症状をつくりあげているのである。反対に、身体にあらわれたこの表象の加工を解読し、それを意識化（言語化）することができれば、神経症の症状を解消させることができる。これが、精神分析の技法のひとつである「解釈」である[4]。

先に述べたように、「防衛」という観点からみた場合、神経症の症状には表象の心的加工が認められるのに対して、精神病の症状にはそのような加工が認められず、表象がそのまま出現している。初期のフロイトは、この点に神経症と精神病の違いが見出されることを何度も主張している。例えば、一九〇〇年の『夢解釈』のなかでフロイトは次のように述べている。

> 子ども時代にわれわれの性的関心が向けられていた相手の人々は、夢やヒステリーや強迫神経症における過去再生のなかには現れてこない。ただパラノイアにおいてのみ、こういう……人々〔＝かつて性的関心を向けていた人々〕が再び現れ、姿は見えないのに、患者はその現前を狂信する。（GW2/3, 251）

つまり、夢や神経症では、自分にとって性的に重要であった人物は、加工された形でしか登場しないのに対して、精神病（パラノイア）では、そのような人物が加工なしにそのまま登場するというのである。では、この違いの具体例をフロイトの症例で確認してみよう。

（1）夢や神経症における人物の加工の具体例としては、「裸で困る夢」が挙げられる（GW2/3, 247-53)。裸で困る夢とは、服を着ていない自分の姿を他人にみられて恥ずかしい思いをする、という類型的な夢である。

フロイトによれば、この種の夢のなかに登場する、裸の自分をみつめる「他人」は、きまって「たくさんのどこか余所の人たち」であるという。しかし分析を進めてみると、夢のなかに登場するこの匿名の人物は、幼い頃に実際に自分の裸をみる機会のあった人物（両親や年長の兄弟など）の代理物であったことが判明する。夢のなかに登場する「私の裸をみつめる匿名の人物」は、両親や年長の兄弟などが加工されたた末につくりだされた人物像なのである。

（2）精神病（パラノイア）における人物の非‐加工の具体例としては、フロイトが草稿Hのなかで報告している次の症例が挙げられる。

ある女性（とその姉、兄）が住んでいる家に、ひとりの男性労働者が間借りをしていた。ある

（4）フロイトは、無意識におけるシニフィアンの加工を、神経症の症状だけでなく、夢、失錯行為（言い間違い、ど忘れ等）、機知といった、通常では無意味だと考えられている形成物にも見出していった。ラカンは、これらを一括して「無意識の形成物 formations de l'inconscient」と呼んでいる。

夜、彼女はその男性から性的誘惑を受けるが、その男性はその後すぐに旅に出てしまう。その数年後、彼女は、「近所の女たちが彼女のことをいまだに例の男〔＝男性労働者〕を待っている売れ残りとして哀れんでいる」〔〔近所の女たちが〕彼女についてこの男に関連したさまざまなことを噂している」という被害妄想を形成する。

この症例についてのフロイトの解釈は次のようなものだ。この女性は、男性による性的誘惑に性的興奮を感じており、その際に彼女は、「自分は『悪い女』である」という自己非難を形成していた。しかし、この非難は自我にとって相容れないものであるため、彼女はこの非難の表象を心的世界のなかにとどめておくことができなかった。その結果、表象は排除され、外的世界へと追い払われる。この防衛のメカニズムは「投射 Projektion〔＝内部のものを外部へと投擲すること〕」と呼ばれる。投射によって、彼女は自己非難に苦しまずにすむようになる。しかし、投射の結果、「彼女は悪い女である」という非難が外的世界から〔他者から〕彼女にむけて到来することになる。そのため彼女は、「自分は『悪い女』である」という非難を、自己非難としてではなく、他者から自分に向けられた非難として聞かざるをえなくなるのである。

重要なのは次の点である。フロイトは、この症例の妄想のなかでは、非難の「実質的な内容は妨害されないままに保たれている」ことを指摘している。つまり、この女性を「悪い女」だと断じる非難の内容は一切の加工を受けることなく妄想のなかにそのまま登場している。そして、この女性が「性的関心を向けていた相手」である男性労働者についても人物の加工は生じていないのである（Freud, 1950）。

一九〇四年の『日常生活の精神病理学』では、神経症と精神病にみられるこのような違いが次のように定式化されている。曰く、通常の人や神経症患者にあっては精神分析的な解釈を施すことによって初めて明らかになるような無意識的な事柄が、パラノイアにあっては意識に押し寄せている（GW4, 285）。つまり、精神病では、神経症における無意識に相当するものを、解釈を施すことなしにそのままの形で見出すことができるのである。また、フロイトは後の「みずからを語る」のなかでも、「神経症の場合には、〔精神分析によって〕かなり苦労して深層から掘り出さねばならないものの大半が、精神病ではおもてにあらわれていて、誰の目にも明らか」（GW14, 87）であることを指摘している。[5]

このようなフロイトの考えは、神経症では無意識が隠されているのに対して、精神病では「蓋をせずに無意識を働かせている jouer à ciel ouvert l'inconscient」（S3, 71/ 上 97 頁）というラカンの考えの源泉となっている。次のラカンの言葉を引いておこう。

> 精神病者はいわば無意識の殉教者といえるでしょう。殉教者という言葉に証人という意味をこめて、そういってよいでしょう。そこで問題になっているのは、明白な証言 témoignage ouvert です。神経症者も無意識の存在を証言している人といえますが、彼らは覆い隠された証言 temoin couvert をしているので、それを解読する必要があるのです。（S3, 149/ 上 218 頁、強調は引用者）

（5） 最終的に、「精神分析概説」では次のような定式化がなされている――「分析的治療の場面でわれわれの努力の成果として生じることは、自然発生的にも起こることがあり、ふだんは無意識的な内容が前意識に変わり、次いで意識的になりうる。実際それは精神病状態では大規模に生じている」（GW17, 83, 強調は引用者）。

神経症における防衛は、解読（精神分析的な解釈）を必要とするような症状を生み出す。反対に、精神病における特殊な防衛は、解読を必要としない症状、すなわち無意識との関係が誰の目にもあきらかな症状を生み出すのである。

3 メタサイコロジー期の鑑別診断（一九一五）

自我に到来した相容れない表象は防衛される。そして、その防衛の仕方の違いが、神経症と精神病のそれぞれの症状の違いを決定づける。フロイトは、一九一五年に相次いで発表した「メタサイコロジー」と呼ばれる諸論文において、この考えを統一した視点から体系化することを試みている。

まず、論文「欲動と欲動運命」では、それまで定義なしにつかわれていた「表象」の身分が明確に定義される。確認しておこう。人間に生じる現象を大きく身体的なものと心的なものに分けるとすると、（デカルトの松果腺のように）どこかでその二つが接続される必要がある。フロイトにとって、その二つを接続する概念、すなわち「心的なものと身体的なものの境界概念」が、「欲動 Trieb」である（GW10, 214）。どういうことか。欲動は、身体の内部から絶えず発生する乾きや飢えといった刺激を源泉としている。この欲動刺激が心的装置のなかに入るためには、欲動を何らかの仕方で心的なものへと代表（変換）しなければならない。それゆえ、欲動は心的なものと身体的なものの両方にかかわるのである。そして、欲動刺激を心的なものへと変換する際には、「表象 Vorstellung」と「情動 Affekt」という二通りの代表の仕方がもちいられる。つまり、身体的なものを心的なものに接続させる方法に、表象と情動という二つの代表の方法があるのだ。それゆえ、一方では表象は「欲動を代表する表象」（GW10, 264）であり、欲動を表象によって代表するものであるとされる。他方では、欲動がもつエネルギー量を代表するものは「情動量 Affektbetrag」（ないし単に「情動」）と呼ばれる（GW10, 255）。

つづく論文「抑圧」で論じられるのは、以前には「防衛」と呼ばれ、その後次第に「抑圧」と呼ばれるようになったメカニズムである。抑圧は、欲動代表としての表象が「意識の系へと関係することを妨げる」メカニズムである（GW10, 251）。表象を意識のなかに現れないようにするのである。しかし、意識のなかに現れなくなったとしても、表象は完全に消えてしまうわけではない。「欲動代表〔としての表象〕は無意識のなかに存続」する（GW10, 251）。ただし、その抑圧された表象は、そのままの形で無意識のなかにありつづけるのではなく、「症状形成という手段を介して」たえず意識に到達しようとする傾向をもっている（GW10, 252）。つまり抑圧は、表象を意識のなかに現れさせないようにすることに一旦は成功するものの、結局のところその表象は自らの「代替物形成 Ersatzbildung」を作ることによって意識へと回帰してくるのである（これを、「抑圧されたものの回帰」と呼ぶ）（GW10, 256）。

その表象の加工、すなわち症状形成には、次のような種類がある。

（1） 恐怖症（不安ヒステリー）の場合では、父に向けられた欲動の蠢きが抑圧に供される。[6] その結果、その欲動を代表する表象としての「父」の表象が抑圧される。他方では、欲動を代表する情動は、不安へと転化された状態で存続する。そして、この不安にあてはまるような動物の表象（例えば、馬）が父の表象を代替するものとして意識のなかに現れる（この表象の代替のメカニズムは「遷移 Verschiebung」[7] と呼ばれる）（GW10, 257-8）。その結果、大きく力強い存在としての「馬」

を恐れる恐怖症が成立するのである。

（2）強迫神経症の場合では、愛する人物に向けられた敵対的な衝動 Impuls が抑圧に供され、情動が消去された結果、良心の働きが高まる。しかし、この抑圧は病の経過とともに維持することが困難となり、抑えきれなくなった情動は社会不安や自己非難として現れるようになる。他方では、表象は「遷移」によって取るに足りないどうでもよい表象にとって代わられる。強迫神経症者は、このどうでもよい表象をたえず意識にのぼらせておくことによって、病因的な表象を抑圧したままにすることに成功する（GW10, 259-60）。例えば、強迫神経症に典型的にみられる頻繁な洗浄強迫（手洗い行為を頻回に繰り返すこと）は、患者自身にとっても無意味と感じられていることがほとんどである。洗浄強迫は、「手洗い」というどうでもよい表象をたえず意識しておくことによって、病因的な表象を直視することを回避しようとする行為なのである。

（3）転換ヒステリーの場合では、ある欲動が抑圧に供されると、その欲動を代表する表象とかかわりをもつ身体部位が選ばれ、その部位におけるひとつの表象がすべてのリビード備給を引き受ける（この代替のメカニズムは「縮合 Verdichtung」と呼ばれる）。その代わりに、転換ヒステリーでは情動は完全に抑え込まれる。シャルコーが「ヒステリー者の見事な無関心 belle indifférence」と名づけた性質、すなわちヒステリー症者が身体に華々しい転換症状を示しながらも、自らの症状をまったく意に介さず、それに苦しむそぶりを見せないという性質は、この情動の消去によると考えられる（GW10, 258-9）。

このように、各種の神経症の症状は、抑圧された表象に対して遷移や縮合といった代替物形成のメカニズムが働き、そこに情動がからみ合うことによって形成されるのである。

　では、精神病の症状はどのように理解できるだろうか。残念ながら、論文「抑圧」では、精神病における症状形成については一切論じられていない。フロイトが精神病における症状形成をメタサイコロジーの観点から論じるのは、つづく論文「無意識」においてである。

　では、論文「無意識」をみていこう。この論文の結論部で、フロイトは神経症（転移神経症）における抑圧と、精神病における抑圧が異なることを指摘している（GW10, 301）。なぜなら、前節で確認した通り、神経症では無意識において表象が加工されるのに対して、精神病では無意識的な表象がそのまま意識的なものとして表出されているからである（GW10, 295）。フロイトは、「靴下を履くことができない」という症状を訴える二人の患者（一方は強迫神経症であり、他方は精神病の下位分類のスキゾフレニーである）について論じながら、神経症と精神病における症状形成の違いをメタサイコロジーの観点から説明している（GW10, 299）。以下に、この二症例の比較について簡単にみておこう。

（6）フロイトは抑圧の対象となるのは欲動を代表する表象だけであると述べている（GW10, 276-7）。つまり、情動は抑圧されないのである。ただしフロイトは、欲動そのものに対しても抑圧という言葉を使っている。この「欲動の抑圧」という用法については、本書では「抑圧される」と区別して「抑圧に供される」と表記する。

（7）ラカンはこの「遷移」を「換喩 métonymie」として再解釈し、この概念によって恐怖症の対象が連想に従って次々と別の対象へと「遷移」していくことを説明している（S4, 317/下 159-60 頁）。例えば、症例ハンスは、不在である現実的父の代わりに何かを代入する必要があり、そのために馬を対象とする恐怖症をつくりだしている（S4, 221/下 33 頁）。しかし、その恐怖症の対象は決して安定したものではなく、ハンスは馬が彼を噛むのではないかと恐れているときもあれば、馬が倒れてしまうのではないかと恐れているときもある。さらには、馬車を恐れたり、荷物を積んだ馬車、荷物を積んでいない馬車などを恐れたりするようにもなる。このように、不安の対象が次々と置換＝遷移されていくことが恐怖症の特徴である。

（1）強迫神経症の症例：「靴下を履くことができない」という症状を呈していたある患者は、分析によって「多くの抵抗を克服した後」に、次のような説明に到達した――靴下を履いたり脱いだりする行為は手淫に相当するため、彼は靴下を履くことができなかったのだ、と。

（2）スキゾフレニーの症例：同じく「靴下を履くことができない」という症状を呈していたある患者は、「抵抗もなし」に自らの症状を次のように説明した――靴下をはくことができない理由は「靴下の網目の……一つ一つの穴のすべてが、女性の性的開口部の象徴であった」からである、と。

この二症例には、異なる点が二つある。第一の違いは、強迫神経症の患者では「多くの抵抗を克服した後に」やっと症状の解釈に到達したのに対して、スキゾフレニーの患者では「抵抗もなしに」すぐさま症状の説明がなされたことである。これは、精神病においては無意識的な表象が意識的なものとして表出されるためである。

第二の違いは、症状形成における表象の扱われ方にある。強迫神経症の症例では、足は男性器の象徴であり、スキゾフレニーの症例では、靴下の網目は女性器の象徴である。この点では両者のあいだに違いはない。しかし、象徴によって一方では足と男性器を、他方では靴下の網目と女性器を結びつけることは、それぞれ異なる論理によって駆動されている。一方の強迫神経症の患者にとっては、足はもはや足でありながらそれ以上の意味を孕んだものになっており、そのエロティックな意味の過剰のために彼は靴下を履くことができなくなっていたと考えられる。他方のスキゾフレニーの患者では、靴下の網目と女性器の両方が「穴」である、つまり「穴は穴である（から同じものだ）」というシニカルな命題のみによって症状が形成されている。すなわち、強迫神経症の患者では物としての形態学的な類似性によって足と男性器が同一視されているのに対して、スキゾフレニーの患者では靴下の網目の「穴」と女性器の「穴」という語の同一性だけにもとづいて網目が女性器と同一視されているのである（GW10, 299）。

ここでフロイトが発見しているのは――たとえフロイト自身がそう名指していないとしても――神経症の症状形成において働いている「隠喩 métaphore」の機能ではないだろうか。上述の強迫神経症の症例では、彼が靴下を履く際につかう「足」は「男性器」の隠喩になっている。後に確認するように、ラカンは、隠喩とは、あるシニフィアンを別のシニフィアンで置き換えることによって、新しい意味作用を生み出す操作であると考えた（⇩202〜204頁）。この定義に従えば、この症例では、「男性器」を「足」で置き換えていると言える。この隠喩によって、「足」は「男性器」をつかってなされる事柄（＝自慰）についての意味作用を孕むことになる。彼が靴下を履くことができなかったのは、まさにその意味作用のためであった。強迫神経症者としての彼の苦悩は、隠喩が生み出す意味作用に由来していると考えられるのである。反対に、スキゾフレニーの患者の例では、そのような隠喩は生じていない。単に靴下の網目は「穴」であり、女性器も「穴」であるという単なる字面の一致が、彼が靴下を履くことを困難にしているのである。

4　ナルシシズムによる鑑別診断（一九一一〜一九一五）

ここまでみてきたフロイトの議論は、表象に注目して神経症と精神病の鑑別診断を行うものであった。

では、神経症と精神病の違いは、表象の取り扱われ方だけによって決まるのだろうか？　そうではない。表象をめぐる議論と並行して、フロイトは表象以外の観点からも神経症と精神病の違いを論じようとしている。例えば、表象と並び欲動を代表するとされる「情動」がたどる運命からも、各種の病態は区別できるだろう（実際、フロイトはそれを試みている）。ただし、フロイトが表象以外の観点からの神経症と精神病の鑑別診断を集中的に論じるのは、「ナルシシズム」の概念を積極的にもちいている一九一〇年代前半の諸論考においてである。本節ではその議論を追っていこう。

ナルシシズムの導入

フロイトは、人間の性愛は、（1）自体性愛 Autoerotismus、（2）ナルシシズム Narzissmus、（3）対象愛 Objektliebe の順に発展していくと考えた（GW8, 296-7）。

（1）自体性愛は、人間の最初の性愛の段階である（GW10, 142）。この段階では、いまだ身体の統一的な像（自我）はできておらず、ひとは自らの身体のバラバラの諸部分を性愛の対象とし、それらの諸部分によって欲動を満足させている。例えば、聞き慣れた母親の声を聞きながら、おしゃぶりをすることによって自らの欲動を満足させている幼児は、自分の口唇の左右に自分の耳があることを知らないし、その二つの満足を関連づけることもできていないのである。

（2）次いで、身体の統一的な像ができてくると、ひとは自らの身体像そのものを性愛の対象とすることができるようになる（GW8, 296-7）。フロイトは、水面に映った自分の姿に惚れ込んだナルシスにこの段階をなぞらえ、これをナルシシズムと呼んだ。

（3）最後に、自らの身体像ではなく、人や物といった外的世界の対象が性愛の対象とされるようになる。この性愛が対象愛と呼ばれる。

この一連の発展は、性的なエネルギーであるリビード Libido の備給のされ方からも捉えることができる。自体性愛の段階では、ひとはリビードを自らの身体の部分に備給している。次に、ナルシシズムの段階では、リビードは自我（自らの身体像）に備給される（このときのリビードは「自我リビード Ichlibido」と呼ばれる）。最後に、対象愛の段階になると、リビードは外的世界の人や物といった対象に備給されるようになっている（このときのリビードは「対象リビード Objektlibido」と呼ばれる）。

さて、フロイトが人間の性愛の発展の一段階であるナルシシズムについての考察を深めたのは、精神病の観察からであった。というのも、（特に発病後の）精神病では、ナルシシズムへの退行 Regression[8] として理解されるべき現象がよくみられるからである。そのような現象の代表例としては、精神病の病初期にみられる世界没落体験や、慢性期にみられる誇大妄想があげられる。

（1）世界没落体験：世界没落体験とは、精神病の急性期にしばしばみられる体験であり、世界が日常的な意味を失い、今にもこの世の終わりがきてしまいそうに感じられる不安な体験のこと

（8）「自伝的に記述されたパラノイアの一症例に関する精神分析的考察」では、外界からリビードを撤収し、ナルシシズムへと後戻りすることが「退行」と呼ばれている（GW8, 310）。精神病では「鏡像段階 stade du miroir」への局所論的退行が起こるというラカンの考えはここに由来している（⇩253〜254頁）。

である。この体験は、外的世界に対するリビード備給の撤収の結果として理解できる。私たちが日常において体験している外的世界は、外的世界の対象（人や物）に私たちがリビードを備給することによって外的世界として成立している。しかし、精神病では外的世界の対象へのリビード備給が消滅し、ついには外的世界そのものが崩壊してしまう。例えば、シュレーバーは、現実の世界に存在する人間すべてが意味や重要性を失い、「束の間に組み立てられた男たち」、すなわちハリボテのような存在にすりかわってしまったと述べている（GW8, 307）。世界没落体験は、こういった外的世界の崩壊現象の極北であると言える（GW8, 308）。

（2）誇大妄想：精神病では、自己に対する評価が異常に高まる誇大妄想の状態に至ることがある。精神病でみられるこのような現象は、対象リビードが減少し、反対に自我リビードが増加した状態、すなわちナルシシズムに退行しているために生じると考えられる（GW10, 139-40）[9]。反対に、神経症では対象リビードは放棄されておらず、この点に神経症と精神病の鑑別点を求めることができる。

転移神経症とナルシス的神経症

ナルシシズムは、転移 Übertragung という側面からも神経症と精神病の鑑別診断と関係する。転移とは、幼児期の庇護者（例えば、両親）に向けられていた性愛的関係を、精神分析の作業のなかで、分析家に対して向けることである（GW10, 129-30）。この時期のフロイトは、精神分析治療は転移を軸として可能になると考えていた。それゆえ、母親や分析家に対して対象愛を向けることができなくては精神分析治療そのものが成立しないことになる。

さらにフロイトは、それまで精神神経症 Psychoneurose と呼んでいた疾患群を、転移の能力の有無によって「転移神経症 Übertragungsneurose」と「ナルシス的神経症 narzisstische Neurose」の二つに分類している。前者の転移神経症は不安ヒステリー（恐怖症）、転換ヒステリー、強迫神経症を含み、本書でいうところの神経症に相当する。後者のナルシス的神経症はパラノイア、スキゾフレニー、メランコリーを含み、本書でいうところの精神病に相当する。

前者の転移神経症では、リビードが外的世界（の人や物）に向けられているため、対象愛が可能であり、それゆえ精神分析治療が可能である。後者のナルシス的神経症では、対象に向けられていたリビードは自我（自己の身体像）へと逆戻り（退行）している。ナルシス的神経症者の性愛的な関心は外的世界（の人や物）から逸れてしまっているため、分析家がどれだけ苦労しても彼らを転移に導くことはできず、それゆえ彼らを治療することは不可能であるとされる（GW10, 139）。つまり、精神病では性愛がナルシシズムの段階にあるため、対象愛が不可能であり、それゆえ転移も不可能なのである。フロイトは、これらの特徴を神経症との鑑別診断において利用することができると考えていた。

ラカンもまた、予備面接において分析主体が神経症と精神病のどちらの構造をもっているのかを突き止めるためには転移が重要であると考えていた。つまり、予備面接のなかで転移が現れる分析主体は神経症であり、転移の徴候が現れてこないか、あるいは独特の妄想性の転移（⇩297頁）が現れてくる分析

（9）ナルシシズムと対象愛の段階では、それぞれ自我リビードと対象リビードが機能しているが、この二つのリビードは元々ひとつの同じエネルギーであるため、「一方の消費が増えれば増えるほど、他方はそれだけ貧しくなる」（GW10, 141）という一種のリビード保存の法則があてはまるとされる。

主体は精神病であると考えられるのである。ラカンはそのことを、「〔神経症の〕精神分析の始まりにあるのは転移である」（AE248）と述べている。

しかし、フロイトとラカンの考える転移は、それぞれ少し異なっている。フロイトの考える転移は、分析主体が分析家に対象愛を向けることであったのに対して、ラカンの考える転移は、分析家との関係のなかで「転移のシニフィアン signifiant du transfert」（AE248）が出現することなのである。どういうことだろうか。

分析を開始する前の患者は、何らかの症状に苦しんでおり、その症状には何らかの意味があるのではないかと考えている。すなわち、彼は、自分の症状をその症状がもつ「何らかの意味 x」と直接的に結びつけている。その症状は彼に対して何らかの意味を表しているのである。この時点では、彼の症状はシニフィアンではなく記号 signe として存在していると言えよう。というのは、ラカンが六一年一二月六日にはじめて明らかにした定義によれば、シニフィアンとは「他のシニフィアンに対して主体を代理表象する」ものであるのに対して、記号とは「誰かに対して何かを代理表象する」ものだからである（S9, 60A）。しかし、彼が精神分析家のもとを訪ね、予備面接が開始されると、症状のあり方は変化していく。なぜなら、予備面接では、彼の症状がもつ「何らかの意味 x」を知っている人物として分析家が立ち現れてくるからである。すると、彼の症状は彼に対して何らかの意味を表しているものであることをやめ、無意識の知を仮託された何らかのシニフィアンに対して分析主体を代理表象するものへと変化していく。つまり、予備面接によって、彼の症状は記号からシニフィアンへと変化するのである（もちろん、予備面接に入る以前から分析家に対する転移＝知の想定が生じていた場合、患者の症状は早い段階からシニフィアンとしての性質をもつことになる）（Ciaccia, 1985）。この際に現れる新たなシニフィアンが「転移のシニフィアン」(AE248)である。[10] 実際、精神分析や精神療法の現場において、分析主体(患者)とのあいだに転移と呼びうる性愛的関係ができるやいなや、その分析主体は必ずファリックな意味作用を孕んだ隠喩的なシニフィアンを口に出すようになる(立木、2007, p.69)。精神医学の臨床では、このような転移のシニフィアンの出現はしばしば無視されているが、精神分析ではこの出現によってはじめて知を想定された主体としての転移の成立が明らかとなり、それによってその分析主体が神経症の構造をもつことを確定できるのである。

リビードの外的世界への再‐局在化としての精神病の過程

では、精神病の発病とその後の展開をナルシシズムの観点からみていこう。

フロイトは、精神病者はリビードの流れをナルシシズムの段階に「固着 Fixierung」[11] させており、それが精神病の素因になっていると考えている(GW8, 303-4)。ただしそれは、精神病者が他者と未熟な性愛関係しか結ぶことができないという意味ではなく、彼ら精神病者は発達過程のなかでリビードを「昇華」させている(GW8, 298)。つまり、精神病者はナルシシズムに固着しながらも、病前にはまがりなりにも対象愛に類似した擬似的な安定状態を形成していると考えられるのである。しかし、この安定状態は退行によって崩壊する。退行は、精神病者のリビードを、彼の固着点であるナルシシズムへと連れ戻

(10) この転移のシニフィアンは、あるシニフィアンを他のシニフィアンによって置き換える隠喩の構造をもっていることから、何らかのファリックな意味作用を形成していると考えられる(⇩208～216頁)。

(11) 固着とは、ある特定のリビードの発達段階に停滞し、その段階における欲動の満足の様式にとどまることである。固着は、原抑圧によって欲動の表象代理が意識に受け入れられなかったときに成立する(GW10, 250)(⇩166頁)。

すのである。精神病の発病はここに位置づけられる。

発病を経て、精神病者は自らの固着点であるナルシシズム（ないし、より以前の段階）へと退行する。パラノイア、スキゾフレニー、メランコリーといった精神病の下位分類のそれぞれの違いは、それぞれの固着点の違いと、ナルシシズムの状態から脱し失われた外的世界を取り戻そうとする「回復の試み」のモードの違いに見定められる（GW10, 153）。以下に、この三つの疾患における固着点と回復の試みの違いを整理しておこう。

（1）パラノイアの固着点はナルシシズムにある。フロイトはパラノイアの発病のきっかけとして、「女性に対する幻滅に基づく傍流の強大化」や「男性との社会的関係における不幸に基づく直接的な退却的鬱積」などを挙げている（GW8, 298）。これらの発病のきっかけがどのような共通の構造をもっているのかは明らかにされていないが、ひとまずはパラノイアでは女性／男性といった性別に関わる重大事が発病のきっかけとなると考えられる。

これらのきっかけによって、リビードは対象から撤収され、撤収されたリビードの全量が自我に備給される（GW8, 307）。自我へのリビードの撤収はナルシシズムへの退行をひきおこし、究極的には世界没落体験にまで至る。

また、退行によって到達されたナルシシズムは、自分自身の身体像を性愛の対象とするものであった。この性愛の傾向は、パラノイア患者を、自分と同性の人物を性愛の対象として選択する無意識的な同性愛へと方向づける。つまり、ナルシシズムは同性愛へと進展するのである。しかし、パラノイア患者はこの同性愛的な傾向を自分自身の性愛の傾向として認めることができない。そのため、「私は彼を愛する」という同性愛的欲望の命題に対して防衛がなされることになる。例えば、「私は彼を愛する」という同性愛的欲望の命題は、防衛の結果、「私は彼を愛さない、私は彼を憎む」という命題へと変換される。さらに、この命題が外的世界の「彼」に向けて投射され、主体と客体が入れ替わると、「彼が私を憎む」という命題に変換される。こうして迫害妄想が成立する（GW8, 299）。さらに、この投射という主客転倒のメカニズムによって、崩壊していた外的世界は、迫害者としての「彼」を中心として妄想的な仕方で回復される。パラノイア患者は、自己のうちに抑圧された同性愛的欲望を外的世界へと投射することによって、崩壊した外的世界を作り直しているのである。

（2）スキゾフレニーの発病のきっかけについて、フロイトは詳しく述べていない。はっきりしているのは、パラノイアに比して、スキゾフレニーの固着点はナルシシズムより早期にあり、自体性愛そのものに近い位置にあるということである。それゆえ、スキゾフレニーにおける退行は、ナルシシズムに留まることなく、対象愛を完全に廃棄し、リビードを身体の諸部分に備給する幼児的な性愛段階に立ち返るまでに至る（GW8, 314）。

そのため、スキゾフレニーでは同性愛的欲望は機能しておらず、この欲望を外的世界へと投射することに由来する妄想も目立たないことになる。しかし、スキゾフレニーもパラノイアと同じく、世界没落（対象愛の放棄）によって失われた外的世界を回復しようとする試みであるという点は共通している。しかし、スキゾフレニーではその回復に際して投射のメカニズムはもちいられず、過去の対象を直接的に取り戻そうとする幻覚性のメカニズムがもちいられるという点に、パラノイアとの違いがある（GW8, 313-4）。

幻覚性のメカニズムによる外的世界の回復の結果、スキゾフレニー患者にとっての外的世界は、現実とほとんど一致しないものになってしまう。こうしてスキゾフレニー患者は現実指南力を失い、最終的には痴呆状態にまで至ってしまう。ただし、パラノイアとスキゾフレニーは完全に異なった疾患ではなく、それぞれの病像はお互いに混ざり合うことがある。それゆえ、パラノイアの場合でもスキゾフレニーのような痴呆状態に到達することがありうるとされる(GW8, 314)。

(3) メランコリー患者は、病前に特定の人物を対象選択し、その人物にリビードを備給している。メランコリーの発病のきっかけになるのは、対象を喪失したり対象に失望したりすることによって、対象とのリビード的関係が揺るがされるような体験である(例えば、愛していた対象との死別などが典型的である)(GW10, 435)。

このきっかけから、対象へのリビード備給が撤収され、解放されたリビードは自我へと立ち戻る。ここまではパラノイアやスキゾフレニーと同じである。しかし、メランコリーではこの過剰な自我リビードの処理のされ方が異なる。このリビードは失われたかつての対象を取り戻そうとするが、メランコリーではナルシシズムのなかでも特に「口唇的なリビード段階」への退行が生じているため、リビードは対象を再建するためではなく、自我を対象と同一化するためにもちいられる(GW10, 436)。メランコリー患者は、自分がかつて愛していた失われた対象へ、つまり見捨てられた対象へ自我を同一化させるのである(GW10, 435)。見捨てられた対象を取り込んだ自我は、見捨てられた対象と同じく貧困化する。そして、メランコリー患者はこの貧困化した自我に対する自己解釈として、「自分は貧乏で、罪深く、今にも死んでしまうような存在だ」と考えるようになる。これが、メランコリーにおける微小妄想[12]の成立のメカニズムである（GW10, 431）。また、メランコリー患者は失われた対象に対する非難を行うが、すでにその対象は自我のうちに取り込まれており、対象に対する非難は自己非難（自責）として現われることになる（GW10, 434）。

なお、メランコリーは経過中に躁病へと移行することがある。躁病では、メランコリーとは反対に、自我が失われた対象から自由になっており、そのため自我は次々と新たな対象にリビードを備給していくことができると考えられる（GW10, 442）。

ナルシシズムについてのフロイトの議論を、ラカンはどのように引き継いでいるだろうか。ラカンは、精神病者の病前のあり方、つまり精神病の構造をもってはいるが未だ発病していない前精神病の患者のあり方は、同性の人物を模倣しているようなものだと述べていた。例えば、男性の前精神病者の場合、彼らは「男らしさ」というものを手に入れられない代わりに、友人の男性を模倣することによって「男らしい」人物として生活しているとされる（S3, 231/下 81 頁）。これは、ナルシシズム（あるいは自体性愛）に固着し、対象愛の段階に至ることができない場合でも、発病前の精神病者はナルシシズムのリビードを昇華させることによって擬似的な安定状態を形成することができるというフロイトの洞察を引き継いでいると考えられる（⇩154頁）。

また、精神病の発病時には享楽の脱局在化 délocalisation が起こる、というラカン派の論者の指摘（Mal-

（12） 微小妄想とは、貧困妄想、罪業妄想、心気妄想の三つの妄想の総称である。

eval, 2011）は、この擬似的な安定状態が崩壊し、それまで外的世界に備給（局在化）されていたリビードが外的世界から撤収されるという事態を指していると考えられる。くわえて、ラカン派では、精神病の発病後の経過は、脱局在化した享楽を再び局在化していく過程として捉えられているが、これは外的世界を回復させる試みとして精神病を捉えていたフロイトの議論に相当すると考えられる。

同性愛か、父コンプレクスか？

前項でみたように、フロイトはパラノイアを無意識的な同性愛から発生するものとして理解していた。パラノイアの素因であるナルシシズムへの固着は、自分と同性の人物を愛することに繋がるからである。しかし、フロイトはパラノイアと同性愛の二つを即座に結びつけているわけではない。実際フロイトは、パラノイア患者である症例シュレーバーの病理を支配しているのは「父コンプレクス Vaterkomplex」であると述べ、シュレーバーと「父性」の問題を検討の俎上に載せようとしている（GW8, 295）。というのも、シュレーバーの生活史と病歴のそこかしこに、父性にまつわる失敗がみてとれるからだ。実際、フロイトは次のように言っている。

> シュレーバー自身がわかりやすいかたちでこの〔現実生活における〕欠乏 Entbehrung を公言している。全体としては幸福と見なされてもよい彼の結婚生活は、子宝に恵まれないままに過ぎていった。特に重視すべきことだが、父と兄を失った彼を慰めたであろう息子、十分に満足させられなかった同性愛的情愛を注げたであろう息子に彼は恵まれなかった。彼の家系は途絶えてしまう危機に瀕しており、しかも、彼は、彼の血統と家系に誇りを持っていたと思われる。（GW8, 293, 強調は引用者）

ここでフロイトは、シュレーバーの発病状況を、彼の家系の危機と関係づけている。シュレーバー家は、学者や大学教授、法律家を輩出してきた由緒ある家系である。父が死去し、兄が自殺をしたために家系のなかで唯一の男子となっていたシュレーバーは、家系を引き継いでいくべき立場にあった。すなわち、彼はシュレーバー家の父となるべく定められていたのである。しかし、彼の妻は何度も流産を繰り返しており、子供をもち父となることは彼には不可能であった。そして、ドレースデン控訴院民事部部長という重要な立場に昇進し、まさに職業的な意味で父性的人物たらんとするときに、彼は病を再発させている。このような生活史と発病状況のなかに、フロイトはシュレーバーにおける父性の危機と発病の密接な関係を嗅ぎつけているのである。ここまでのフロイトの記述は、精神病では父性の機能の困難があるという後のラカンの議論とそれほど大きな違いはない。実際、ミレールは次のように述べている。

> 精神病における父の機能を強調したことは、フロイトの功績である。その事実は、精神病の因果性における同性愛的ファンタスムを彼が盛んに宣伝していることによって隠蔽されてはいるが、それでもフロイトは、彼が父コンプレクス complexe paternel と呼ぶものを症例シュレーバーの分析の中心に据えている。(Miller, 1979, p.128)

フロイトは、シュレーバーが主治医フレックシヒ教授に抱いた同性愛的欲望空想が、兄弟や父に対してシュレーバーが抱いていた思慕が遷移させられたものであることにすでに気がついていた(GW10, 282)。つまりフロイトは、シュレーバーの発病にとって一次的な役割を果たしたのは父コンプレクスであり、同性愛は二次的なものにすぎないと考えていたのである。にもかかわらずフロイトは、パラノイアの特異性を解明するためには同性愛的欲望空想それ自体を問題にしなければならないと述べ、父コンプレクスについての探求を途中で放棄してしまう (GW8, 295)。その結果、父性に対するコンプレクスではなく、同性の人物に対する欲望空想がパラノイアの中核にすえられ、そこからパラノイアの一般的な理論が構築されることになる (GW8, 299)。すると、上述の引用にみられるような、家父長制のもとにある絶対的で非対称的な権力をもつ者としての〈父〉は捨象され、患者本人と同性の人物という相対的な存在としての父がクローズアップされることになる。そしてフロイトは、この理解を最後まで改めようとしなかった。かくして、父性の危機という論点、ならびにエディプスコンプレクスの機能不全という論点は、フロイトの精神病論から消滅してしまうのである[13]。

この話にはまだ続きがある。パラノイアの中核が父コンプレクスではなく同性愛にあるとすれば、当然、女性のパラノイア患者では女性に対するコンプレクスがその病理の中核を占めるはずである。実際、フロイトは女性のパラノイア患者についての症例報告「精神分析理論にそぐわないパラノイアの一例の報告」を一九一五年に発表している。フロイトは、この女性患者の迫害妄想の相手が男性 (異性) であり、同性ではなかったことを「精神分析理論にそぐわない」と評している。そこでフロイトは、この女性患者の迫害妄想の相手について分析をすすめ、ついには迫害妄想の相手が実は女性 (同性) であり、その女性が現在の妄想の対象の男性に置き換えられることによってこの患者の迫害妄想が成立していると結論づけている (GW10, 244)。フロイトは、女性のパラノイア患者では、女性に対する同性愛を基盤として女性から迫害される妄想を形成するという考えを堅持しているのである。ここでもやはり、フロイトはパラノイアの中核を相対的な「同性愛」に見定めており、エディプスコンプレクスにおける絶対的な存在としての〈父〉を考慮に入れることができていない。それは、この時期のフロイトが、性愛における男女のあいだの対称性を想定しているためであろう。

しかし、性愛における男女の対称性という考えは、少なくとも一九二〇年にはフロイト自身によって放棄されていることを見逃してはならない。かつてフロイトは、男児がエディプスの物語に従って、母（異性）を愛し、父（同性）に同一化することで発達を完了させるのに対して、女児はそれとまったく対称的に、父（異性）を性愛の対象とし、母（同性）に同一化すると考えていた。このように男女の性愛の発達に対称性を想定し、男児のエディプスコンプレクスにおける父と母をそっくり入れ替えるならば、女児における性愛の発達はユング（1913）が導入したエレクトラコンプレクスによって説明されることになるだろう。[14] 実際、症例ドラを経験した頃のフロイトは、女児は男児と対称的な逆エディプス状況にあり、母をライバルとし、父を性愛の対象とするという考え方に満足していた（GW5, 216-7）。つまり、当時のフロイトはエレクトラコンプレクスを認めていたのである。しかし彼は、一九二〇年の論文「女性同性愛の一事例の心的成因について」のなかで、女児の場合でも最初に性愛的な関係を結ぶのは母親

（13） 一九一〇年一〇月一日のユング宛書簡のなかで、フロイトはシュレーバーの病が「中核コンプレクス Kernkomplex」に還元できると指摘している（Freud & Jung, 1974, p.395）。この「中核コンプレクス」という語は、後のエディプスコンプレクスの前駆概念である。ここでフロイトはエディプスコンプレクスにおける父・母・子の三角形が、シュレーバーの場合では父（＝フレックシヒ教授＝神）・妻（ザビーネ）・シュレーバーに相当すると考えているようである。ただし、この三項図式からも示唆されるように、フロイトは、ラカンが注目したシュレーバーにおける〈父〉の不在を主題化することができていない。

（14） 『エレクトラ』はギリシア悲劇の一つで、姉エレクトラが弟オレステスと協力して父王を殺した母に復讐する物語である。

とのあいだであることを認め、「私は『エレクトラコンプレクス』という用語を導入することにいかなる進歩も長所も見出さず、これを推奨しようとは思わない」との見解を表明する（GW12, 281）。さらに一九三一年の「女性の性について」では、エディプスコンプレクスの理論があてはまるのは男児の場合だけであり、男女の発達の類似性を強調する「エレクトラコンプレクスという名称を拒絶するのが正しい」と語るようになる（GW14, 521）。かくしてフロイトは、性愛の発達における男女の対称性という考えを放棄するに至ったのである。

それゆえ、後のフロイトの理論展開を考慮するならば、一九一一年のフロイトがパラノイアの中核に位置づけた同性愛を、男女のエディプスコンプレクスの非対称性という論点によって捉え直す必要があるだろう。つまり、パラノイアにおける同性愛は、同性に対するコンプレクスとしてではなく、絶対的な存在としての〈父〉に対するコンプレクスとして読み替えられるべきなのである。

ラカンが『精神病』でとった読解戦略は、まさに男女のエディプスコンプレクスの非対称性の線上に位置づけられる。ラカンはフロイトが述べた男女のエディプスコンプレクスの非対称性に注目し（S3, 197-8/下29頁）、「［シュレーバーの］葛藤において問題となっている中心的要素は男性的対象である」（S3, 352/下272頁）と断言する。つまり、精神病の中核にある問題は、自分と同じ性別という意味での相対的他者ではなく、絶対的な他者としての〈父〉であると考えるのである。またラカンは、同性愛はパラノイアの原因ではなく、むしろ結果であると論じる（E544）。同性愛、すなわちシュレーバーの女性化は、精神病の構造的条件である〈父〉との関係（の不在）によって生じる症状過程の一部として捉え直されるのである（⇩253、344頁）。この議論は、父コンプレクスが遷移された結果としてシュレーバーの同性愛的欲望空想が形成されるに至った、というフロイトの最初の洞察を、本来あるべき形で取り上げなおしたものだと言えるだろう。

5　現実喪失と空想世界からみた鑑別診断（一九二四）

フロイトは、一九二四年に相次いで発表した「神経症と精神病」「神経症と精神病における現実喪失」の二つの論文のなかで、神経症と精神病を、それぞれが外的世界（現実）とのあいだに結ぶ関係の違いによって区別している。

まず、論文「神経症と精神病」では、神経症と精神病の違いが葛藤との関係から定式化される。それによれば、「神経症は、自我とエスとの葛藤の結果として引き起こされるが、精神病は自我と外的世界のあいだの葛藤から引き起こされる」（GW13, 387）。すなわち、

（1）神経症は、エスからやってくる欲動の要求に自我が耐えられなくなったときに、自我がエスを黙らせようとすることから生じる。

（2）精神病は、エスに自我が打ち負かされてしまったときに、自我が外的世界から引き剥がされることから生じる。(15)

（15）フロイトは、この際に「それまで写しという形で外的世界を代理していた内的世界から、その意味（備給）が取り除かれてしまう」と述べている（GW13, 389, 強調は引用者）。すなわち、これは前節でみた外的世界からのリビード備給の撤収と同じものであると考えられる。

このように考えると、神経症／精神病は、それぞれ自我がエスと相容れない状態（葛藤）に至ったときに、エス／外的世界を退けることによって生じる病理として整理することができる。そしてフロイトは、神経症におけるこの葛藤の処理を「抑圧」に相当するものと考えた。では、精神病における葛藤の処理は何と呼ばれるべきだろうか？　フロイトは「抑圧にも類するこの〔精神病の〕機制がどのようなものであるかを考える必要がある」（GW13, 391）と述べることでこの論文を終えている。つまり、フロイトは精神病が抑圧とは異なるメカニズムによって決定づけられていることに気づいており、そのメカニズムの解明を今後の検討課題としてあげているのである。そのメカニズムは、後に「否認 Verleugnung」と名づけられることになる。

つづく論文「神経症と精神病における現実喪失」では、精神病における自我と外的世界のあいだの乖離が「現実喪失 Realitätsverlust」と呼ばれるようになる。しかし、現実喪失がみられるのは、精神病だけではない、とフロイトは言う。神経症でも、何らかの仕方で現実に対する関係が妨げられており、現実喪失が存在する、というのである（GW13, 363）[16]。では、神経症と精神病のそれぞれにおける現実喪失には、どんな違いがあるのだろうか。フロイトは、両者における現実喪失を次のように区別している。

（1）精神病における現実喪失は、現実を否認 verleugen することである（GW13, 365）。この否認の結果、（発病後の）精神病では現実からの離反が生じ、外的世界は放棄されてしまう。そこで精神病者は、「空想世界 Phantasiewelt」を作りあげ、その空想世界によって現実を代替 ersetzen しようとする（GW13, 365）。その空想世界は、「現実に対してそれまで結ばれていた関係が心的に沈殿したもの、つまり、想い出‐痕跡、表象、判断をもとにして」作られ、それによって「現実の改変が行われる」(GW13, 366)。こうすることによって、現実喪失の状態にあった精神病者は新たに別の現実を構成することができるのである。こうして、精神病における空想世界は、かつてあった外的世界に取って代わるものとなる。このようなメカニズムをフロイトは「現実代替 Realitätsersatz」と呼んでいる。(GW13, 367-8)

(2) 神経症における現実喪失は「現実生活からの逃避」(GW13, 363) である。それは、精神病における現実喪失のように単に現実を否認することではない (GW13, 365)。神経症者は、現実の外的世界のほかに、そこから隔離された空想世界をもっており、その空想世界のなかでは外的世界で生きていくために生じる様々な要求を直視せずにすますことができる (GW13, 367)。この空想世界への逃避が、神経症における現実喪失にあたる。神経症者は、空想世界から欲望の素材の提供を受け、そのなかで空想的な満足にふけることができる。ただし、空想世界はまったく外的世界と関係のないものではない。むしろ、空想世界は「好んで現実……のある一部に依托し、その部分にある特別な意義と、……象徴的とわれわれが呼ぶ、秘められた意味を与える」とされている (GW13, 367-8, 強調は引用者)。

(16) フロイトは一九一四年の「ナルシシズムの導入にむけて」のなかで、ヒステリーや強迫神経症でも現実に対する関係が放棄されうることを指摘している。しかし、神経症では、対象への性愛的関係が空想 Phantasie のなかで保たれている (GW10, 139)。つまり、精神病の発病直後には対象へのリビード備給が撤回されるため外的世界は完全に放棄されるが、神経症ではたとえ外的世界の喪失があったとしても、空想のなかでは外界の対象へのリビード備給が維持されているという点にフロイトは神経症と精神病の違いを見出しているのである。

要約しよう。神経症と精神病では、外的世界と空想世界に対する関わり方が異なる。一方では、神経症者は外的世界と関わりながら、ときに空想世界に逃避することができる。そして、この空想世界は外的世界に依託しつつ存在しており、神経症者の欲望を支えている。他方では、精神病者は外的世界を否認し、空想世界によって外的世界を代替している。現実離れした妄想が、しばしば彼らにとっての「現実」になるのはそのためである。

ラカンは、このフロイトの議論をほとんどそのまま引き継いでいる。フロイトのいう外的世界はラカンの「現実の領野 champ de la réalité」に相当し、空想世界はラカンの「ファンタスム fantasme」に相当する。ラカンは「現実の領野はファンタスムのスクリーンによって塞がれることによってしか機能しない」(E553) と述べている。これは、神経症者において現実の領野とファンタスムが重ね書きされていること (フロイトのいう「依託」) を述べていると考えてよい。また、ファンタスムは「消滅していく自らの欲望の水準で主体が自らを支えるための手段」(E637) であり、神経症の主体はファンタスム (空想世界) という枠組みのなかではじめて自らの欲望を維持することができるとされている。

反対に、精神病では現実の領野が機能していない。なぜなら、「現実の領野は、その枠を与えている対象 *a* の抽出 extraction [＝神経症の必要条件] によってはじめて維持される」(E554) とラカンは述べているが、精神病では対象 *a* が抽出されておらず、現実の領野が維持されていないからである。その代わりに、精神病ではファンタスムに類似したもの (ラカン派の論者はこれを「準‐ファンタスム」、ないし「ファンタスムの代理」と呼ぶ) を妄想的に発展させることによって新たな現実を構成する。つまり、精神病では妄想形成によって現実代替がなされるのである (⇩252～257頁)。

およそ一九六〇年代までのラカンは、フロイトが現実喪失と空想世界という観点から定式化した神経症と精神病の鑑別診断を維持している。しかし、より大局的にみれば、神経症と精神病の両者に現実喪失が等しく存在し、両者はともに空想世界（ファンタスム）によって心的状態を安定化させていると捉えることも可能である。ならば、よりラディカルな問いを立てることができる――神経症者における空想世界と精神病者における空想世界を比べた場合、後者が妄想的で、前者が正常に近いと言える根拠など存在するのだろうか？　と。現実喪失と空想世界のあり方による鑑別診断論は、ある意味では神経症と精神病の鑑別診断を相対化することも可能にするのである。この論点は、後のラカン派において「人はみな妄想する」というキーワードのもとで論じられることになる（⇩326〜328頁）。

6　最後期フロイトにおける鑑別診断の衰退（一九二五〜一九三八）

先に確認したように、「否認」は、一九二四年の現実喪失をめぐる議論のなかで、精神病の現実喪失を特徴づけるメカニズムを指す術語として導入された。この段階における「否認」は、現実をもはや取り返しのつかないような形で崩壊させてしまうような、かなり強い意味をもっていたのである。(17)

しかし、翌一九二五年以降、「否認」はその意味と強調点を変更されていく。フロイトは二五年の論

（17）　フロイトは一九一六－七年の『精神分析入門講義』のナルシシズムについての章のなかで、精神病では、自我へと撤収されたリビードが対象へと戻っていく道が遮断されていると述べている（GW11, 436）。言い換えれば、精神病では崩壊した外界に対して回復の試みがなされるとしても、それは外界の対象を病前と同じように復旧することではありえないのである。

文「解剖学的な性差の若干の心的帰結」、および二七年の論文「フェティシズム」のなかで、子供が女性にペニスがないことを知覚しながら、その事実を認めるのを拒むことを例にとり、それを「否認」と呼ぶようになる。すなわち、「否認」は、何らかの衝撃的な光景を知覚した際に、知覚そのものが消えずに残るにもかかわらず、その知覚を認めない（否認する）というメカニズムを指す術語になったのである（GW14, 313）。そして、この「否認」という術語は、精神病を説明するためではなく、神経症を説明するためにもちいられるようになる。例えば、ある人物が父の死を経験した場合、彼の心的態度は二つに分裂する。彼は、一方では「現実に則した態度」をとり、父の死を完全に受け入れるが、他方では「欲望に則した態度」をとり、父の死を認めようとしない。このような心的態度の分裂（＝否認）が、強迫神経症の土台になる、とフロイトは言う。では、精神病ではどうか。精神病を発症する患者でも、父の死を認めようとしない事例が観察される。ただし、この場合は、父の死という事実に対する「現実に則した態度」が完全に欠如しており、彼にとって父の死はいかなる意味においても認められてはいないことが特徴であるとフロイトは言う。言い換えれば、精神病には心的態度の分裂（＝否認）がみられないと考えられるのである（GW14, 316）。

一九三八年に執筆された遺稿「精神分析概説」になると、否認は「自我分裂 Ichspalung」と呼び直される。さらにこの遺稿のなかでは、自我分裂（否認）は神経症と精神病の両方に認められると考えられるようになる。自我分裂（否認）によって心的態度は「現実を考慮に入れる正常な態度」と「欲動の影響下に自我を現実から切り離す態度」の二つに分裂するが、この二つの態度のどちらがより強いかによって、病像が妄想的な方向に傾くか、正常の方向に傾くかが決定されるとフロイトは述べているのである（GW17, 133）。こうして、かつて精神病を特徴づけるメカニズムであった否認（自我分裂）は、神経症やフェティシズムを含むあらゆる病理をもつ人間にみられるものとなり、神経症と精神病の鑑別診断における意義を失ってしまうのである[18]。

ここに至るまでのフロイトの神経症と精神病の鑑別診断論の全体を「排除」と「否認」に注目して振り返ってみよう。まず彼は、一八九四年に「排除 Verwerfung」という防衛の存在を精神病の標識とすることから探求を開始し、表象の心的加工の有無による鑑別診断論を作り上げた。一九一〇年代に入り、彼の理論的興味がナルシシズムに移ると、精神病はナルシシズムへの退行とその結果生じる外的世界の崩壊によって理解されるようになった。一九二四年になると、この議論は精神病に特異的な「否認 Verleugnung」によって生じる現実喪失をめぐる議論へと進展した。しかし、最後期には「否認」はもはや鑑別診断の標識としては役に立たないものになってしまう。最後期フロイトの議論は、七〇年代のラカン理論のように、神経症と精神病の鑑別診断論を解体してしまったのである。

ラカンは、精神病に特異的なメカニズムを「否認」と呼ぶことは決してなかった。それは、おそらくその語がフェティシズムにも、神経症にも、精神病にも妥当してしまうために、神経症と精神病の鑑別診断にとって不適切な用語選択だと思われたからであろう。むしろラカンは、一八九四年のフロイトがもちいていた「排除」を、すなわち精神病に特異的なメカニズムとしての「排除」を重要視する立場をとった。ラカンの鑑別診断論がはじまるのは、この地点からである[19]。

(18) エルヴェ・カスタネは、否認をめぐるフロイトの議論は最終的に「あらゆる主体に否認がある」という立場に到達したと述べている（Castanet, 2013, p.59）。
(19) 最後期のフロイトが論じた自我分裂は、ラカンによって心的システムの神経症的な構造化における欲望の発生に位置づけられるようになる（S5, 335/下 129-130頁）。

7　小括――フロイトのなかにあるラカン

最後に、神経症と精神病の鑑別診断をめぐるフロイトとラカンの関係を整理しておこう。

（1）神経症者は相容れない表象を受け入れた上でその表象を加工するが、精神病者は相容れない表象を受け入れずに排除する∴この論点は、ラカンによって抑圧と排除の違いとして継承された。

（2）神経症における無意識は解読（解釈）を必要とするが、精神病では無意識が意識的なものとして現れる∴ラカンは、このことを「精神病では無意識が白日のもとに晒されている」と表現した。

（3）神経症の症状は隠喩によって構成されているが、精神病の症状は隠喩を欠いたシニカルな命題によって構成される∴ラカンは、（父性）隠喩による新たな意味作用の出現を神経症の指標と考えた。

（4）神経症ではリビードが外的世界に備給されているため転移が成立しうるが、精神病ではナルシシズムへの退行が起こっているため転移が成立しない∴ラカンは、転移を分析家に対する対象愛の発露ではなく「転移のシニフィアン」の出現と捉え、これを神経症の指標と考えた。また、ラカン派の論者は、フロイトのいう精神病における「ナルシシズムへの退行」を翻案し、それを「享楽の脱局在化」と呼んだ。

（5）精神病の中核において機能しているのは、同性愛ではなく父コンプレクスである∴ラカンは、これをエディプスコンプレクスの機能不全、および〈父の名〉の排除として継承した。

（6）神経症と精神病の両者に現実喪失があるが、神経症では空想世界のなかで対象との関係が維持されている。精神病では空想世界（妄想）を作ることによって現実喪失を克服する：ラカンは、神経症ではファンタスムが機能しているが、精神病ではファンタスムが機能しておらず、精神病者は妄想形成によってファンタスムの代理（妄想性隠喩）をつくり上げると考えた。

（7）最終的にフロイトは、否認および自我分裂をあらゆる心的構造にみられるメカニズムとして一般化する：同様に、七〇年代のラカンも神経症と精神病の鑑別診断論を解体し、両者を同じ枠組みで捉えるようになった。

次章以降では、ラカンによる神経症と精神病の鑑別診断論を詳しくみていく。読者諸兄は、本章で扱ったフロイトのさまざまな議論が、ラカンの理論的変遷のなかで体系的にまとめあげられ、そして後にはその体系が脱構築されていくさまをみることになるだろう。結論を先取りするなら、神経症と精神病の鑑別診断をめぐるラカンの理論的変遷は、フロイトのテクストのなかにバラバラに散逸していた鑑別診断論を、エディプスコンプレクスと〈父の名〉の概念のもとに体系化し、後にそれを相対化していくプロセスであったと言えるのである。

第二章『人格との関係からみたパラノイア性精神病』における鑑別診断（一九三二）

前章では、フロイトの鑑別診断論を概観した。ここからは、ラカンの鑑別診断論を、その理論的変遷にそって検討していこう。

ラカンは、一九二七年から三二年にかけてサンタンヌ病院、警視庁附属特別医務院、アンリ・ルーセル病院などで勤務し、三二年に学位論文『人格との関係からみたパラノイア性精神病』を提出している。この学位論文は、その第二部で検討される「症例エメ」によって有名になり、エメに見いだされる想像的＝鏡像的な病理がしばしば取り上げられてきた。しかし、エメの物語やそこにみられる想像的な病理に注目しすぎることは、この学位論文の理解にとって障害になりかねないと私たちは考える。それはなぜか。この学位論文は、一九世紀末から二〇世紀初頭にかけて精神医学界のもっぱらの話題であった「パラノイア問題 Paranoiafrage」[1]にフロイトの理論をもちこむことによって一石を投じようとするものであり、そこにはフロイトによる症状形成の理論が援用されている。そのため、前章で確認してきたような、症状形成において働いている象徴的な心的加工（の不在）と〈父〉の問題が、この学位論文でも取り扱われていると考えられるからである。

結論を先取りするなら、この学位論文においてラカンは、神経症と精神病のそれぞれの症状形成におけるシニフィアン（表象）の処理のされ方の違いをすでに論じている。本章では、まず、その議論をテクストに沿って抽出する。その上で、エメの妄想形成にみられる精神病的な特徴をあらためて確認していこう。その作業のなかで、ラカンにおける〈父〉の問題の胎動が浮かび上がってくるはずである。

1　妄想における「意味上の明解さ」

ラカンは、症例エメをヤスパースに代表される「過程」の立場（『人格との関係からみたパラノイア性精神病』第二部二章）と、エルンスト・クレッチマーに代表される「人格の発展」の立場（同三章）の両者から検討した後に、フロイトの立場からの検討（同四章）を始める。ここでラカンは、精神病における妄想が、夢によってつくられる象徴的表現とは異なる意味作用をもっていることを指摘している。

妄想に特徴的な第一の性質は、その意味上の明解さ clarté significative である。しかし私たちは次のことを指摘した。この明解さが論理〔＝演繹〕とはまったく別の性質をもっていること、および、この明解さが患者の意識によって無視 méconnaître された情動的諸傾向の表現として、妄想主題が有する意味に結びついており、それと完全に合同であるということである。この妄想の第一の性質、つまり妄想の意味作用 signification の明証性は注目に値する。その明証性は夢のもつ象徴的曖昧さとはまったく異なり、「妄想において、無意識は意識のなかで直接的に表現される」というもので

（1）　パラノイア問題とは、原発性の知性の障害である「パラノイア」を独立した疾患単位としてみるか、あるいはクレペリンの早発性痴呆（統合失調症）や躁うつ病のなかに含めるかという問題を中心として巻き起こった種々の疾患分類学的な論争のことを指す。

ある。(PP, 293/309頁、強調は引用者)

夢は、なんらかの葛藤を象徴的に表現したものである。例えば、「歯を抜かれる夢」がしばしば去勢を象徴的に表現しているように、夢の顕在内容は葛藤(潜在内容)を象徴的に加工することによって作り上げられている。そのため、夢の顕在内容は偽装を施された曖昧なものになる。だからこそ、夢に対して精神分析的な解釈を施し、その加工を逆から辿りなおすことによって、無意識的な潜在内容を明らかにすることができるのである。この意味で、解釈とは象徴的な加工という媒介を解きほぐし、元々の葛藤を直接的に呈示させることであるといえる。他方、精神病の妄想では、無意識的な葛藤が意識のなかではじめから直接的・無媒介的に呈示されており、その意味は解釈を必要としない明解なものであるとラカンは主張している。

神経症の症状と精神病の症状を対比しても、同じことが言える。

> 神経症の症状の解釈は、往々にしてかなり複雑で遠回しの象徴性 symbolisme として現れる。……〔反対に、〕精神病の症状は、その症状の意味上の明解さが完璧であるため、精神病の解釈においては象徴的関連なしで簡単にすますことができる。(PP, 319-320/336-7頁)

つまり、神経症の症状は象徴的加工によってつくられる表現であるが、精神病の症状は象徴的加工を欠いた剥き出しの呈示なのである。この議論が、前章で確認したフロイト流の心的加工の有無による神経症と精神病の鑑別診断論を引き継いでいることは明らかであろう(⇩83〜88頁)。ラカンはここから次のような結論を引き出してくる。

妄想の体系化された内容は……いかなる「推論的」活動をも表していない。……妄想の内容は、患者の一つあるいはいくつかの生活上の葛藤を無媒介的に（すなわち意識的論理的演繹なしに）……表現している。（PP, 346/364頁）

神経症の症状は葛藤を象徴的な加工という形で次々と演繹していくことによって偽装したものである。それは、いわば媒介 média をあいだに挟んだ遠回しの表現である。他方、精神病の妄想は生活上の葛藤を無‐媒介的 im-médiatement に呈示している。この二つの症状形成の差異は、図4のように示すことができる[2]。

神経症　葛藤 → S → S' → S'' → 症状（象徴的加工）

精神病　葛藤 ＝ 妄想（無媒介的呈示）

図4　神経症と精神病における症状形成の違い

ラカンは学位論文のなかで、精神病において現れる意味の異常なあり方を論じているが、このような意味の異常なあり方への注目は、古典的な精神医学にも共有されている。一九二二年、ヤスパースは「あらゆる反省に先立って、無媒介に体験される現象」の存在を精神病の診断において重視した（Jaspers, 1922, 強調は引用者）。一九四八年には、クルト・シュナイダーがこの議論を引き継ぎ、精神病（統合失調症）では、症状はそれ以前の心的体験とのつながりをもっていないことを指摘した（Schneider, 2007）。すなわち、精神病の症状は何らかの過去の心的体験から演繹されて生じたものではないため、了解すること（異常な体験の発生を辿り、それを何らかの心的体験へと還元すること）ができないのである。シュナイダーはこの特徴を「意味連続性の断絶」と呼び、これを精神病の指標としている。これらの議論とラカンの精神病論の関係については、後に検討する（⇩218〜237頁）。

2　症例エメの葛藤と妄想の関係

では、症例エメにおける葛藤と妄想の関係をみていこう。エメは、本名はマルグリット・アンジューといい、彼女が書いた小説のヒロインの名にちなんでエメ Aimée と名づけられている。妄想的な傾向のある母親と強い絆で結ばれていたエメには、幼少期から行動の緩慢さや空想癖がみられていたという。エメは一八歳から鉄道会社の事務職として勤勉に働き、その会社の従業員と結婚している。しかし結婚八ヶ月後に、エメの姉がエメの夫婦の家に住むようになると、エメの生活は少しずつ変わっていく。姉がエメに対して権威的な態度をとり、厳しい忠告を繰り返すようになったのである。おそらく二八歳の頃に最初の発病があったと推定されるが、その頃から「周囲の人々からつけ狙われている」という妄想がはじまった。三〇歳時にエメに子供（後に精神分析家となるディディエ・アンジュー）が生まれると、姉はその子供を我が子のように愛することに熱中し、子供の教育方針に大いに口を出した。すると、エメの妄想は次第に「自分の子供が狙われている」という内容が中心となった。この妄想を心配した家族によって、エメは保養院に入院させられる。三二歳頃のことである。半年間の入院後、自分がつけ狙われているという妄想から発展して「自分には高い次元の運命をまっとうする必要がある」と感じたエメは、突如としてパリへの転勤を希望する。こうして、エメは夫と姉と息子を残し、パリで単身生活を送ることになる。

パリでの生活のなかで、エメの妄想は具体的な人物へ次々と向けられていき、次第に体系化されていった。ある日、仕事中に「自分の息子が狙われている理由」を考えていたエメは、偶然にも同僚たちが女優ユゲット・デュフロの話をしているのを聞いて、「自分たちを狙っているのはデュフロである」と思い込む（妄想解釈）。そして三八歳のとき、エメは「デュフロが自分（エメ）の息子をおびやかしている」「デュフロと親交のある作家が自分（エメ）のスキャンダルを吹聴している」という妄想にもとづいて、デュフロをナイフで刺してしまう。この傷害事件によって、エメは逮捕・拘留される。しかし驚くべきことに、拘留からわずか二〇日後に、エメの妄想は治癒してしまう。その後エメはサンタンヌ病院に収容され、そこでラカンの診察を受けることになった。

ラカンによるエメの妄想の理解は次のようなものだ。エメは「自分の子供が狙われている」という妄想を展開しているが、実際にエメの子供を我が物とし、子供に対するエメの養育権を侵害していたのは彼女の姉である。しかし、エメの妄想のなかに姉は登場してこない。つまり、エメは「自分の姉に子供を奪われている」という実際の生活上の葛藤を無視している。[3] このことを、ラカンは次のように解釈している。

（2）ラカンは、この葛藤が両親や兄弟（姉妹）とのあいだのコンプレクスに結びついていることを見逃してはいない（PP, 271/289頁）。後には、ここから〈父〉をめぐる議論が発展していくことになる。

（3）この「無視 méconnaissance」のメカニズムは、フロイトのいう排除に相当する（⇩81〜83頁）。

エメのすべての妄想は、ひとつの憎悪がつぎつぎと遠心的に遷移することとして理解することができるが、その憎悪の直接的対象〔であるところの姉〕をエメは無視しようとしている。(PP, 282/299頁)

エメのすべての妄想は、姉についての葛藤を無視した結果として展開しているのである。無視された葛藤は、エメの妄想の原型 prototype となる。そして、この原型が、その中心にある姉を避けるように、デュフロをはじめとする様々な人物へと(写真のように)焼き増しされていくことによってエメの妄想は駆動されている(PP, 253/271頁)。言い換えれば、この葛藤の原型にうまく当てはまるような人物がエメの前に現れるたびに、エメはその人物を自らの妄想の対象(自分を迫害する人物)に仕立てあげるのである[4]。こうして、エメの生活上の葛藤が、妄想のただなかに直接的・無媒介的に現れることになる。

3　精神病の特異的原因としての「人格の発達停止」とその治癒的解決

では、エメの精神病はどのような原因で生じているのか。ここで注意すべきなのは、エメのように生活上の葛藤が存在することが、精神病の特異的原因となるわけではないということである。ラカンは学位論文のなかで、精神病の原因を三つ(誘因、作用因、特異的原因)にわけて考えている。

(1)　誘因 cause occasionnelle[5]：これは中毒や内分泌的障害のような、精神病の発病を引き起こしうる器質的障害である。ただし、この誘引は発病のきっかけになるだけであり、妄想や内容と形式を決定することはない。

（2）作用因 cause efficiente：エメにおける葛藤のように、妄想の内容を決定している原因を、ラカンは作用因と呼んでいる。しかし、これもまた精神病の特異的な原因ではない。エメのように家族とのあいだに葛藤があることは、当然、神経症と精神病のどちらにもありうるからである。

（3）特異的原因 cause spécifique：ラカンは、幼児期の家庭状況の異常と関連した人格の発達停止 arrêt evolutif を精神病の特異的原因と考えている（PP, 349/368頁）。これは、フロイトが精神病の素因と呼んだナルシシズムへの固着のラカン的翻案であると考えられる。エメの場合では、姉妹コンプレクス complexe fraternel〔＝兄弟／同胞コンプレクス〕への情動的固着が彼女の精神病の特異的原因である。

（4）ラカンは、エメの葛藤の原型を、情動と表象の二つの側面から明確化している（PP, 253/271頁）。一方の情動の側では、エメの葛藤の原型は、彼女の姉のようにエメに対して道徳的屈辱を与える人物である。他方の表象の側では、エメの葛藤の原型は、デュフロらの女優のように自由と社会的権力を謳歌する人物、すなわちエメの理想となる女性たちである。エメは、この二つの側面を同時に満たすような人物を妄想の対象として選ぶ。すると、エメは、その人物に対して想像的に同一化しようとする（その人物になろうとする）。しかし、この同一化の対象の人物は、エメに道徳的屈辱を与え、エメを迫害する人物でもある。ゆえにエメは、葛藤の原型を焼き増しした結果として妄想の対象となった人物を、「自分が手に入れられなかったすべてを手にしている憎むべき迫害者」と考えざるをえなくなるのである（しばしば強調されるエメの想像的＝鏡像的病理はここに由来する）。

（5）「機会原因」を意味する哲学用語でもある。フロイトもこの語を一八九六年のフランス語論文「ヒステリーの遺伝と病因」のなかでもちいている（GW1, 415）。

では、精神病の特異的原因と目されるこの固着は、どのように精神病と関係しているのだろうか？ラカンはエメが固着していた姉妹コンプレクスの時期が、超自我の最初の発生時期に相当することに注意を促している（PP, 259/277頁）。言い換えれば、エメには超自我が到来していないのである。エメの人格が姉妹コンプレクスの段階で発達を停止しているということは、超自我の機能である道徳的処罰がエメにおいては機能していないということにほかならない。その結果、エメの妄想のなかに現れる迫害者は、エメに欠けている超自我の具体的なイマージュとして現れることになる（PP, 263/281頁）。ならば、妄想に支配された傷害事件の際に、エメは自らに欠けている超自我そのものをナイフで刺したのだと言えよう。そして、超自我であるところの妄想の対象（デュフロ）を刺した結果として、エメは〈法〉によって有罪宣告を受けることになる。かくしてエメにはじめて道徳的処罰が到来し、彼女の精神病は治癒に至る。そのことをラカンは次のように述べている。

> エメは……彼女の犠牲者〔＝デュフロ〕のなかにある、彼女の外在化された理想を攻撃した。けれどもエメが攻撃した対象は単に象徴としての価値しかもっておらず、彼女の態度はまったく静穏化しなかった。／けれども、〔女優への攻撃と〕同じ一撃が法の前で彼女を有罪とする。エメはこの一撃によって自分自身を攻撃したのである。そして彼女がそのことを理解した時、彼女は欲望が成就される満足を体験した。すなわち、妄想は不必要となり、消え去ったのである。（PP, 253/272頁）

エメは、彼女が有罪であることを宣告する〈法〉の到来によって、精神病を治癒させる。周知の通り、ラカンはこの特徴に注目し、症例エメを「自罰パラノイア paranoïa d'auto-punition」という独自に考案した仮説的疾患単位に属せしめたのであった。

　しかし、本書がここで注目すべきなのは、自罰パラノイアの理論的・臨床的位置づけではない。私たちが注目しなければならないのは、エメのような精神病においては特異的原因として人格の発達停止が存在し、そのために〈法〉が到来していないという一九三二年のラカンの構想のなかには、五〇年代に展開される議論——精神病における、法をなすものとしての〈父〉の不在——がすでに見え隠れしていることである。より断定的に言うなら、症例エメを経験したラカンは、〈法〉が到来することで精神病が治癒する可能性を知り、そこから遡及的に精神病には〈法〉が不在であることを理解したのである。こうしてラカンは次第に、〈父〉の不在、〈父の名〉の排除という概念に近づいていくのである。(6)

（6）学位論文の後に数本のパラノイア論を執筆したラカンは、一九三八年に長大な辞典記事『家族コンプレクス』を執筆している。ラカンはこの記事のなかで、「母親と兄弟だけに限定された家族集団は……精神病を生みやすくするし、ほとんどの二人組妄想の症例はそこに見いだされる」（AE45）と述べている。この〈父〉が不在であるという状況は、エメの場合や、パパン姉妹の症例に見出される。

第三章　『精神病』における神経症と精神病の鑑別診断（一九五五〜一九五六）

一九五一年、ラカンは後に「セミネール」と呼ばれることになる通年講義を私宅で開始する。ついで五三年から六三年までの一〇年度にわたって、その講義はサンタンヌ病院で行われるようになる。ラカンはそこで、多くの精神科研修医や哲学者に向けて、フロイトの緻密な読解の試みを披露していた。私たちは現在、ミレールが編纂した『セミネール』の単行本によって、そのおおよその全貌を知ることができる(1)。

『セミネール』のなかで、ラカンはどのように神経症と精神病の鑑別診断を論じているだろうか。まず、五三‐五四年のセミネール第一巻『フロイトの技法論』では、フロイトの現実喪失の議論が援用され、神経症と精神病の鑑別診断の必要性が述べられているが、それはフロイトの記述に何か新しいことを付け加えるものではない（S1, 134/上 186-7頁）。つづく五四‐五五年のセミネール第二巻『フロイト理論と精神分析技法における自我』では、強迫神経症とパラノイアの関係、狼男の症例、夢と狂気の関係などが扱われるが、いずれも断片的な言及にとどまっている。

ラカンが本格的に神経症と精神病の鑑別診断を論じるのは、五五‐五六年のセミネール第三巻『精神病』である。まず、このセミネールのなかから、鑑別診断の重要性と、その大まかな方向を示す次の一節を引いておこう。

> 先週の金曜日にここで、ある女性患者を診察しました。その患者は周囲の人を困らせ、争いを巻き起こすような振舞いをしていました。要するに私は、精神病か否かを診断するために呼ばれたのです。というのは、その患者は一見したところでは強迫神経症者のようにも思われたからです。ある決定的な理由から、私は精神病の診断を下しませんでした。それは、今年度の私たちの研究対象である障害、つまりランガージュの秩序における障害が何一つ認められなかったからです。精神病の診断を下すためには、この障害があることが前提とされます。（S3, 106/上152頁、強調は引用者）

この発言からは、当時のラカンがすでに鑑別診断の名手として、サンタンヌ病院の症例検討会で高い信頼を得ていたことがわかる。そして、ラカンによる鑑別診断の決め手となっていたのは、ランガージュ（言語）の障害の有無であることも理解される。神経症ではランガージュの障害がみられないのに対して、精神病ではランガージュの障害がみられるのである。この発想はすでにフロイトのなかに胚胎されていたものだが（⇩91〜93頁）、ラカンはそれを当時興隆していた構造主義言語学から借りた術語をもちいて定式化しようとするのである。

（1）一九三八年から五三年までのあいだ、ラカンは数編の論文を発表しており、そのなかには精神病についての議論を含む論考が散見される。しかし、本書の主題である神経症と精神病の鑑別診断に関してはほぼみるところがないため、それらの論考については検討から除外する。なお、ローマ講演については別に検討する（⇩412〜416頁）。

1　『精神病』における二つのパラダイム

神経症と精神病の鑑別診断を構造主義言語学によって定式化すること。この試みの結果として、ラカンは精神病に特異的な構造的条件としての「〈父の名〉の排除」を見出すに至った。しかし、『精神病』をよく読んでみると、そのような理解は誤りではないにせよ、ラカンの理論的変遷をかなり単純化していることがわかる。結論から先に述べるなら、『精神病』では、五五年一一月から五六年七月までの約半年間の講義期間のあいだにひとつのパラダイムの転換が生じている。そのため、私たちは『精神病』を構成する二つのパラダイムを分割してラカンの議論を追っていく必要がある。その二つとは、（1）精神病を「意味作用 signification」を中心として理解するか、（2）精神病を「シニフィアン signifiant」を中心として理解するかの二つである。また、このパラダイムの転回に伴って、ラカンの精神病論の中心的概念である「排除 Verwerfung/forclusion」の定義が変更されていることにも注目する必要がある。これまでのラカンの精神病論の理解にみられたさまざまな混乱は、この二つのパラダイムの転換——ラカン対ラカン——が等閑視されてきたために生じたと私たちは考えている。

まず、この二つのパラダイムのそれぞれを代表するラカンの発言を見比べておこう。

（1）一方では、五六年一月一一日にラカンは次のように述べている——「精神病現象とは……ある桁外れな意味作用 signification énorme が現実のなかへと出現することです」(S3, 99/上141頁)。症例シュレーバーにおいて「性交を受け入れる側である女になってみることも元来なかなか素敵なことにちがいない」という考えが突如として頭のなかに浮かび上がったように、精神病の発病時には、患者本人の意識とはなんら繋がりをもたない謎めいた意味作用が出現する。ラカンは、この妄想的な意味作用は、排除された去勢の脅威が再出現した結果であると考えている(S3, 100/上142-3頁)。

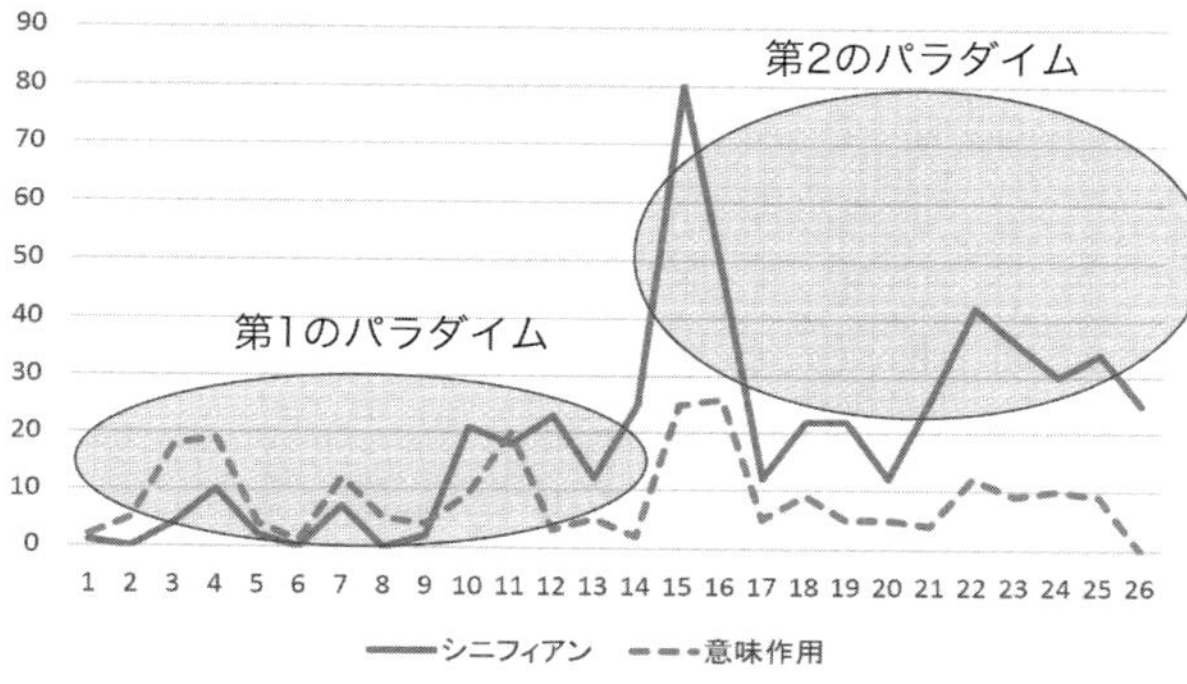

図５ 『精神病』の各回講義における「シニフィアン」と「意味作用」の出現回数

(2) 他方では、同年四月一八日にラカンは次のように述べている――「精神病とは単に意味作用の水準で起きている事柄……だけのために起きているのではなく、主体とシニフィアンとの関係の水準に位置するものに本質的に由来している」(S3, 225/下71頁)。つまり、精神病の本質を捉えるためには、意味作用だけではなく、シニフィアンを問題としなければならないというのである。そしてラカンは、精神病では、主体がある欠損したシニフィアンに決して接近することができないことを指摘し(S3, 219/下63頁)、その接近不可能性のことを排除 forclusion と呼んでいる(S3, 361/下285頁)。つまり、この第二のパラダイムでは、第一のパラダイムとは異なり、排除されたシニフィアンは再出現するわけではないのである。

念のため、『精神病』の各回の講義に「シニフィアン」「意味作用」という術語がどれだけ出現するかを調べたものを図5に示す。一見してわかるとおり、五五年一一月一六日（初回講義）から五六年一月二五日（第九回講義）までは「シニフィアン」よりも「意味作用」の方が多くもちいられており、五六年二月一五日（第一五回講義）を境に「シニフィアン」の使用が急速に増加している。内容の面からみても、五六年二月一五日（第一五回講義）を境に、この二つのパラダイムはゆるやかに（ただし重複を含みつつ）移り変わっている。そこで、以下では、『精神病』における神経症と精神病の鑑別診断論を、第一のパラダイムと第二のパラダイムにわけて論じていくこととする。

2 「意味作用」による鑑別診断——第一の排除

抑圧と排除（第一の排除）

ラカンは、『精神病』の初回講義から、抑圧と排除を区別し、この二つをそれぞれ神経症と精神病における主要なメカニズムとして位置づけている（S3, 22/上20頁）。では、抑圧と排除はどのように異なるのだろうか。次の一節をみておこう。

> 抑圧の刑に処せられたものは、回帰します。というのは、抑圧と抑圧されたものの回帰は、同じ事態の裏表でしかないからです。抑圧されたものは、……症状や他のたくさんの現象のなかに、完全に分節化された形で表現されます。それとは反対に、「排除 Verwerfung」の刑に処せられたものは、全く異なった運命をたどります。（S3, 21/上18頁）

ここでは、一体何が抑圧されたり排除されたりすることが論じられているのだろうか。ラカンによれば、それは「去勢の脅威」(S3, 21/上18頁)である。[2] すなわち、神経症では去勢の脅威が抑圧されるのである。そして、抑圧された去勢の脅威は、症状形成のプロセスによって加工(分節化)され、別のものとして表現される(例えば、抑圧されたものが身体の上に表現されれば、それはヒステリーの転換症状となる)。これが「抑圧されたものの回帰」である。反対に、精神病では去勢の脅威が排除され、排除されたものは神経症における症状形成とは異なるプロセスを経て現れてくることになる。それゆえ、抑圧されたもの/排除されたものの現れ方の違いによって、神経症/精神病を区別することができるのである。この議論は、先に確認しておいたフロイトにおける症状形成における心的加工の議論(⇩84頁)や、ラカンの学位論文における神経症と精神病の症状形成の差異の議論(⇩121頁)の延長線上にある。

ラカンは抑圧と排除の違いを、計算機の比喩をもちいて説明している。それは次のような比喩である。ある計算機があり、その計算機に数字を入力すると、計算された結果が出でくる。しかし、その計算機の処理スピードを考慮せず無理矢理に数字を入力すると、計算機はその数字を取りこぼし、数字は計算機の外部にそのまま落下してしまう(S3, 21/上19頁)。

仮に、「1」という数字を入力すると、「y = 2x + 3」という方程式に従って「5」という結果を出力する単純な計算機を考えてみよう。「y = 2x + 3」という方程式によって「1」を「5」へと変換するこの演算(加工)のプロセスの全体が「抑圧」にあたり、その演算の結果として出力される「5」が「抑

(2) 後にみるように、この去勢の脅威は、シニフィアン(特に〈父の名〉のシニフィアン)と同じものではない(⇩147〜148頁)。

圧されたものの回帰」にあたる。抑圧と抑圧されたものの回帰が同じ事態の裏表であるとラカンがいうのは、「y＝2x＋3」という式による演算のプロセスは、「1」を「5」に変換することによって「1」を意識に上らせずにおくこと〔＝抑圧〕に成功するが、演算の結果である「5」を元々の「1」へと逆演算することは演算結果の読み方を知っている人物〔分析家〕にとっては容易であり、抑圧は結局のところ抑圧されるべきものを露呈させてしまっているからである。別の言い方をすれば、主体は、抑圧されたものを隠すどころか、抑圧されたものの回帰という手段をもちいて、「自分が語ることのできないもの〔＝抑圧されたもの〕を、自らの存在のすべての毛穴をつかって〔＝全身で par tous les poles〕叫んでいる」(E386) のである。

では、この計算機に、「1」という数字を無理矢理に入力しようとするとどうなるだろうか。このとき、入力されるべきであった「1」という数字はとりこぼされ、そのまま計算機の外部へと排除されてしまう。このとき、この「1」という数字は「y＝2x＋3」という演算処理を受けることができない。仮に計算機の内部を象徴界、計算機の外部を現実界と考えるならば、演算処理を受けて加工された数字「5」は象徴界に存在するのに対して、演算処理を受けることができなかった数字「1」は現実界に存在することになる[3]。

この計算機の比喩を通してラカンが言いたいのは、次のようなことだ。抑圧とは、去勢の脅威に対する一種の演算処理である。この演算処理の結果として、去勢の脅威は意識に上らないようになり、その代わりに、去勢の脅威が象徴的に加工されたもの〔すなわち、去勢の脅威ではないもの〕が意識に上ることになる。これが、神経症における症状形成である。反対に、排除の場合では、去勢の脅威は演算処理を受けることができない。その結果、去勢の脅威は精神病の発病時にそのままの形で現実界に出現することになる。これが、「主体によって拒絶 refuse されたものが現実界へと再出現」した結果としての精神病の幻覚である（S3, 22/ 上 20 頁）。この意味での抑圧と排除の違いは、図6のように示すことができるだろう。

神経症における症状形成（抑圧されたものの回帰）と精神病における症状形成（現実界への再出現）をより詳しくみておこう。

		演算処理あり	
抑圧	去勢の脅威 →	f(x)	→ 抑圧されたものの回帰（症状）
		演算処理なし	
排除	去勢の脅威	＝	現実界への再出現（幻覚）

図６　抑圧と排除の違い

（1）神経症における抑圧と「抑圧されたものの回帰」：神経症の場合では、抑圧は幼児期の子供が去勢の脅威を経験することから始まる。この幼児期体験はそれに見合う何らかのシニフィアンによって代表され、そのシニフィアンは「潜勢的なシニフィアン signifiant en puissance ないし潜在的なシニフィアン signifiant virtuel」として無意識のなかに貯蔵されるようになる（S3, 136/ 上 198 頁）。言い換えれば、神経症では、去勢の脅威を代表するシニフィアンが無意識のなかに存在することが「是認 Bejahung」されるのである。しかし、その潜勢的なシニフィアンが無意識のなかに潜在しているだけでは、症状は形成されない。前述の計算機の比喩で言えば、症状形成のためには何らかの演算が必要とされるからである。

（3）ここでラカンは、排除されたものとの関係から生じる精神病現象について、「(再び) 現れる (re) apparaître」、「(再) 出現する (re) surgir」、「再び姿を見せる reparaître」、「自らを表す se manifester」という表現をつかっており、「排除されたものの回帰 retour」という表現を注意深く避けている。

症状を形成する演算は、幼児期体験ではなく、むしろ思春期以降の偶然の体験によって生じる（S3, 136/上198頁）。例えば、後に取り上げるアイズラーの男性ヒステリー者は、幼児期にハイハイをしているときに祖母に親指を踏みつけられたことがあった。その結果、この体験（去勢の脅威）はシニフィアンとして代表され無意識に潜在するようになるが、症状が形成されるのはその時点ではなく、ずっと後になってからのことであった。彼がヒステリー症状を形成したのは、勤務中に偶然に負傷した骨折の検査のためにレントゲン写真を撮影したときであった（S3, 191/下18頁）。それは、うつ伏せになって体に感光板を押しつけるというレントゲン検査の体験が、ハイハイをしている状態で祖母に親指を踏みつけられるという幼児期体験と類似していたため、レントゲン検査がトラウマ的な体験として機能したからである。こうして、幼児期体験が成人後の偶然の体験と事後的に結びつけられる（演算される）ことによって形成された症状が、幼児期体験である去勢の脅威と関係する意味作用を放つようになる（⇩208〜212頁）。

（2）精神病における排除と「排除されたものの現実界への再出現」：精神病の場合では、幼児期に経験された去勢の脅威について、主体は「『抑圧という意味で』さえも何一つ知ろうとしない」（S3, 21/上18頁）。すなわち、主体はその去勢の脅威を抑圧という形で「是認」するのではなく、「排除 Verwerfung」しているのである（S3, 95/上134頁）。すると、去勢の脅威は無意識のなかに存在しないことになる。これは、前述の計算機の比喩で言えば、計算機に入力されるべきであった数字「1」がとりこぼされ、計算機に入力されないことに相当する。

精神病の発病時には、この象徴化されなかったもの、是認されなかったものが、意味作用という形で現実界のなかに再出現する。[4] このときに再出現する「排除されたもの」は、神経症の症状形成のような演算処理を受けていない。そのため、主体はこの排除されたものに対して、何らかの別の意味作用を与えることができない。だからこそ、精神病現象は主体にとって意味のわからない、不可解な現象として体験されるのである。例えば、症例シュレーバーでは、「性交を受け入れる側である女になってみることも元来なかなか素敵なことにちがいない」という考えが突然意識に現れていた。これはまさに「去勢の脅威（＝女になることの脅威）」の意味作用が現実界のなかに再出現する現象であったと言える。このような現象を、ラカンは「ある桁外れな意味作用 signification énorme が現実のなかへと出現すること」（S3, 99/上 141 頁）と表現している。

上記の記述から理解されるように、神経症と精神病の違い、ひいては抑圧と排除の違いは、去勢の脅威の処理の仕方の違い（是認と排除）にある。そしてその処理の仕方の違いが、症状のもつ意味作用の違いとして、臨床的に現れてくるのである。

ラカンはすでに『自我』のセミネールにおいて次のように述べていた。「［神経症の］症状というものはそれ自体、徹頭徹尾、意味作用である」（S2, 368/下 252 頁）、と。神経症の症状は、幼児期体験を、後のトラウマ的出来事と結びつける（演算処理を行う）ことから生じている。それゆえ、ある神経症の症状の意味作用は、常に他の意味作用へと回付されることができる（S3, 42/上 50 頁）。

（4）「象徴化されていないものが現実界のなかに再出現するとき、一体何が起こるのでしょうか。……出現してくるものが意味作用という領域の下で現れてくることは明らかです」（S3, 100/上 142 頁、強調は引用者）。

反対に、精神病の症状[5]に現れる意味作用は、シュレーバーが語る「神経附属物」や「仮初めに急ごしらえされた男」という謎めいた言葉（言語新作）のように、その意味が不明でありながらも、何か重大な事柄を意味しているような印象を与える。このような意味作用は「本質的にそれ自身〔＝意味作用〕以外の何物へも回付されない意味作用」であり、「それ自体で言うに言われぬ何かを意味している」（S3, 43/上51頁）。この意味作用は、主体の象徴化のシステムにかつて一度も参入したことがないものであるため、主体はその意味作用をいかなる既知の意味作用にも結びつけることができない（S3, 99/上141頁）。精神病において出現する意味作用が、主体にとって一種の「謎」として体験されるのはそのためである。

小出浩之（1997）は、精神病におけるこのような謎めいた体験を「読めない外国語」との出会いに喩えている。読めない外国語に出会ったとき、ひとはその外国語が何かを意味していることは分かるが、その意味作用を理解することはできない。もし辞書があれば、その語の意味作用を自分の母語における既知の意味作用へと回付させることができるだろう。しかし、辞書をひくための手掛かりすら与えられていない場合（その外国語が何語であるのかわからない場合を想定するとよいだろう）、ひとは途方にくれてしまうしかない。実際、精神病における謎めいた意味作用は、精神病者にとって次のように経験される。

ここに、世界が彼にとってある意味作用を持ち始めている主体がいます。……彼は少し前からいくつかの現象にとらわれていました。彼は、通りで何かが起きていると気づいたのです。しかし、何が起きているのでしょうか。……多くの場合、その事態が彼に好ましいのか、あるいは好ましくないのかさえ彼は知らない、ということがお解りになるでしょう。（S3, 30/上33頁）

精神病の発病初期の患者は、「何が起こったのか私にはわかりません。でも、確実に何かが起こっていて、とにかく不気味なのです」としばしば語る。このときに彼が述べているのは、世界のなかに何か謎めいた意味作用がある、ということである。そして彼は、それがどんな意味作用なのかわからないにもかかわらず、その意味作用が重要なものであることだけは十分に理解している（S3, 30/上33頁）。さらに彼は、その意味作用が自分に（主体に）関係するものであるということをはっきりと確信している（S3, 100/上142頁）。このような現象は、ラカン派では一般的に「困惑 perplexité」と呼ばれているが、精神病理学でいうところの意味妄想（妄想気分）や妄想知覚にほぼ相当するものと考えてよい。例えば、シュナイダー（2007）が紹介する精神病の事例には、「犬が前足をあげたのを見て、自分が明らかな啓示にかかわっていると確信した」という妄想知覚がみられる。この妄想知覚では、自分が何らかの啓示に関わっていることが妄想的に確信されているものの、その啓示の具体的内容はいまだ明らかではなく、その意味内容はきわめて希薄である。しかし、それでもなおこの謎めいた啓示は恐るべき力で患者を惹きつけて離さないという点に、困惑（および妄想知覚）の特徴がある。[6]

では、この困惑は、精神病者にどのような反応を引き起こすのだろうか。次の記述をみておこう。

（5）厳密にいえば、症状 symptôme とは無意識の形成物のひとつであり、夢や失錯行為と同様にシニフィアンの隠喩と換喩によって構成されたものである。他方、精神病において症状と呼ばれるものは、無意識の形成物としての構造をもっていない（Miller, 2008a）。そのため、精神病における症状を精神分析的な意味での「症状」と呼ぶことには困難がある。ただし、ラカン自身も精神病に関して「症状」という術語をもちいていることがあり（E269等）、ラカン派でもそのような語法が散見されるため、本書もその慣習に従う。なお、この困難は症状の一般理論の形成によって解消される（⇩356頁）。

主体は結局この〔謎めいた〕要素を加工するに至りますが、確かなことは、少なくともしばらくのあいだは、この要素はそれが持つ「わからない」という特徴をそのまま残して繰り返されるということです。この要素に対していかなる答えも与えられませんし、この要素を対話のなかに統合しようとするいかなる試みもなされません。こういう現象は、いかなる弁証法的構成へも至ることはありません。(S3, 31/ 上 35 頁)

困惑は、意味がわからない現象として何度も主体の前に現れる。そして、しばらくのあいだ、彼はこの現象を加工することも統合することもできない状態におかれる。それは、この現象の核にある謎めいた意味作用は象徴化のシステムにそれまで一度も参入したことがない意味作用であるため、それを他の意味作用へと回付させることができないからである。そのため、彼はこの現象をどれだけ否定しようとしても否定できず、それを信じざるをえないことになる (S3, 100/ 上 143 頁)。そのことをラカンは、精神病現象は「弁証法的構成」へと至ることがない、あるいは精神病現象には「弁証法の停止 arrêt dans la dialectique」(S3, 32/ 上 35 頁) がある、と表現しているのである。すなわち、主体が困惑という精神病現象を信じこんでしまい、それを訂正できないのは、その訂正を可能ならしめる対立項 (弁証法における「正」に対する「反」) が最初から欠けているからである。「排除 forclusion とは、否定できないものを引き出す否定である」と言えるのは、この意味においてである (Miller, 1996a)。

要約しよう。一方では、神経症の症状がもつ意味作用は、つねに他の意味作用へと回付されうる。それは、その症状を象徴界の水準で扱うことができるということである。神経症の症状に対して、解釈という象徴的な行為が有効でありうるのはそのためである。他方では、精神病の症状がもつ謎めいた意味作用は、他の意味作用へと回付されえないものであり、いわば象徴界のなかで孤立し、現実界へと落下している。(7) その結果、精神病における謎めいた意味作用は、分析家や精神科医にとってはもとより、患者自身にとっても、象徴界の水準では処理されえないものである。その結果、この謎めいた意味作用は想像界へと向かい、そこで処理されていくことになる。そのことをラカンは次のように表現している。

> 象徴化されていない何かが外界に現れる時、主体は全てを奪われ、その出来事に対して「否定 Verneinung」をすることが不可能となる、ということだけが起こります。その際に起きていることは、神経症における象徴的な妥協には全く認められない性質のものであり、それはまさに想像界の水準における連鎖反応によって、他の領域で表現されます。主体は、……新たに出現したものと、自分自身との間に何らかの象徴的仲介を作ることができないので、その他の仲介の方法……をとる

(6) このような現象は、『精神病』の第一のパラダイムにおいては意味作用の病理として扱われているが、後の「前提的問題」論文での再検討を経て、シニフィアンの病理として捉え直されることになる。例えば、ミレール (2004) は同様の現象を、次のように表現している――「精神病者は、謎（の）シニフィアン signifiant énigme を体験する。〈これは何かを意味している。なぜだかわからないが、これは私に関係している〉。そして、ある機会にこれが結晶化し始める」。

(7) ラカンは、ある意味作用が他の意味作用に回付されえないという状態と、ある意味作用が「現実界のなかに出現する」という状態をほとんど同じものとして扱っている (S3, 102/ 上 145 頁)。つまり、通常の意味作用は象徴界のネットワークのなかに自らの居場所をもつのに対して、精神病における謎めいた意味作用は、そのネットワークから切断されたものとして「ひとつきり tout seul」で存在する。この後者のあり方をラカンは「現実界に存在する」と呼んでいると推測される。この考えは、後に「切れた連鎖」「現実界におけるシニフィアン」という考えへと発展させられる (⇩226～235頁)。

ことになります。それは、象徴的な仲介を……想像的な増殖 prolifération imaginaire によって代理するという方法です。(S3, 100-1/ 上 143 頁)

神経症/精神病の違いは、抑圧されたものの(象徴界への)回帰/排除されたものの(現実界への)再出現というメカニズムの違いに由来している。ただし、精神病における排除されたものの再出現は、象徴界のなかでは処理しきれないため、想像界における連鎖反応を引き起こすことになる。[8] 例えば、発病時のシュレーバーを襲った「性交を受け入れる側である女になってみることも元来なかなか素敵なことにちがいない」という考え(謎めいた意味作用)が想像界のなかで連鎖反応を引き起こした結果が、彼の妄想の完成期にみられる「神の女になり、世界秩序を救う」という誇大妄想である(S3, 75/ 上 103 頁)(⇩253〜257頁)。

「問いの構造」からみた鑑別診断

意味作用による神経症と精神病の鑑別診断について、ラカンは二つの症例をもちだして論じている。その二つの症例の両方において、「子供をつくること(子をなすこと)procréation」[9] という主題、あるいは「私は子供をつくることができるか?(私は男なのか女なのか?/女であるとは何か?)」という問いに関わる意味作用が問題となっている。ただし、一方の神経症の症例と他方の精神病の症例とではその意味作用のあり方が大きくことなっているとラカンは言う。

まず、神経症の症例として取り上げられるのは、ハンガリーの分析家ミヒャエル・ヨーゼフ・アイズラー(1921)が記載した男性ヒステリー症例である。[10] この患者は、路面電車の運転手をしていたが、あるとき走行中の車両から地面に転倒し、左脇腹を打って意識を失ってしまう。彼は病院へ運ばれたのちに意識を取り戻し、複数回のレントゲン検査を受けたが、皮膚の擦過傷以外には目立った異常はみられなかった。三週間の入院ののちに彼は仕事に復帰するが、その頃から肋骨の周囲に周期的な腹痛を感じるようになった。やがて腹痛の間隔は次第に短くなり、規則的な発作となっていった。彼が表現するところによれば、その痛みは「硬い物体が出現しようとしているかのような」ものであったという（Eisler, 1921, p.253, 強調は引用者）。彼は病院を何箇所も受診するが、それでも腹痛の原因ははっきりしなかった。ある日、腹痛発作の最中に意識消失がみられたため、神経内科を受診したが、やはり異常はみつからなかった。そのため、彼は「外傷ヒステリー」という診断のもとにアイズラーの分析オフィスへ送られることになった。

分析の結果、次のことが明らかになった。彼が生後九ヶ月でハイハイをはじめたとき、祖母が彼の親

（8）後にラカンは『無意識の形成物』のなかで、精神病にみられる想像界における連鎖反応は「〈父の名〉というシニフィアンの欠如を補填しなければならない」という要請を中心として展開されると述べている（S5, 147/上215頁）。ここにはひとつのパラダイムの転換が確認できる。すなわち、『精神病』では連鎖反応は排除された去勢の脅威の再出現によって引き起こされるものであった（第一の排除のパラダイム）のに対して、『無意識の形成物』ではむしろ排除された〈父の名〉が、再出現せずに欠如したままであることによって引き起こされるのである。私たちは、この後者を後に第二の排除のパラダイムと呼ぶことになる（⇩147頁）。

（9）ラカンは、ヒステリーでは「性別に関する事実性」が、強迫神経症では「実存に関する事実性」が問題とされていると述べていた（E451）。セルジュ・ルクレールは、この議論を承けて、神経症における問いを二つに分け、ヒステリーは「私は男なのか女なのか？／女であるとは何か？」という性別に関する問いによって、強迫神経症は「私は生きているのか死んでいるのか？」という実存の問いによって基礎づけられているとした（Leclaire, 2003）。

（10）ラカンはこの分析家を誤って「ヨーゼフ・ハスラー」と呼んでいる。

指を誤って踏みつけたことがあった。この出来事は、彼にとってはじめての去勢の脅威として体験されていた（Ibid., p.261）。そして、この男性患者の神経症の発病のきっかけとなったのは、車両からの転落事故ではなく、レントゲン検査であったことがわかった。幼児期の去勢の脅威が、成人後のレントゲン検査と結びつき、神経症の発病契機となっていたのである。それは、先にも述べたように、うつ伏せになって体に感光板を押しつけるというレントゲン検査の出来事が、ハイハイをしている状態で祖母に親指を踏みつけられるという幼児期の去勢の脅威の経験と類似していたためであろう。

さらに詳しく分析をすすめると、彼はそのレントゲン撮影の際に「医師の前で服を脱ぐことについての不安のまじった期待」を感じていたことがわかった。その「不安のまじった期待」とは、彼がうつ伏せで検査台に寝ている際に、「彼の腰部〔＝陰部〕に医師が器具を突然つっこむかもしれない」ということであった（Ibid., p.263）。すなわち、彼はこの症状形成のなかに後背位での（肛門）性交のファンタスム（空想）を持ち込んでいたのである。精神分析の最中にも、この症状形成との関連をうかがわせる仕草がみられた。彼は分析中にカウチから突然立ち上がり、ぎこちなく体の向きを変え、うつ伏せになって足をぶらぶらさせる誘惑的な仕草をとった。これは明らかに、一連の症状形成と関係した、同性愛的受動性のサインである。

彼の神経症の症状は、そのすべてが「妊娠」というファンタスムに結びついていた（S3, 191/下18頁）。例えば、彼の腹痛の周期性は陣痛を巧みに表現したものであった。また、脇腹の腹痛が「硬い物体が出現しようとしているかのように」彼に感じられたのは、その物体が胎児であることを彼の無意識が知っているからであった。さらに言えば、彼の腹痛が脇腹の肋骨から始まっているのは、神がアダムの肋骨をとり、その肋骨からイヴをつくったという創世記神話と関係していた（Eisler, 1921, p.265）。あるいは、車両から落下することは、産み落とされることとも関係しているだろう。「妊娠」をめぐるこういった一連の意味作用は、子供がなかなかできないことに彼が悩んでいたことと関係していた（Ibid., p.263）。彼は、症状のなかで、アダムのように自らの肋骨からたったひとりで子供をつくろうとしていた。つまり、この患者は、「私は子供をつくることができるか（私は男なのか女なのか？）」という問いを、さまざまな象徴をもちいて表現していたのである（S3, 191/下20頁）。

では、精神病では、「子供をつくること」という主題はどのように現れるのだろうか。精神病の症例としてとりあげられるのは、症例シュレーバーである。シュレーバーは、アイズラーの症例の男性患者と同様に、子供ができないことを気にかけていた（⇩104～105頁）。では、症例シュレーバーとアイズラーの症例の違いは何か。シュレーバーに到来した「性交を受け入れる側である女になってみることも元来なかなか素敵なことにちがいない」という観念は、アイズラーの男性患者が象徴的に表現している女性的な態度での性交を、直接的に、すなわちむき出しの形で呈示している。つまり、両者はともに「私は子供をつくることができるか？（私は男なのか女なのか？）」という問いを抱えているものの、シュレーバーはその問いを「生《なま》の状態で示している」（S3, 217/下59頁）のである。そしてシュレーバーにおける女性化は、アイズラーの症例の女性化が象徴界のなかで展開したのとは対照的に、「神の女になり、世界秩序を救う」という誇大妄想として想像界のなかで展開されていた。言うなれば、アイズラーの症例の神経症が「象徴的妊娠」だとすれば、シュレーバーの精神病は語のラカン的な意味で「想像的妊娠」なのである[11]。

（11）ラカン派の立場からは、一般的につかわれる「想像妊娠」という用語は好ましいものではない。それが神経症にみられる象徴的妊娠なのか、精神病にみられる想像的妊娠なのかを鑑別する必要があるからである。

念のため、この「問いの構造」という観点が鑑別診断に役立った自験例を一例挙げておこう。患者は、一七歳ごろから不眠や幻覚があらわれたため、精神科クリニックに通院していた女性である。彼女は、かつて統合失調症（精神病）の診断を受け、抗精神病薬の投与を受けていた。しかし、副作用がみられたため内服をつづけることができなくなっていた。彼女は一九歳のときに筆者の外来を初診するが、そのときには「目をみて話すと、相手が何を考えているかわかる」「相手に自分の考えていることをわかられて怖い」などといった自我境界の脆弱さを思わす体験（考想伝播）を訴えた。また、幻覚について聞くと、「後ろに人じゃない物とか、人がみえる感じがする」と述べ、それは「首がぶらさがっているお化け。白いワンピースを着た真っ黒い人」であると付け加えた（実体的意識性）。さらに、アルバイトをしている最中に「そうじゃなくてあっちの方がいいだろ」「そこだったら脚立をもってきた方がいいだろ」などと自分の行動に「ちゃちゃを入れてくる」幻聴もあると述べた（行為言表性幻聴）。これらはいずれも統合失調症を示唆する症状である。しかし、彼女には「書いた日記や送信したメールに、見覚えのないものがある」などといった解離性障害（神経症）をおもわす体験もみられた。そこで筆者は、診断を一旦保留にして面接を続けることにした。

数回の面接のなかで転移関係ができてくると、彼女は「男らしい格好をしたほうが落ち着く」、「胸をつぶすシャツを着ていると落ち着く」、「男の人目線で女性をみている。自分はバイセクシュアルなのか？」などと次第に語るようになった。これは、「私は男なのか女なのか？／女であるとは何か？」という神経症（ヒステリー）の問いを換喩的に表現したものと考えられた。また、母親が妊娠した数カ月後から、彼女は腹部の違和感を訴え、「お腹の中のものが動く」と述べるようになった。この症状は、母親が出産を終えると消失した。先のアイズラーの症例と同じように、この症状が「私は子供をつくることができるか？」という問いを象徴的に（隠喩的に）表現したものであることは明らかである。ゆえに、この症例は神経症なのである。実際、この症例の患者は、心理面接を行うことによって、抗精神病薬の投与なしで状態の安定化をはかることができた。

『精神病』の第一のパラダイムの小括

ここまで確認してきた『精神病』の第一のパラダイムによる精神病の理解は、次の二点に要約される。

（1）精神病では去勢の脅威が排除され、排除されたものは意味作用として現実界に再出現する。そして主体は、その再出現に対して困惑させられる。

（2）精神病者は再出現した謎めいた意味作用を象徴的に仲介すること（他の意味作用へと回付させること）ができない。そのため、その意味作用は想像的な増殖によって処理されることになる。これが妄想形成にあたる。

先に確認しておいたように、この意味での「排除」では、排除されたものは再出現する。反対に、次節で検討するように、第二のパラダイムにおける排除では、排除されたものは再出現することも回帰することもない。また、第一のパラダイムにおける排除は、ラカンが後に定式化する「〈父の名〉の排除」とは異なるものである。なぜなら、そこで排除されているものは去勢の脅威であり、〈父の名〉（というシニフィアン）ではないからである。

また、精神病における〈父〉の病理という観点も、第一のパラダイムでは明らかにされていない。たしかに、精神病者にはエディプスコンプレクスの三項関係がなく二項関係（想像界）のなかですべてが進展する、ということが示されてはいるものの、精神病における〈父〉それ自体についての議論は、次の第二のパラダイムを待たなければならないのである。

3　「シニフィアン」による鑑別診断——第二の排除

接近不可能なシニフィアン（第二の排除）

『精神病』の第二のパラダイムは、五六年二月一五日に始まる。この日の講義の最後に、ラカンは「象徴界の欠損や穴」（S3, 177/上262頁）という表現をもちいながら、新たな精神病の理解を語っている。次のとおりである。

〔ある主体に〕確信の裏返しである困惑が現れます。この困惑によって、禁止された領野の接近の前兆が示されるのですが、その領野へ接近することそれ自体が精神病の入り口 entrée dans la psychose なのです。／ひとはどのように精神病の入り口に至るのでしょうか？　どのようにして主体は……何一つとして語られることのできない領野の内部から、残りの全ての領野、つまり語られることのできるものすべての領野へと、呼びかける何かになるように導かれるのでしょうか。（S3, 178/上262頁、強調は引用者）

ここでラカンは、謎めいた意味作用の出現であるとされていた「困惑」を、精神病の発病との関係から新たに位置づけ直している。精神病の発病時には、ある「禁止された領野」「何一つとして語られることのできない領野」が主体に迫ってくるのであって、困惑はその語りえないものの領野の接近の前兆であるというのである。つまり、ここでラカンは精神病における語りえないシニフィアン、シニフィアンの欠損を問題にしていることになる。

この「禁止された領野」という穴の接近は、いかなる言葉によってもその穴を言語化することができないため、その穴の周囲（縁）における活発な反応を生み出す。具体的には、その穴の存在を暗示するような言葉（シニフィアン）が頭のなかに乱舞する精神自動症や、無意味な言葉が次々と聞こえてくる幻聴が生じることになる。ラカンはそれを「縁取り現象 phénomènes de frange」と呼んでいる（S3, 178/上262頁）。

このような現象が生じるのはなぜだろうか。通常、神経症者においては、シニフィアンはお互いに連鎖しており、ひとつの中心をもつネットワークを形成している。しかし、精神病者においては、中心にあるはずのシニフィアンが欠如している（＝象徴界に穴があいている）ため、そのシニフィアンと連鎖するはずの周囲（縁）のシニフィアンが連鎖を外れ、バラバラになってしまうのである（S3, 229/下78頁）。このことを図式化すると、図7のように

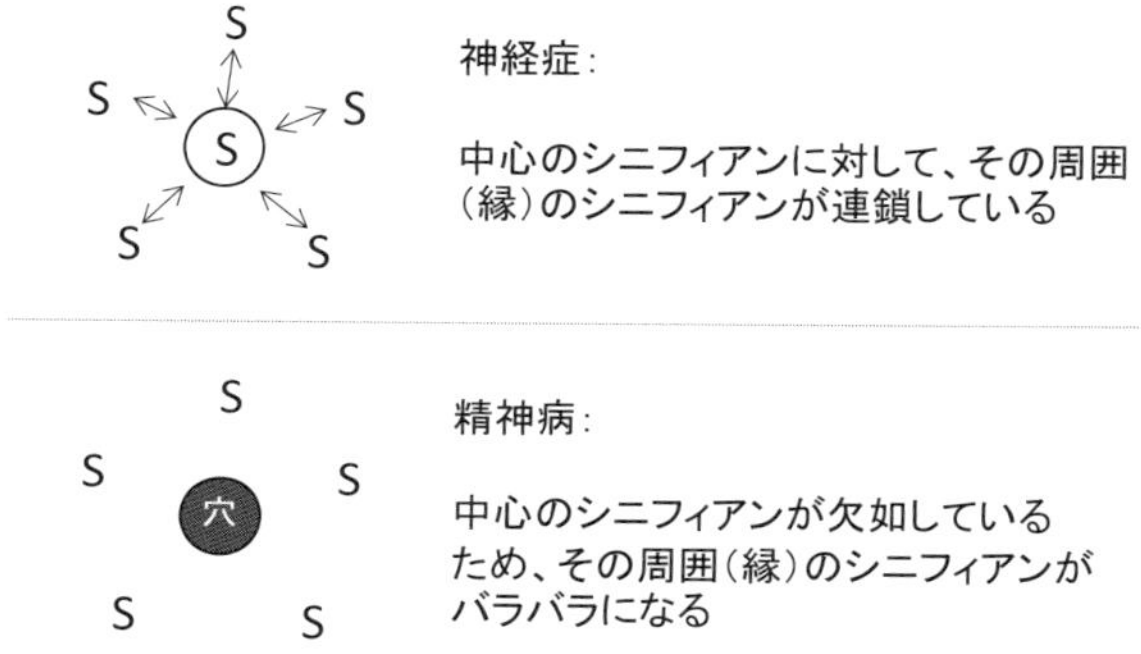

神経症：
中心のシニフィアンに対して、その周囲（縁）のシニフィアンが連鎖している
精神病：
中心のシニフィアンが欠如しているため、その周囲（縁）のシニフィアンがバラバラになる
穴

図7　シニフィアン連鎖と縁取り現象

なるだろう。
この縁取り現象において重要な点は、穴の周囲（縁）のシニフィアンがバラバラになり、それらのシニフィアンが精神自動症や幻聴という形で主体を襲うのに対して、中心に欠けている穴そのものはシニフィアンとしてはまったく――排除されたものの「回帰」や「再出現」としてさえも――現れてこないということである。ラカンはそのことを次のように述べている。

シニフィアンのこの解体が、何らかのシニフィアンの欠落、消失、不在によって構成される呼びかけの点の周りに起きてくるのは、ある時、そのシニフィアンがシニフィアンとして呼びかけられるからこそなのです。……／そのシニフィアンが「X」であると仮定してみましょう。するとこの「X」に近接するすべてのシニフィアンが呼び覚まされます。……しかし全くそのものずばりの「X」がそこに現れることはありません。（S3, 319-20／下218頁、強調は引用者。説明の簡略化のため、原文の「(me) suivras」を「X」に置き換えた）

精神病の発病は、この欠如したシニフィアンXが何らかの形で呼びかけられることから開始される。この呼びかけは、主体がこのシニフィアンXに接近することを要請する。しかし、シニフィアンXは象徴界のなかに欠けているために、主体はその呼びかけに応答することができない。その結果として、シニフィアンXの周囲（縁）の諸々のシニフィアンの解体が露呈し、その解体したシニフィアンがバラバラになって主体を襲うのである。ラカンは、このような現象、すなわち「あるシニフィアンそれ自体に患者が接近する」にもかかわらず、「その接近が不可能である」という現象が精神病では頻繁にみられることに注目し、この現象に対して「排除 forclusion/Verwerfung」という術語をもちいることを最終的に提案している(S3, 361/下 285 頁)。この――決して現実界に再出現したり回帰したりすることのない――排除こそが、『精神病』の第二のパラダイムにおける排除である。

では、このパラダイムにおける排除では、何が排除されているのだろうか。象徴界の中心において排除されている欠如したシニフィアンとは、一体何なのだろうか。この点について、ラカンは、シュレーバーの『ある神経病者の回想録』にシュレーバーの父が一回だけしか引用されていないことに注目している。その唯一の引用も、性交に際して最適な姿勢を調べるために父モーリッツ・シュレーバーの著作『医学的室内体操の手引』を調べる、という実に奇妙なものであり、ラカンはここにシュレーバーにおける父性機能の不在をみてとっている(S3, 320/下 219-20 頁)。そしてラカンは「シュレーバー議長には、どうみても『父である』というこの基本的シニフィアンが欠けている」(S3, 330/下 238 頁)と結論づける。つまり、このパラダイムにおいて排除されているのは、「父である」というシニフィアンなのである。ここに、後に「〈父の名〉の排除」と呼ばれることになる精神病の構造的条件がはじめて概念化されたと考えられる。

では、精神病における「父である」というシニフィアンの排除は、精神病者にどのような影響を与えるのだろうか。ラカンは、人間の心的生活を道路に喩えることによって、精神病の発病とその後の経過を説明している。その比喩によれば、「父である」という家父長制的なシニフィアンは、人生の重大な局面において頻繁に参照される「幹線道路 grand-route」のようなものである。結婚をして夫になることや、子供をもつことは「父である(がゆえに家族に対して、子供に対して責任を負わなければならない……)」という家父長制的なシニフィアンを参照することなしには非常に困難であるからだ。しかし、シュレーバーのような精神病者においては、この幹線道路となるシニフィアンが排除され、機能していない。その結果、シュレーバーは、父性を担うように呼びかけられた際に、この「父である」という幹線道路を利用することができない。精神病が発病するのは、この時点である。そして彼は、幹線道路の代わりに、その周囲（縁）に張り巡らされた「小道 petits chemins」をさまよいながら、妄想的な仕方で父性を実現せざるをえなくなる。「神の女になり、世界を再創造する」というシュレーバーの妄想は、彼が想像界の小道を通って父性をなんとか実現しようとする彷徨の軌跡にほかならないのである（S3, 329-30/下 236-8 頁）。

いまや私たちは、ラカンが「縁取り現象」と呼んだ、精神病のさまざまな症状を決定づけているメカニズムをより厳密に位置づけることができる。〈父の名〉のシニフィアン（「父である」というシニフィアン）を欠いている精神病者は、父性が要求される何らかのライフイベントにおいてそのシニフィアンを行使するように呼びかけられたときに、そのシニフィアンの代わりに穴をもって応答するしかない。そのときに、〈父の名〉の不在が露呈する。すると、穴の周囲（縁）の諸々のシニフィアンが、穴それ自体を暗示するような形で、一挙に主体を襲う。これが縁取り現象にほかならない（図8）。

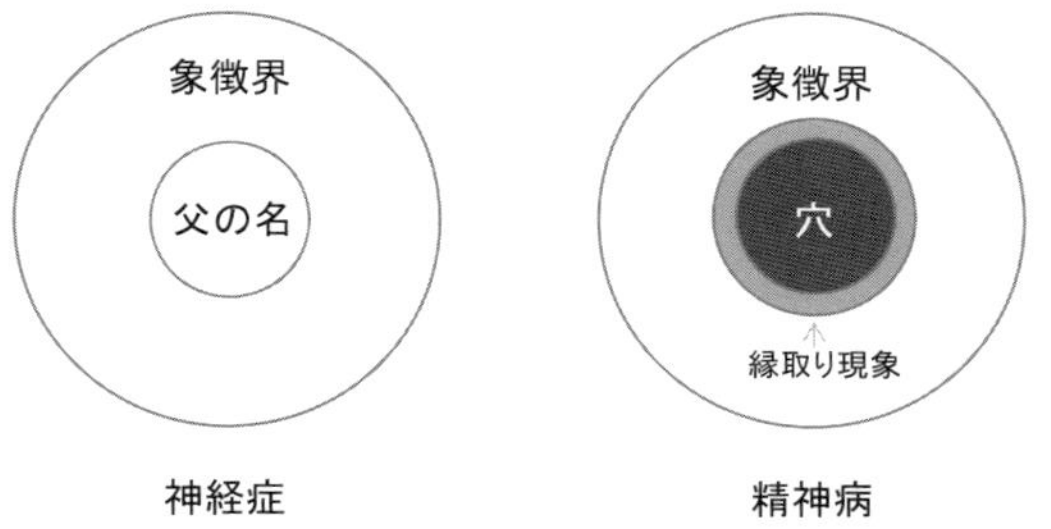

図８　神経症における〈父の名〉と精神病における縁取り現象

自験例からひとつ例をあげておこう。ある精神病者は、発病時の体験を振り返って、当時は「結婚するとはどういうことか、はっきりとわかった」と述べた。この事例のように、精神病の発病時には、排除された〈父の名〉の穴を暗示する家父長制的なシニフィアン――すなわち、〈父の名〉のシニフィアンそのものではなく、その周囲にある一連のシニフィアン――が出現する。このシニフィアンは、シニフィアン連鎖を解かれた「ひとつきりのシニフィアン signifiant tout seul」として主体に押しつけられる。そのため、主体はこのシニフィアンが生み出す意味作用を、他の意味作用へと回付させることができずに、その孤立した意味作用に翻弄されることになる。これが、第一のパラダイムで論じられた、精神病における「謎めいた意味作用」の本態である。(12)

病前のありようと発病契機からみた鑑別診断――「かのようなパーソナリティ」と「発言すること」

この第二のパラダイムからは、神経症と精神病をどのように鑑別することができるだろうか。ラカンは第二のパラダイムについての論述のなかで、精神病の構造をもつ人物は、発病前には「かのような」と呼ばれるパーソナリティを獲得することによって日々の生活を送っているが、自分の言葉で主体定立的に「発言すること」を要請されることを契機として精神病を発病させる、と述べている（⇩157頁）。この二つの特徴（「かのようなパーソナリティ」と「発言すること」）から、精神病を神経症から区別することができる、というわけである。言うなれば、第一のパラダイムにおける鑑別診断が、神経症と精神病それぞれの発病後の症状に注目してなされる鑑別診断であったのに対して、第二のパラダイムにおける鑑別診断は、発病前や発病時の主体のありように注目してなされる鑑別診断なのである。

まず、「かのようなパーソナリティ as if personality」からみていこう。これは一九三四年にヘレーヌ・

(12)　この論点（精神病におけるシニフィアンと意味作用の関係）は、後に再検討される（⇩230～232頁参照）。

ドイチュ（1965）が提唱した概念である。ラカンはこの概念を参照しながら精神病の構造をもつ主体の病前のありようを説明している。では、「かのようなパーソナリティ」とは何か。それは、外的世界や自我に対する感情的関係が貧困であったり、存在しなかったりするようなパーソナリティである。このパーソナリティをもつ人物は、そのままでは現実世界にうまく適応することができない。そこで彼らは、他者（多くの場合、同性の友人や兄弟姉妹）の行動や発言を模倣することによって、見かけ上は良好な適応を成し遂げることに成功している。このように、現実世界に対する本物らしい関係を欠いているにもかかわらず、あたかも外見上は完全な関係をもっているかのように振舞うパーソナリティが、「かのようなパーソナリティ」と呼ばれるのである。ドイチュはこのパーソナリティを、妄想が顕在化する前の精神病者（統合失調症患者）の特徴であると考えていた。つまり、「かのようなパーソナリティ」とは、精神病の構造をもっているものの、いまだ発病していない患者（これを、前精神病の患者、前精神病者と呼ぶ）の特徴のことなのである。

ラカンは、ドイチュの「かのようなパーソナリティ」の議論をシニフィアンとの関係から捉え直す。先に述べたように、精神病者には、人間の心的生活の中核を担う「父である」というシニフィアン〈父の名〉が欠如している。それゆえ、その欠如の周囲（縁）のシニフィアンや、さらにはシニフィアンの全体が何かの拍子に崩壊してしまう危険がある。そのため、前精神病者は「男であるためにしなくてはならないことは何なのかという感情を与えてくれる人物への一連の順応主義的同一化によって、これ〔＝「父である」というシニフィアンの欠損〕を埋め合わせていかなくてはならない」ことになる（S3, 231/下81頁）。つまり、「かのようなパーソナリティ」とは、主体が男性ないし女性としての適切な同一化を行う際に必要とされる〈父の名〉が不在であるために要求される代償、すなわちエディプスコンプレクスの不在の想像的な代償なのである（S3, 218/下60頁）。ラカンは前精神病者におけるこのような代償物を「想像的杖 béquille imaginaire」（S3, 231/下81頁）と呼んでいる。精神病の発病は、この想像的杖がうまく機能しなくなってしまったときに生じると考えられる。

自験例から、「かのようなパーソナリティ」の破綻から精神病を発病させた一症例を呈示しておこう。小学校のときから「友達や姉とつねに仲良しの二人組をつくる」生活を送ってきたある女性の症例である。幼少期から学童期にかけて、彼女は日常生活のすべてにおいて姉から言われたとおりの行動をとっていた。しかし、彼女が一四歳のときに、姉が進学のために上京することになり、二人は離れ離れになってしまう。そのとき、彼女は「自分の立ち位置がわからなくなった」という。一六歳のときにも、彼女はクラスのなかで特に仲の良い同性の友人と密着した関係をつくっていた。その関係は、「その子の考えについていかないといけないような」関係であったという。そして、クラス替えのためにその友人と離れ離れになった後に、彼女は精神病を発病させる。あるとき、授業中に教師から問題に答えるように指名された彼女は、その問題に答えることができず、困惑に陥ってしまう。そのときから、彼女は教室で机に座っているだけで頭がいっぱいになってしまい、さらには考えていることがバラバラになり、脈絡のない言葉を言ってしまうようになった。このエピソードの際に彼女は近医を初診し、抗精神病薬の内服を開始している。しかし、内服治療によって状態の改善が得られてからも、彼女の生活は同じようなパターンを繰り返した。事務職員として就職した先にも、「一対一で話すような関係の先輩」と密着した関係を結ぶが、その先輩が退職し、仕事を一人でやらなければならなくなった途端に、彼女は簡単な仕事すらできなくなってしまったのである。

この再発のエピソードの際に、彼女は筆者の外来を初診した。診察時に、彼女は独語のように「私、終わりだから」と繰り返した。「なぜ終わりなの?」と尋ねると、彼女は「自分の立ち位置がなくなったから」だと答えた。さらに問うていくと、彼女は「自分は人に合わせているので、からっぽなんだと思う」と述べた。このような内容を語る口調は非常に平坦であり、抑揚がほとんどない喋り方をすることも特徴的であった。抗精神病薬の投与によって再び状態の安定が得られると、彼女はごく普通の若い女性になり、再発時とはまったく別人のようになり、口調もごく普通のものに変化した。

この症例において精神病の発病と再発を決定づけているのは、彼女にとっての「想像的杖」である姉や友人や先輩からの別離と、それに引き続く、たったひとりでの出立(独り立ち)である。彼女自身が語っているように、彼女は元来「人に合わせているので、からっぽ」と表現できるようなパーソナリティをもっている。そこで彼女は、このからっぽの穴(=〈父の名〉の欠損)を、想像的杖となる人物の言動に「ついていく」ことによって埋めようとする。そうすることによって、彼女ははじめて「自分の立ち位置」を象徴界のなかで定めることができるのである。しかし、想像的杖に支えられることなしに、自分だけで「自分の立ち位置」を定める必要が生じた際に、彼女のシニフィアンの全体は一気に崩壊してしまう。

ところで、彼女に生じている別離と出立それ自体は、神経症と精神病のいずれの構造をとるにせよ、私たち皆が経験することでもある。とくに、私たちの青年期は、社会の秩序や周囲の状況から拘束を受けると同時に、そのような拘束から離れ、何も依拠するもののないところから自由な主体として自らの行動を決定しなければならないという二重の苦悩の重なりに位置している。だが、神経症者ならば、そのときに「父である」というシニフィアンをもちいて決定を行うことが可能であるのに対して、そのシニフィアンを欠いている前精神病者は、社会的諸関係や秩序への拘束から主体的な意思決定によって出立する際に失敗してしまう。

精神病の発病契機がこのようなものであることは、本邦の精神病理学でも何度か指摘されてきた。例えば、人間学的立場から内因性精神病の発病に直接前駆する心的要因を考察した笠原嘉（1984）は、ひとが精神病を発症する契機となるのは、既成の秩序から脱却し、一人で「出立」しようとする際の挫折であると述べていたのである。ラカンもまた笠原と同様に、精神病の発病に関して出立の契機を重視していた。例えば、「結婚相手の父親に会うとき」「子供が誕生するとき」といった契機において、精神病が発症するとラカンは述べていた。しかし、それでも次のことを強調しておかなければならない――ラカンは、こういった出立の契機を単にひとつのライフイベントとして理解するのではなく、主体の「語り parole」における例外的な出来事として把握しているのである。次の一節をみておこう。

> 精神病の入り口にある動因の核心にあるもの……それは、人間に課せられるもののなかで最も困難なこと、……つまり「発言すること prendre la parole」と呼ばれるものです。つまり、自分自身の語りを為すということであって、これは隣人の語りに「はい、はい」と言う〔＝同調する〕こととは正反対のことです。……臨床が示すところでは、……精神病が発病するのはまさにこの〔発言する〕瞬間なのです。（S3, 285/下 160 頁）

つまり、他人の言葉を借りるのではなく、自分自身の言葉で主体定立的に発言することが、精神病構造を持っている前精神病者にとって発病の瞬間＝契機となるというのである。残念なことに、この「発言すること」という言葉は、既存の邦訳では「パロールを捉える」と訳されてしまっている。そうではない。すでに形成されている既存の語りを「捉える」ことではなく、何も依拠するもののないところから（ex nihilo に）自らの語りを紡ぎ出すことこそが問題なのだ、とラカンは言っているのである。このような契機としては、やはり進学・就職・婚姻などといった状況因としての「出立の契機」が典型的であると言えよう。しかし、ラカンの立場からはそのような「状況としての出立」が問題なのではなく、その状況が招く「自分自身の言葉で語ることの突然の要請」が問題なのだと言わなければならない。つまり、精神病は「語りの出立」の挫折によって発病するのである。

精神病が発病するのは、自分自身の言葉で誰の助けも借りずに発言するという状況において、「父である」というシニフィアンへの呼びかけに主体が直面させられ、そのシニフィアンの欠損が露呈する時点である。ただし、セミネール『精神病』の段階では、まだ抑圧と排除、問いの構造、意味作用、「父である」というシニフィアンといったそれぞれの論点がどのようにエディプスコンプレクスと関係しているのかが十分に示されているわけではない。そこでラカンは、『精神病』の議論を体系化するために、エディプスコンプレクスそのものを構造論的に練り直すことになる。次章（⇩169頁〜）からは、その議論を確認していくことになるだろう。

4 「フロイトの「否定」についてのジャン・イポリットの注釈への返答」（一九五六）にみられる第三の排除とその運命

ここまで私たちは、ラカンがセミネール第三巻『精神病』のなかでもちいた「排除 Verwerfung / rejet /

forclsuion」という術語が、少なくとも二つの異なる意味をもっていることを示してきた。それによれば、第一の排除では去勢の脅威が排除された結果として、その去勢の脅威が意味作用として現実界に再出現するのに対して、第二の排除において排除される「父である」というシニフィアン（〈父の名〉）は、それ自身は決して回帰も再出現もしないのであった。

しかし、この時期のラカンがもちいている「排除」は、すべてこの二つの意味に回収されるわけではない。セミネール第一巻『フロイトの技法論』において口頭で述べられ、『精神病』と同時期にあらためて執筆された論文「フロイトの「否定」についてのジャン・イポリットの注釈への返答」には、この二つの排除とはまた少々異なる意味で「排除」の語がもちいられている。ひとまずそれを、「第三の排除」と呼んでおくことにしよう。

論文「フロイトの「否定」についてのジャン・イポリットの注釈への返答」の議論の文脈は次のようなものだ。五四年二月一〇日、ラカンはヘーゲルを専門とする哲学者ジャン・イポリットに、フロイトの論文「否定 Die Verneinung」の注釈を依頼する。イポリットは、この論文のタイトルの仏訳は単なる「否定 négation」ではなく「前言撤回的否定 dénégation」でなくてはならないという（E879）。なぜなら、フロイトはこれら二つの否定を区別した上で、後者の前言撤回的否定について論じていると考えられるからだ。では、二つの否定はどのように異なるのか。

前言撤回的否定とは、分析家が発する「あなた（＝分析主体）の夢に出てきたこの人は誰なのですか？」という想定上の問いに対して、分析主体が「あなたは夢に出てきたこの人は誰なのかとお尋ねですね。私の母ではありませんよ」（GW14, 11）と返答する際に行っている否定である（⇩25〜26頁）。このような否定は、「この人は誰なのですか？」という想定上の問いに対して、分析主体の無意識が「私の母」という表象をもって答えたということを証し立てている（さもなければ、「私の母ではありませんよ」という答えが頭に浮かぶはずがないからである）。しかし、分析主体は、自分の頭に浮かんだ「私の母」という答えを認めることができない。そのため、彼はその答えを前言撤回するかのように「私の母ではありませんよ」と述べ、その答えを否定するのである。フロイトは、このような（前言撤回的）否定は抑圧の解除 Aufhebung ではあるが、抑圧されたものを承認することではないと述べる（GW14, 12）。つまり、前言撤回的否定とは「そうではない様態でそうであるものを提示すること présenter son être sur le mode de ne l'être pas」（E881）、すなわちある表象を否定しつつ肯定するという弁証法的な否定にほかならない。これが、フロイトの論文「否定」のイポリットによる読解の骨子である。

さて、ある表象について前言撤回的否定が可能になるためには、その前提として、主体が自らの無意識のなかにその表象にかかわる事物を取り込んでいることが必要である。この取り込みを、ラカンはフロイトの用語を借用して「肯定 Bejahung」と呼ぶ。しかし、主体はすべての事物を取り込むわけではない。主体はある事物を取り込まずに、排出してしまうことがあるのだ。この排出が「排除 Verwerfung」と呼ばれる（E387）。この肯定と排除のメカニズムの差異をラカンは次のように説明している。

象徴界の明るみに至らないものは、現実界のなかに現れる。／というのは、主体の内への取り込み Einbeziehung ins Ich と主体の外への排出 Ausstossung aus dem Ich をこのように理解しなければならないからだ。後者〔排出〕は、象徴化の外部に存続するものの領土であるかぎりでの現実界を構成するものである。（E388）

この一節で語られている「取り込み」と「排出」の両者を、それぞれパラフレーズしておこう。まず、ある事物が主体の内に取り込まれた（＝肯定された）場合、その事物の表象は象徴的なものとしての身分を得ることができる。その表象は、抑圧された状態で無意識のなかに存在するが、ときとして主体の意識に回帰してくる（抑圧されたものの回帰）。そして主体は、「私の母ではありませんよ」と答えた分析主体のように、その回帰してきた表象に対して前言撤回的否定を行うことができる。

では、ある事物が主体の外に排出された（＝排除された）場合には、どのようなことが起こるのだろうか。この場合、排出された事物は象徴化されず、むしろ象徴化の外部にあるものとしての現実界を構成することになる。そしてこの現実界は、ときとして再出現し、主体を襲うことがある。「排除 retranchée[13]された去勢が……不規則に現実界に現れる」（E388）ことがありうるのである。例えば、フロイトの症例狼男は、五歳のときに、手の小指が切断される光景の幻覚を経験し、言いようのない驚愕に襲われたことを報告している（GW12, 117-8）。ラカンは、この幻覚では「現実界が出現 émerger している」と言う（E389）。この幻覚を経験した主体は、出現した現実界の事物（切断された小指）に対して前言撤回的否定を行うことができない。なぜなら、前言撤回的否定を行うためには、事前にその事物を取り込み、象徴化しておく必要があるからである。後にラカンが定式化するように、その場所に欠けること（不在であると判断されること）ができるのは象徴界に属するものだけであり、現実界に属するものは常にその場所に存在することしかできない、つまりその場所に存在しないということができないのである（S4, 38/上

（13） ここで「排除」と訳した retrancher, retranchement の語は、ラカン自身がこの論文のなかでフロイトの「排除 Verwerfung」に対する訳語として導入したものである（E386）。

41頁)。かくして幻覚は、「そんなことはありえない」とどれだけ自分に言い聞かせたとしても、その実在を否定することができないものとなるのである。

ラカンは、このことを図書館の喩えで説明している。図書館のなかで一冊の本がない、という場合、それはその本が「あるべき場所に欠けている」ということを意味している(S4, 38/上41頁)。例えば、その本の不在は代本板(その本が貸出中＝不在であることを示す板)という存在で象徴的に示されることができる。これは、イポリットが述べた「そうではない様態〔＝代本板という存在〕でそうであるもの〔＝不在の本〕を提示すること」(E881)という前言撤回的否定の機能にほかならない。このような在と不在の弁証法が働くことができるのは、本が象徴界に存在しているからである。もし現実界に本が存在するとすれば、それは決して不在になることができない本、原理的に貸出不可能な本となるだろう[14]。

すぐさま理解できるように、ここでもちいられている排出(排除)および排除されたもの(現実界)の再出現というロジックは、私たちが「第一の排除」と呼んできたものとよく似ている。しかし、ここでもちいられている排除(私たちが「第三の排除」と呼ぶもの)は、次の二つの点で第一の排除とは異なっている。

(1)第一の排除では、現実界に再出現するものは、その再出現の際に意味作用という形式をとるのであった。第三の排除はそれとは異なる。第三の排除では、排除されたものの再出現(幻覚)は、ラカンが「現実界がたった一人きりで話す cause tout seul」、「現実界が出現 émerger する」(E389)という言葉でそれを説明しているように、むしろ排除された事物そのものが再出現するような現象として現れる。

（2）第一の排除における排除されたものの再出現は、神経症と精神病の鑑別診断の決め手となるものであった。排除されたものの現実界への再出現は、精神病の症例にしかみられない構造特異的な現象であるからだ。反対に、第三の排除における排除されたものの再出現は、驚くべきことに、神経症の症例にも等しくみられる構造非特異的な現象である。

二番目の点（第三の排除の構造非特異性）については、より詳しく説明しておく必要があるだろう。論文「フロイトの「否定」についてのジャン・イポリットの注釈への返答」のなかで、ラカンは自らの主張する（第三の）排除が観察できる臨床例を二つ挙げている。そのひとつは、すでに言及した狼男の指幻覚である。しかし、狼男が神経症と精神病のどちらの症例に属するのかに関しては多くの議論があり、彼を精神病のモデルであると即座に断定することは困難である。くわえて、ラカンが取り上げる（第三の）排除のもうひとつの例は、精神分析家エルンスト・クリス（1951）が発表した強迫神経症の症例「生の脳みそを食べる男」にみられたアクティング・アウトである。ならば、第三の排除における排除されたものの再出現は、神経症と精神病の両者に起こりうると考えなければならないだろう。

念のため、クリスの症例、およびそれに対するラカンの言及を確認しておこう。クリスの症例の患者

（14）ミレール（1980）によれば、ラカンの現実界は、サルトルの「即自 en-soi」概念から影響を受けている。即自とは、「それがあるところのものである celui qui est ce qu'il est」という存在の類型であり、その存在は否定の契機を欠いており、権利上、不在ではありえない。他方、即自を無化＝否定したところにあらわれる対自は「それがあらぬところのものであり、それがあるところのものであらぬ celui qui est ce qu'il n'est pas et qui n'est pas ce qu'il est」という弁証法的な存在の類型である（Sartre, 1943, p.665/下 1123 頁）。

は三〇代前半の若い男性科学者である。彼はアカデミック・ポストを得ていたが、それ以上の研究成果を公刊できないために、さらに上級のポストを得ることができずにいた。このように研究がうまく進まないことが彼の症状であった。ある日、研究成果が形になりそうになっていたとき、彼はふと思いつき、図書館を訪ね、ある学術論文を見つける。そして彼は、その学術論文のなかに自分の考えていたものと同じ考えが展開されていることを発見する。彼は、「だから自分の新しい研究成果は『剽窃』なのだ」と分析家に報告した。普通の科学者ならばがっかりするべき場面であるにもかかわらず、その報告をする患者は非常に満足した様子であった。そこでクリスは、この患者の論文が剽窃にあたるのかどうかを確かめたが、実際には剽窃にあたるようなところは一切みられなかった。この患者は、実際には剽窃をしていなかったのである。

クリスは、この患者の剽窃への欲望を、彼が父と祖父とのあいだに結ぶ関係から解釈する。この患者の祖父 grandfather は成功した科学者であったが、父は学問上の業績において失敗を経験していた。そこで患者は、「偉大な－父 grand-father」、つまり「祖父のように成功した父」を欲望し、学問において剽窃する価値のある他者が存在していることを欲望していたのだ、という解釈が患者に告げられる。この解釈の後、患者は非常に長い時間、沈黙する。沈黙の後、患者は突然、次のように語った――「毎日お昼に、私がここ〔＝クリスの分析オフィス〕を出てから、昼食前、そして自分のオフィスに帰る前に、私はX通り（小さいが魅力的なレストランがいくつかあることで知られる通り）を歩くのですが、そこで色々な窓に掲げられたメニューを見ます。その中の一つのレストランに入ると、私の好きな料理、生の脳みそがあるのです」。

ラカンは、クリスが行った「偉大な（成功した）－父」という解釈が鋭い指摘であったことを認めている（E397）。クリスの解釈はひとまず「当たり」なのである。しかし、この解釈が引き起こした反応である「生の脳みそを食べる」というアクティング・アウトは、むしろ「性急に象徴化をしたときに、つまり象徴的な領域の内部ではなく現実 réalité の秩序のなかで或る事柄に接近する際に生ずる、妄想型の幻覚現象に相当するもの」（S3, 93/上131頁）であるとラカンは批判する。つまり、クリスは十分な準備なしに患者の症状を象徴化＝解釈してしまったために、精神病の幻覚にみられるような事物の再出現を引き起こしてしまった、というのである。ラカンはこの現象を次のように理解する。

その〔生の脳みそを食べるという〕行為 acte それ自体を、どう理解することができるのだろうか？ もし、そこに原初的に「排除 retranchée」された口唇的関係の出現 émergence をまさに見ないのであれば？（E398, 強調は引用者）

精神病の幻覚が排除された去勢の脅威の出現であるのと同じように、強迫神経症の症例におけるアクティング・アウトもまた、排除された口唇的関係の出現として捉えるべきである、とラカンは言っている。精神病の幻覚において現実界が出現するのとちょうど同じように、神経症者のアクティング・アウトにおいても現実界が出現するのである。ならば、第三の排除と排除されたものの再出現を基準として神経症と精神病の鑑別診断を行うことは困難になってしまう。

ここで私たちは、ラカンがこの論文のなかで排除 Verwerfung のメカニズムとして位置づけた「排出 Ausstossung」が、そもそもの定義からして「象徴化の外部に存続するものの領土であるかぎりでの現実界を構成するもの」（E388, 強調は引用者）であったことを思い出さなければならない。第三の排除は、現実界を構成する。この記述は、字義通りに読まれる必要がある。そう、ここでラカンは、「象徴化不可能なものを外部へと排出するメカニズムによって、はじめて現実界という領域が構成されるようになる」と言っているのである。ならば、ここでもちいられている（第三の）排除は、病理的なプロセスではなく、むしろ正常な心的システムの構造化のプロセスであると考えなければならないだろう。

「排除」の概念の通史的な検討を行ったマルヴァルは、私たちが「第三の排除」と呼ぶこの排除を「構成する排除 forclusion structurante」と呼び、精神病に特異的な構造的条件としての「病的な排除 forclusion pathologique」（第二の排除＝〈父の名〉の排除）から区別するべきであるという結論を出している（Maleval, 2000, p. 154）[15]。さらに、ここで検討している前者の排除、すなわち構成する排除は、精神病であるかどうかにかかわらず、あらゆる主体の構成にあたって要請される原抑圧であるとまでマルヴァルは言う。たしかに、フロイトの「原抑圧 Urverdrängung」という概念は、欲動を表象によって代理しようとする際に、その表象代理が意識から拒絶されることを意味していた。そして、この原抑圧された表象代理は、「不変のままに存続」し、以後の抑圧の核として機能するのであった（GW10, 250）。要約しよう。フロイトは意識から拒絶されたものが意識の外部において存続することを「原抑圧」と呼び、ラカンは象徴化から拒絶されたものが象徴界の外部において現実界を構成することを「〔第三の〕排除」と呼んだ。それゆえ、ラカンがこのテクストのなかで述べる「排除」は、実のところフロイトの「原抑圧」にほかならないのである。

後にみていくように、六〇年代のラカン理論は、象徴化からこぼれ落ちる外部として存続する領域を現実界と定義し、そこに象徴化の残余としての対象 *a* を位置づけるようになる（S10, 189/下8頁）（⇩283頁）。このことを考慮に入れるなら、第三の排除の議論は、後の対象 *a* に関する議論にむけた助走であると考えることができる（Maleval, 2000, p.50）。実際、ラカンは六七年三月八日に、クリスの症例「生の脳みそを食べる男」を再論する際に、この患者のアクティング・アウトには「口唇的な対象a」が呈示されていると述べている（S14, 260A）。つまり、第三の排除における排除されたものの再出現とは、後にラカンがいうところの「対象aの顕現」にほかならないのである（⇩284～287頁）[16]。

神経症と精神病の両者において、象徴化の残余としての対象aが出現するのだとしたら、この両者を鑑別することはできないのだろうか？　いや、それでも鑑別診断は可能である。しかし、この論点についての集中的な議論は、六〇年代以降の神経症と精神病の鑑別診断論を待たなければならない。ひとまず私たちは、これまで確認してきた三つの排除を、**表1**にまとめておくことで本章の議論を終えること

表1　一九五五～五六年にもちいられる三つの「排除」

	排除されるもの	排除の結果	後の理論における位置づけ
第一の排除	去勢の脅威（幼児期体験）	意味作用として現実界に再出現する	〈父の名〉の排除の結果 切れた連鎖、単独のシニフィアン
第二の排除	〈父の名〉	それ自体は回帰も再出現もせず、縁取り現象を生じさせる	〈父の名〉の排除
第三の排除＝原抑圧	象徴化不可能なもの	現実界を構成し、幻覚やアクティング・アウトにおいて出現する	〈物〉の分離 神経症／精神病における対象aの顕現 性関係の排除（一般化排除）

（15）厳密に言えば、マルヴァルは「第一の排除」と「第三の排除」を区別していない。彼はこの両者をともに「構成する排除」に位置づけており、それを「病的な排除」と区別している。

にしたい。

次章（四章）、およびそれにつづく第五章では、ラカンがエディプスコンプレクスを構造論的に再解釈し、第二の排除（〈父の名〉の排除）の議論を完成させる一部始終をみていく。第三の排除が対象*a*の理論としてふたたび取り上げ直される時期の理論は、六〇年代ラカンを扱う第六章で取り上げる。

（16）向井雅明（2012）は、私たちが「第三の排除」と呼ぶ排除と関連する排除されたものの出現を、「廃棄された〈物〉の回帰」と名づけている。この「廃棄」はAusstossungの訳語であり、主体が何らかの事物を原初的に排出する機能のことを指す。向井の言う「廃棄された〈物〉の回帰」も精神病に特異的なものではなく、不気味なもの、妄想気分、アニミズム、自閉症、芸術作品など様々なあり方で〈物〉が出現するという事態を指している。

第四章　エディプスコンプレクスの構造論化（一九五六〜一九五八）

ラカンはセミネール第三巻『精神病』のなかで、エディプスコンプレクスはひとつの「シニフィアンの導入」（S3, 214/下54頁）として理解できると述べていた。特に、「父である」というシニフィアン（＝〈父の名〉）は、エディプスコンプレクスの中核をなすシニフィアンであり、このシニフィアンが欠損していることが精神病の構造的条件であるとラカンは考えていた。ラカンは、フロイトがはっきりと述べることができなかったこと、つまり精神病ではエディプスコンプレクスにおける「父」がうまく機能していないということを明確化したのである。

次にラカンが取り組む課題は、構造言語学から借用したシニフィアンの概念をもちいて、エディプスコンプレクスそれ自体を構造論的に再解釈することであった。ラカンは実際に、『精神病』に続く一九五六‐五七年のセミネール第四巻『対象関係』、五七‐五八年の第五巻『無意識の形成物』、および五七年の論文「無意識における文字の審級」、五八年の講演「ファルスの意味作用」のなかで、その作業に取り組むことになる。

ところで、エディプスコンプレクスの構造論化の作業に際して、ラカンには乗り越えるべき論敵がいた。それは、イギリスの精神分析家にして対象関係論の立役者、メラニー・クラインである。詳しく説明しよう。エディプスコンプレクスをめぐるフロイトの議論が問題としていたのは、およそ三〜五歳の子供の心性であった。なぜなら、フロイトが行っていた成人を対象とする精神分析のなかで、最早期の記憶として想起可能な限界に位置していたのが、ちょうど三〜五歳の幼児期における諸々の出来事であったからである。他方、クラインは、子供の遊びを象徴的に解釈するという技法的革新によって、フロイトが分析の対象にしえなかった子供を分析の俎上にのせることを可能にした。彼女は、その技法を駆使することによって、エディプスコンプレクス以前、言語獲得以前の子供の心性についての理論化を行い、ゼロ歳児の心性である「前エディプス期」を発見することができた。このような事情から、当時の精神分析の世界では、フロイトよりも原初的な諸関係を分析することのできるクラインの理論の方に優位性を認める傾向があった。[1] エディプスコンプレクスにおける「父である」というシニフィアンの存在／不在によって神経症／精神病の鑑別診断を基礎づけようとしていたラカンにとって、クラインの理論をどのように批判的に受容するかが重要な問題となったのはそのためである。

本章では、まず、ラカンがクラインにどのように応答したのかを確認し、そこからどのようにエディプスコンプレクスを構造論化していったのかを順序立ててみていこう。

1 妄想分裂ポジションと抑うつポジション

前エディプス期についてのクラインの研究の集大成となる論文、「幼児の情緒生活についての二、三の理論的結論」(1952) をとりあげよう。クラインは、この論文において、ゼロ歳児の心性としての前エディプス期を、「妄想分裂ポジション paranoid-schizoid position」と「抑うつポジション depressive position」の二つに分けている。

妄想分裂ポジションとは、生後三〜四ヶ月にみられる空想的な段階である。この段階では、幼児の主な関心は母親の乳房にむけられている。クラインはこの乳房を「部分対象」と呼ぶ。というのも、この段階では、後の抑うつポジションでみられるように、母親をひとつの「全体対象」として捉えることが幼児にはできておらず、乳房という母親の身体の一部分だけにリビードが備給されているからである。では、幼児と乳房の関係はどのようなものだろうか。幼児は、授乳によって満たされる欲求充足と、うまく授乳できない欲求不満を繰り返し体験している。この繰り返しによって、幼児の心的生活のなかに「良い乳房」と「悪い乳房」の区別が導入される。一方の「良い乳房」とは、幼児の欲求を充足させてくれるというポジティヴな価値をもつ愛すべき対象である。他方の「悪い乳房」とは、幼児の欲求を不満足に陥らせるというネガティヴな価値をもつ憎むべき対象である。幼児は、良い乳房に対しては空腹の軽減や快感を得ることができるが、悪い乳房に対しては絶滅の不安や迫害的不安を感じてしまう。その結果、幼児は空想のなかで悪い乳房を噛み砕き、食い尽くしてしまおうとする。つまり、妄想分裂ポジションとは、幼児が迫害的な不安を感じ、口唇的なリビード衝動と破壊衝動を母親の乳房に向ける段階なのである。

やがて生後四〜六ヶ月になると、幼児は乳房に対する愛情と憎悪の対立を徐々に統合しはじめ、それと同時に、「母親は一人の全体的な人間である」という考えをはじめてもつようになる。これが、抑う

（1）ラカンも対象関係論が精神分析の歴史的発展のなかで理論上も実践上も中心的位置を与えられていることは認めていた（S4, 11/ 上 3 頁）。しかし、ラカンは対象の関係よりも対象の欠如、つまりフロイトが重視していた、つねに再発見されるものとしての「失われた対象」に注意を促している（S4, 15/ 上 8 頁）。「精神分析の対象は人間ではない。それは人間に欠如しているもの――といっても絶対的な欠如ではないが――、対象の欠如」なのである（AE211）。

妄想分裂ポジション	抑うつポジション
良い乳房（＋）　←分裂→　悪い乳房（－）	母親（全体対象）（＋）／（－）

図９　妄想分裂ポジションと抑うつポジション

つポジションの始まりである。抑うつポジションで生じる自我の統合によって、幼児は、これまで噛み砕こうとしてきた悪い乳房が実は良い乳房と同じものであり、さらにはその乳房が母親の身体の一部であることを知ることになる。ここから、「愛すべき対象を傷つけてしまった」という罪悪感や、抑うつ的な不安が生じる。こうして、乳房という母親の身体部分に対する幼児の関係から、一人の人間としての母親との関係が次第に生じてくるのである。

妄想分裂ポジションから抑うつポジションへの移行は、部分対象（乳房）から全体対象（母親）への移行に対応している。妄想分裂ポジションにおける乳房という部分対象に対する良い／悪い、愛情／憎悪の対立は、抑うつポジションにおいて母親という一つの全体対象の上に統合され、両価的なものとなる。ここで、良い／悪いと愛情／憎悪の二項対立を便宜的にプラス／マイナスの記号をつかって表わしてみよう。すると、妄想分裂ポジションから抑うつポジションへの移行は、図９のように示すことができる。

2　フリュストラシオン

ラカンは『対象関係』のなかで、上述のクラインの議論を参照しながら「子供の原始的関係」を構造論的に位置づけようとしている（S4, 66/上80頁）。言い換えれば、彼は、精神分析が理論と実践において扱うことができる最早期の子供の対象関係を象徴界・想像界・現実界という枠組みをもちいて解明しようとしている。まずは、ラカンがクラインによる部分対象と全体対象の区別を再解釈している一節をみておこう。

〔部分対象としての〕乳房と全体対象としての母とのあいだのこの区別はメラニー・クラインによってもなされています。彼女は、一方に様々な部分対象を、他方に……全体対象として設立される母を置き、この二つを明確に区別しました。……しかしここで言及されずにいるのは、これら二つの対象は同じ性質ではないということです。実際、母は動作主として、子供の呼びかけによって設立されるのであり、母はすでにはじめから、いたり、いなかったりするものとして、プラス／マイナスの可能性によって印づけられた対象として、プラス／マイナスの可能性を内包させられた対象としてあるのです。……言い換えれば、次の二つのものの間には根源的差異があるのです。一方に、根源的に別の何か、ある向こう側、つまり母の愛を狙う愛の記号としての贈与があり、そして、他方に、何であれ子供の欲求の満足のためにやって来る対象があるのです。(S4, 125/上158頁、強調は引用者)

クラインの考えでは、妄想分裂ポジションにおける部分対象（乳房）に向けられた良い／悪い、愛情／憎悪の対立は、後に抑うつポジションにおける全体対象に対する両価性へと統合されるのであった。しかし、ラカンはそのような統合を認めない。なぜなら、乳房は現実的な対象であり、母は象徴的な対象であるからだ。この二つの対象はそれぞれ存在論的な身分が異なるため、前者が後者に統合されることはありえないのである。後に確認するように、この二つの対象の水準のズレ＝裂け目が、後に人間の欲望を生じさせることになる（⇩177〜182頁）。

ここでは、子供の心的生活を描写することによって、現実的な乳房と象徴的な母の違いを明らかにしておこう。一方では、母の世話を受ける子供は、乳房という部分対象とかかわりをもち、その対象によって自分の欲求を満足させている。しかし、この乳房はプラスとマイナスの両極に分裂している。自分の前に現前し、快を提供してくれる良い乳房と、その場に不在であるか、あるいは現前していても快を提供してくれない悪い乳房は、子供にとって決して同じものとしては認識されていないのである。他方では、子供は母という全体対象ともかかわりをもっている。母は、子供の知らない規則＝法（たとえば、睡眠覚醒のリズムや家事による授乳の中断、夫からの呼びかけなど）にしたがって、子供の前に現前したり不在になったりする対象として、子供の心的生活のなかに現れている。言い換えれば、乳房という対象はプラスとマイナスの両極にわかれた現実的な対象として存在しているのに対して、母という対象は、プラスとマイナスの両方の可能性をもつ象徴的な対象として子供の心的生活に登場しているのである。

象徴的な母という概念は、フロイトが「快原理の彼岸」で叙述したエルンスト坊やの糸巻き遊びをもとにつくられたものである。確認しておこう。フロイトは、一歳半の子供の糸巻きを使った遊びを観察した。この子供は木製の糸巻きを放り投げたり、引きずり出したりして遊んでいた。フロイトの観察によると、この子供は糸巻きをベッドの下に投げ入れ、見えなくなると「オーオーオ」と発声し、糸巻きを引きずり出して、見えるようになると「ダー」と発声していた。フロイトはこの二つの発声がそれぞれ「いない Fort」と「いた Da」に対応していることを見抜き、この現前（Da）と不在（Fort）の対立が、この子供の母の現前と不在を象徴化していると考えた（GW13, 12-3）。

ラカンは、この糸巻き遊びを次のように解釈する。子供が糸巻きを引きずりだして「いた」と発声することは、不在の糸巻きに対して現前するように呼びかけ appel を行うことである。それは、その場に不在である母を、自分の前に現前させるように呼びかけることでもある（S4, 67/上 82頁）。すると、ここで子供の心的生活のなかに現れている母は、プラスとマイナス（「いた」と「いない」）の両方の可能性をもつ象徴的な母であると言える。なぜなら、不在である母に対して現前するように呼びかけるという行為は、その前提として、母を現前と不在の両方の可能性をもつ象徴的な対象として捉えることを必要とするからである。そして、母への呼びかけ（母が自分の前に現前してくれることを求めること）は、母が自分を愛してくれていることの象徴的な証を求めることと等価なものになっている。子供の心的生活における母のこのようなあり方は、プラスとマイナスの両極にわかれて存在する現実的な対象（乳房）のあり方とは大きく異なっている。

クラインは、子供は妄想分裂ポジションから抑うつポジションへと移行し、その際に部分対象としての乳房への関係が全体対象としての母への関係へと統合されると考えていた。しかし、ラカンはむしろ、子供は、現実的な対象（部分対象）である乳房と、象徴的な対象（全体対象）である母という二つの対象と同時に関係をもっていると考える。ラカンは、このような乳房と母をめぐる状況を「フリュストラシオン frustration」と名づけ、それを「象徴的母を動作主とする現実的対象の想像的損失」と定義している（S4, 269/下 96頁）。ここで、この極めて圧縮された定義の意味を分節化しておこう。

（1）「現実的対象 objet réel」とは部分対象としての乳房に相当し、子供の欲求を現実的に（ないし生理学的に）満たすものである（S4, 125/上 158頁）。

（2）この乳房という対象が得られない場合、あるいは得られたとしても十分に満足できる授乳に至らない場合、子供はそれを想像的な（愛情）関係における「想像的損失 dam imaginaire」として捉えることになる（S4, 37/上39頁）。

（3）母は、この授乳という行為の「動作主 agent」である。言い換えれば、母は子供の前に現前したり不在になったりする対象である。つまり、子供は母を、現前と不在の両方の可能性をもつ「象徴的母 mère symbolique」として捉えているのである（S4, 67/上81頁）。この象徴的母は、子供がはじめて経験する大他者でもある。なぜなら、子供にとっては、母の現前と不在によって自らの生死が左右されてしまうに等しく、子供のすべての呼びかけは全能の母を宛先として行われるからである（S4, 169/上214頁）。

（4）現実的な乳房と象徴的な母は、それぞれが異なる次元（現実界と象徴界）にあるだけでなく、それぞれが異なる機能を果たしている。すなわち、現実的な乳房は子供の欲求を満たすのに対して、象徴的な母の現前は母が子供を愛していることの証しとして機能している（S4, 125/上158頁）。

フリュストラシオンは、（現前と不在の可能性をもつ）両価的＝象徴的な対象としての母がすでに登場してきているという点で、クラインの抑うつポジションに対応すると言える。では、妄想分裂ポジションはどうなるのだろうか？　ラカンによれば、クラインが妄想分裂ポジションなるものを考えることができたのは、彼女が「夢をみていた」（S4, 185/上239頁）ためである。クライン派では、妄想分裂ポジションにおいては、母の身体という膨大な容器のなかに原初的な空想的諸対象のすべてが集められているもと考えられているが、このような考えは「想像的諸対象についての詩情のすべてを母の身体の乳房に遡及的に投影することによって可能となる」(S4, 185-186/上238-239頁)。つまり、妄想分裂ポジションは、現実的な対象としての乳房にまつわる子供の関係を想像的に読み解いた一種のフィクションにすぎないとラカンは考えるのである。

ラカンは、自らの理論のなかで前エディプス期に相当する唯一のものとしてフリュストラシオンを位置づけた(S4, 61/上75頁)。ただしそれは、彼もまた前エディプス期を重視したということではない。彼は、前エディプス期や対象関係を重視する傾向に対して一貫して批判的な態度をとっていた。それは、前エディプス期を重要視する論者が、しばしばその時期を子供と対象(乳房や母)という密着した二項のあいだの想像的関係のみによって捉えてしまうからである。反対に、ラカンは、子供の人生の最早期にみられるフリュストラシオンの段階においても、子供の心的世界は子供-象徴的な母-現実的な乳房という三項関係によって構成されていると考えた。フリュストラシオンには想像界だけでなく、すでに象徴界と現実界が登場しているのである(⇩195〜197頁)。

3　欲望の弁証法

フリュストラシオンにおける現実的対象(乳房)と象徴的対象(母)は、それぞれ異なる水準にある。この二つの水準のズレ=裂け目は、人間の欲望を構成する原理でもある。ラカンは、フリュストラシオンの段階の母子関係は弁証法的であると指摘している(S4, 70/上86頁)。この「フリュストラシオンの弁証法」は、後にラカンが「欲望の弁証法 dialectique du désir」（E693; E822）として名指す事態の基盤となっている。

では、フリュストラシオンから欲望が発生する筋道を確認しておこう。そのためには、欲求 besoin、要求 demande、欲望 désir という三つの概念を区別して論じる必要がある。

欲求はかなりの程度生物学的なものであり、生存や自己維持のために必要とされる欲求である。例えば、生存を維持するために必要な現実的な乳房に対して子供がもつ最初の関係は、欲求である。しかし、どんな欲求も語ることによってしか表現することはできない。現実的な乳房を得るためには、その場に不在である象徴的な母に対して、自分の前に現前するように呼びかけなければならない。それゆえ欲求は、人間が語ることによって、つまり人間がシニフィアンを使うことによって剪定 émonder（E629）され、迂回 déviation（E690）をこうむることになる。

こうして、欲求がシニフィアンの形式を取らされた結果として出てくるものを、要求と呼ぶ（E690）。「欲求の満足をもとめる要求はすべて、言語が不可避なものとしている分節化」（S5, 426/下264頁）を通らなければならないのである。この要求は、象徴的な母の現前を要求する呼びかけであるとともに、現実的な乳房を要求する呼びかけでもある。そのため、シニフィアン化された要求は、生物学的欲求を満たそうとする要求（要求1）と、欲求を満たしてくれる特権を持っている母の現前を請う愛の要求（要求2）とに二重化される。ここには、フリュストラシオンにおける二重化（子供が、母という象徴的な対象と乳房という現実的な対象の両者と関係をもつこと）と同じ事態をみてとることができる。この二重性が、欲望のグラフ（後述）を横に走る二本の線にあたる（図10）。

この二本の線は、欲求がシニフィアンとして分節化されることによって成立する「欲求の要求としての要求の線」（要求1）と、「愛の要求の線」（要求2）である（S5, 427/下264頁；S5, 440/284頁）。ただし、この二重性は、二つの独立した事態を示しているわけではなく、「それぞれにおいて生じる事柄の進行は、たえず重なり合っている」（S5, 427/下265頁）。それゆえ、ある特定の欲求の満足をねらっていた要求（要求1）の特殊性 particularité は、母の現前を請う愛の要求（要求2）という無条件なもの l'inconditionné へと変換されることによって揚棄＝消去 aufhebt されてしまう、とラカンは述べる（E691）。

この難解な表現は何を意味しているのか。説明しよう。子供の現実的な対象に対する欲求は、「特定のこれが欲しい」という特殊性を持っている。欲求は、乳房をはじめとする多様な性的対象に向けられたものでありうる。しかし、この欲求は、要求へと変換されることによって、母の現前を請う「あなたがいれば何でもいい」という単一的かつ無条件的な要求へと「質を落とされてしまう sich erniedrigt」（E691）。ラカンはそのことを特殊性から無条件性への移行として表現しているのである。

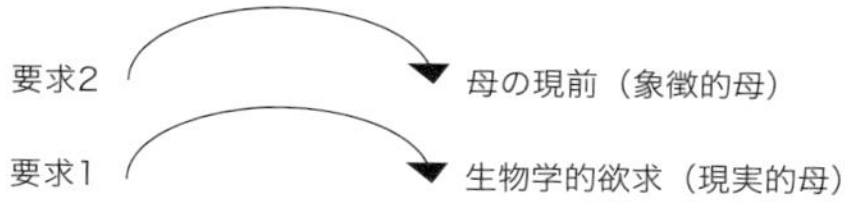

図10　要求の二重化

フリュストラシオンにおいて、子供は現実的な対象（乳房）によって欲求を満足させ、象徴的な対象（母）の現前によって愛の要求を満足させている。前者は欲求の満足を求める要求（要求1）に相当し、後者は無条件的な愛の要求（要求2）に相当するだろう。しかし、前者の欲求がもっていた特殊性は、後者に変換されることによって揚棄＝消去されてしまう。こうして、欲求と要求とのあいだには、ひとつのうまくいかなさが生じることになる。つまり、「性的関係における欲求」に関する要求（要求1）と「愛の要求」（要求2）のあいだには、ひとつの裂け目 béance が存在するのである（E691）。そして、この裂け目が欲望を生じさせる。ラカンが、「欲望は満足を求める欲 appétit〔＝要求1〕

ではなく、愛の要求〔=要求2〕でもなく、後者から前者を引き算することに由来する差異、つまりその二者の分割 Spaltung そのものである」(E691) と言うのはこの意味においてである。

では、その欲望 désir はどのように構成されるのか。欲望のグラフでは、欲望(d) は要求の二つの線のあいだの領野に位置づけられている。これは、欲望が二つの要求のあいだの差異（引き算)、すなわち二本の線のあいだの差異として構成されるためである。さらに詳しく説明しておこう（図11)。

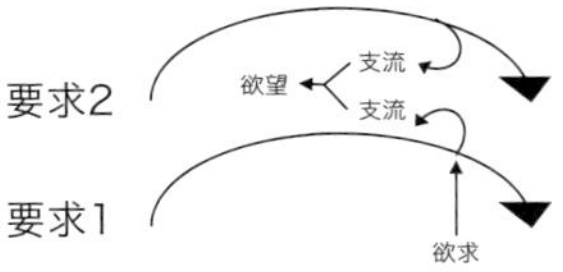

図11　欲望の弁証法

(1) 欲望の領野には、欲求（要求1）から流入する支流 rejeton がある (E690)。欲求は、もともと「特定のこれ」（例えば、乳房）を求めるものであった。つまり、子供は任意の対象では決して満足を得ることができず、特殊性をもった対象によって満足を得ていた。そして、欲求が要求へと変換されることによって、欲求の対象がもつ特殊性は揚棄=消去されてしまうのであった。しかし、この欲求の対象がもつ特殊性=具体性は、消え去ってしまうわけではなく、要求の二本の線のあいだの欲望の領野へと流入する。言い換えれば、欲望は「さまざまな欲求からその素材 matière を借りてくる」のである。こうして生まれる欲望の対象は、フェティシストが異常な執着を示す対象としての靴が生物学的な欲求の対象としては何の役にも立たないように、「何らかの対象についての欲求とは釣り合っていない」(S5, 382/下198頁) という性質をもっている。

(2) 母の現前を求める要求2の線からも、欲望の領野に流入する支流がある、とラカンは述べている。欲望は、要求1の彼岸（上側）だけではなく「要求〔2〕の此岸〔下側〕にも穿たれている」のである（E629）。この支流は、要求2において問題となっていた母の現前と不在を無効化するものである。母の現前を求める要求は、その要求を母に肯定してもらわないかぎり、母を現前させることができない。しかし、欲望の水準では、子供の欲望に対して母が肯定するか否定するかは一切関係がない。欲望は、母の現前を請う愛の要求とは無関係に表明されることができる。言い換えれば、欲望とは、現前と不在を繰り返す母という大他者の水準を廃棄するものなのである（S5, 382/下198頁）。

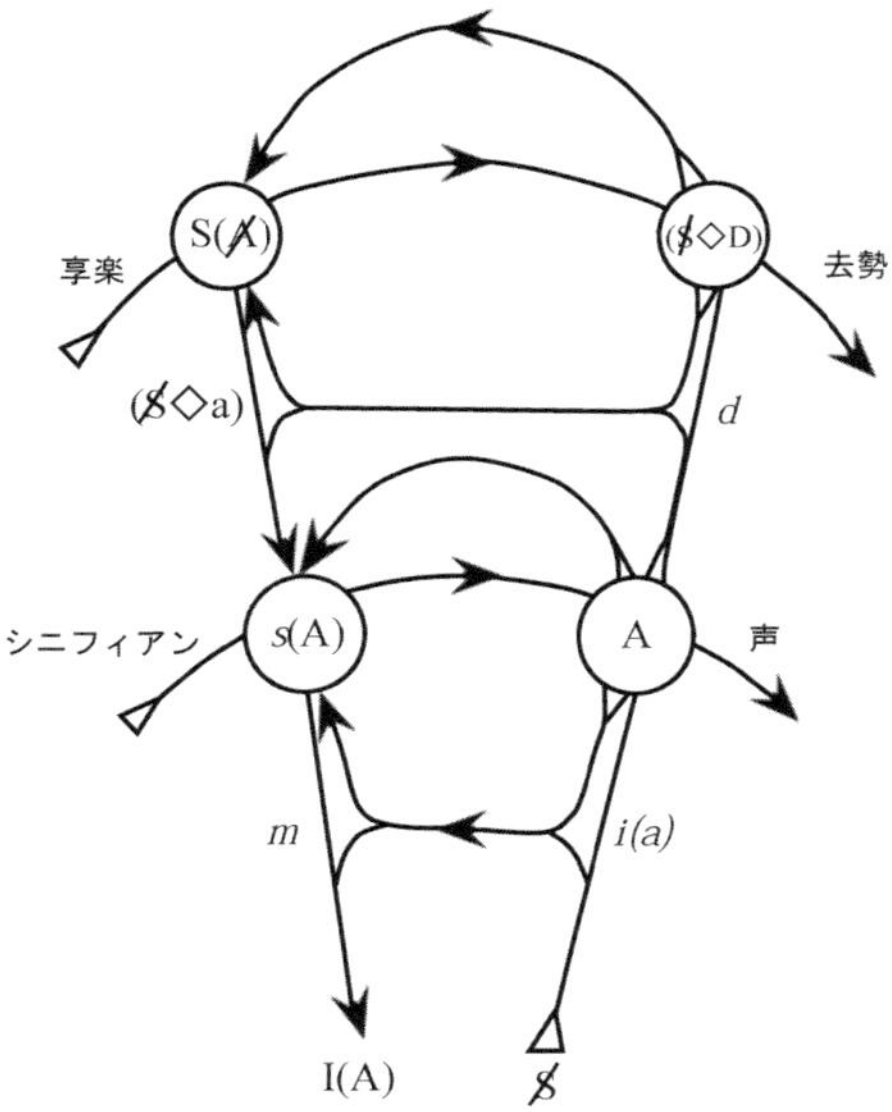

図12　欲望のグラフ

欲望は、この二つの要求の支流が合流するところに生まれる[2]。簡潔に言えば、欲望とは、何らかの対象を、（1）「絶対にこれでなければダメ」という態度で、かつ（2）「母がこれを要求しようがしまいが関係がない」という態度で求めることである。欲望がもつこの二つの特徴を併せたものを、ラカンは欲望の「絶対的条件 condition absolue」と呼んでいる（S5, 382/下198頁；E691）[3]。「欲望の弁証法」と呼ばれるこの一連の流れは、欲望のグラフ（図12）の一部をなしている。

4　治療指針としての「ラカンの禁欲原則」

以上のように、欲望は、欲求－要求－欲望の三段階を介して発生する（これを、欲望の弁証法と呼ぶ）。この三段階の区別は、人間が何かを望む際にもちいる特殊性－無条件性－絶対的条件という三つのモードの区別として把握できる。ただし、この区別は単なる思弁ではなく、ラカンにとっては精神分析臨床において欠かすことのできない治療指針 direction de la cure の一部でもあったことを見逃してはならない。

そもそも、フロイトが精神分析の臨床において常に問題にしてきたのは、欲望 Wunsch/désir であった。彼が分析治療における欲望の意義を発見したのは、とりわけ転移性恋愛の問題においてである。彼は、分析のなかで、女性の分析主体から男性の分析家へ愛の要求が向けられることをしばしば経験していた。いわゆる転移性恋愛である。フロイトは、そのような愛の要求が、分析主体の抵抗を強化してしまうことを熟知していた。それゆえ彼は、分析治療は禁欲 Abstinenz を原則としなければならないと述べる（GW10, 313）。この原則はフロイトの「禁欲原則」として知られている。この原則はしかし、患者と恋愛関係に陥ってはいけないという常識的な事柄を述べているわけではない。フロイトの言葉を借りるなら、禁欲原則とはむしろ「患者の欲求と憧憬を、分析作業と病状変化へと駆り立てる力として維持せしめること、そして、これらの欲求と憧憬を、間に合わせの代用品でなだめたりしないよう注意すること」である（GW10, 313, 強調は引用者）。つまり、フロイトの禁欲原則とは、分析家に向けられた分析主体の愛の要求を満足させずに維持することによって欲望の空間を開き、分析主体に自らの病状変化を志向させるための技法だったのである。

ラカンもまた、分析の臨床における欲望を重視した。彼は上述した要求の二つの線のあいだの距離を維持することが分析に独特な操作であり、この操作によって欲望の領野を開くことが可能になると言う(S5, 429/下268頁)。そのためには「要求を要求として承認しない」という「禁欲的あるいは節制主義的な操作 **opération abstinente ou abstentionniste**」が必要とされる(S5, 429/下268頁)。端的に言って、分析家は分析主体の要求に返答してはいけないのだ。

このような操作によって、分析はどのように進展するのだろうか。精神分析を求めて分析家のもとにやってくる人々は、「自分を治してほしい、自分自身を知りたい、精神分析を教えてほしい、自分を分析家として認めてほしい」などといった要求を携えてくる(E617)。しかし、分析家はこのような要求

(2) 要求の二重化によって二重の意味作用が発生することによって、ひとつの裂け目、謎が生じる。この謎が「欲望の原因 cause du désir」として機能しているとラカンは述べている(E691)。ここで使われている「欲望の原因」という術語は、その後のラカン理論において「対象 *a*」として名づけられる特殊な対象を指していると考えられる。ただし、ここでラカンはファルスと対象 *a* を区別しておらず、そこまでの理論化には至っていない(Miller, 1994: Cours du 18 mai 1994)。

(3) 後にラカンは六二－六三年のセミネール第一〇巻『不安』と、それと近い内容をもつ論文「主体の転覆」のなかで、欲望のグラフにおける要求と欲望の理解を刷新している。それによれば、要求の無条件性において問題となるのは、母の現前を子供が求めることではなく、むしろ母がつねに子供の前に現前すること(欠如の可能性がないこと)であり(S10, 67/上81頁 et 80/上99-100頁)、欲望の絶対的条件性はこの全能の母から分離するためのひとつの手段であるとされる(E814)。欲望の条件がもつ「絶対的 absolu」という形容詞が「[大他者からの]離脱 détachement をも意味している」(E814)といわれるのは、ラテン語における「absolu」の語源が「〜から自由になる ab-solvere」だからである(Miller, 1994: Cours du 23 mars 1994)(⇩291頁)。

を要求として承認してはいけない。このような要求は「待つことができる」（E617）。つまり、分析に来た主体にとって、より差し迫った急務はもっと別のところにあるはずなのである。素朴な形で表現された分析主体の要求は、結局のところ「自らを認めてほしい」といった愛の要求に変換され、その特殊性を揚棄＝消去されたものである。それゆえ、分析家はこの要求をそのまま承認せず、これを欲求不満《フリュストラシオン》に導くことによって、愛の要求（要求2）と欲求の満足を求める要求（要求1）を徹底的に分離させなければならない。つまり、分析主体を根源的なフリュストラシオンの状態に導くのである。これによって二つの要求のあいだにある欲望の領野が活性化され、分析主体の歴史を根源的に規定するシニフィアンの問題が浮上し、分析が進展していく。すなわち、分析家は「主体のフリュストラシオンが留められているシニフィアンの再出現をねらっている」（E618）のである。そのためには、分析において次々とあらわれる要求を要求として認めず、要求を――後の表現を借用するなら――「ゼロの要求 demande de zéro」（S10, 66/上80頁）にまで枯渇させることによって、そこにあらわれてくる主体の去勢への関係を問題とすることができるところまで進まなければならない。

　もし反対に、要求の二重の線を混同するような形での介入、すなわち分析主体の愛の要求と欲求の満足を求める要求を混同するような介入が行われると、その操作は暗示や催眠といったものに堕してしまう危険性をはらむ（S5, 428/下266頁；E635）。この危険の典型例は、解釈における暗示的効果を利用する技法である。例えば、「転移は暗示が機能するため」にあり、「解釈がうまく機能するために転移をつかうのは正当である」と考える分析家もいる（S5, 428/下266頁）。しかしラカンは、このような分析家は自分の解釈を患者に難なく受け入れられてもらうために暗示の機能を利用している、と批判している。

　催眠と暗示（前額法）から手を切ることによって生まれた精神分析は、暗示であってはならない。それゆえ、ラカンの考える分析的な解釈は暗示とはまったく異なるものである。「意味を持ち、理解し得るという性格を持ち、説得的である」ような解釈はラカンの考える解釈ではない（S5, 444-5/下 291-2頁）。解釈とは、分析主体に対して、彼の人生や出来事に対する噛み砕いた明瞭な意味を与えることではないし、彼の症状に固定的な意味を与えて安心させることでも決してない。ラカンの考える解釈は「説明による安心」ではなく、むしろ「衝撃による動揺」をめざす。このような解釈の理解は、後のラカン理論の発展のなかでも維持されている。六四年のセミネール第一一巻『精神分析の四基本概念』では、解釈はエディプスがデルフォイで得た「神託」のようなもの、つまり主体を根本的に規定する謎めいた「無意味のシニフィアン（S_1）」を主体に析出させることであるとされる（S11, 226/338頁）。七〇－七一年のセミネール第一八巻『みせかけではないようなディスクールについて』では、解釈は、神託の効果を利用して、真理の「鎖を解く＝荒れ狂わせる déchaîner」ものとされる（S18, 13）。デルフォイの神託を授かったエディプスのように、主体はその謎めいた言葉によって動揺させられるのである（⇩375～378頁）。

分析主体の要求を要求として承認せず、分析主体の語りについての明瞭な解釈を与えず、分析主体の自らの手で無意味のシニフィアンを析出させることをねらうというラカンの技法は、一般的な「精神分析」のイメージからは遠く離れたものである。このような禁欲的な技法を一括して私たちは「ラカンの禁欲原則」と名づけたい。

5　対象欠如の三形態

私たちはここまで、「象徴的母を動作主とする現実的対象の想像的損失」であるフリュストラシオンと、そこから導かれる欲望の弁証法とラカンの禁欲原則について論じてきた。ところで、フリュストラシオンは、ラカンが対象欠如の三形態と呼ぶもののうちの一つである。次に、フリュストラシオン以外の対象欠如の形態である「剥奪 privation」と「去勢 castration」(S4, 269/下96頁)について、簡単に触れておこう(表2)。

剥奪

剥奪は「想像的父を動作主とする象徴的対象の現実的穴」として定義される。この定義を理解するためには、剥奪の概念が去勢コンプレクスとペニス羨望を説明するために作られたことに注意しなければならない。たとえば、自らがペニスを持っていないことを発見した女児は、自分をペニスを付けて産んでくれなかった母親を憎み、いつの日かペニスの象徴的代理としての子供を父からもらえることを望むようになる。これをフロイトはペニス羨望 Penisneid と呼んだ。ラカンはこれを女性におけるペニスの剥奪とその結果として捉えるのである。

ペニスの剥奪、つまりペニスを持っていないことを発見するということは、実はそれほど簡単なことではない。現実(界)のなかに知覚できる事実は、単に女性の陰部に文字通り何もない(=「何かが不在である」という事実すらない)ということだけだからである。「ペニスが不在である」と言うことができるためには、そこにペニスが現前する可能性があらかじめ想定されていなければならない。つまり、「主体がこの剥奪を感得することができるためには、まずは主体が現実界を象徴化していなくてはならない」のである（S4, 56/上66頁）。先に述べたように、現実的な対象は常にあるべき場所にあり、欠如の可能性をもたない。対象を象徴化することによってはじめて、ペニスが「あるべき場所に欠けている」（S4, 38/上41頁）と言うことができるのである（⇩161〜162頁）。

剥奪の定義は、これらの前提から理解することができる。まず、「現実的な穴 trou réel」とは、女性の陰部に文字通り何もない（＝「何かが不在である」という事実すらない）ことを表している。その穴を発見する際に、子供はペニスの剥奪を象徴的に把握する。そこで剥奪されている対象は、あるべき場所にないファルスであり、そのファルスは「象徴的ファルス phallus symbolique」と呼ばれる（S4, 218/下29-30頁）。剥奪の対象が象徴的ファルスであるということは、ファルスはそれが不在であるときにも、「不在」という仕方で「現前」しているということである。ここから女性のファルスをめぐる極めて逆説的な事態が生じる。それは、女性は象徴的ファルスを持っていないが、それでも女性は不在（持っていない）という資格でファルスを分有しているということである（S4, 153/上194頁）。そのため、女性がファルスの象徴的代理としての子供をもったり、あるいは男性が女性の向こう側に象徴的ファルスを見出したりすることが可能になるのである。

なお、剥奪の動作主が「想像的父 père imaginaire」であるといわれるのは、象徴的ファルスを剥奪する父が、ファルスを「剥奪する priver（奪

表2　対象欠如の三形態

動作主	対象欠如	対象
現実的父	去勢 象徴的負債	想像的ファルス
象徴的母	フリュストラシオン 想像的損失	現実的乳房
想像的父	剥奪 現実的穴	象徴的ファルス

う／禁じる）」という言葉で表現されるような威嚇する父として想像されるからである。エディプスコンプレクスには、母をめぐって子供（息子）が父と双数的＝決闘的 duelle に争うという想像的な側面があるが、ここで子供に対する母の剥奪者として登場している父が想像的父である。この父は、想像界の平面の上で子供の攻撃性の発露の対象となる一方で、理想化や同一化の対象となることもある（S4, 220/下31-2頁）。

去勢

去勢は、「現実的父を動作主とする想像的対象の象徴的負債」と定義される。この定義を理解するためには、去勢が子供に対してどのように効果を発揮するのかを考えてみる必要がある。幼児期の子供には、自慰が頻繁にみられる。この自慰行為に対して、両親は「いつまでもそんなこと（＝自慰）をしていると、お医者さんを呼んで切ってもらいますよ」等と発言したり、実際に強制的に自慰行為をやめさせたりする。しかし、そういったやり方で自慰を禁止するだけでは、去勢は効果を発揮しない（S5, 348/上148頁）。去勢は、剥奪、つまり母という女性のペニスの不在（現実的な穴）を発見することによって、はじめてその論理を展開することができるようになるのである（E686）。

去勢の論理は次のように展開する。ペニスが不在でありうるということ（剥奪）を発見した子供は、自らの心的世界のなかで、ファルスをめぐる様々な空想的な推論を行う。去勢において問題となるファルスが「想像的ファルス phallus imaginaire」とされているのは、子供がファルスの存在と所有をめぐる**想像**的なやりとりを推論しているからである。例えば、ペニスの不在の可能性を知った男児は、自分も去勢されファルスを失ってしまうかもしれない、と推論する（S5, 172-3/上252頁）。ここから去勢の脅威が生じる。また、母にファルスが欠けていること(−φ)を知った子供は、母は欠けているファルスを欲望していると推論する。そして子供は、もし自分が母に欠けているファルスであったならば、ファルスを欲望している母は自分の前に常に現前してくれるはずだと推論する。しかし、現実には母は不在になることがある。それは、子供が母のファルスであることができないということと等価である。そして子供は、母が不在になるのは、自分以外の誰か、母にファルスを与えることができる人物がどこかに存在し、その人物によって母は欲望を満足させているからである、と推論するようになる(S4, 190/上 245-6頁)。

このような推論によって立ち現れる、母にファルスを与えることができる人物こそが、去勢の動作主としての現実的父 père réel である。この現実的父は、家族のなかでの父のありようや性格(子供に対して父が優しいか厳しいか、子供に脅威を与えるか与えないか等)とは一切関係がない。たとえ父がいない家庭で養育されたとしても、現実的父による去勢は十分に効果を発揮することがありうる(S5, 169/上 246頁)。なぜなら、現実的父とは、想像的ファルスをめぐって子供が心的世界のなかで行った推論の結果としてはじき出された回答にほかならないからである。現実的父は、具体的な父のありようとは独立した、ひとつの論理的機能として捉えることができるのである。

こういった一連の推論の結果として、去勢は「象徴的負債 dette symbolique」を生じさせる。[4] その負債とは、男児では自分が想像的ファルスをもっていないこと、すなわち去勢の脅威であり、女児では自分がもっていると信じていたペニスを実はもっていなかったことに気付かされること、すなわちペニス羨望である。後のラカンの比喩を借りるなら、象徴的負債とは「それを持っているときには〔=男児の場合では〕借方勘定、持っていないときには〔=女児の場合では〕異議を申し立てられた債権」(E853) である。

つまり、男性にとっての象徴的負債は誰かから借りて一時的に所有しているお金のようなものであり、彼らはいつかそれを返さなければならないことが問題となるのだが、女性にとっての象徴的負債は不良債権であり、手元に現金（＝ファルス）がないのにあると信じ込んで振り出してしまった手形を回収されること、つまり「持っていないものを失う」ことが問題となるのである。すなわちひとは去勢において、「男性の場合は、自分が持っているもの（＝ファルス）を本当は持っていないということを、女性の場合は、自分が持っていないもの（＝ファルス）を持っていないということを認識する」（S5, 174/上254頁）に至るのである。

去勢によるセクシュアリティの規範化——「仮装」と「おとしめ」

ラカンは、去勢における現実的父は、規範化＝正常化する機能を果たす父であると述べている（S5, 169/上246頁）。では、去勢は何を規範化するのか。去勢は、男性／女性のセクシュアリティ（性的な欲望）を規範化し、決定づける。すなわち、一方の女性は、ファルスをもつ avoir ことが原理的に出来ない以上、ファルスと関係するためには、自分自身がファルスである être ふりをすることを余儀なくされる。他方の男性は、もっていないファルスをもっていることにするために、性愛生活のなかである工夫をこらす必要が生じる。さらに詳しくみていこう。

（1）ラカンは、女性のセクシュアリティを考えるために、ジョーン・リヴィエール（1929）の「仮装 mascarade」という概念を参照している。この概念は、ある知的なエリート女性の分析から生まれた。その女性は、会議で発表を行う際に、自分の知的能力の高さを公衆の面前ではっきりと見せつけていた。会議の終了後に、彼女は自分の男性性を聴衆のなかの父性的人物に承認してもらうことを求めたが、他方で彼女はその男性に対して色目使いをしたり、媚を売ったりするような両義的な態度をとっていた。この行動は、次のように分析される。彼女は、男性になり、そのことを男性から認めてもらおうとしていた。しかし、彼女のそのような男性的態度は、彼女が父を去勢してそのペニスを所有したことを明らかにしてしまう。そのため、聴衆のなかの父性的人物が彼女に対して報復を行うのではないか、という不安が彼女に生じる。そこで彼女は女性性（色目使い）という仮装《みせかけ》をもちいることによって、報復の不安を退けようとしていたのである。この分析から、女性性と仮装とは同じものであるとリヴィエールは結論づけている。

ラカンは、このリヴィエールの洞察をほぼ踏襲している。彼によれば、女性は仮装をもちいることによって自分のあらゆる属性に覆いをかけようとしている。それは、その覆い（仮装）

（4）想像的父と現実的父の最も重大な違いは、前者が何らかの対象を奪う父であり、後者が負債を与える父であるという点にある。一方では、子供は、剥奪において現れる想像的父のことを「母親からファルスを奪ったり、子供から母親を奪ったりする人物」として空想している。そのため、子供は想像的父と敵対関係に陥る。他方では、現実的父は現実の水準には存在せず、子供の想像的ファルスを去勢することによって子供に象徴的負債を背負わせる父である。そのため、子供と現実的父とのあいだには敵対関係は存在しない。父のこの二類型は、フロイトが「トーテムとタブー」で述べた、（1）原父を殺す前の原始部族の状態（すべての女性を剥奪する原父に対する息子たちの憎悪）と、（2）原父を殺してしまったあとの原始部族の状態（原父を殺してしまったという罪責意識）に対応していると考えてよい（GW9, 172-3）。後にみるように、神経症者の苦悩は、本来なら現実的父による「象徴的負債」として背負っていくべき私たちの存在論的条件（性関係のなさ）を、想像的父によって剥奪されたもの（であるがゆえに取り戻すことが可能なもの）だと誤って空想してしまうことにある（⇩302頁）。

の下で自分がファルスになるためである。女性は、仮装で身を隠しながら大他者（＝男性）の欲望のシニフィアンであるファルスに同一化することによって、男性から欲望される存在になろうとしている（S5, 350/下151頁）。このようにして、女性はファルスであることができるのである。しかし、女性のセクシュアリティの難しい点は、女性は自らが欲望のシニフィアンであるファルス（Φ）になるだけでなく、それと同じファルスを自分が愛する男性のなかに発見するということである。つまり、女性は自らがファルスであるように装いながら、ファルスをもつ男性を欲望するのである（E694）。

（2）男性は、父のようにファルスをもつことができない。そのため、男性の性愛生活は、どうにかして父のようにファルスをもっていることにするために費やされる。その際に働くメカニズムを、ラカンはフロイトの「おとしめ Erniedrigung」という概念によって説明している（E695）。では、「おとしめ」とは何だろうか。思春期を迎え、性交の存在を知った男性は、母が性交という恩恵を自分ではなく父に与えていたことを事後的に理解する。母をファルスによって満足させることができていたのは、自分ではなく、ファルスをもつ父だったのである。すると男性は、このような母を許すことができず、母を不誠実な存在とみなすようになる（GW8, 74）。その結果、それまで母に向けられていた欲望は、「母の跡を継ぎ、母の場所を占める女性」に向かうようになる（S5, 327/下118頁）。しかし、母に想定された不誠実さは男性のファンタスム（空想）のなかに生き延びていき、最終的には、性愛の対象の女性を不誠実な娼婦であると考えるファンタスムが生まれる。このように、母や性愛の対象の女性をファンタスムのなかで娼婦の位置にまで価値下げすることを、フロイトは「おとしめ」と呼んだのである。

では、この「おとしめ」によって、男性は一体何をしようとしているのか。男性は、娼婦の位置におとしめた女性を自分自身の手で救おうとする。そうすることによって、男性は、原初的な性愛の対象としての母に子供（＝ファルス）を授け、自分が自分自身の父になることができるのではないかと考えるのである（GW8, 75）[5]。こうして男性は、父のようにファルスをもつことを欲望するようになる。ラカンは、このような男性は娼婦の場所にファルスを探し求めていると述べている（S5, 327/下118頁）。すなわち、男性がある女性を欲望するのは、その女性の場所に、自分がもつことができるかもしれないファルスを見出すがゆえなのである。

後にラカンは、男性の性愛生活における「おとしめ」を、「〔大他者〕Aの代わりに、〔対象〕aを」という基本構造によって捉えることを提唱している（S10, 213/下44頁）。これは、大他者としての母（A）に欠如があること（Ⱥ）を知った男性が、その欠如を埋めるために女性を対象a化、フェティッシュ化することを指している。また、それは「ファンタスムに属する対象aをȺの代理にすること」（E823）でもある。つまり去勢された男性は、女性を自らのファンタスム（$\$\lozenge a$）の枠のなかにはめ込むことによってしか、その女性を性愛の対象とすることができないのである。

（5）男性によるドメスティック・ヴァイオレンスでしばしばみられる論法、すなわち、相手の女性を徹底的に罵倒した（おとしめた）後で、自分が一緒にいることで相手の女性が救われると強弁する論法は、このようなセクシュアリティのあり方のひとつの極限形態である。

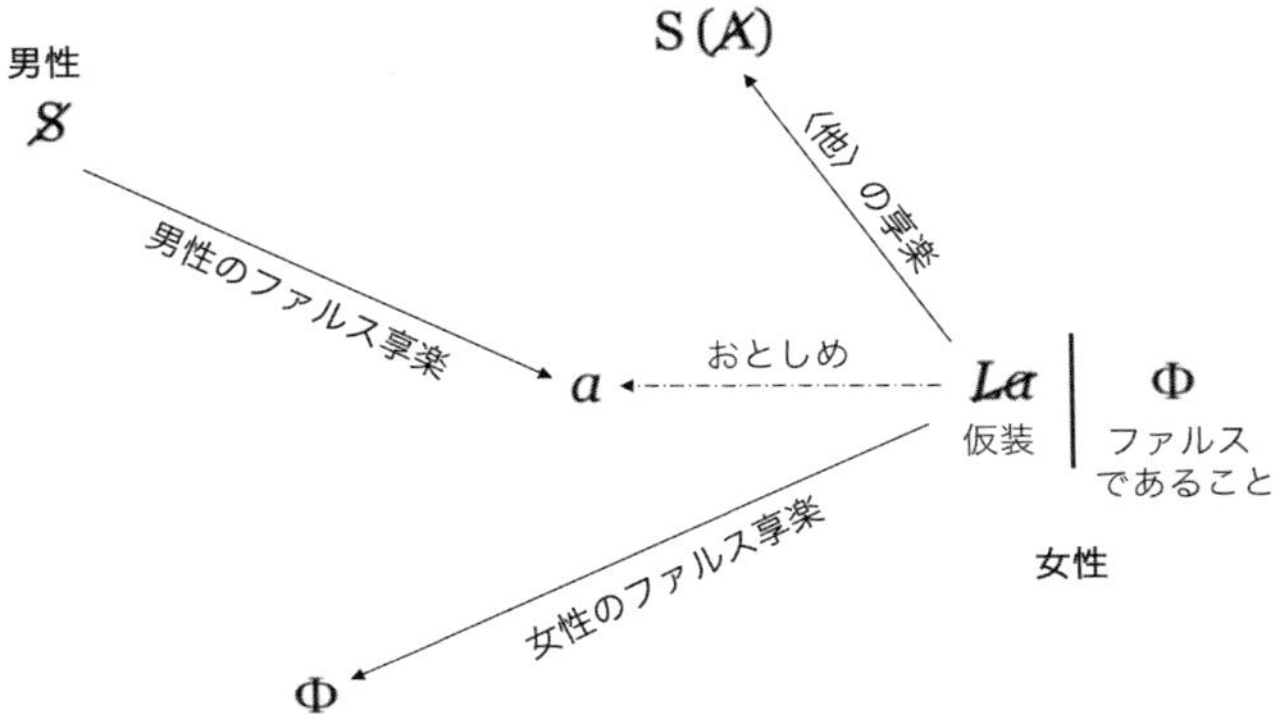

図13　おとしめと仮装

ここから理解されるように、この時期のラカンにとって、男性と女性のセクシュアリティの規範化は、去勢を通じて、ファルス（Φ）というひとつのシニフィアンによって行われる。フロイトが「リビードはひとつしかなく、それが男性の性機能のためにも女性の性機能のためにも使用される」（GW15, 141）と述べていたのは、そのためである（E695）。この意味で、ファルスは男女の両者にとって「陰性化することのできない享楽〔＝セクシュアリティ〕のシニフィアン」（E823）であると言える。

上図に示すように、男性と女性のセクシュアリティの規範化は、七〇年代のラカンが発明した性別化の図式にプロットすることができる（図13）。女性（$\not La$）は、自らがファルス（Φ）でありながら、ファルス（Φ）をもつ男性を欲望する。そして男性は、女性（$\not La$）を対象 *a* へとおとしめることによって欲望する、というわけである。ここで重要なのは、両性のあいだに交わる点がないということである。両性のセクシュアリティは、五〇年代からすでに「性関係がない」ものとして考えられているのである。

もちろん、人間のセクシュアリティはこれだけに尽きるものではない。性別化の公式には、ファルス（Φ）というひとつのシニフィアンによる規範化に収まらないセクシュアリティも示されている。それが、$\cancel{I}/a$ から S(Ⱥ) へ投錨された線である。私たちはそのセクシュアリティ、「〈他〉の享楽 jouissance de l'Autre」をめぐる議論を後にみていくことになる（⇩336〜338頁）。少なくともここでは、この時代のラカンが論じる去勢によって規範化される男性と女性のセクシュアリティが、後にラカンが「ファルス享楽 jouissance phallique」と呼ぶものにほかならないことを押さえておこう。それがファルス享楽と呼ばれるのは、ファルスというひとつのシニフィアンによって決定づけられているからである。

6 エディプスの三つの時

ラカンは、対象欠如の三形態（フリュストラシオン、剥奪、去勢）を整理した翌年、セミネール第五巻『無意識の形成物』のなかで、エディプスコンプレクスと去勢コンプレクスを三つの段階にわけて再整理している。それが「エディプスの三つの時 trois temps de l'Oedipe」である。対象欠如の三形態の理論が、エディプスコンプレクスと去勢コンプレクスにおいて問題になる対象（乳房やファルス）の欠如のあり方を区別するものであるのに対して、エディプスの三つの時の理論では、同じ事態が父とファルスの関係のあり方の区別として論じられる（そのため、この二つの議論にはいくつかの重複がみられる）。

エディプスの第一の時

エディプスの第一の時において問題となるのは、子供と母の想像的＝鏡像的な関係である。ただし、それは二者関係では決してない。なぜなら、母と子供の二者関係には、母の欲望の対象としての想像的

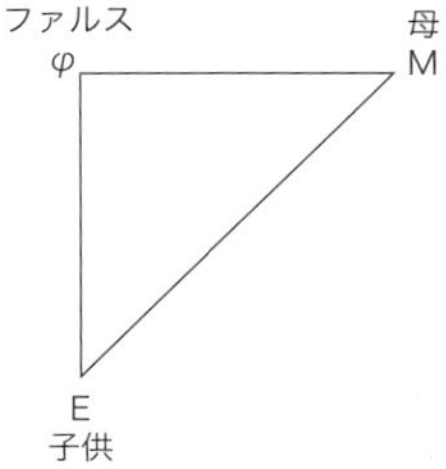

図14　想像的三角形

原－象徴界（＋－＋－＋＋…）
―――――――――――
母が欲望する想像的ファルス

図15　原－象徴界と想像的ファルス

ファルスがつねに介入してくるからである（S5, 192/上282頁）。これを図式化したものが想像的三角形である（図14）。

この第一の時では、母は象徴的な存在である。母は現前と不在を気まぐれに繰り返すことによって、＋と－が不規則的に交代しながら連続する象徴的なセリー（＋－＋－＋…）になるからである。このセリーはいまだ体系的に統御されてはいないが、この現前と不在の対立（＋／－）には、すでに潜在的な象徴的秩序の可能性、根源的条件がある（S4, 67/上82頁）。以後、私たちは、完成した象徴界に先立つこの前駆的な象徴的秩序を「原－象徴界 le proto-symbolique」と呼ぶことにする(6)。

母親の現前／不在の繰り返し、現前と不在のセリーに直面した子供は、「母が行ったり来たりすることが何を意味するのかを問うようになる」。そして、そのシニフィアンが意味するもの（シニフィエ）は「ファルス」であると想像する（S5, 175/上256頁）。つまり、母が現前／不在を繰り返すのはファルスを欲望しているからである、と子供は考えるようになるのである（図15）。すると、子供にとっては、自分が母のファルスであるのか否かが重要な問題となる。「もし母の欲望がファルスであるならば、子供は母の欲望を満たすためにファルスになりたいと思う」わけである（E693）。こうして母子関係に、シニフィエとしてのファルス（母の欲望の対象としてのファルス）が介入することになる。このファルスこそが、エディプスの第一の時において父に相当するものであるが、ここで父は自らの存在をファルスという形で示すだけにとどまっている（S5, 194/上285頁）。

母、子、ファルスの想像的三角形には、図16のようにフリュストラシオンのパースペクティヴを書き加えることができる（André, 1995）。フリュストラシオンにおいて、子供は全体対象としての母と部分対象としての乳房の二つと関係をもっていた。この関係の二重化は、母（M）⇕子供（E）、子供（E）↓ファルス（φ）の二つの線に位置づけられる。まず、母（M）と子供（E）の関係は、欲求の対象である現実的な乳房についての関係である。これは生理的な次元に近接する欲動の満足をめぐる想像的な損失の関係であり、クライン（1952）が指摘するように「幼児が乳房を食い尽くそうとするのと同じように貪欲な形で、自分が悪い乳房に食い尽くされてしまうという不安」を生み出す双数的＝決闘的な性質をもっている。つまりこの関係は、「食うか食われるか」の関係である。また、子供（E）は、母の現前／不在の原因を母の欲望（ファルス）として同定し、この想像的ファルスに同一化しようとする。このことは、幼い子供の人形遊びによくあらわれている。人形遊びは、子供における母性の早期からのあらわれなどでは決してなく、人形の子供を想像的なファルスとして見立て、それに鏡像的に同一化しようとする試みである。

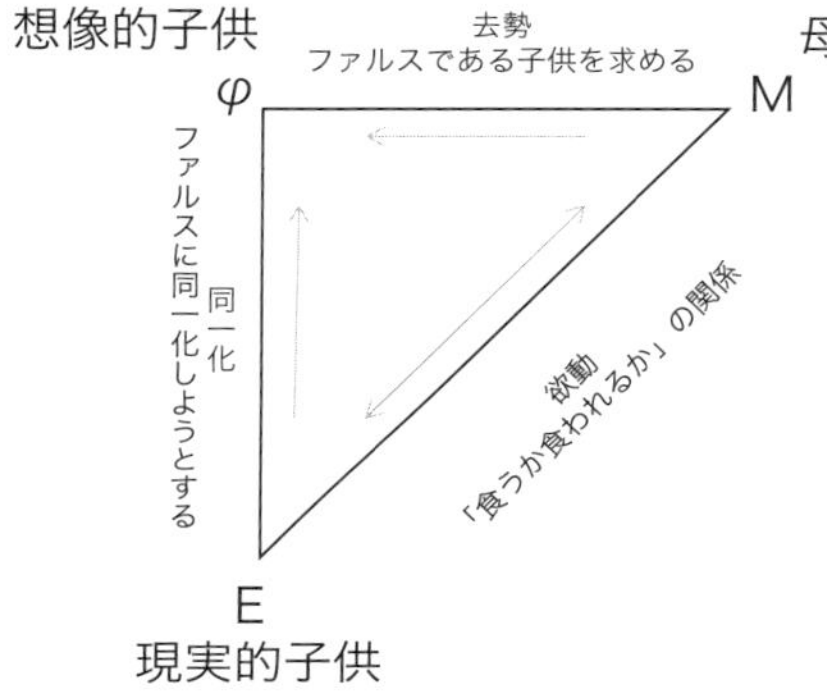

図16　想像的三角形とフリュストラシオン

（6）ロレンツォ・キエーザ（2007）による「protosymbolic」という用語を参考にした。

また、母にとっても想像的三角形は二重化されている。母（M）は現実的な子供（E）と、想像的子供＝ファルス（φ）の二者と同時に関係をもつのである（S4, 57/上67頁; S4, 70/上86頁）。この二重性は、母にとって子供が世話を与えるべき現実的な子供であることにくわえて、母自身の去勢という欠如（ペニスの不在）を埋める想像的なファルスでもあることに起因する。子供にとって母の乳房が部分対象であったのとは反対に、母にとっては子供が部分対象なのである（S5, 175/上256頁）。ペニス羨望をもつ母にとって、想像的子供＝ファルスは待ち望まれた贈り物として機能する。それゆえ、母の子供への関係は、現実的子供と想像的子供のあいだで二重化されるのである。

　生まれてくる子供を「子宝」と表現するのは、ペニス羨望を抱く母が待ち望んでいた「宝物」つまりファルスの位置を、子供が占めるようになるからではないだろうか。待ち望まれた子供は、生まれる前からすでに家族内の象徴的な物語のなかに組み入れられている。それゆえ、子供は出産によって現実的な子供（E）として誕生するより前に、すでに想像的な子供＝ファルス（φ）として誕生している。もし、出産前の子供についての物語化が弱ければ、子供がもつ想像的なファルスとしての側面が弱まることになる。そうなれば、子供は想像的な子供（ファルス＝宝物）としてうまく機能せず、現実的な子供としてより多く機能するようになる。すると、子供は母にとって想像的な贈り物とはならず、待ち望まれていない現実的な子供となるだろう。その結果、この現実的な子供はエイリアンのように異質でリアル réel なものとして、恐ろしい存在として母親の目に映ることになる。(7) 児童虐待の問題の一部はここに位置づけられるだろう。

　想像的三角形におけるファルスが「母の欲望」であるという定義もまた、子供（E）→ファルス（φ）の線と母（M）→ファルス（φ）の線によって二重化されている。ここには、「母の欲望 désir de la mère」という言葉の主格属格と目的格属格への二重化をみてとることができる。すなわち、エディプスの第一の時においては、母（M）が自らの欠如を埋めるものとして子供を想像的ファルス（φ）として想定している（主格属格）一方で、子供（E）は母を欲望し（目的格属格）、そのために母の欲望の対象である想像的ファルス（φ）に同一化しようとしているのである。

エディプスの第二の時

つづいて、エディプスコンプレクスの第二の時では父が明確に現れはじめる（S5, 194/上285頁）。父は、第一の時では想像的ファルスという形で自分の存在を予告するだけであったが、第二の時では母を剥奪する者として母子関係に介入してくるのである（S5, 192/上282頁）。こうして、第二の時には「子と母がお互いに満足を与え合うことのできるような理想的な位置から、子が追い出される」ことになる（S5, 203/上297頁）。

第一の時では、子供にとって母は現前と不在を繰り返す象徴的なセリーであり、子供はその母が現前することを要求していた。この意味での母を、私たちは先に「原 - 象徴界」と呼んでおいた。第二の時において、母を剥奪する父が母子関係に介入するようになると、子供は、母の現前と不在の原因が父であると推論するようになる。言い換えれば、子供は、母の現前と不在という象徴的な法（法則）が、も

（7）これは、ヒステリーの「嫌悪反応 réaction de dégoût」として知られている事態にもよく似ている。ヒステリーの嫌悪反応では、主体が無意識において求めるファルス的な性的対象が脱性愛化された途端に、あまりに現実的な「肉の塊」として現れてしまう（S11, 157/228頁）。

う一段上位の審級の法によって統御されていることに気づくようになるのである。すなわち、ここで「大他者〔＝母〕に宛てられた〔母の現前の〕要求は、上級審〔＝父の審級〕へと移送される」ことになる（S5, 192/上282頁）。この段階（エディプスコンプレクスの第二の時）は瞬間的にしかあらわれないが、もっとも重要なものであり、次の最後の段階を準備することになる（S5, 203/上297頁）。

父の審級
―――――――――――― ↑一段上への移行
原－象徴界（＋－＋－＋＋…）

図17　原－象徴界から父の審級への移行

エディプスの第三の時

エディプスの第一の時では父はファルスとして（密かに）出現し、第二の時では父はファルスの剥奪者として出現していた。そして、最終段階であるエディプスの第三の時では、父はファルスを所有 avoir する者として出現する（S5, 194/上285頁）。

第一の時において、母の現前と不在の法（法則）という謎に直面した子供は、母の欲望の対象であるファルスに想像的に同一化し、自らファルスになろうとしていた。つづいて、第二の時では、子供は、その母の法が実は父の法によって統御されていることに気づくようになった。そして、第三の時では、「父は母が欲望するもの〔＝ファルス〕を母に与えることができる」が、「〔父が〕それを与えることができるのは父がそれを持っているからである」（S5, 194/上285頁）という結論にたどりつく。つまり、母の欠如＝欲望を埋める権利をもつのは子供ではなく、ファルスを持つ者としての父であることが発見されるのである。こうして子供は、父のようにファルスを持ちたいと思うようになり、父への同一化を果たすことになる。

7　父性隠喩——象徴界の統御とファリックな意味作用の成立

ここまで、ラカンによる構造論的なエディプスコンプレクス理解を、「対象欠如の三形態」と「エディプスの三つの時」という二つの論理から説明してきた。前者の論理では、ファルスという対象（の欠如）をめぐって人間のセクシュアリティがどのように規範化＝正常化されるのかが明らかにされた。そして後者の論理では、特にその第二の時において、原－象徴界の気まぐれな法が、いかにして父の法によって統御されるようになるかが明らかにされた。

さらにラカンは、エディプスコンプレクスがもつこの二つの機能——セクシュアリティの規範化と、象徴界の統御——を一つの論理に圧縮する。それが、父性隠喩 métaphore paternelle である（図18）。

これまでの議論を確認しよう。母子関係において母の現前と不在、「いない－いた Fort-Da」の気まぐれなリズムが繰り返されることによって、＋と－が連続する象徴的なセリーが形成される。これが前駆的な象徴機能（原－象徴界）であり、ラカンはこれを「母の欲望 désir de la mère」（DM）と呼んでいる。ミレールも指摘するように、母の欲望は、子供の前を不規則に（気まぐれに）行ったり来たりする「いない－いた Fort-Da」の運動として象徴的に分節化されたシニフィアンなのである（Miller, 1994: Cours du 16 mars 1994）。すると子供は、母が自分の前を行ったり来たりすることが何を意味しているのかを想像するようになるが、それは母の欲望というシニフィアンに対応するシニフィエが何であるのかを問うことに等しい。このシニフィエ、母が欲望する何かのことを、ラカンは「想像的ファルス」と呼ぶ（ただし、この段階では母の欲望の対象である想像的ファルスは不明瞭な「x」のままにとどまっている）。ソシュールのアルゴリズムを反転させた「シニフィアン／シニフィエ（S/s）」という分数表記をつかうと、この状態は「DM/x」と

エディプスの三つの時
（父の法による象徴界の統御） ／ 対象欠如の三形態
（セクシュアリティの規範化） →父性隠喩

図18　一九五六〜五八年におけるエディプスコンプレクスの構造論化

$$\frac{\text{シニフィアンとしての母の欲望（＋－＋－＋＋…）}}{\text{主体にとってのシニフィエ（想像的ファルス）}} \qquad \frac{\mathrm{DM}}{\mathrm{x}}$$

図19　父性隠喩（DM/x）

$$\frac{\text{父の名}}{\text{シニフィアンとしての母の欲望（＋－＋－＋＋…）}} \qquad \frac{\mathrm{NP}}{\mathrm{DM}}$$

図20　父性隠喩（NP/DM）

書きあらわすことができるだろう（図19）。

〈父の名〉Nom-du-Père（NP）、すなわち象徴的父は、この「DM/x」に対して介入するシニフィアンである（S4, 364/下221頁；S5, 174/上255頁）。ラカンはすでに五三年の講演「精神分析におけるパロールとランガージュの機能と領野」（通称、ローマ講演）において、父の名が「象徴機能の支え」（E278）であることを指摘していたが、母の欲望に対する〈父の名〉の介入という考えは、その構想を明確化するものであると言える。つまり、〈父の名〉は、＋と－の不規則なセリー（母の欲望）を統御し、象徴界をひとつの体系《システム》として安定化させる機能をもっているのである（NP/DM）（図20）。

これら二つのアルゴリズム（DM/xとNP/DM）をあわせたものが父性隠喩である。では、なぜこの式は「隠喩 métaphore」と呼ばれているのだろうか。それは、〈父の名〉のシニフィアン（NP）が、母の欲望（DM）を置き換える隠喩として介入しているからである。

では、隠喩とは何か？　ラカンにとって、隠喩は換喩 métonymie と対をなす概念である。そして、隠喩と換喩の違いは、新しい意味作用 signification を生みだすかどうかという点にある。

図21にラカンによる隠喩と換喩の式を示す。詳しい説明は省略するが、ここでは、換喩では新しい意味作用が生まれず（ー）、隠喩では新しい意味作用が生まれる（＋）ということを押さえておこう。(8)

　換喩と隠喩の具体例をみておこう。換喩の例としては、「一隻の船」を「一枚の帆」と呼びかえる操作があげられる。この例では、言葉は同語反復的に置き換えられただけであり、そこには新しい意味作用は生じていない。一隻の船が太平洋を横断することと、一枚の帆が太平洋を横断することは、同じことをあらわす二つの表現にすぎないと考えられるからである。

　隠喩の例として、ラカンはユゴーの詩「眠るボアズ」の一節、「彼〔ボアズ〕の麦束はケチでも恨みがましくもなかった」をあげている。この一節には隠喩があり、それは新しい意味作用が生じさせる詩的表現であるとされている。では、この隠喩はどのように新しい意味作用を生じさせているのだろうか。この一節は、ボアズが、後に彼の妻となり彼の子供を産むことになるルツのかたわらで居眠りをしている場面を描写したものである。詩句のなかにある「ケチでも恨みがましくもなかった」という形容は、本来ならば気前のいいボアズ本人がもつ性質である。仮に、この詩句が「ボアズはケチでも恨みがましくもなかった」であったとすれば、それは単にボアズの性格を描写しているにすぎず、そこには新しい意味作用は生じない。ところが、この一節では「ボアズ」が「彼の麦束」によって置き換えられている。この置き換えの操作（隠

換喩：　$f(S...S')S \cong S(-)s$　　意味作用（−）

隠喩：　$f\left(\frac{S'}{S}\right)S \cong S(+)s$　　意味作用（＋）

図21　換喩と隠喩

（8）　より正確に述べるなら、換喩の式における「ー」は新しい意味作用の出現が横棒によって抑えられていることを示し、隠喩の式における「＋」は新しい意味作用が横棒を突き破って出現することを示している（E515）。

喩）によって、麦束がもつ「豊穣さ」や「実り」（子供をつくること）といったファリックな意味作用がボアズにも波及し、彼に父性paternitéの意味作用が新たに付与されることになる（E508; S4, 378/下240頁）(9)。これが、隠喩による新たな意味作用の生成のメカニズムである。

これと同様に、父性隠喩では、母の欲望（DM）が〈父の名〉のシニフィアン（NP）によって置き換えられている（NP/DM・DM/x）。この操作によって、象徴界の全体に、隠喩によって生成されるファリックな意味作用が波及するようになる。このことを図式化すると、図22に示す父性隠喩の式が得られる。

$$\frac{\text{〈父の名〉}}{\cancel{\text{母の欲望}}} \cdot \frac{\cancel{\text{母の欲望}}}{\text{想像的ファルス}} \rightarrow \text{〈父の名〉}\left(\frac{\text{A}}{\text{ファルス}}\right)$$

$$\frac{\text{NP}}{\cancel{\text{DM}}} \cdot \frac{\cancel{\text{DM}}}{\text{x}} \rightarrow \text{NP}\left(\frac{\text{A}}{\text{Phallus}}\right)$$

図22　父性隠喩（完成形）

この図式は、ここまで説明してきた二つの規範化＝正常化機能、すなわち（1）〈父の名〉による原‐象徴界（母の欲望）の統御と、（2）ファリックな意味作用の成立をひとつの式であらわすものである。では、父性隠喩がもつこの二つの機能を、より詳しくみていこう。

（1）〈父の名〉による原‐象徴界（母の欲望）の統御：〈父の名〉の介入以前において、子供は母の現前と不在に翻弄される存在であった。自分の前に現れたり不在になったりする母が、いったいどんな法（＝法則）によって行動しているのか、子供には皆目見当がつかないからである。

しかし、母の欲望が〈父の名〉のシニフィアンによって置き換えられると、状況は大きく変化する。この置き換えの結果として得られる父性隠喩の式の右辺には、母の欲望（DM）はもはや出現していない。〈父の名〉（NP）の代入によって、母の欲望（DM）は消去され、子供は母の現前と不在に翻弄されずにすむようになるのである。このことは、〈父の名〉の導入以後、母の現前と不在の法が父の法によって統御されることによって（NP/DM）、子供が原‐象徴界の無秩序状態から距離をとることができるようになることと相関している（E563）。

（2）ファリックな意味作用の成立：〈父の名〉の介入以前において、子供は母が自分の前に現前したり不在になったりすることの理由を想像し、それは母が「想像的ファルス」を欲望しているからだと結論づけていた。しかし、この「想像的ファルス」は、謎めいた母の欲望に貼られたひとつのラベルにすぎず、母の欲望を名指すことはできたとしても、肝心の「想像的ファルス」が何を意味しているのかは不明瞭なままであった（DM/x）。

ここに〈父の名〉が導入され、母の欲望を置き換える（NP/DM）と、その隠喩は原‐象徴界の全体に対して新たな意味作用 signification/Bedeutung を生み出すようになる。ここで生み出される意味作用を「ファリックな意味作用 signification phallique」と呼ぶ。かつてフロイトは、神経症の症状や夢、機知、失錯行為はすべて性的な意味 sexuelle Bedeutung をもっていると述べていた（GW7, 196; GW11, 265 et 330）が、これがラカンのいうファリックな意味作用に相当する。ラカンは、神経症の症状の意味をめぐるフロイトの議論を、〈父の名〉の隠喩によるファリックな意味作用の成立として構造論的に捉え直しているのである。父性隠喩の式の右辺が「〈父の

（9）次の記述を参照せよ。「「彼の麦束」による主体の置き換えが導入する隠喩…その詩のすべては、そのファルスの周りを最後までめぐっている」（E892）。

名〉（A/ファルス）」と書かれているのは、父の名（NP）の作用によって、象徴界（＝大他者A）に属するあらゆるシニフィアンのシニフィエが究極的にはファルスに帰着し、その結果としてあらゆるシニフィアンがファリックな意味作用を孕むようになることを意味している（E557）。言い換えれば、父性隠喩が導入された後、象徴界に属するあらゆるシニフィアンの意味は、究極的にはすべてファルスへと還元されるのである。このことは、男性と女性のセクシュアリティがひとつのファルスによって構造化されていることにも関係している。なぜなら、あらゆるシニフィアンの意味がファルスに還元される以上、主体のセクシュアリティはファルス中心主義的なものにならざるをえないからである。

父性隠喩がもつこの二つの機能は、それぞれ（1）〈父の名〉と（2）象徴的ファルス（シニフィアンとしてのファルス）によってもたらされる。この二つ、〈父の名〉と象徴的ファルスの概念はしばしば混同されているが、ラカンは両者の違いについて次のように述べている。

〈父の名〉は、シニフィアン体系の総体を意味し、それが存在することを可能にし、その法をなすという機能を持つと申し上げたことがありますが、それと同様に、ファルスは、主体がシニフィアンとの対比において、シニフィエそれ自体、私が言わんとしているのは意味作用のことですが、これを象徴化しなければならなくなるときから、シニフィアン体系のなかに介入してくる、としばしば考えなければならないと申し上げましょう。／…シニフィエ一般のシニフィアン、それがファルスです。（S5, 240/上352頁）

一方の〈父の名〉は、シニフィアンとしての母の欲望（原－象徴界）に対して法をなし、それを統御するものである（NP/DM）。他方のファルスとは、象徴界に属する何らかのシニフィアンに対して、そのシニフィエ――ここではシニフィエは意味作用と同義である――が問われるとき、常にそのシニフィエとしてあらわれるものである（A/ファルス）[10]。つまり、〈父の名〉は象徴界の秩序を安定化させるシニフィアンであり、ファルスは象徴界に属するシニフィアンがファリックな意味作用をもつことを保証しているシニフィアンなのである。これが、ラカンが五六－五八年にかけて行ったエディプスコンプレクスの構造論化の作業の到達点である。

では、この構造論に依拠するならば、神経症と精神病をどのように鑑別することができるだろうか？エディプスコンプレクスは、父性隠喩、すなわち〈父の名〉のシニフィアンの導入によって完成する。そして、神経症の構造は、この父性隠喩によって決定づけられる。反対に、精神病の構造は、〈父の名〉が排除され、父性隠喩が失敗していることによって決定づけられる。その結果、精神病では、以下の四つの現象が生じることになる。

（1）〈父の名〉の排除の結果として、次の二つの現象が生じる。

（A）シニフィアンの体系が組織化されなかった結果としてシニフィアンがバラバラに解体され、ひとつきりのシニフィアンが主体を襲うようになる（言語性幻覚、精神自動症）（⇩226～237頁）。

（10）講演「ファルスの意味作用」のなかでも同じことが述べられている。この講演によれば、ファルスとは「全体としてのシニフィエの諸効果を指し示すよう運命づけられたシニフィアン」（E690）であり、「あらゆる『意味しうるもの』が帰着する潜在性の記号」（E692）である。

（B）原‐象徴界の統御がうまく行かず、母が子供の前に現れたりいなくなったりすることとちょうど同じように、妄想的大他者（神）が主体の前に現前したり、不在になったりすることを気まぐれに繰り返すようになる（シュレーバーにおける無秩序な神）（⇩254〜256頁）。

（2）父性隠喩の失敗の結果として、次の二つの現象が生じる。

（A）ファリックな意味作用が成立せず、隠喩的な意味をもつ症状を作ることができない（⇩209〜216頁）。

（B）ファルス中心主義的なセクシュアリティの規範化がなされなかったことの代償として、シュレーバーのような女性化現象がみられる（⇩253〜254頁、342〜344頁）。

古典的な精神病にみられる独特な病理は、そのほとんどがこの四つの現象に還元できる。特に（2）‐Aの論点、ファリックな意味作用の有無は、神経症と精神病を鑑別するための重要な手掛かりとなる。次節では、そのことを明らかにしていこう。

8 症状の意味作用による鑑別診断

神経症の症状においてあらわれるシニフィアンは、隠喩によって構造化されており、隠喩によって生み出されるファリックな意味作用をもっている。だからこそ、先に確認したように、神経症では症状の隠喩を解読（解釈）することができるのである（⇩84頁）。反対に、精神病の症状にあらわれるシニフィアンは隠喩化をこうむっておらず、そこでは無意識が直接無媒介的に、意識的なものとして現れている。では、神経症の症状は、どのように隠喩化されるのだろうか。論文「文字の審級」で、ラカンは次のように述べている。

隠喩の二段階のメカニズムが、分析的な意味の症状を決定づける。性的トラウマの謎めいたシニフィアンと、実際のシニフィアン連鎖のなかでこのシニフィアンが置き換えにやってくる項とのあいだに火花が生じ、……それが症状のなかに、意識的主体には接近不可能な意味作用を固定する。(E518)

神経症の症状が隠喩であるということは、症状が形成されるためには、あるシニフィアンが別の何らかのシニフィアンで置き換えられる必要があるということである。ここでは「性的トラウマの謎めいたシニフィアン」が、ある「項〔＝シニフィアン〕」を置き換えるために到来することが症状形成における隠喩のメカニズムである、とされている。この隠喩化の結果として、症状はファリックな意味作用をもつようになる。(11)

(11) ただし、神経症者は多くの場合、自らの症状がもつファリックな意味作用に気づいていない。神経症の症状がその意味作用を発散させるようになるためには、転移下の臨床 clinique sous transferr、すなわち分析主体が分析家に自分の症状の意味についての知を想定するという状況のなかで、症状が分析的に洗練されていく必要がある。これを症状の「分析的馴化 domestication analytique」と呼ぶ(Miller, 1998c)。神経症と精神病の鑑別診断が複数回の予備面接ないしそれに相当する診察を経て慎重に行われるべきであるのは、症状の分析的馴化を待つためである(⇩97〜99頁)。

このような考えは、フロイトの症状形成論をほぼ踏襲したものである。フロイトは、神経症の症状が形成されるためには、「内的な要因」と「外的な要因」の二つの要因が必要だと考えていた（GW11, 359）。内的な要因とは、神経症の素因となるものであり、患者の「性的体質」と、「幼児期体験」から構成されている（GW11, 375-6）。しかし、この内的な要因だけでは症状は形成されない。症状が形成されるためには、思春期以後にそこに外的な要因が加わる必要がある。ここで外的な要因として機能するのが、「トラウマ的な偶然の体験」である。すなわち、幼児期にすでに構成されていた内的な要因は、後の思春期以後にトラウマ的な偶然の体験が起こることによってはじめて活性化されるようになるのである（GW11, 375）。

例えば、フロイトが「心理学草案」のなかで論じた症例エマは、幼児期に一人で食料品店に行った際に、ほくそ笑んでいる店主に性器を触られてしまうという出来事を経験していた（幼児期体験）。次に、思春期に一人で洋服店に行った際に、彼女は二人の店員が笑い合っている光景をみる（トラウマ的な偶然の体験）。すると、この二つの体験は状況の類似性によって結びあわされ、その結果として症状が形成される。彼女はとつぜん強い驚愕の情動におそわれ、店から走り去ってしまったのである（GWNb, 445-6）。注目すべきなのは、ここで機能している「トラウマ的な偶然の体験」なるものが、PTSD（心的外傷《トラウマ》後ストレス障害）の原因となる「命の安全が脅かされるような強い出来事」では必ずしもないということである。「洋服店で二人の店員が笑い合っている」という体験は、いかなる意味でも命の安全を脅かすようなものではなく、むしろ日常にありふれた体験である。しかし、それでもこの偶然の体験は、先の幼児期体験と結びつけられるかぎりにおいて、トラウマとしての価値をもつ。その結果、この日常にありふれた偶然の体験が、幼児期体験と関連する性的な意味作用を放つようになるのである。先の引用のな

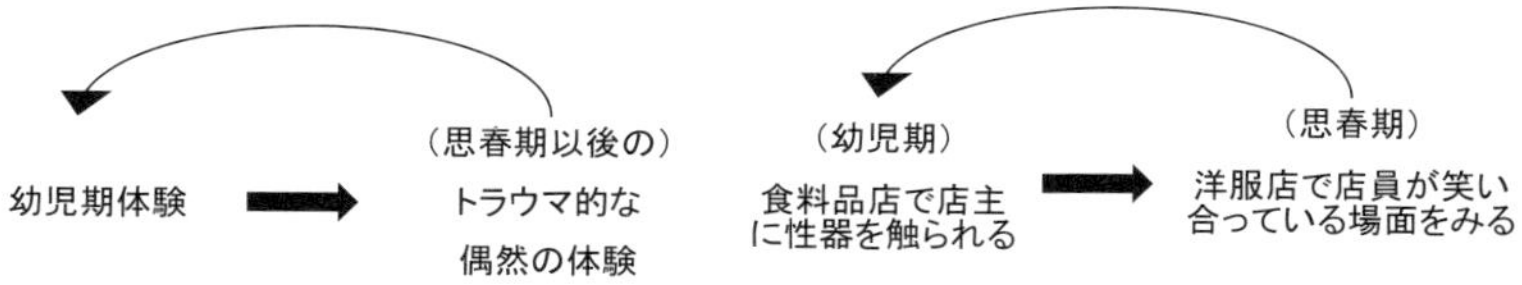

図 23　幼児期体験と（思春期以後の）トラウマ的な偶然の体験

かでラカンが「性的トラウマの謎めいたシニフィアン」と呼んでいるものは、この意味で理解されなければならない（立木、2013, p.194）。つまり、「性的トラウマの謎めいたシニフィアン」とは、幼児期体験が刻まれたシニフィアンではなく、むしろ思春期以後に偶然に経験され、表面上はトラウマ的ではないにもかかわらず、幼児期体験と結びつけられるかぎりにおいてトラウマとしての価値をもつようになった体験が刻まれたシニフィアンのことなのである。

この観点から、先に検討したアイズラー（1921）の男性ヒステリー症例を再考してみよう（⇩142〜145頁）。この患者は、幼児期に親指を祖母に踏みつけられ、その際に去勢の脅威を経験していた（幼児期体験）。後に彼は、車両からの転落事故の後に受けたレントゲン検査を経験した（偶然の体験）。そして、この二つの体験が結びあわされることによって、彼は「周期的な腹痛」という転換症状を形成していた。すなわち、彼の症状は、幼児期体験が後の偶然の体験によって事後的に置き換えられることによって形成されたのである。その結果、彼の腹痛という症状は、細部に至るまで、そのすべてが（去勢された存在＝女性にのみ可能な）「妊娠」をめぐる意味作用を孕むことになった。例えば、彼の腹痛の性状がまるで「硬い物体が出現しようとしているかのような」感じであるのは、それが陣痛という意味作用を孕んでいるからである。また、彼の腹痛が脇腹の肋骨から始まっていることは、この症状がアダムの肋骨からイヴという新しい人間がつくられたことの隠喩、すなわち創世記神話における「男性単為生殖」の隠喩でもあることを示している。このように、人間に

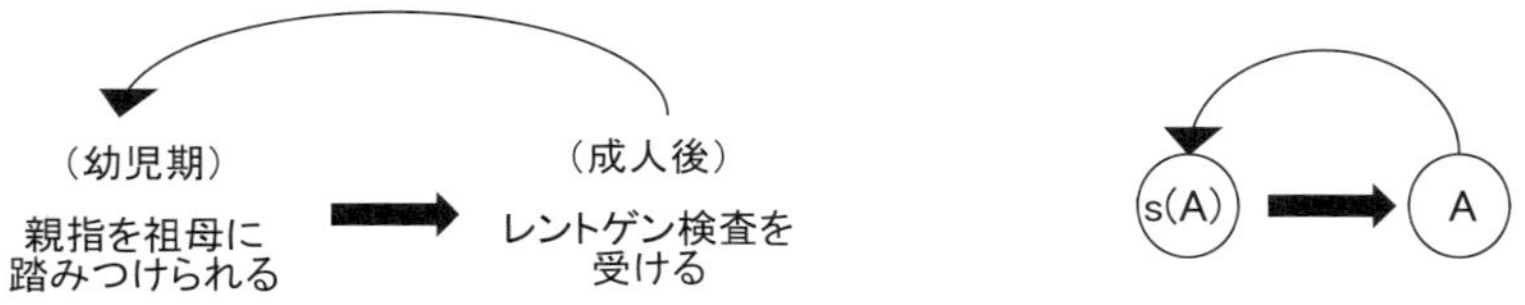

図24　神経症の症状形成における事後性

去勢の脅威をもたらす幼児期体験のシニフィアンが、後に経験される偶然の体験（性的トラウマ）のシニフィアンによって事後的に置き換えられる隠喩化の作業によって、ファリックな意味作用（s(A)）が生み出される（S5, 465/下322頁）。これが神経症における症状形成である。

反対に、精神病では、〈父の名〉のシニフィアンが導入されておらず、父性隠喩が成立していない。そのため、精神病における病因的シニフィアンはファリックな意味作用をもたない（S5, 480/下343頁）。精神病の症状は、隠喩的な意味をもっていないのである。この特徴に注目することによって、神経症と精神病の鑑別診断を行うことができる。

では、ファリックな意味作用の有無による鑑別診断の実例をみていこう。ここでは、本邦における「妄想性」の対人恐怖の症例を取り上げる。対人恐怖は、顔面が紅潮してしまうことを恐れて人前に出ることを避ける赤面恐怖のように、基本的には日常心理と連続した、神経症水準の病態であると考えられている。しかし、対人恐怖のなかでも、醜形恐怖や自己臭恐怖といった自己身体の欠陥を強く訴える類型では、事情が異なってくる。彼らの症状の訴えは、精神病の妄想と同じように奇異であり、さらには妄想と同じくらいの確信を伴っていることも珍しくない。例えば、ある患者は「人前で自分の眼がひとりでに動いて、そのとき奇妙な目つきになる。そのために相手に不快な感じを与えたり、あるいは相手を傷つけたりしている」と主張する。あるいは、別の患者は「自分の体から出ている嫌な臭いのせいで、同室の患者が不眠になった」と主張する。こういった奇異な訴えは、たしかに精神病の妄想によく似ている。では、これらの症例は精神病なのだろうか？　かつて本邦の精神病理学では、こういった「妄想性」の対人恐怖が「境界例」（神経症と精神病の中間）なのか、あるいは精神病（統合失調症圏）の病態なのかという点について多くの議論が費やされてきた。では、私たちの立場からは、どのように考えられるだろうか（松本、2013）。

ここでは、本邦の精神病理学者が記載した、「妄想性」の訴えを含まない醜形恐怖の症例と、「妄想性」の訴えを含む自己臭恐怖の症例を順番に検討してみよう。[12]まず、醜形恐怖の症例である（塚本ら、1973）。

二〇歳の男子学生。中学二年の頃から自慰を覚えたが、「自慰をすると（陰）唇が大きくなる」と書かれた本を読んだことから、「自分の唇が大きいのではないか」という醜形恐怖、および「人前で話すときに自慰と唇の関係をさとられてしまうのではないか」という考えが生じた。高校二年になると、学校の左隣の席に派手で大人びた女子生徒が座っており、「暑い、暑い」といってスカートをゆすったり服をふるったりすることがよくあった。患者はそれを見ないようにしていたが、次第に見ないでおこうとする努力そのものに注意が集中してしまい、見たいわけでは決してないのに、見たがっていると誤解されるのが嫌であった、というエピソードを想起している。後には、「自慰

（12）　ただし、これらの二症例は精神分析の症例ではないため、患者の幼児期体験を再構成するまでには至っていない。これらの症例に観察されるシニフィアンの置き換えは、あくまでも患者の幼児期体験にさらに接近するための端緒となるものと考えられたい。

をすると大きくなる」といわれる「唇」は女性器のことであり、「口唇」ではないことがわかったが、それを自分に言いきかせても症状は一向に改善しなかったという。

この症例の語りのなかで特徴的なのは、「唇」というシニフィアンの隠喩的使用である。すなわち、「自分の唇が大きいのではないか」という醜形恐怖の訴えにおける「唇」というシニフィアンは、一方では字義通りに患者自身の「口唇」を意味しているが、他方では女性の「陰唇」をあらわす隠喩になっている。さらにこの隠喩は、女生徒がスカートをゆする姿（つまり、彼女の「陰唇」がみられるかもしれない姿、あるいはスカートの「襞」に隠喩化された陰唇）を「見たいわけでは決してない」という抑圧を示す言葉（精神分析的否定としての「ない」）とともに現れている。この症例では、「陰唇」を「唇」というシニフィアンで置き換える隠喩が生じており、その結果として、本来はなんら性的な含意をもたない「唇」というシニフィアンが、ファリックな意味作用を孕むようになっているのである。この症例の醜形恐怖は、そのファリックな意味作用が支配するかぎりにおいて成立しているという点で、神経症の構造によって規定されていると考えられる。

次に提示するのは、一過性に「妄想性」の状態を呈した自己臭恐怖の症例である（小川ら、1986）。

二五歳の女性。二三歳のとき、初めて男性と交際をしたが、その交際が突然に終わりを迎えてしまったあとから、自分の腋臭が気になるようになった。この症状は次第に自己臭妄想へと発展した。さらに彼女は一時期、「コンピューターを埋め込まれて操られる」という妄想らしき考えを抱いていた。ところで、この患者に、自己臭の性質について問うてみると、「汗臭い刺激臭」であると述べた。さらに、その臭いについて、「運動した後の男性の臭いをかいだとき、自分の臭いと同じだと思った」とも語った。そして、彼女は面接のなかで、「さらにしばらく黙って考えた後で、『性交の後の男性のうつり香を連想します』と語った」という。

この症例には、たしかに「コンピューターを埋め込まれて操られる」という「妄想」らしきものが存在し、主治医であった小川豊昭らはこの症例を「パラノイア」と診断している。しかし、この症例の語りのなかで特徴的なのは、やはり「運動」というシニフィアンの隠喩的使用である。この症例の女性は、自分が発している臭いは「運動したあとの男性の臭い」と同じものであると述べていた。そして、先の症例と同じように、「さらにしばらく黙って考えた後で」という抑圧の徴の出現の後に、この「運動」というシニフィアンが実は「性交」を意味する隠喩を構成していることが明らかになっている。この症例では、「運動」というシニフィアンは、「性交」というシニフィアンを置き換えることによって、ファリックな意味作用をもつに至っているのである。ならば、この症例における「コンピューターを埋め込まれて操られる」という「妄想」らしき訴えもまた、妊娠やファルス――夢のなかでは、ファルスはしばしば機械として表象される（GW11, 158）――の懐胎を隠喩的に表現したものではなかっただろうか。もしそのことが確認できたとすれば、私たちはこの症例を、先の醜形恐怖の症例と同じく神経症の症例であると考えることができるだろう。

以上の検討から明らかなように、症状の意味作用という観点から神経症と精神病の鑑別診断を行うためには、神経症の症状が次のような三つの要素からなる階層構造によって形成されていることを常に頭に入れておかなければならない。

（1）神経症の症状にはシニフィアンの置き換え（隠喩）があること。
（2）その隠喩には神経症においてしか現れえないファアリックな意味作用が出現していること。
（3）その意味作用において表現されている（セクシュアリティと関連する）幼児期体験こそが、主体の症状を支えていること（⇩309頁）。

ラカンは、「〔総譜として構成される〕主体の語りのどの『楽声部 partie』に意義深い言葉が打ち明けられているかを聞き取ることが重要である」（E252）と述べていた。数多くの症例において、症状という隠喩のもつ意味作用の煌めきを聞き取る耳をもちさえすれば、このような隠喩の構造を聞き取ることができるだろう。そして、この構造が聞き取られるかぎりにおいては、どれほど「妄想」的な訴えを述べる症例であっても、構造論的には精神病ではなく神経症であると診断しうるのである。

第五章　「精神病のあらゆる可能な治療に対する前提的問題について」（一九五八）の読解

ラカンがセミネール第三巻『精神病』で明らかにしたのは、「父である」というエディプスコンプレクスの中核をなすシニフィアン（〈父の名〉）が精神病では排除されていることであった。そして彼は、セミネール第四巻『対象関係』、第五巻『無意識の形成物』、および同時期の論文や講演において、エディプスコンプレクスそれ自体を構造論的に再解釈したのであった。

この一連の議論をもとに、ラカンは一九五八年に論文「精神病のあらゆる可能な治療に対する前提的問題について」（以下、「前提的問題」）を執筆する。この論文では、セミネール第四、五巻で構築された構造論的なエディプスコンプレクス論の見地から、第三巻の精神病論の体系化が行われている。ある意味では、前章で確認してきた一連のエディプスコンプレクスの構造論化は、「前提的問題」のための準備作業であったと言えるのである。

本章では、論文「前提的問題」を読解していく。ただし、この論文の読解は一筋縄ではいかない。というのは、この論文が――ラカンにはよくあることだが――本来ならいくつかの論文に分割すべき論点を無造作に混ぜあわせてしまっているからである。それゆえ、この論文を読むためには、まずそこに含まれるいくつかの論点を腑分けする作業が必要になる。便宜上、本章ではこの論文を以下の三つの論点に分けておこう。

（1）精神医学の鑑別診断において伝統的にもちいられてきたヤスパースの「過程」と「要素現象」の概念を、構造論の立場から捉えなおすこと。
（2）『精神病』では、精神病の症状は意味作用の出現として捉えられていたが、これを「現実界におけるシニフィアン」の出現として捉えなおすこと。
（3）フロイトの一九二四年の論文「神経症と精神病における現実喪失」を、構造論化されたエディプスコンプレクスの見地から再解釈し、それによって症例シュレーバーの妄想形成を解明すること。

以下、それぞれの論点について順番に論じていく。

1 「過程」の有無による鑑別診断――ヤスパースからラカンへ

精神医学の鑑別診断における「過程」と「要素現象」

本書は、ラカンによる神経症と精神病の鑑別診断論を主題としている。ところで、すでに序論で確認しておいたように、ラカンの鑑別診断論は、古典的な精神医学のそれを下敷きにしていたのであった。では、古典的な精神医学では、いったいどのように精神疾患の鑑別診断を行っていたのだろうか。

精神疾患の鑑別診断を史上初めて方法論的に論じ、その手法を基礎づけたのは、ハイデルベルクの精神科医であり、後に哲学者となるカール・ヤスパースであった。彼は『精神病理学総論』初版（一九一三年）のなかで、患者の心的体験を現象学的に記述することを方法論上の中心課題に据えた。彼によれば、人間の通常の心的体験には、観察者が感情移入することで「了解 Verstehen」できるものがある（静態的了解）。そして、「攻撃をうけた者が立腹する」「裏切られた恋人が嫉妬深くなる」といった事例のように、患者のそれまでの心的体験から連続的に発生していることが了解できるようなものもある（動的了解）。しかし、精神病では、感情移入によってはもはや了解できず、また患者のこれまでの心的体験や人格のありようからみても了解することができない独特な心的体験が新たに生じている。つまり、精神病では、人生のある時点において「それまでの人格にとって異質な、精神生活上の不可逆な変化」が発生し、それが人格に接木されていることがわかるのである。精神病にみられるこのような経過の特徴を、ヤスパースは「過程 Prozess」[1]と呼んだ。

そして、ヤスパースによれば、この過程によって引き起こされたものだけが真の精神病 Psychose（この場合、精神医学でいうところの「統合失調症」とほぼ同義）の診断を下されるに値する。言い換えれば、非-精神病にあらわれる異常な心的体験（例えば、神経症の症状）には、その心的体験を生じさせるに至った因果関係の連鎖が存在するのに対して、精神病にあらわれる異常な心的体験には因果関係の連鎖が不在なのである。これを図式化すると、図25のようになる。

ヤスパースは、過程の有無によって精神疾患の鑑別診断を行う。では、過程の有

非-精神病　原因 → S → S' → S'' → 心的体験（原因から心的体験まで：因果関係の連鎖）

精神病　? → 心的体験（因果関係の連鎖が不在）

図25　ヤスパースの鑑別診断論

（1）この術語はしばしば「病的過程」と訳されるが、本書では原語に従って「過程」と表記する。

無はどのように調べればよいのだろうか。ヤスパースは、次のように述べている。診断面接のなかで、患者の語りのなかに了解不能な体験の存在を疑った場合、それが過程によるものかどうかを確定しなければならない。患者に生じている体験が了解不能であると思われるときには、それが過程によって生じたという証拠を見つけなければならず、その証拠を確認してはじめて「過程によって引き起こされた真の精神病」と診断することができるのである。

では、一体なにが過程の証拠になるのか。ヤスパースによれば、過程が存在する場合は、ほとんどの事例でその病のはじまりに「要素的な症状 elementares Symptom」を見つけることができるのだという。ここでもちいられている「要素的 elementar」という形容詞は、「反省的 reflexiv」と対をなすものである。反省的な心的体験ないし症状は、それ以前の心的体験から演繹的に発生したものである。だからこそ、その心的体験を発生させた因果関係の連鎖を観察者が了解することができる。反対に、要素的な心的体験ないし症状は、それ以前の体験と断絶しており、因果関係をそれ以上さかのぼることができない。つまり、要素的なものは、無から生じる一次的な原発性体験なのである。精神病の診断は、このような体験の存在が見出されたときに確証することができる。ヤスパースはそう主張しているのである。

ヤスパースは、『精神病理学総論』の第二版（一九二〇年）以降のなかで、過程によって引き起こされるような、記述することはできたとしても了解的に接近することのできない特異な心的体験を「要素的 elementar」と形容し、後の一九二二年にはそのような体験を「要素現象 elementares Phänomen」と総称している（Jaspers, 1922, p.42）。私たちが別稿で検討したように、この要素現象と呼ばれる精神病に特異的な心的体験は、次の五つの特徴をもっている（松本、2012b）。

（1）原発性：要素現象はそれまでの精神生活にとって異質な要素を新たにもたらす。つまり、要素現象は先行する心的体験から演繹された結果として到来するのではなく、患者の精神に突如として原発的 primär に到来する。

（2）無意味性：要素現象は、はじめは無内容 inhaltlos な体験としてあらわれ、観察者の側からその意味を了解できないだけでなく、患者本人にとっても意味不明なものとして感じられる。

（3）無媒介性：要素現象は、無媒介的 unmittelbar に患者に到来する。つまり、何かしらの知覚や思考を媒介としてあらわれるのではなく、頭や身体のなかに押し入ってくるようにしてあらわれる。

（4）圧倒性：要素現象は「根源的な力 Urgewalt」と呼ぶほかのない独特の圧力成分をもって患者の精神に到来する。

（5）基礎性：要素現象はその初期段階では無意味なものとしてあらわれるが、後になって明確な妄想的意味が生じる。すなわち、要素現象は後の様々な精神病症状の基礎となるのである。

このような特徴をもつ要素現象の具体例としては、意味妄想 Bedeutungswahn があげられる。意味妄想とは、世界の事物が「何か」を意味しているような意味ありげなものとして強烈な印象をもって体験されるにもかかわらず、その意味するところがいまだ不明瞭な謎にとどまっているような、不気味な世界変容体験をさす。具体例を挙げよう。

ある日、街中を歩いていると、ふだん見ているものと同じ景色が広がっているはずなのに、どこかよそよそしい感じがすることに気がつく。次第に、世界がどこか異様なものにみえてくる。どれだけ目を凝らして観察しても何も変わってはいないのだが、それでも何かがおかしい。世界の事物が、まるで今にも起こらんとする大きな変化を予告するように、何かを私に告げているように思える。しかし、それが一体何を私に告げようとしているのか、世界に一体何が起ころうとしているのかはまったくわからない。

このような体験が意味妄想である。意味妄想は、因果関係に規定された了解可能な体験とは異なり、（1）何の理由もきっかけもなく突然に患者に到来している（原発性）。そして、（2）この不気味な体験は特定の畏怖すべき内容を何らもっていない無意味な体験ではあるが、むしろその無意味性それ自体が何かを意味しようとしているように感じられている（無意味性）。また、（3）この体験は何らかの知覚に媒介された体験ではない。つまり、何かがいることが見えるわけでも聞こえるわけでもないのにもかかわらず（無媒介性）、それでも（4）「何かが起こりそうだ」ということが恐るべき強度をもって確信されている（圧倒性）。このような不気味な体験は、非常に耐えがたい不安をもたらすこともあれば、また不安のなかで戦慄的な至福を構成することもある。ヤスパースは、患者にとってはこのような謎の体験には何か一定の内容が与えられた方が気が休まるだろう、と言う。後には、（5）このような動機から意味妄想のなかに特定の意味がたちあがり、明確な意味内容をもった妄想が形成される（基礎性）。ここには、要素現象の五つの特徴がすべて出揃っている。

一九四八年、クルト・シュナイダーは『精神医学論文集』（後の『臨床精神病理学』）の第三版においてヤスパースの議論を引き継ぎ、精神病（統合失調症）では、症状はそれ以前の心的体験とのあいだの連続性をもっていないことを強調した。彼はこの特徴を生活発展における「意味連続性の断絶」と呼び、これを精神病の指標とした（Schneider, 2007）。

ラカンは、ヤスパースからシュナイダーに至るハイデルベルク学派の鑑別診断論を熟知していた。実際、ラカンは学位論文のなかでヤスパースに依拠しながら、「要素現象 phénomène élémentaire」という術語を何度もつかっている。この術語はヤスパースの『精神病理学総論』第三版の仏語訳（Jaspers, 1928）において「要素現象」の訳語として採用されたものであり、ラカンはヤスパースの要素現象の概念を継承していると考えられる（Miller, 2008a）。さらにラカンは、『精神病』でも「要素現象」という術語をつかっている。そこでも彼は、「妄想は何かから演繹されるようなものではありません。妄想は妄想を構成する力自体を再生産するのです。妄想それ自体もまた『要素現象』なのです」（S3, 28/上30頁）と述べることによって、精神病の妄想は先行する心的体験から演繹されて生じるわけではないというヤスパースの見解を踏襲している[2]。また、クレランボーの精神自動症にみられる「非観念因的 anidéique」な特徴、すなわち「ある観念 idée の流れ〔＝連続性〕の結果起こってくるのではない」（S3, 14/上7-8頁）という特徴にもラカンは注目している。これらの議論が、ヤスパースの過程や、シュナイダーの意味連続性の断絶といった古典的な鑑別診断論の延長線上にあることは論をまたないだろう。

（2） ラカンは、「要素現象」という術語がクレランボーに由来するものだと説明しているが、実際にはクレランボーはこの術語をもちいていない（松本、2012b）。

ヤスパースからシュナイダーに至るハイデルベルク学派の鑑別診断論は、長いあいだ精神医学の基本でありつづけていた。ところが、「無理論的」であることを標榜するDSM-IIIが覇権を握るようになると、精神医学の鑑別診断論は大いに変質してしまう。DSM-IIIによる鑑別診断は、もはや過程や、その指標となる要素現象の割り出しによってではなく、診断項目のチェックリストに列挙された症状をいくつ満たすかによって診断されるものへと変貌してしまう。実際、一九八〇年に発表されたDSM-III以降、精神病の診断は幻覚や妄想の存在を重視して行われるようになっている。つまり、精神病を特徴づけるのは、現実には存在しない声を聞くこと（幻聴）や、あるいは現実では考えられないようなことを信じ込むこと（妄想）だと考えられるようになったのである。言うまでもなく、ここでは、ハイデルベルク学派の鑑別診断論において重視されていた、幻覚や妄想が過程の存在を裏づけるものであるかどうかという視点が消去されてしまっている。

さて、「前提的問題」のなかでラカンが批判しているのは、神経症と精神病のあいだの違いを自我と現実との関係に求める精神分析家たちである（E546）。彼らは、DSM-III以降の鑑別診断と同じように、患者が「聞こえる」と主張する声が現実に存在するかどうか、あるいは患者が「確信している」と主張する事柄が現実に認められるかどうかによって、神経症と精神病を鑑別してしまう。[3] このような単純な考えでは、精神病の問題をフロイト以前の状態のままで放置してしまうことになる、とラカンは言う（E546）。というのも、フロイトは一九二四年にすでに、精神病者は現実からの撤退を行っているが、神経症者もまた空想世界（ファンタスム）によって現実からの撤退を行っていると指摘することによって、神経症と精神病の違いを自我と現実との関係にもとめる単純な議論を一蹴していたからである（⇩110頁）[4]。

ただし、一九五八年のラカンが念頭においていたのは、当然のことながらDSM-IIIではない。当時のラカンの批判の矛先は、神経症と精神病の違いを理解しない同時代の精神分析家や精神療法家に向けられていた。当時は、マルグリット・セシュエーの『分裂病の少女の手記』(1950)をはじめとして、精神病(統合失調症)を精神分析や精神療法によって治癒させたとする報告が散発していたが、ラカンはそれらの報告が実際には「精神病が問題ではない症例」を扱っているとして批判している(E547)。それらの報告は、神経症の患者を精神病だと誤診した上で治療を行い、「精神病を治癒させた」と主張しているにすぎない、とラカンは考えたわけである。そのような程度の低い精神病の治療論を一掃し、精神病の厳密な治療論を打ち立てるためには、その前提として神経症と精神病の鑑別診断をもう一度理論的に基礎づけなければならない――これが、論文「前提的問題」の表題、「精神病のあらゆる治療についての前提的問題について」の意味するところである。

では、ラカンはどうやって神経症と精神病を鑑別するのだろうか? 一見すると、答えは簡単であるようにも思える。というのも、すでにみてきたように、精神病に不可欠な構造論的条件は「大他者の場所での〈父の名〉の排除、そして父性隠喩の失敗」であり、この条件の有無が「精神病と神経症を分ける」と考えられるからである(E575)。しかし、「〈父の名〉の排除」や「父性隠喩の失敗」が精神病を

(3) 例えば、オットー・カーンバーグ(1984)は「神経症的、ボーダーライン的構造では現実検討は維持されているが、精神病的構造では重篤に障害されている」と述べている。

(4) 例えば、『ヒステリー研究』に登場するアンナ・Oは、しばしば「黒い蛇がいる」と言って治療を拒絶していた。しかし彼女が「黒い蛇」だと主張するものは、現実には彼女の頭髪であったり紐であったりした。すると、現実に存在しないものが「見える」と主張する彼女は精神病なのだろうか? 驚くべきことに、アンナ・Oを精神病(統合失調症)と診断する研究は米国を中心に数多くみられる。

構造論的に決定づけるといっても、それらは「排除」や「失敗」であるというかぎりで、「ないもの」である。ないものを証明するということは、「白いカラスが存在しないこと」を証明することと同じように困難である。実際、ラカンはすでに「これ〔＝排除における何らかのシニフィアンの欠落〕は明らかに、いかなる実験的な研究によっても見つけることのできない欠落です。それが欠落してしまっている場合には、その欠落している何かを把握する方法はありません」(S3, 286/下161頁）と述べていた。モニク・リヤールも次のように述べている――「精神病における〈父の名〉の排除は観察可能な現象ではない。排除の諸結果であるもの、例えば妄想などを見つけることができるだけである」(Liart, 2012, p.113)。つまり、〈父の名〉の排除それ自体には何の診断学的価値もないのである。

ラカンは、〈父の名〉の排除そのものではなく、むしろ〈父の名〉の排除の結果によって、神経症と精神病の鑑別診断を行う。それはどのような鑑別診断だろうか？　次節ではそれを確認していこう。

2　精神病に特異的な現象としての「現実界におけるシニフィアン」

ラカンは「前提的問題」のなかで、ヤスパースの過程の概念を参照している。ただしラカンは、過程があることを見出すために患者の症状にしか注目しないヤスパースを批判してもいる。そしてラカンは、「人間とシニフィアンの関係という最も根本的な決定要因によってこの〔ヤスパースの〕過程 processus を定義する」ことを自らの課題としている（E537）。すなわち、ヤスパースの過程の理論をシニフィアンの理論によって再構築すること、ヤスパースの記述心理学（現象学）を構造論として書き直すことが、ラカンの鑑別診断論の課題となるのである。

ある症例を精神病と診断することは、その症例に過程があることを見出すことに等しい。では、ラカンは過程をどのようにして見出すのだろうか。「前提的問題」の最後の頁では、過程について次のような結論が与えられている。

過程によって、シニフィアンが現実界に解き放たれる＝連鎖を外れる le processus par quoi le signifiant s'est « déchaîné » dans le réel。(E583)

逆に言えば、過程とは、シニフィアンを現実界に解き放つ＝連鎖を外すものであると考えてもよいだろう。しかし、「シニフィアンを現実界に／現実界におけるシニフィアン signifiant dans le réel」という表現は、一体何を意味しているのだろうか。というのも、通常、シニフィアンは象徴的なものだと考えられるからである。ここでは、ソレールの明快な説明を引いておこう。

「現実界におけるシニフィアン」という精神病現象の定義には、シニフィアンは象徴界を定義するためには十分ではないということがすでに示されている。このことに注意しておこう。象徴界はシニフィアンの連鎖によって定義されるのであって、隠喩〔＝あるシニフィアンを他のシニフィアンで置き換えること〕はその連鎖の流儀のひとつである。(Soler, 2008, pp.200-1, 強調は引用者)

シニフィアンはそれ自体では象徴的なものではない。シニフィアンが象徴的なものであるといえるのは、シニフィアンが他のシニフィアンと連鎖しているかぎりでのことである。反対に、他のシニフィアンから切り離されたシニフィアンは、現実的なものである。「シニフィアンが現実界において解き放たれる＝連鎖を外れる」(E583) という表現はそのことを意味している。ラカンは同じことを、「切れた連鎖 chaîne brisée という形式下で言葉が現れる」ことによって「言葉の現実界への侵入」が確かめられるとも述べている (E535)。つまり、象徴界ではシニフィアンが他のシニフィアンに連鎖しているのに対して、現実界ではシニフィアンが他のシニフィアンに連鎖せずに、まったく単独で存在しているのである。こういった特徴をもつバラバラのシニフィアンは、ラカン派ではしばしば「ひとつきりのシニフィアン signifiant tout seul」と呼ばれている (Soler, 2008, p.103)。

マルヴァル (2003) によれば、ラカンが学位論文からセミネール第三巻『精神病』にかけて「要素現象」と呼んできたものは、論文「前提的問題」では「現実界におけるシニフィアン」や「切れた連鎖」に置き換えられているという。すなわち、あるシニフィアンが他のシニフィアンに連鎖することなしに「ひとつきりのシニフィアン」として出現し、(それと同じことだが) そのシニフィアンが現実界に出現することを、ラカンは要素現象の新たな定義としたのである。[5] それゆえ、過程があることを見出すこと、すなわち精神病であると診断することは、「シニフィアンが現実界に解き放たれる＝連鎖を外れる」ことを確認することによって可能になるのである。

シニフィアンの脱連鎖 (ひとつきりのシニフィアンの出現) は、言語の解体現象として現れる。では、精神病において、言語はどのように解体するのだろうか。

言語はコードとメッセージという二つの側面をもっており、通常の言語使用ではこの二つが協働していることが知られている。例えば、何らかのメッセージが発されたとき、そのメッセージはそれが依拠

図26　コードの幻聴（左）とメッセージの幻聴（右）

するコード（＝社会的に共有された語彙や文法などの約束事）に従って事後的に意味を受け取っている。先にみたように（⇩208～211頁）、大他者（A）との出会いによって症状がファリックな意味作用（s(A)）を事後的にもつようになるのは、コードとメッセージが協働しているからである。反対に、精神病では、この二つ（コードとメッセージ）を協働させる〈父の名〉が欠落しているため、コードの現象とメッセージの現象がそれぞれバラバラに作動してしまう。すると、症状は大他者（A）からファリックな意味作用（s(A)）を受け取ることができなくなる。精神病における幻聴 hallucination（＝言語性幻覚）(6)がファリックな意味作用をもたないのはそのためである。ラカンはこれらの現象を『無意識の形成物』のセミネールのなかで図式化している（S5, 153/上225頁）が、ソレールの図のほうがわかりやすいため、ここではそちらを図26に挙げておく（Soler, 2008, p.102）。

図26は、精神病では、コード（A）とメッセージ（s(A)）が協同しておらず、バラバラ

（5）私たちの要素現象の定義から、この移行の妥当性を検討しておこう。単独のシニフィアンは、他のシニフィアンに還元することができず（原発性）、他のシニフィアンに回付されることによってのみ得られる意味作用をもたない（無意味性）。しかしそのシニフィアンは現実的なものとして患者に直接的に迫ってくる（無媒介性）。そのシニフィアンの謎めいたあり方は患者を圧倒し、その体験についての抗いがたい確信を生み出す（圧倒性）。その後の精神病の経過では、その単独のシニフィアンを妄想のなかで他のシニフィアンへと繋げていくことが目指されることになる（基礎性）。

（6）ラカンは「幻覚 hallucination」という語を、ほとんどが言語性幻覚 hallucination verbale（幻聴）と同義のものとしてつかっている。他方、日本語における「幻覚」は視覚性幻覚（幻視）の含意が強いため、ここでは hallucination をあえて「幻聴」と訳した。なお、ラカン派では、精神病における視覚性・嗅覚性等の幻覚を、言語性幻覚から二次的に発生したものと考える議論がある（Melman, 1968）。

になっていることを示している。図の左側はコード（A）がコード自身に還流する現象をあらわし、右側はメッセージ（s(A)）に対してコード（A）が到来しない現象をあらわしている。この二種類の幻聴の区別は、ラカンの独創というよりも、シュレーバーが「パロールの構造に基づいて〔言語〕幻覚を区別」（E537）していることに由来している。以後、この二つの幻聴を「コードの幻聴」と「メッセージの幻聴」と呼び、両者の違いをみていくことにしよう。

コードの幻聴（根源言語と妄想直観）

まず前者のコードの幻聴からみていこう。シュレーバーは「大神経」「犬飼いの奇蹟」などの奇怪なシニフィアン（語）を含む幻聴をしばしば聞いていた。これがコードの幻聴である。シュレーバーはこういった奇怪なシニフィアンを「根源言語 Grundsprache/langue-de-fond」と呼んでいた（E537）。シュレーバーが「若干古めかしくはあるが力強いドイツ語で、特に婉曲話法が非常に豊富である」（S.13）[7]と表現するこの根源言語は、精神医学の用語でいえば「言語新作」に相当するだろう。

根源言語は、その語そのものの奇抜さが患者に強い印象をもたらすがゆえに、それを聞く者をとらえて離さないが、その意味は不明瞭かつ謎めいているという特徴をもっている。つまり、根源言語を含む幻聴において伝達の対象となっているものは「シニフィアンそのものであって、シニフィアンが意味するものではない」（E537-8）。この幻聴はシュレーバーに奇怪なシニフィアンを伝達しているが、そのシニフィアンの意味（意味作用）はいっさい伝達されていないのである。根源言語のシニフィアンは、むしろ、その奇怪なシニフィアンが何であるのかをシニフィアンそのものの力によって伝えている。言い換えれば、この幻聴のなかでもちいられているあるコードの定義をそのコードそれ自身以外のどこにも回付させることができないという意味で、この幻聴は自己指示的＝自律的 autonyme[8] なメッセージなのである（E538）。根源言語という奇怪なシニフィアンは、ほかのシニフィアンに連鎖することなく、単独で自律的なものとして出現している。この意味で、コードの幻聴において現れる根源言語を「ひとつきりのシニフィアン」とみなすことができる。

コードの幻聴に類されるもう一つの例として、ラカンは「意味作用の効果がその展開を先取りしているせいで誤って直観的と呼ばれている現象」（E538）を挙げている。これはフランスの古典的な精神医学でいうところの「妄想直観 intuition délirante」のことである。[9] 妄想直観とは、「自分がナポレオンであることがわかった」等のように、根拠を欠いた判断がとつぜん確信される現象を指す。具体的なラカンの記述をみておこう。

> 意味作用の効果がその展開を先取りしているせいで誤って直観的 intuitive と呼ばれた現象〔＝妄想直観〕では、実際にはシニフィアンの効果が問題になっている。その現象では最初は意味作用そのものの代わりに謎めいた空虚があらわれるのであるが、そのかぎりにおいて、その確信の段階（意味作用の意味作用という二段目の階層）は謎めいた空虚に釣り合った重みを帯びる。（E538）

（7）本章では、シュレーバーの『ある神経病者の回想録』からの引用については、「S.」の記号のあとに原書頁数を記す。

（8）ラカンは、シュレーバーの根源言語を「言語学者〔ローマン・ヤコブソン〕が『自己指示的 autonyme』と形容するメッセージに非常に近い」（E538）と述べている。自己指示的という形容詞は「それ自身を指示するもの at its own designation」のことを指す（Jakobson, 1971, p.131/151 頁）。「この自己指示的な記号は同義語をもたず、〔その記号を〕置き換えることは一切不可能である」（Rey-Debove, 1971）といわれるように、自己指示的な語は他の語によってパラフレーズすることが不可能な、他から断絶したひとつきりのシニフィアンである。

(1) ひとつきりのシニフィアン ／ (空虚な意味作用)　(2) (空虚な意味作用) ／ 謎の意味作用の確信

図27 「ひとつきりのシニフィアン」から謎の意味作用の確信へ

妄想直観においては、妄想的な意味作用が患者に突然に与えられているように見える。しかしラカンは、そうではないと言う。妄想直観においては、妄想的な意味作用が直観的（直接的）に患者に与えられているのではなく、「実際にはシニフィアンの効果が問題になっている」からである。どういうことか。ラカンは、妄想直観においてはじめに出現するのは、意味作用ではなく、他のシニフィアンに連鎖することのない「ひとつきりのシニフィアン」だと考えているのである。このシニフィアンは、他のシニフィアンに連鎖していないため意味作用をもたないが、まさにそのことによって「謎めいた空虚」を意味作用としてもつことになる（一段目の階層＝空虚な意味作用の発生）。すると患者は、この空虚を意味するシニフィアンがそれでもなお何を意味するのか、という問いを浮上させる。この現象は、コミュニケーションにおいて「何も語らない」ことが、「無を語る／沈黙によって語る」という不分明な意味の過剰を聞き手に確信させてしまうレトリックによく似ている。ここでは、特定のことを何も意味しないシニフィアンの奇妙な静けさ（空虚）が、逆説的に意味作用のざわめき（謎）を生み出しているのである。こうして、謎の意味作用についての強い確信が確信されることになる（二段目の階層＝空虚の意味作用が発する意味作用としての「謎」の発生）(Soler, 2008, p.101)（図27）。『精神病』の第一のパラダイムでは、精神病は意味作用の出現として理解されていたが、ここでラカンはその意味作用が「ひとつきりのシニフィアン」の出現にひきつづいて二次的に生じたものであると考えるに至ったのである（⇩138〜142頁）。

メッセージの幻聴（中断されたメッセージ）

次に、メッセージの幻聴についてみていこう。メッセージの幻聴の典型例は、シュレーバーに生じた「中断されたメッセージ」という特殊な形式の幻聴である。シュレーバーは、「私の……なければよいが Wenn nur meine...」といった、途中で中断された不完全な文を告げる幻聴をしばしば聞いていた。すると彼は、その幻聴が告げる文のなかで虫食いになっている部分を補って返答することを余儀なくされた。例えば、「私の……なければよいが」という不完全な文に対して、シュレーバーは「私の指が麻痺しなければよいが」（S.130）「私の官能的愉悦が妨げられなければよいが」（S.221）などと返答することを余儀なくされたのである。この現象は、精神医学の用語でいえば、「対話性幻聴」に相当するだろう。[10] しかし、これは決して相互的で対等な関係においてなされる対話ではない。中断されたメッセージの幻聴は、一方では妄想的な大他者（神）がシュレーバーに向けて不完全な文を勝手に送りつけ、他方では主体（シュレーバー）がそれに答えさせられつづける体験であり、シュレーバーの側からみれば、それは受動的で屈辱的な体験なのである。

（9） 妄想直観とは、ラカンと同世代の精神科医らによって一九三一年に命名された精神症状である（Targowla & Dublineau, 1931）。ドイツ語圏の精神医学でいうところの妄想着想 Wahneinfall とほぼ同じものと考えてよい。

（10） 対話性幻聴という術語には、大きく分けて「患者に直接話しかける声と、その声への応答」（二人称幻聴）と「複数の声同士が患者のことを間接的に話しあうもの」（三人称幻聴）という二つの語義解釈がある。かつて、本邦では前者の解釈が多いが、欧米圏では後者の解釈が多いことが中山ら（1982）によって指摘され、その語義解釈について興味深い論争が行われたことがある。本書で扱っているのは、前者の二人称幻聴である。濱田（1998）のより包括的な解釈――対話性幻聴は、患者の頭のなかでの自問自答が、まず問いかけの部分が他者性を帯びて二人称幻聴が生じ、次に返答の部分にも他者性がおよび三人称幻聴が生じるとされる――とラカンの議論との関係は別稿で論じた（松本、2012a）。

中断されたメッセージは、二つの大きな特徴をもっている。

（1）一つ目の特徴は、「相手〔＝神〕の声が、当該のメッセージを、フレーズの最初のところで中断してしまう」（E539）ことである。「私の……なければよいが」「私がしようとしているのは、それを……Das will ich mir...」といった具合に、そのあとに続くコード（語彙）の部分が言われないままに、幻聴の文が途切れてしまうのである。

（2）二つ目の特徴は、メッセージが中断される箇所のほとんどが、「私の……なければよいがWenn nur *meine*...」のように「私」という主体を示す語句（言語学でいうシフター）のところだということである（E540）。この特徴ゆえに、中断されたメッセージは、何らかのコードによって返答することを「私」に要求しているものとして主体に捉えられる。主体は、中断されたメッセージを補うという役目を無理やりに負わされてしまうのである。

セルジュ・アンドレ（2012）によれば、中断されたメッセージが主体に与えられ、主体がその中断部以降を補うことを強要されるという体験は、「シニフィアンS_1は他のシニフィアンS_2に対して主体$\$$を代理表象する」というラカンの公式から理解することができる。主体に到来する幻聴のメッセージを仮にS_1（ひとつきりのシニフィアン）とすると、中断されたメッセージの幻聴では、そのS_1につづいて連鎖するはずの他のシニフィアンS_2が到来していないことになる。このとき、S_1からS_2への連鎖によって代理表象されるはずの主体$\$$は代理表象されることができず、主体はおきざりにされてしまう。中断されたメッセージの幻覚においては、主体の代理表象が途中で停止してしまい、主体はいわばあてこすられるだけになってしまうのである。シュレーバーが自身の境遇を述べるときにもちいた「〔神から〕ほうっておかれる／見捨てられる liegen lassen/laisser en plan」という表現は、このことをうまく表現している。(11)

中断されたメッセージS_1に対して、シュレーバーが自らS_2（コード）を補いつつ返答することは、$S_1 \to S_2$の連鎖をひとりで完成させようとする試みであると言える。いっけん異様にみえる対話性幻聴は、実のところ精神病における「ひとつきりのシニフィアン」を何とか処理し、主体（性）を取り戻そうとする回復過程として捉えることができるのである。

ラカン派における要素現象

先に述べたように、ヤスパースが精神病の診断における主要な指標としてもちいた要素現象は、ラカンによって「現実界におけるシニフィアン」として継承された（⇩228頁）。このシニフィアンが出現することは、精神病に特異的な現象である。そのため、ラカン派では、要素現象（ないし「現実界におけるシニフィアン」「ひとつきりのシニフィアン」）こそが精神病の構造的条件である「〈父の名〉の排除」の間接的証拠となる臨床的な指標であると考えられてきた（Sauvagnat, 1991）。念のため、アレクサンドル・ステヴェンスの言葉を引いておこう。

精神分析的臨床は、妄想の度合いではなく、要素現象に診断の基礎をおいている。事実、要素現象

（11）ラカンは「見捨てられる laisser en plan」という訳語には「女性的感情の響きがある」と述べている（S3, 143/上209頁）。この訳語には「女性が男性に捨てられる」という含意があり、神がシュレーバーに一方的に近づいたり遠ざかったりする事態をうまく表現しているという意味である。

が最も重要なのだ。要素現象は、〔精神病の〕構造を記しづけている。すなわち、現実界におけるシニフィアンの出現は、発病時における、排除の構造の間接的効果なのである。(Stevens, 1990)

要素現象は、「ひとつきりのシニフィアン」として主体に到来する。[12] 精神病における妄想形成は、一般的に、他から切り離された要素現象のシニフィアンS_1に対して、他のシニフィアンS_2をつなげることによって意味を与え、$S_1 \rightarrow S_2$の連鎖を回復していくことである。こうすることによって、精神病者は現実への関係を回復することができるのである(⇩256〜257頁)。

なお、ミレール(1996d)は要素現象を次の三つに分類し、これらの現象が認められるときに、精神病であることが確実に診断できると述べている。

(1)「精神自動症」:患者の頭のなかに意味不明なシニフィアンが次々とあふれだす現象を指す。先にみたとおり、精神自動症は「非観念因的 anidéique」なものであり、そこに現れるシニフィアンは「ある観念 idée の流れ〔=連続性〕の結果起こってくるのではない」(S3, 14/上7-8頁)(⇩223頁)。すなわち、精神自動症におけるシニフィアンも、他のシニフィアンの流れから切り離された「ひとつきりのシニフィアン」なのである。

(2)「名状し難い体験の報告や絶対的な確信、病的な自己関係づけ」:コードの幻聴(特に妄想直観)やメッセージの幻聴がこれに相当する(Miller, 2008a)。これらの現象では、シニフィアンは必ず「ひとつきりのシニフィアン」として単独であらわれている。

(3)「身体の崩壊感、自己身体にまつわる違和感といった現象、さらに、現象学的精神医学者たちが的確に指摘したような生きられた時間の独特の歪曲、また、離人症のある種の様式」：これらの現象は、「ひとつきりのシニフィアン」によるものではない。これらの現象が精神病に特異的なものであることは、後の「普通精神病 psychose ordinaire」をめぐる議論のなかで論証されることになる（⇩346〜348頁）。

3　精神病の経過論――シェーマL、R、I

ここまで確認してきたように、「前提的問題」におけるラカンの鑑別診断論は、ヤスパースからシュナイダーに至るハイデルベルク学派の「過程」による鑑別診断論を、構造論的な見地から捉えなおすものであった。

しかし、「過程」の理論には、それでもまだ不十分な点がある。ヤスパースは、「過程」が精神病の経過のなかでどのように進行していくかについて、十分に論じてこなかったのである。彼が「過程」の進展に興味をもたなかったのは、精神病における「過程」が最終的には痴呆や荒廃状態に行き着くと考え

（12）ただし、要素現象や「ひとつきりのシニフィアン」において問題となっているのは、シニフィアンだけではない。ラカンは「前提的問題」のなかで、幻聴は「言い表せない対象 objet indicible が現実界へと拒絶 rejeté される」（E535）ところで聞こえてくると述べている。この一節は、精神病の幻聴にはシニフィアンだけでなく対象の側面も無視できないことを示唆していると考えられる。この議論は六〇年代以降の理論的変遷のなかで再び取り上げられることになるが（⇩287頁）、ここでは、要素現象とは脱連鎖したシニフィアンが享楽と接続されることである、というソレール（Soler, 2008, p.201）の見解を確認しておくにとどめておこう。

ていたからである。

ラカンはこのようなヤスパースの考えを否定し、「過程」の理論を補完しようとする。というのも、ラカンによれば、「精神病の最終状態は、ある激動の結果として到達されるカオスの凝固物をあらわしてはいない」からである（E572）。精神病が行き着く先は、たんなる混乱や荒廃ではなく、むしろ父性隠喩の失敗に対する「洗練された解決」（E572）ですらあるのだ。こうして、ヤスパースが十分に論じなかった精神病の経過論を作り上げることが、「前提的問題」におけるラカンの最後の課題になる。

精神病の経過論を論じる際に、ラカンが範をとるのは、やはり症例シュレーバーとフロイトのシュレーバー論である。なぜなら、ラカンによれば、フロイトは精神病の最終状態の産物である『シュレーバー回想録』だけを典拠として、「過程 procès の進行 évolution そのものをはじめて解明した」（E572, 強調は引用者）人物だからである。[13]

シェーマL

ミレールによれば、ラカンのシェーマI（シュレーバーのシェーマ）は、「精神病の過程 procès の最後における主体の構造のシェーマ」である（E906）。それゆえ、過程の進行を明らかにするためには、シェーマIの解読を行わなければならない。しかし、シェーマIは、神経症の構造を示したシェーマRを変形したものであるため、シェーマIを解読する前にシェーマRの解読を行わなければならない。さらに、シェーマRが作図される元になったシェーマLの概略をみておかなければならない。

まず、シェーマLから確認していこう（図28）。五五年に初めて提示されたこのシェーマは、自我（a）と他者（a'）を結ぶ想像的軸と、無意識の主体（S）と大他者（A）を結ぶ象徴的軸によって構成されている（S2, 134/上178頁）。このシェーマは、神経症者の精神分析に際して生じうる二つのパロールを区別するために作図されたものである。すなわち、象徴的軸（S-A）の上で展開されるパロールは「充実したパロール parole pleine」と呼ばれ、このパロールでは、主体（S）に対して大他者（A）からの象徴的承認が与えられる。しかし、この象徴的軸（S-A）の上で展開される充実したパロールは、想像的軸（a-a'）の上で展開される「空虚なパロール parole vide」にしばしば阻まれ、主体（S）に届くことができない。精神分析の目的は、分析主体が想像的軸に阻害されることなく、充実したパロールを実現することによって、主体（S）と大他者（A）との関係に気づくことができるようにすることであるとされる（S2, 287-8/下123-4頁）。

わかりやすい例をあげよう。一方の想像的軸（a-a'）は、例えば、友達の頬をぶった子供が「（自分がぶったのではなく）向こうがぶってきた」と主張するような、終わりのない攻撃の応酬が展開される場である。他方の象徴的軸（S-A）は、そのような攻撃の応酬を調停し、契約を結ばせることによって秩序が実現される場であると考えることができる（S3, 230-1/下79-81頁）。

では、シェーマLにおいて、精神病はどのように位置づけられるだろうか。ラカンは、セミネール第三巻『精神病』において、精神病では「大他者が除外 exclusion されている」と述べている。精神病者

（13） よく知られているように、フロイトはシュレーバーの妄想の展開を「文法的な演繹の形式」（E541-2）によって捉えようとしていた。つまり、精神病者は支離滅裂なことを述べているのではなく、そこには妄想の論理が存在するのである。さらにフロイトは、パラフレニーの一群における症状の進展を「病的過程 Krankheitsprozess」と呼んでいる（GW10, 153）。フロイトのいう病的過程とは、対象（外的世界）からのリビードの剝離にはじまり、そこから誇大妄想、心気症、情動障害、退行などへと順次進展する一連の規則的な経過を指しており、彼はこの語でまさに妄想の論理（ヤスパースの意味での過程の進展）を捉えようとしていたと考えられる。

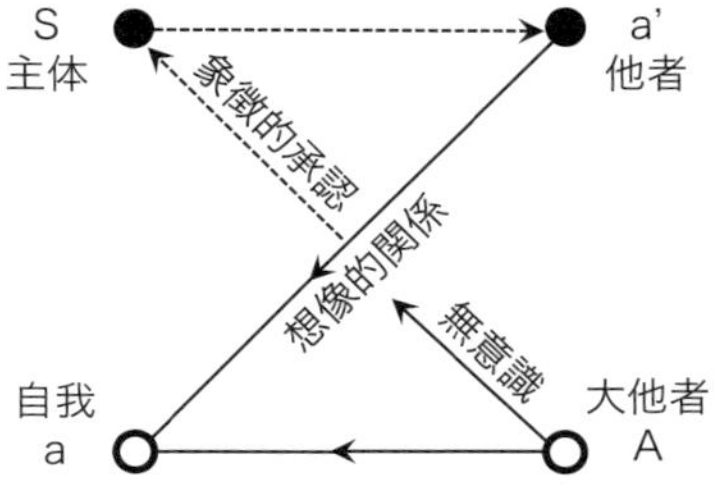

図28　シェーマL（神経症）

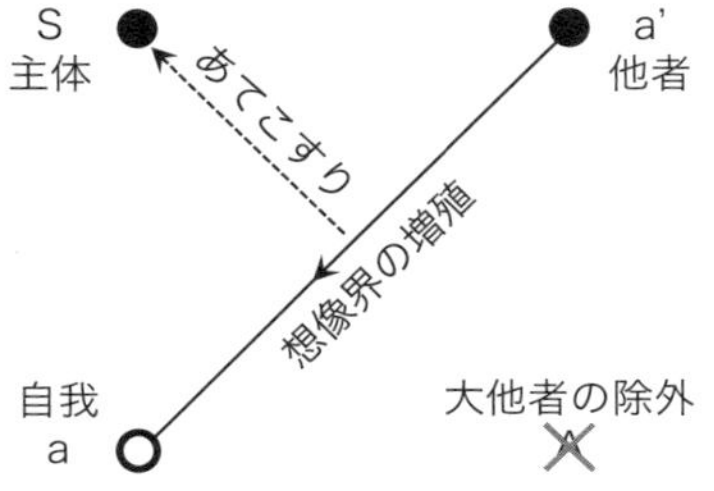

図29　シェーマL（精神病）

には、象徴的承認を行い、世界に秩序をもたらすはずの大他者＝象徴界（A）が存在しないのである。すると、精神病では、ナルシシズムが支配する想像的軸（a-a'）の上だけでパロールが展開し、攻撃性を孕んだパロールが際限なく増殖してしまうことになる（⇩142頁）。

　実際、この時期のラカンは、ある精神病者を例にとり、その症例では「大他者の除外」が生じており、メッセージの回路が「二つの他者〔a-a'〕のあいだで閉じている」と指摘している。大他者（A）が除外された精神病の症例では、主体（S）と大他者（A）を結ぶ象徴的軸が利用できない。すると、「話している患者自身〔a〕と、その患者に向かい合っているマリオネット〔＝会話相手a'〕」のあいだでメッセージがこだましてしまい、そのメッセージは患者を罵倒する幻聴として現れる（図29）。

　くわえて、精神病では、大他者（A）から主体（S）へと向けられる象徴的承認の代わりに、主体を指し示す「あてこすりallusion」が生じる（S3, 64/上85頁）。実際、精神病者は自分と他者とのたわいもない会話のなかで、しばしば自分のことがあてこすられていると解釈したり、ふいに耳に入った世間話を聞いて、自分に関する悪い噂を立てられていると解釈したりすることがある。これらの現象は、大他者からの象徴的承認が得られない代わりに、他者からの想像的なあてこすりが生じたものと考えられる。[14]

シェーマR

シェーマLが議論されていた時期（五五年頃）のラカンは、神経症では大他者が存在し、精神病では大他者が除外されているために想像界が増殖すると考えていた。しかし、五八年に執筆された「前提的問題」では、早くもこの考えが修正される。そこでは、「大他者をその場から取り除くと、人間はもはやナルシスの立場に支えられることすらできない」（E551）とされている。つまりラカンは、大他者が除外された場合には、もはや想像界すら機能しないと考えるに至ったのである。ならば、精神病でも大他者は除外されていないと考えなければならない。

それでは、ラカンは「前提的問題」のなかで、大他者をどのようなものと考えているのだろうか？この問いについての答えは、はっきりしている。次の二つの記述を確認しておこう。

〈父の名〉は、シニフィアンの法を構成するものとして、大他者の場において、象徴的第三項のシニフィアンそのものを二重化 redouble している。（E578）

（14）ラカンが提示している精神病者のエピソードはやや難解である。それは、ある女性の精神病者が、廊下ですれ違った男性に「私は豚肉屋のところから来たの」と告げたところ、その男性が彼女にむけて「雌豚！」と罵倒する幻聴が聞こえた、というものである。「私は豚肉屋のところから来たの」という言葉は、「私の夫は豚肉屋のようにひどい人なの」という象徴的な意味をもっている。しかし、この象徴的な自己規定は、大他者（A）から主体（S）への象徴的承認を生み出すのではなく、むしろ「雌豚！」という卑猥な幻聴が聞こえてくることによって応答されている。それは、この幻聴における対話では、自我（a）の位置から発された「私は豚肉屋のところから来たの」という言葉が、大他者（A）からではなく、他者（a'）の位置から返答を受けたためである。この「雌豚！」という幻聴の言葉は、彼女を貶めるあてこすりとして彼女の主体（S）に届き、彼女の存在を「バラバラに解体された豚」として規定している。

〈父の名〉の頓挫…とは、言うなれば、シニフィアンの場としての大他者における、法の場としての大他者のシニフィアンの頓挫である。(E583)

ラカンはここで、それまで単に「大他者 l'Autre」と呼んできたものを、シニフィアンの水準と法の水準の二つに分割している (Miller, 1996c)。そして、前者の「シニフィアンの場としての大他者」は、後者の「法の場としての大他者」(=〈父の名〉) によって二重化されるものであるとされている。この新たな大他者の概念のもとでは、精神病はもはや大他者の除外によって特徴づけられるのではなく、大他者の非-二重化 (「シニフィアンの場としての大他者」が、「法の場としての大他者」によって二重化されないこと) によって特徴づけられることになる。後のラカンの言葉を使うなら、「精神病の主体は前駆的な大他者 l'Autre préalable に満足している」(E807)、つまり精神病者は〈父の名〉によって二重化される前の前駆的なシニフィアンの世界 (原-象徴界) に住んでいると言えるのである。

〈父の名〉は、「シニフィアンの場としての大他者」に法を与えることによって、大他者を二重化する。これは、私たちが原-象徴界と呼んできた母の現前と不在の気まぐれな法 (=法則) が、より上位の法である〈父の名〉によって統御されるようになることに等しい。このような事態は、実存的な水準では、家庭生活のなかで母が父の言葉に重要な価値を与えることによって実現される。ただし、ここで母に対して法をなす父は、母を独占的に所有する原父や、子供を厳しく叱りつける父のことでは決してない。父の法による母の法の統御は、父の威厳によってではなく、「父のパロールに、はっきり言えばその権威に、母が与える評価」(E579) によって可能になる。たとえ父が弱々しい人物であったり、家にいない人物であったりしたとしても、母が子供に対して「パパだったらなんて言うかしら」などと語り、つねに父の語りのありかを指し示すこと。これこそが、ここで「法の場としての大他者」による「シニフィアンの場としての大他者」の二重化といわれているものである。

　以上の前提にもとづいて、シェーマRの構造をみていこう。

　前述したとおり、シェーマRはシェーマLを元にして作図されたものであり、神経症者の心的構造を示したものである。そのため、S-a-a'-AというシェーマLのZ型の基本骨格はそのままシェーマRに移植されている。この基本骨格に、想像的三角形（I）、象徴的三角形（S）、現実の領野（R）の三つの領野が重ね合わされることによって、シェーマRは構成されている。この三つの領野をさらに詳しくみていこう。

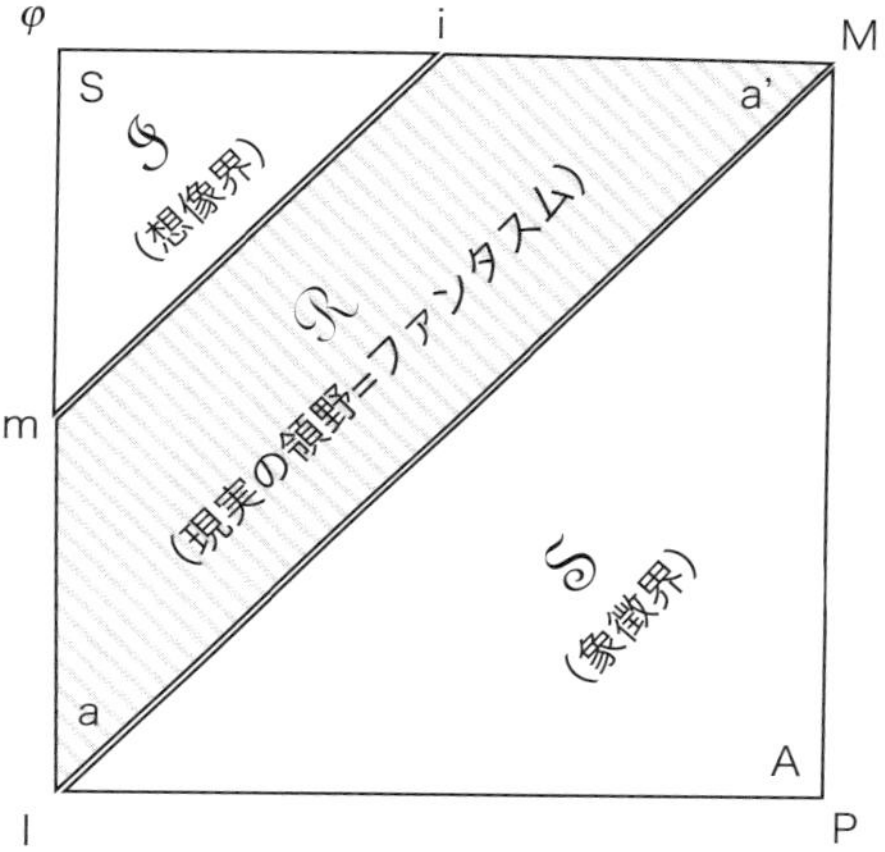

図30　シェーマR

（1）想像的三角形：φ（想像的ファルス）-m（自我）-i（鏡像的イマージュ）で囲まれた小さな三角形が想像的三角形である（E553）。想像的三角形は、子供の自我（m）が、他者の欲望するファルス（φ）をめぐって、鏡像的イメージ（i）と双数的＝決闘的な関係に入ることを示している（⇩195～199頁）。

（2）象徴的三角形：P（法の場としての大他者＝父）-M（シニフィアンの場としての大他者＝母）-I（自我理想）で囲まれた大きな三角形が象徴的三角形

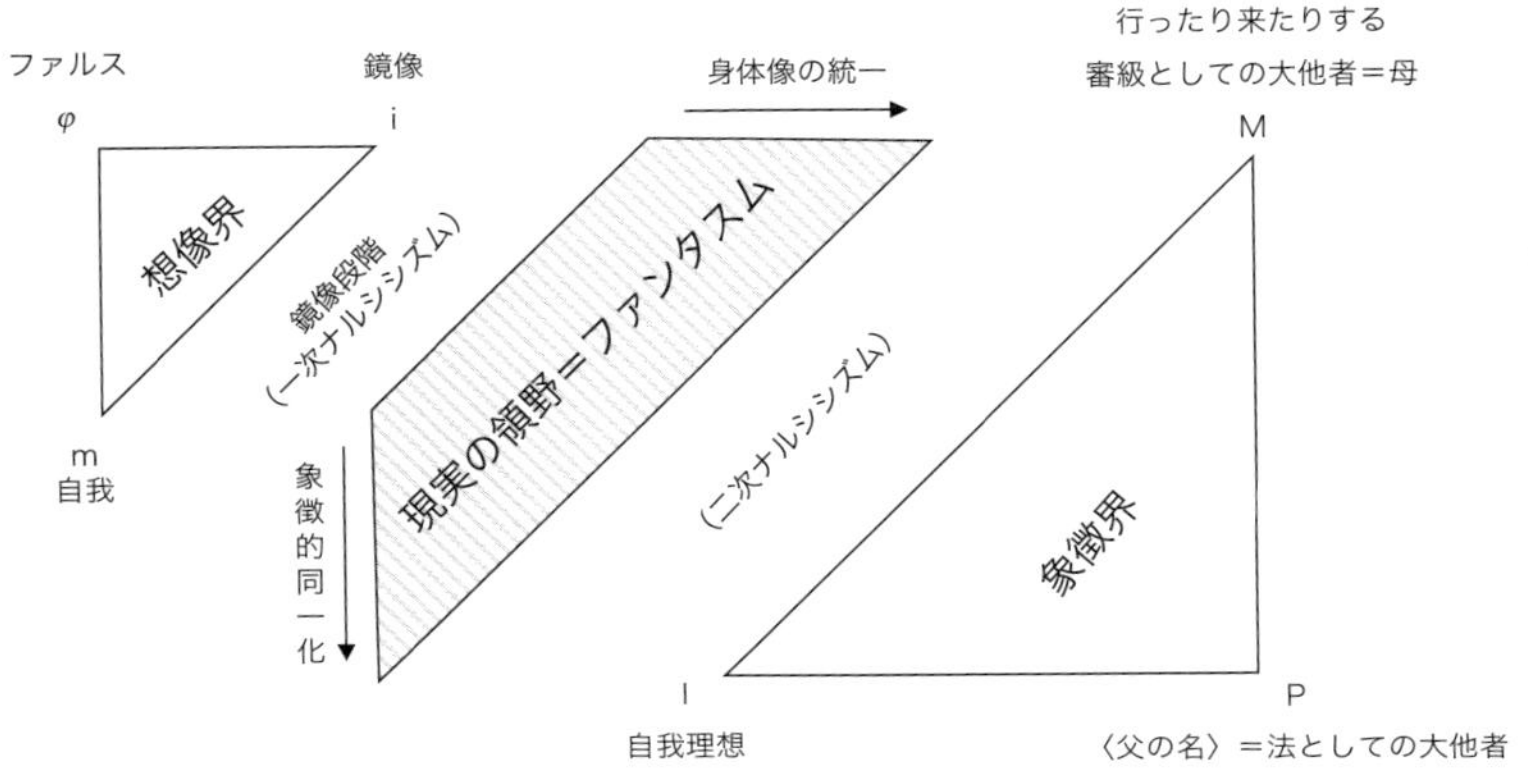

図31　シェーマRの分解

である。ここでは、先に述べたとおり、大他者（A）は「シニフィアンの場としての大他者」（M）と「法の場としての大他者」（P）の二つに分割されている。「シニフィアンの場としての大他者」（M）とは、子供の前を行ったり来たりする存在、現前と不在を気まぐれに繰り返す象徴的な存在である。すなわち、シニフィアンの場としての大他者は、「＋－＋－＋…」という現前と不在のセリー、前駆的な大他者（＝原‐象徴界）として機能している。この気まぐれな大他者（M）に法（則）を与えて統御する存在が、「法の場としての大他者」（P）である。自我理想（I）の設立は、この法の場としての大他者（P）の導入によって可能になる。

（3）現実の領野：φ-m-iで区切られる想像的三角形は想像界（I）を示し、P-M-Iで区切られる象徴的三角形は象徴界（S）を示す。両者のあいだにあるM-i-m-Iで区切られる領野には「R」と書かれている。しばしば誤解されているのだが、これは現実界 le réel のことではない。この「R」は「現実の領野 champ de la réalité」である（E553)。さらに、この現実の領野（R）は「ファンタスムのスクリーンによって塞がれることによってしか機能しない」（E553）とされている。[15] すなわち、神経症者における現実は、想像的三角形をファルス（φ）が支え、象徴的三角形を「法の場としての大他者」（P）が支え、その中間の領域にファンタスムが構成されることによって、はじめて「現実」として現れることができるのである。この指摘の重要性は、精神病においてシェーマRに生じる変形（シェーマI）を考えることによって明らかになる。[16]

シェーマI

シェーマRは、ラカンによって再解釈されたエディプスコンプレクスの導入を示しており、通常の神経症の構造を示すものと考えてよい。反対に、精神病では、シェーマRの象徴界（S）、現実の領野（R）、想像界（I）のそれぞれの領野において異常が生じることになる。図32に示すシェーマIは、その異常とそこからの修復過程を描くものである。以下に、それぞれの領野における異常をひとつずつ確

（15） さらにラカンは、「現実の領野は、その枠を与えている対象*a*の抽出 extraction によってはじめて支えられる」と六六年に追記している（E554）。この指摘は、六〇年代のラカンが精神病を「対象*a*の非 - 抽出 non-extraction」として考えていたというラカン派の読解の理論的根拠のひとつである（Maleval, 2000）（⇩286〜287頁）。

（16） シェーマRにおけるi-mの斜めの線は、鏡像的イマージュ（i）と自我（m）の関係、すなわち鏡像段階を示している。i→Mの線は、身体像が次第に統合されていくことをあらわし、m→Iの線は想像的同一化が次第にシニフィアンを介した象徴的同一化へと進展することをあらわしている。詳しくいえば、i→Mの線には「エロス的攻撃の諸関係における想像的他者の姿が位置づけられ、その線上でその姿が実現する」のであり、m→Iの線上では「自我が、鏡像的『原像 Urbild』から理想自我への父性的同一化にまで至る」のである（E553）。

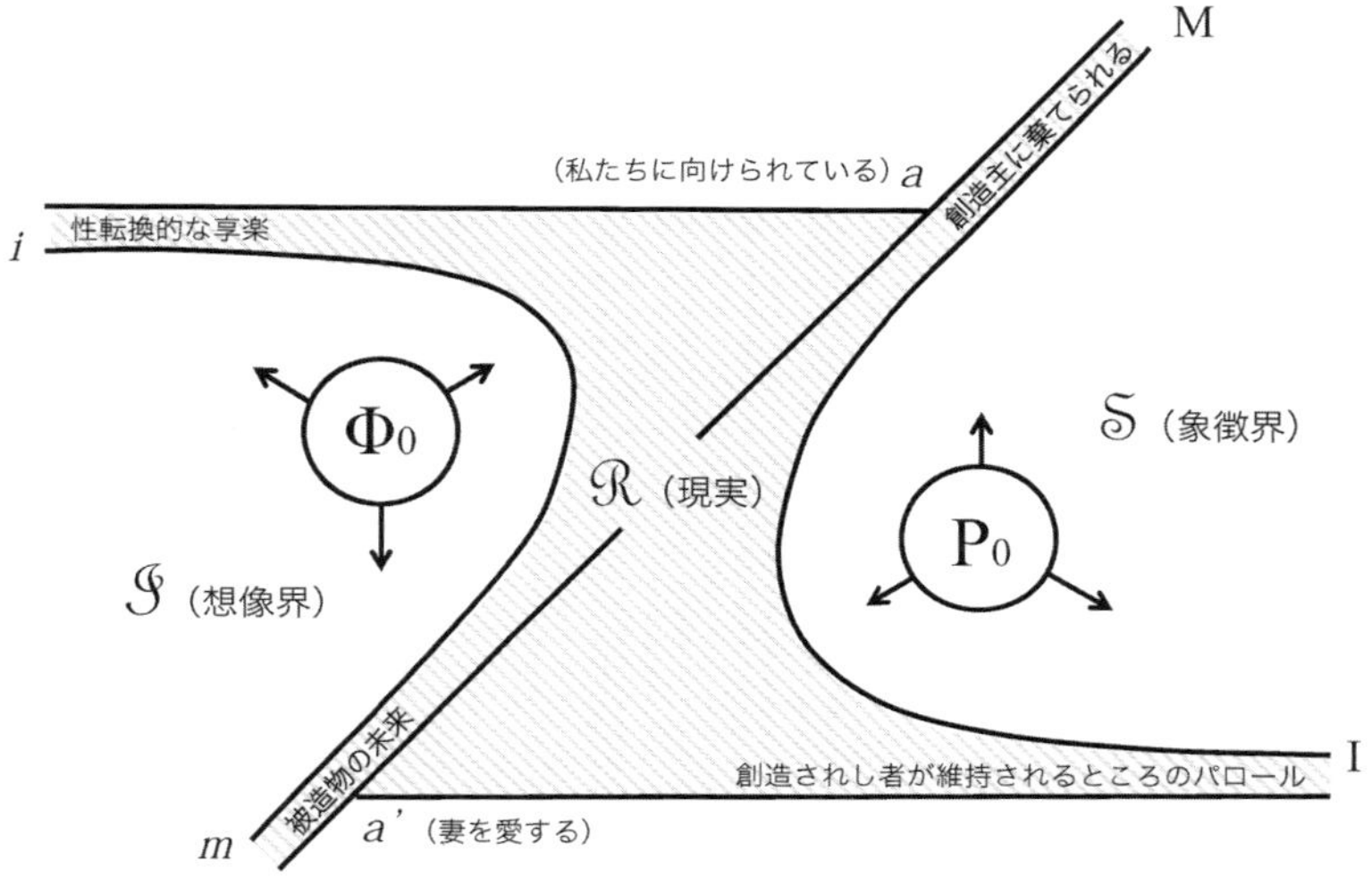

図32　シェーマI（再掲）

認していこう。

〈父の名〉の欠落（P_0）

神経症の構造を示すシェーマRと比べると、精神病の構造を示すシェーマIでは象徴的三角形の頂点Pと想像的三角形の頂点φが欠落していることがわかる。象徴界（S）と想像界（I）のそれぞれの領野にあいている二つの穴、P_0とΦ_0は、この二つの欠落を示している。まず、これらの記号の意味を説明しておこう。Pは〈父の名〉、Φは父性隠喩によってつくられる効果（ファリックな意味作用）、0は欠落をそれぞれ意味している。すなわち、シェーマIにおけるP_0は「〈父の名〉の欠落」を、Φ_0は「ファリックな意味作用の欠落」をそれぞれあらわしているのである（Miller, 1996c, p.254）[17]。なお、P_0で示される〈父の名〉の欠落は、〈父の名〉の排除と同じものである[18]。

では、〈父の名〉の排除（P_0）と精神病の発病の関係について考えてみよう。〈父の名〉の排除

（P_0）は、精神病の構造をもちながらもいまだ発病していない前精神病者にもすでに潜在していると考えられる。言うなれば、〈父の名〉の排除は精神病の前提条件であり、それだけでは精神病は発病しないのである。精神病が発病するのは、〈父の名〉の排除が露呈するときである。

では、〈父の名〉の排除が露呈するのはどのようなときだろうか。それは、主体が「〈ある父親〉Un-père」と出会うときである（E577）。〈ある父親〉とは、現実にいる父親そのもののことではない。それは、主体を含む想像的な二者関係（i-m）の外部にいる任意の人物が、二者関係に対する第三項として現れるときにとる形象のことである（E577）。〈ある父親〉の例として、ラカンは「出産したばかりの女性に対するその夫の姿」や「恋するうら若き娘における『若い男の父』との出会い」をあげている（E578）。前者の場合では、女性とその子供とのあいだの二者関係に対して夫が第三項となり、後者の場合では、女性とその恋人とのあいだの二者関係に対して恋人の父親が第三項となっている。このような第三項としての〈ある父親〉に出会ったとき、ひとは〈父の名〉のシニフィアンを大他者の場へと呼び出すことを要請される（E577）。しかし、〈父の名〉が排除された精神病の構造をもつ者は、その呼び出しに応答することが原理的にできない。それゆえ、〈父の名〉の呼び出しは「シニフィアンそのものの

（17）ラカンは、「P_0」が「〈父の名〉〔のシニフィアン〕の欠陥 défaut」であり、「Φ_0」は「その欠陥がシニフィエにおいて開く〔意味作用の〕穴」であると述べている（E577）。なお、Φ_0は意味作用の穴であると同時に、セクシュアリティの規範化＝正常化における穴であるとも解釈できる。精神病では、セクシュアリティがファルスΦによって規範化されていないため、女性化が生じると考えられる。精神病にみられるこの女性化現象は、後に「女性‐への‐推進 pousse-à-la-femme」と名づけられる（AE466）（⇩342〜346頁）。

（18）精神病では「〈父の名〉の排除 Verwerfung」（E558）があるということは、法の場としての大他者（P）が排除されているということであって、精神病でもシニフィアンの場としての大他者（M）は排除されていない。

欠落 carence」(E557) によって応答されるしかない。そのとき、精神病が発病する (⇩151～152頁)。

先にみたように、『精神病』における第一のパラダイムでは、排除は去勢の脅威 (幼児期体験) の排除であり、精神病では排除された去勢の脅威が意味作用として回帰するのであった。『精神病』における第二のパラダイムでは、排除は「父である」というシニフィアンの排除であり、そのシニフィアンは決して回帰することがないものであった (⇩130～131頁)。そして、「前提的問題」における〈父の名〉の排除は、隠喩の失敗、すなわち母の欲望のシニフィアンが〈父の名〉のシニフィアンによって置き換えられないことであり、それは「シニフィアンの場としての大他者」が「法の場としての大他者」によって二重化されないことと同義である。そして、「前提的問題」のパラダイムにおいても、排除された〈父の名〉は回帰しない。ラカンは、排除された〈父の名〉が呼び出されたときには「[〈父の名〉の] シニフィアンそのものの欠落」で応答されると述べているのであって、それが現実界に回帰するとは決して述べていないのである。念のため、「前提的問題」についてラカン自らが行った説明を参照しておこう。

> 彼 [シュレーバー] は……〈父の名〉にその本来の場所で、つまり、そこに一度もやってきたことがないので応答することができないようなところで応答するよう促されたため、代わりにこの [コードの幻聴とメッセージの幻聴の] 構造が出現するのをみるのです。(S5, 204/ 上 298-9 頁)

シュレーバーは、ドレースデン控訴院民事部部長という重要な立場に昇進し、まさに職業的な意味で父性的人物たらんとするときに精神病を発病させた。この発病契機は、彼にとって〈父の名〉を呼び出すことを要請するものであった。しかし、元来〈父の名〉を欠落させていたシュレーバーにとって、この呼び出しに応答することは不可能であった。その結果、彼は、本来なら〈父の名〉が支えるはずであった構造（コードとメッセージ）を〈父の名〉の代わりとして露呈させてしまう。これがシュレーバーにおけるコードの幻聴とメッセージの幻聴を、つまり「現実界におけるシニフィアン」の到来（シニフィアンの脱連鎖）を引き起こしたのである。精神病に特異的な脱連鎖したシニフィアンの出現は、根源的に欠落した〈父の名〉の周囲で、〈父の名〉の代わりに、〈父の名〉の欠落そのものを患者に対して暗示するように働く（⇩150～153頁）。これが精神病の発病後にみられる初期症状である。

ファリックな意味作用の欠落（Φ_0）

〈父の名〉の欠落が明らかになったとき、想像界では何が起こるのだろうか。〈父の名〉は、母の欲望のシニフィアンを置き換えるシニフィアンであり、その置き換えを「父性隠喩 métaphore paternelle」と呼ぶのであった（E557）。この父性隠喩は「主体の想像界のなかにファルスの意味作用 signification du phallus〔＝ファリックな意味作用〕を呼び起こす」（E557）。これは、神経症の症状や夢や言い間違いといった無意識の形成物はすべて性的な（ファリックな）意味をもっているというフロイトの発見のラカン的翻案であった（⇩205頁）。反対に、精神病では〈父の名〉が導入されておらず、父性隠喩が成立していない。そのため、精神病の発病時には「ファリックな意味作用 signification phallique の場所に対応する穴が喚起される」（E558）。ここで喚起される意味作用の穴がΦ_0である。では、この穴が喚起されたとき、何が起こるのか。ピエール・ナヴォーによる簡潔な説明を引こう。

　ラカンは、〈父の名〉の隠喩が排除されたときの効果について語っている。もし〈父の名〉が排除されていなければ、そこで隠喩によって生産される意味作用は、ファリックな意味作用である……。このことは、x＝（－φ）という式で示される。……精神病の発病時には、……隠喩によって生産されていた意味作用すなわちファリックな意味作用の代わりに、穴（trou）が現れる。こうして隠喩は失敗し、〔母の欲望に対する〕置き換えの操作が生じない。……母の欲望のシニフィアンによって生産された意味作用（DM/x）は謎めいたままにとどまる（x＝？）。（Naveau, 1988）

精神病では〈父の名〉が排除されており、隠喩を作ることができない。それゆえ、精神病では、神経症のような隠された意味作用をもつ症状が形成されず、母の欲望があらわすものが謎のxのままにとどまってしまう。この謎のxがあらわす意味作用のことを、ナヴォーは「謎の意味作用 signification énigmatique」と呼んでいる。これは、精神病の発病時に世界の総体がひとつの大きな謎として主体に立ち現れることに対応し、「世界没落」の体験（E572）や、精神病理学で「妄想気分」「状況意味失認」と呼ばれている現象として現れる。こうして、それまであった現実の世界は失われ、患者は謎めいた意味作用に満ち溢れた奇妙な世界に突き落とされる。これは、フロイトが述べた精神病における現実喪失に対応する事態である（⇩95〜96、109〜113頁）。

ここまで確認してきたように、精神病の発病とその後の過程の進行は、P_0とΦ_0の二つの穴によって駆動される。次のラカンの記述は、そのことを集約して述べている。

この場所〔＝大他者の場所〕における〈父の名〉の欠陥こそ、それがシニフィエに開く穴を通して、シニフィアンの手直しのカスケードの口火を切る。そこから想像界の漸進的破綻が生じ、シニフィ

アンとシニフィエが妄想性隠喩において安定化する水準が達せられるに至る。（E577）

この記述のなかで述べられていることを分解し、時系列で示すと、次のようになるだろう。

（1）発病の前提条件：精神病の構造論的条件は〈父の名〉の排除（P_0）である。

（2）発病条件：発病時には、〈ある父親〉との出会いを契機として、〈父の名〉の排除（P_0）が露呈する。

（3）発病直後：その結果、排除された〈父の名〉のシニフィアンを暗示するように、「現実界におけるシニフィアン」が氾濫し、意味作用の穴（Φ_0）という第二の欠陥も明らかになる。

（4）進行：意味作用の穴（Φ_0）を通じて、「シニフィアンの手直し」が開始され、「想像界の漸進的破綻」が生じる。

（5）安定化＝慢性化：最終的には、「シニフィアンとシニフィエが妄想性隠喩において安定化する水準が達せられるに至る」。

結論を先取りするなら、この発病から最終状態までの一連の進展こそが、フロイトによる「過程の進行の解明」（E572）のラカンによる再解釈にほかならない。精神病の構造的条件である〈父の名〉の排除（P_0）が、〈ある父親〉との出会いによって露呈すると、現実界におけるシニフィアン（要素現象）が出現する。周知の通り、クレランボーの精神自動症をはじめとするシニフィアンの病理（「現実界におけるシニフィアン」）は、臨床的には、体系化された妄想が生じる前に、とりわけ病初期に出現するものである。さらに、意味作用の穴（Φ_0）が喚起されることによって、世界の総体がひとつの大きな謎として主体に立ち現れる。これは、フロイトの現実喪失に対応する現象であった。前頁の時系列の経過でいうと、これらの一連の急性期症状は、（1）から（3）の部分に相当すると考えられる。

しかし、精神分析にとって問題なのはむしろその後である。というのも、急性期の精神病者を精神分析はほとんど診ないのだから。次項では、上記の時系列の経過のうち、精神病の回復過程に相当する（4）と（5）の部分をみていこう。

妄想の役割は現実代替である

かつてフロイトは、「現実喪失だけでなく、現実代替もまた問題となる」（GW13, 368）と述べていた。意味作用の穴が明らかになることによって生じる現実喪失だけでなく、精神病者がどのように現実を回復するのかを問わなければならない、というのである。ラカンも同様に、「現実喪失ではなく現実に置き換わるものの原動力 ressort」（E542）が重要であることを指摘している。つまり、精神病における現実代替がどのような「ぜんまい仕掛け ressort」で動いているかを見ることが、精神病の回復過程の解明のためには必要なのである。

さて、精神病では、神経症におけるシェーマRの構造を支えていた〈父の名〉（P）とファリックな意味作用（Φ）が欠落した結果、M-i-m-I で区切られる「現実の領野＝ファンタスム」（R）が正常に形成されていない（現実喪失）。その結果として、精神病の最終状態を示すシェーマIの二つの線（i-m と M-I）は大きな曲線を描き、その中央に歪んだ形の「現実の領野」（R）をつくりだしている。これが、フロイトのいう精神病における現実代替としての妄想にあたる。この歪んだ「現実の領野［R］」は、

「想像界〔I〕と象徴界〔S〕のそれぞれ異なる中心をもつ改変」(E573)によって規定されている。つまり、精神病における現実代替を規定するのは、現実の領野(R)の両側の二つの曲線であり、この二つの曲線のなかに現実代替の、そして妄想形成の原動力があるのだ。

妄想の論理としての女性化(i→m)

まず、シェーマIの左側の想像界(I)の側の曲線i→mからみていこう(図33)。左側の曲線は、ファリックな意味作用の不在(Φ_0)が「脱男性化 Entmannung の達成において解消されうる」(E564)ことを示している。

シェーマRにおいて、i-mの線は鏡像段階をあらわしていた(⇩245頁)。シェーマIにおけるi→mの線は、精神病者にみられる「主体の鏡像段階への退行」(E568)に対応する(ただしこの退行は、発生的なものではなく局所論的なものである。つまり主体は早期の発達段階に立ち戻るというわけではない)。鏡像段階を含みもつ想像的三角形において、子供の自我(m)は他者の欲望するファルス(φ)になろうとしていた。これと同様に、精神病における鏡像段階への退行では、主体自身がファルスになることが求められる。しかし、「母に欠けたファルスになることができない以上、彼〔シュレーバー〕には、男たちに欠如している女性になるという解が残されている」(E566)。つまり、精神病における「主体の鏡像段階への退行」は、主体がファルスになること=主体が女性化すること=主体が脱男性化する(去勢される)ことを決定づけているのである。

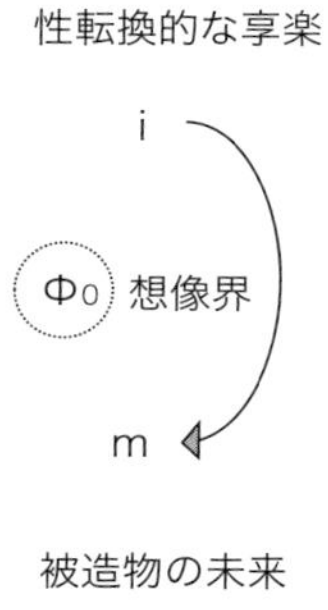

図33 シェーマIの左側(i→m)

シュレーバー症例では、この脱男性化の運動は、発病期に生じた「性交を受け入れる側である女になってみることも元来なかなか素敵なことにちがいない」という観念においてすでに開始されている。[19] この「脱男性化」という観念は、当初はシュレーバーに「憤り」を引き起こしていた（E567）。しかし、後に彼は脱男性化を受け入れ、最終的には「神の女になる」ことに同意するようになった。それは、「主体の女性化が、神との交接の座標に結びつけられる」（E569）ようになっていったからである。つまり、シェーマＩにおける曲線 i→m において表現されているのは、女性化に対する憤りから女性化の受容へ、というシュレーバーの態度の変化なのである。

念のため、曲線 i→m の両端に書かれている言葉を確認しておこう。点 i には「性転換的な享楽」、点 m には「被造物の未来」と書かれている（E571）。つまり、i→m への移行は、シュレーバーが女性化（性転換）に憤りを感じている状態から、全人類の未来を託された神の女（聖なる女）へと移行することを示しているのである。ラカンは、この移行こそがシュレーバーの妄想の「本質的な転回点」であったと述べている（E569）。

妄想の論理としての法の制定（M→I）

シュレーバー症例から抽出できる妄想の論理は、性転換的な享楽の進展だけではない。シュレーバーをはじめとする精神病患者の記録からは、「父の認可を獲得しようとする要請」（E568）をもみてとらなければならない。これが、シェーマＩの右側の曲線 M→I によってあらわされている事態である（図34）。

点Ｍの位置には「創造主に棄てられる laissée tomber par le Créateur」と記されている。創造主とは、シュレーバーの妄想における神のことである。この〈主〉Seigneur は、シュレーバーに対して「唖然とするほどの愚行」（E563）をはたらく。これが「創造主に棄てられる」という語句の意味である。では、神がシュレーバーに対してはたらく愚行とはいったい何か。これを理解するためには、シュレーバーの妄想体験をみておかなければならない。

シュレーバーは、神と世界秩序の関係について考察している。彼の考えでは、「神が個々の人間や民族の運命に直接介入するなどということ」がない状態が「世界秩序に適った」状態（S.11）である。しかし、神は人間に近づいて介入してきたり、遠ざかって介入しなかったりする。そして、「神が彼方まで退くことができたときには、この苦痛はより大きなものとなるし、近くにとどまらざるをえなかったときには、それほどのものとはならない」（S.87）。つまりシュレーバーの苦痛の度合いは、神の現前と不在（接近と離隔）によって決まるのである。このような体験をシュレーバーは「人間玩弄 Menschenspielerei」（S.87）と呼んでいる。これが、神がシュレーバーに対してはたらく愚行の中身である。しかし、シュレーバーはこの愚行によって玩弄されつづける状態にいつまでも

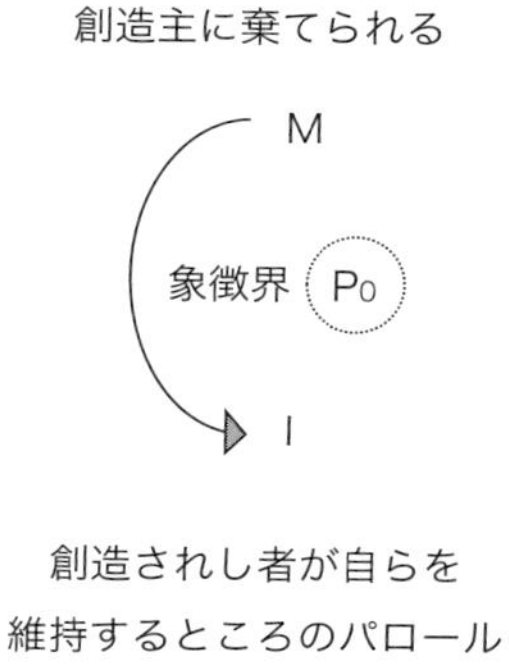

図 34　シェーマ I の右側（M → I）

（19）ここで現れている女性化の観念は、一種の「準‐ファンタスム quasi-fantasme」（Razavet, 2008, pp.221–2）ないし「ファンタスムの代理 tenant-lieu」（André, 2012）として機能する。神経症ではファンタスムは無意識のうちに（決して意識されずに）機能しているが、精神病ではファンタスムが機能していない。その代わりに、精神病ではこの準‐ファンタスムの周囲に妄想を発展させることによって新たな現実が構成される。なお、この女性化の観念は発病初期から妄想の極期の「神の女となり世界を救う」という誇大妄想にまで一貫しており、ラカンが葉脈と植物全体の比喩によって捉えた要素現象と妄想の関係に相当するとみることも可能である。幾人かの論者は、この女性化の観念を要素現象として取り扱っている（Herbert, 1999; Trichet, 2011）。

甘んじているわけではない。彼はその妄想の最終状態において、「最終的には何らかの方法によって世界秩序に適った状態が回復され……るだろうという確信」を抱いているのである（S.61）。

さて、この神の現前と不在（接近と離隔）の無秩序な往復運動と、それに対する秩序の回復という図式は、何かに似ていないだろうか。これは、「シニフィアンの場としての大他者」＝母（M）の気まぐれな往復運動と、それに対して秩序を与える「法の場としての大他者」＝父（P）という図式の妄想的対応物にほかならない。念のため確認する。子供にとって母親は、自分の前からいなくなったり現れたりを繰り返す存在である。それは、母親の睡眠や覚醒、家事や仕事のための授乳の中断などといった、子供には知りえない規則によってなされる無秩序な往復運動である。そこに秩序＝法をもたらすのが〈父の名〉であった。しかし、精神病にあっては秩序＝法をもたらしてくれる〈父の名〉が導入されていない。そのため、神の被造物たる人間は、「無秩序の連鎖によって創造者〔＝神〕の『裏切り』の一撃のもとに失墜させられて」（E563）しまう。そこで精神病者は、むしろ自分こそが、〈主〉たる神の側を「世界秩序の名において基礎づける権利」があると主張する（E563）。つまり精神病者は、行ったり来たりを無秩序に繰り返す神（M）に対して法を制定しようとするのである。このようにして到達されるのが、シェーマＩの右側の曲線Ｍ→Ｉの最終地点である点Ｉである（E571）。

ここまでの議論を整理しよう。シェーマＩの左側のｉ→ｍの線上では、母の欲望するファルスになるという問題が女性化によって解決された。右側のＭ→Ｉの線上では、母の欲望の無秩序性が秩序づけられた。シェーマＩの左右の曲線はそれぞれ、父性隠喩の式の「ファルス」と「母の欲望」において生じる二つの問題を解決するための見事な戦略となっているのである。この二重の解決によって、精神病者は自らに欠けた〈父の名〉を妄想形成＝現実代替のなかで補塡し、「シニフィアン〔としての母の欲望〕

母の欲望（＋－＋－…）	→	秩序を制定（M → I）	→	世界を秩序づける神の女になる（妄想性隠喩）
ファルス	→	神の女になる（i → m）		

図 35　妄想性隠喩の構造

とシニフィエ〔としてのファルス〕が安定化する水準に達する」（E577）。この解決を、ラカンは「妄想性隠喩 métaphore délirante」（E577）と呼んだ。妄想性隠喩は「ひとつの代理の〈父の名〉」であり、精神病の安定化に寄与するものである（Miller, 1983a）。つまり、欠落していた〈父の名〉を補うために要請される妄想性隠喩の構築作業は、それ自体が治癒効果をもつオルタナティヴな規範化の方途であると考えられるのである（図35）。

ラカンは、シュレーバー症例とフロイトのシュレーバー論（および「現実喪失」論）を参照し、ヤスパースの言う「過程」の進展をこのように解明してみせた。過程は、解体や痴呆化へと向かうのではない。過程は、精神病の発病とともに生じた現実喪失を、妄想形成＝現実代替によって回復する。その現実代替を規定するのは想像界の側の曲線と象徴界の側の曲線という二つの曲線の進展であり、この二つの論理はそれぞれ象徴的三角形と想像的三角形における欠落（P_0とΦ_0）を解決する手段となっている。この意味で、フロイトが述べたように「妄想形成は実際には回復の試みであり、再構築」であると言うことができるのである（GW8, 308）。

シュレーバーに対する可能な介入（シェーマIの上下）

もし精神病という病それ自体にこのような回復のメカニズムがそなわっているのだとすれば、臨床家は精神病者に対して何もしなくてよいのだろうか。精神病の治療にとって前提となる問題を考えた末に、精神病の外部からの治療は不可能であるという結論が導きだされるのだろうか。そうではない。ここまでの議論で、私たちはシェーマIのほとんどの部分を説明してきたが、まだ上下の二本の直線については論じていない。この二本の直線こそが、精神病に関する治療的介入の可能性を示しているのである。

さて、シェーマIの上下二本の線には、それぞれ「私たちに向けられている s'adresse à nous」「妻を愛する aime sa femme」（E571）と記されている（図36）。セルジュ・アンドレによれば、この二つは「妄想の領野の無限の拡張を制限する」ものである（André, 2012, p.89）。すなわち、左右の二つの曲線があるだけでは、妄想形成＝現実代替の結果としてつくられる領野（R）は確定されず、どこまでも広がってしまうが、それをある一定のところで制限し、妄想を安定化させるのが上下の二本の線の役割なのである。

まず、上側の「私たちに向けられている」の直線をみていこう。この直線は想像界（I）の側に、つまりシュレーバーが全人類の運命を背負う神の女となっていく女性的領域に生じている。これは何を意味しているのか。シュレーバーは『ある神経病者の回想録』の冒頭を、フレックシヒ教授に宛てた公開質問状で始めている。シュレーバーは、自らの妄想をフレックシヒ教授が体現する医学の知に向けて語っているのである。これが、「私たちに向けられている」の意味することである。精神病者の人生行路を「語り」という視点から整理するならば、彼らはまず「語りの出立」の挫折によって発病するのだと言えよう（⇩157頁）。そして、発病後の彼らは妄想的大他者の無秩序さに翻弄され、幻聴を一方的に語られる＝聞かされる受動的な立場を強いられることになる。このときに臨床家が取りうる態度は、彼らが作りあげる妄想を黙らせることではなく、妄想をただ語るがままにしておくことでもない。むしろ、彼らが主体的に妄想を語りながら、世界の秩序を制定するという行為にどこまでも付き合うこと、つまり彼らの語りを傾聴することが臨床家には求められる。この意味で、精神病者の語りが向けられる宛先となる臨床家が「狂者の秘書 secrétaire de l'aliène」（S3, 233/下84頁）としての立場をとりつづけることが、妄想＝現実代替の領野を囲い込み安定化することにつながると考えられる。

次に、下側の「妻を愛する」の直線をみていこう。この直線は象徴界（S）の側に、つまりシュレーバーが自分自身で法＝秩序をつくりあげようとする男性的領域に生じている。これは何を意味しているのか。シュレーバーは、自分の男性性が無傷であることを妻に対して最後まで何度も説明していた。妻はシュレーバーにとって、いわば男性的同一化を保証するための最後の砦として機能していた。つまり、シュレーバーの妻への愛は、彼の妄想の際限なき拡大をせきとめる役目を果たしていたのである。このことは、シュレーバーの三回目の再発が母親と妻が倒れたのちに生じたことを説明してくれるだろう。

要約しよう。精神病の安定化のためには、「狂者の秘書」として機能する臨床家の役割と、友愛の絆をつなぎとめるパートナーの役割が十分に確保されなければならない。ひどく当たり前の結論に聞こえるだろうか？　しかし、一方では患者の「語り」を聞くことなしに臨床を可能にする操作的診断が覇権を握り、他方では患者の家庭・地域生活を脅かすような社会保障の切り捨てが進行している私たちの世界においては、このようなシンプルな治療指針はますます難しいものになっていると考えざるをえない。

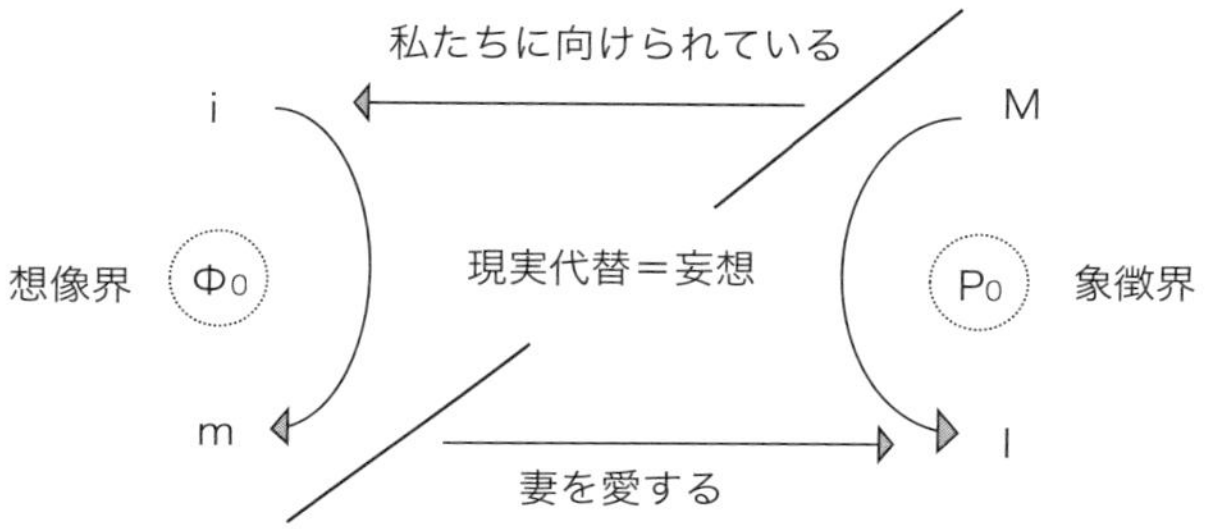

図36　シェーマIの上下の線

第六章　六〇年代ラカンにおける神経症と精神病の鑑別診断（一九五八〜一九六七）

一九五六年から五八年にかけて、ラカンはエディプスコンプレクスの構造論化を行い、神経症と精神病の理解を刷新した。そこでは、心的システムの正常な（神経症的な）構造化は、（1）原−象徴界と私たちが呼ぶシニフィアンのセリーが〈父の名〉によって統御されること、および（2）ファルスがセクシュアリティを規範化＝正常化することによって完了すると考えられていた。また、精神病では（1）〈父の名〉が導入されておらず、（2）セクシュアリティが規範化されていないことが明らかにされた（⇩204〜206頁）。精神病の発病はこの構造的異常を露呈させるものであり、精神病の経過はこの構造的異常を――〈父の名〉をもちいる父性隠喩の代わりに――妄想性隠喩によって補填するものである（⇩257頁）。これが、五〇年代ラカンが到達したひとつの標準的理論であった。

しかし、五八−五九年のセミネール第六巻『欲望とその解釈』において、ラカンはこの標準的理論をはやくも改訂しはじめる。この理論的変遷は、およそ五九年〜六三年にかけて様々な論点から検討された後に、六四年のセミネール第一一巻『精神分析の四基本概念』において、エディプスコンプレクスをより抽象化した「疎外と分離」のモデルが作られることによってほぼ完成するに至る。本章では、この一連の理論的変遷を検討していこう。

さて、五〇年代までのラカン理論が、主としてシニフィアンの理論であったとすれば、六〇年代のラカン理論はシニフィアンの理論とシニフィアンではないものの理論を両立させるものであると言える。

一言でいえば、六〇年代のラカンは、五〇年代までのシニフィアンを中心とした構造論の優位を相対化し、（1）シニフィアンの理論と（2）〈物〉・対象 a・享楽の理論の両者を併走させるハイブリッドな鑑別診断論を組み立てていくのである。(1)

この理論的変遷は次の二つの論点にわけることができる。

（1）五〇年代のラカン理論は、法のシニフィアンである〈父の名〉の排除の結果として現れる各種の精神病現象の有無によって、精神病と神経症を鑑別してきた（⇩226〜237頁）。しかし、六〇年代のラカンは、〈父の名〉は精神病だけでなく、神経症を含むあらゆる心的構造において排除されていると考えるようになる。これと軌を一にして、象徴的なものやシニフィアンといった観点からの鑑別診断論は次第に後退していく（ただし、完全になくなってしまうわけではない）。

（2）これに代わって六〇年代に前景化してくるのが、「〈物〉das Ding」、「対象 a」、「享楽」といった観点からの鑑別診断論である。実のところ、すでに五〇年代のラカン理論には、シニフィアンの理論に収まりきらない部分が伏流していた。例えば、私たちが先に「第三の排除」と呼ん

（1）言語中心主義の相対化とでも言うべきこの理論的変遷は、ラカンの六四年の次のような発言に端的に示されている。『分析経験の中へのパロールとランガージュの場と機能の召喚』という名で呼ばれる刷新が無意識についてすべてを言い尽くすことのできる立場である、と主張するつもりはありません」（S11, 116/167頁）。六六年になると、ラカンは「シニフィアンの主体」と「享楽の主体」の二極性 polarité を考えることを重要視しはじめる（AE215）。このような理論附置を、かつてミレール（1984）は「無意識は言語のように構造化されていると述べたラカン」に「もうひとりのラカン」を併置することによって表現した。向井雅明（2008）はこれを「シニフィアンと享楽のハイブリッド」と表現している。

だメカニズムにおいては、原初的象徴化のプロセスから取りこぼされたもの（象徴化不可能なもの）が発生するが、この象徴化の外部が現実のなかに出現することが精神病の幻覚を規定していたのであった。六〇年代のラカンは、この象徴化不可能なもの＝現実界の病理の出現のモードの違いによって神経症と精神病を鑑別しようとする。

以下に、この理論的変遷の一部始終を追っていこう。

1 〈父の名〉の衰退（一九五八〜一九六三）

五八‐五九年のセミネール第六巻『欲望とその解釈』において、ラカンは、五八年の論文「前提的問題」のなかで到達された〈父の名〉の道を歩みつづけることをやめ、むしろ欲望の道、享楽を考慮する道へと進んだ、とミレール（2013b）は言う。つまり、「前提的問題」と『欲望とその解釈』のあいだには、ひとつの理論的切断線が走っているのである。

確認しておこう。一方の「前提的問題」では、〈父の名〉は、母の気まぐれな現前と不在の繰り返しによって構成された原‐象徴界を統御する原理であり、ファルスは男女のセクシュアリティを規範化＝正常化する原理であった（S5, 168-169/上245-6頁）。言い換えれば、エディプスコンプレクスにおける父は、心的システムの構造化における大きな「幹線道路」として機能していたのである（⇩151頁）。そのことは、〈父の名〉が「大他者の大他者（＝大他者にとっての大他者）」（シニフィアンの場としての大他者に対して法をなす大他者）という規定を与えられていることからも明らかである（S5, 192/上282頁）。

他方、『欲望とその解釈』では、反エディプス的な事例、父が規範的に機能していない事例が次々に取り上げられていく。そのひとつが、『ハムレット』である。エディプスコンプレクスのモチーフになった『エディプス王』とシェイクスピアの『ハムレット』は、ともに父の死と母の再婚の物語である。しかしラカンは、この二つの物語が似て非なるものであることに注目する。前者の『エディプス王』において、登場人物のすべての運命を決定しているのは、父の罪である（⇩413頁）。エディプスの父ライオスは、少年に対する強姦行為を働いたことによって、その少年の父であるペプロスから一族を根絶やしにする呪詛を放たれていた。エディプスの物語は、父の罪を知らないままに、ペプロスの呪詛が世代を通じて実現していくプロセスとして捉えることができる。後者の『ハムレット』の物語を駆動しているのは、まったく別のプロセスである。ハムレットの父は、自分が弟クローディアスに裏切られて毒殺されたことを知っており、そのことをハムレットに伝え、彼に復讐を依頼する。そのため、ハムレットもまた知っている主体として現れる（S6, 351）。要するに、父は、エディプスコンプレクスにおける規範化する父として現れることが常であるわけではないのである。

ここからラカンは次のような結論を導く。「シニフィアンの体系の集合には……何かが欠けている」、言い換えれば、シニフィアンの場としての大他者には、それに対して法をなす大他者が欠けている。ラカンは、「大他者の大他者（＝〈父の名〉）はない il n'y a pas d'Autre de l'Autre」ことを認めるようになったのである（S6, 353）。すると、ファルスを中心として規範化されたセクシュアリティもまた、その正統性を失うことになる。『欲望とその解釈』においてエディプスコンプレクスが相対化されて以降、「欲望には規範性＝正常性 normalité はない」と言わなければならないのである（Miller, 2013b）。こうして、「前提的問題」で主張された、（1）〈父の名〉による原－象徴界の統御、および（2）ファルスによるセクシュアリティの規範化の二つは、はやくも脱構築されることになる。

では、『欲望とその解釈』以降、人間のセクシュアリティや欲望は、どのように規定されると考えられるのだろうか。ラカンは、誰かを欲望するということは、「私は、私の基礎的ファンタスム fantasme fondamental のなかにあなたを含めている」ということと同じである、と述べている（S6, 53）。あらゆる欲望は、それぞれの人間に固有のファンタスム（空想）のなかに対象をフェティッシュとして落とし込むことであり、それはファンタスムに従っているかぎりにおいて何ら規範的なものではなく、むしろ倒錯的 pervers と形容されるべき性質をもっている（⇩282頁）。ミレール（2013b）が指摘するように、「あらゆる欲望は、象徴的秩序が望むような場所に享楽が収まっていないかぎりにおいて、倒錯的である」と言わねばならないのである。セクシュアリティを規範化する父の正統性が疑問に付された以上、世界には父性的なファルスを中心に規範化されたものとは異なるセクシュアリティが複数的に存在しうることになる。後の一九七五年四月八日の講義における「バージョン違いの父＝倒－錯 père-version」（S22, 145A）というラカンの言葉遊びは、このことを指し示している。

この方針は、六二－六三年のセミネール第一〇巻『不安』、および六三年一一月二〇日に一度だけ開講されたセミネール『〈複数形の父の名〉への序論』に至るまで繰り返し論じられる。例えば、『不安』の最終講義で、ラカンは次のように述べている。

もし来年度、予想される道にしたがってセミネールを続けることができるような形で物事が進んだとしたら、〈父の名〉le Nom-du-Père に関することだけではなく、〈複数形の父の名〉les Noms-du-

Pèreに関することを皆さんにお話しましょう。これ〔＝〈父の名〉の複数化〕にはそれ相応のわけがあります。／フロイトの神話では、父は神話的な仕方で介入しています。父の介入は、父の欲望がすべての他者たちを侵食し、押しつぶし、父の欲望がすべての他者たちに押しつけられるような仕方でなされています。この神話は、〔臨床〕経験によって与えられる事実と明らかに矛盾してはいないでしょうか？　〔臨床〕経験の道によれば、まったく別のこと、つまり法の諸々の道のなかでの欲望の規範化＝正常化が起こっているのですから。(S10, 389/下280頁, 強調は引用者)

ラカンにとって、フロイトが信じていたような規範的な父がもはや機能していないこと、そして、欲望がそれぞれの主体において非‐規範的に構造化されていることは臨床的に明らかであった。そこでラカンは、普遍的かつ単一的な〈父の名〉が存在するのではなく、複数的な〈複数形の父の名〉が存在すると考えるに至ったのである。

つづく『〈複数形の父の名〉への序論』において、ラカンは神学や宗教を論じる。そこでラカンは、アウグスティヌスの『三位一体論』では子と聖霊について詳細に論じられているが、父についてはほとんど論じられないことや、神の名が――「YHWH」という神聖四字のように――しばしば口に出すことを禁じられてきたことに触れながら、神の名＝〈父の名〉が接近不可能なシニフィアンであることを示唆していく(Lacan, 2005, pp.76-7, 91)。かつてセミネール第三巻『精神病』では、精神病において〈父の名〉が排除された場所に位置する穴は、いかなる言葉によっても言語化することができない禁止された領野であるとされていた(⇩149頁)。しかし今や、〈父の名〉それ自体が言語化不可能なシニフィアンであるとされるようになったのである。ならば、次のように言ってよいだろう。六〇年代のラカン理論では、〈父の名〉は、神経症と精神病の別を問わず排除されている、と。

2 大他者に対する態度による神経症と精神病の鑑別診断(一九六〇〜一九六六)

では、六〇年代のラカン理論では、シニフィアンの観点から神経症と精神病をわけることは不可能なのだろうか。そうではない。〈父の名〉の有無という論点の代わりに六〇年代に登場するのは、父性の欺瞞を受け入れるか、受け入れないか、という論点である。この論点を、六〇年に口頭で発表された論文「主体の転覆、そしてフロイト的無意識における欲望の弁証法」から抽出しておこう。

〈父の名〉は、神経症と精神病の別をとわず、あらゆる人間にとって排除されている。言い換えれば、シニフィアンの場としての大他者に対して法をなす大他者(=大他者の大他者)は存在しない。すると、大他者は、いかなるものによっても保証されえない、非一貫的 inconsistant なものであることになる。この非一貫的な大他者は、大他者を示す「A」に斜線が引かれた「Ⱥ」というマテーム[2]で表わされる。そして、しばしばラカンがつかう「S(Ⱥ)」というマテームは、「大他者における欠如のシニフィアン」(E818)、すなわち、シニフィアンの場としての大他者を保証する〈父の名〉のシニフィアンが欠如していることを示すシニフィアンである。ラカンは、そのことを次のように述べている。

シニフィアンの場としての大他者という考えから出発しよう。どんな権威の言表も、その言表行為それ自体以外に保証をもっていない。なぜなら、他のシニフィアンのなかに権威の言表を探しても無駄であり、その権威の言表は、シニフィアンの場の外にはどのような方法でも出現しえないからである。私たちは、メタ言語は、語られうるものとしてはない、と言っている。これをより格言風に言えば、大他者の大他者はない、となる。〈立法者〉〈法〉を制定するようにみせかける者）が、それ〔＝大他者の大他者の不在 S(Ⱥ)〕を補填するために現れるとすれば、彼はそれをペテン師として行っているのである。（E813, 強調は引用者）

神経症と精神病の別を問わず、あらゆる主体は S(Ⱥ) という構造的欠如を抱え込んでいる。しかし、この非一貫的な大他者（Ⱥ）を一貫的 consistant な大他者（A）と信じこむ人物がいるとすればどうだろうか。その人物は、非一貫的な大他者（Ⱥ）に対して法を制定するようにみせかける者――ラカンのいう「ペテン師」――に騙されていることになる。一貫的な大他者を信じる態度は、大他者の非一貫性（S(Ⱥ)）を無視しているという点で、欺瞞的なものなのである。この欺瞞、すなわち、存在しないはずの〈父の名〉の存在を信じる態度は、「父性の欺瞞 imposture paternelle」と呼ばれる（Miller, 1987c）。ここから、次のような神経症と精神病の鑑別診断論が導き出される。

（1）五八年の論文「前提的問題」のなかで、精神病者は「父性の欺瞞」を追い払った者であるとラカンはすでに述べていた（E581）。精神病者は、大他者を一貫的なものであるかのようにみせかける虚構に騙されていない人物として考えることができるのである。この論点をさらに展

（2）マテーム mathème とは、ラカンが精神分析経験を形式化して示すためにもちいる論理記号のことである。

開していくと、精神病者は「父の機能に否 non ということ」が可能な存在であり、「自由な人間 homme libre」であるということができる (Miller, 1988: Cours du 18 novembre 1987)。

精神病者が大他者に対してとるこのような態度は、とりわけスキゾフレニーにおいて確かめられる (五〇年代のラカンは、パラノイアを精神病のモデルとして考えていたが、六〇年代から七〇年代前半にかけてはスキゾフレニーをモデルとしているようである)。パラノイアとスキゾフレニーの違いは、前者 (パラノイア) が、「混沌とした世界を再創造すること」を目指した症例シュレーバーのように、欠如を抱える非一貫的な大他者に対する関係を妄想のなかで再発明しようとするものであるのに対して、後者 (スキゾフレニー) は大他者の非一貫性という欠如に踏みとどまり、むしろその非一貫性 inconsistance を強調しようとする、という点に求められる。ラカンは六六年に、スキゾフレニー患者にみられるこのような態度を「イロニー ironie」と呼んでいる (AE209)。このようなスキゾフレニー患者の態度は、大他者の一貫性を信じ込んでいる神経症者に対する一種の皮肉として機能するのである。

(2) 神経症者は「父性の欺瞞」に騙された主体であり、存在しないはずの〈父の名〉が存在することを信じ込んでいる主体である。神経症者のこのような態度は、ヒステリーと強迫神経症のそれぞれにおいて確かめられる。

ラカンは、神経症者においては「去勢が、強い自我をとても強く維持するため、彼の固有名が彼を悩ます。そのため、根底において神経症者は〈名無し〉Sans-Nom である」(E826) と述べている。この難解な一文は、神経症者が「自分の名において」欲望することが決してないことを示している。ヒステリー症者は、たとえば症例ドラのように、父親の性的な不能 (欲望の不能）をみてとり、父親の代わりに欲望する主体である。ヒステリー症者に観察されるこのような欲望のあり方は、自らの固有名において欲望するものではなく、カトリックのミサにおいて「父と子と聖霊の名において *Au nom du Père* et du Fils et du Saint Esprit」という前置きを経て祈りが開始されるように、大他者の名において欲望するものである。また、強迫神経症者にとっては、自分の名において欲望することは理想的な父（＝〈父の名〉）の座につくことを意味するため、彼らはそれを行うことができない（Van Haute, 2002, pp.262-4）。このように、神経症者は、大他者の非一貫性（S(Ⱥ)）を直視せず、〈父の名〉の存在を信じていると考えられるのである[3]。

五〇年代のラカン理論では、神経症と精神病はそれぞれ〈父の名〉が導入されているか、排除されているかによって構造論的に区別されていた。六〇年代のラカン理論では、〈父の名〉は存在しない虚構として考えられるようになり、神経症と精神病はそれぞれ〈父の名〉という虚構を信じるか、信じないかによって区別されるようになるのである。

この理論的変遷には、大きな意義がある。五〇年代のラカン理論では、神経症の構造は正常性と結びつけられており、精神病の構造は正常性を保証する〈父の名〉の欠損として考えられ、精神病者が作りあげる妄想性隠喩は神経症者における父性隠喩のヴァリアント（正常性からの偏奇）として否定的に考え

（3）この考えは、セミネール『対象関係』においてすでに次のように予告されていた。「象徴的父［＝〈父の名〉］がいます。そしてハンス坊やは狂者ではないので、直ちにこの象徴的父を信じます」（S4, 365/下 222頁、強調は引用者）。

られていたにすぎなかった。六〇年代のラカン理論は、大他者の非一貫性（S(Ⱥ)）を開示する精神病を、非一貫性を覆い隠す神経症者よりも根源的な構造として考えることを可能にしたのである。

3　心的システムの構造化における〈物〉の切り離し（一九五九）

このように、象徴的なものやシニフィアンといった観点からの鑑別診断論は、六〇年代には次第に変容し、衰退していく。その代わりに前景化してくるのが、〈物〉、享楽、対象 a といった一連の非‐シニフィアン的な観点からの鑑別診断論である。

まず、〈物〉から確認していこう。〈物〉という概念は、五九‐六〇年のセミネール第七巻『精神分析の倫理』のなかで、ヴィルヘルム・フリース宛の一八九六年一二月六日付書簡（以下、「書簡」と略記）や「草稿K」、および「心理学草案」等のフロイトのテクストを少々強引に読解することによって導入された。

「書簡」のなかで、フロイトは人間の心的装置を論じている。心的装置は、外界からの刺激が知覚（W）として受容されることからはじまり、その知覚が知覚標識（Wz）→無意識（Ub）→前意識（Vb）という三つの記録 Niederschrift の層にわたって翻訳され、最終的に意識（Bew）へと至るさまを示したものである。より詳しく説明しよう。乳幼児は、外界（母）から様々な満足体験を受け取っているが、その満足体験の知覚は、記録の層へと翻訳される際に、決定的に変質してしまう。なぜなら、この記録の層における翻訳には「量的調整 qualitativen Ausgleichung への傾向」があるために、「一定の材料については翻訳が行われない」からである。つまり、最初の満足体験のうち、心的装置に記録されることができるのは量的に表現することができるものだけであって、その他のものに関しては翻訳が拒絶されてしまうのだ。その結果、心的装置は最初の満足体験の一部を決定的に取り逃してしまう（Freud, 1950, pp.186-7/212-3頁）。ここで取り逃がされたものが、ラカンのいう〈物〉に相当する（図37）。

フロイトは「心理学草案」のなかで、これとよく似た議論を次のように展開している。

> **隣人** Nebenmensch のコンプレクスは**二つの構成部分に分割される**のであって、その一方は恒常的な組織体によって印象を与え、**物** Ding としてまとまっているが、他方は想起の作業によって理解されうる。
> （GWNb, 426, 強調は引用者）

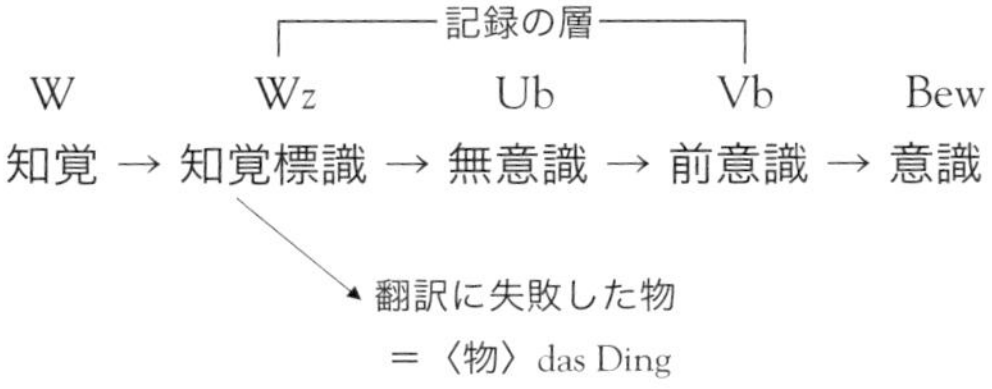

図37　フロイトの心的装置と〈物〉

ここで「隣人」と呼ばれているのは、子供の「叫び」の宛先となる身近な人物であり、ここでは母のことであると考えてよい。この母をめぐる心的複合体（コンプレクス）は、心的装置のなかでは二つの部分に分割されることになるとフロイトは言う。その一方は、母から得られた満足体験のうちの量的な部分のまとまりである。授乳の満足体験が指しゃぶりという象徴的等価物によって再体験されうるように、子供はこの満足体験を「想起」によって再体験することができる。他方は、恒常的な領域として組織される「物」のまとまりであり、これは想起によって再体験されることができないものである。

この議論を、ラカンは次のように翻案する。

「物 Ding」とは、「隣人」という経験のなかで主体によって異質な本性のものとして、「異物 Fremde」として、初めから切り離されてしまう要素です。対象複合は二つの部分になるのです。そこには判断の始めに分割、差異があるのです。対象のうち質であるもの、属性と考えられるものはすべて、「Ψ」システムの備給に入り、原始的な「表象 Vorstellungen」を構成します。そして、これらの表象を巡って、主体のいわば原始的な登場のなかで、「快 Lust」と「不快 Unlust」の法則（=快原理）に従って調整されるものの運命が演じられることになります。「das Ding」はそれとは別のものなのです。（S7, 64-5/上76頁）

乳幼児は、満足体験を与えてくれる「隣人」（母）に出会う。この「隣人」は、象徴化され、表象（=シニフィアン）へと翻訳されることによって無意識の層へと書き込まれ、象徴界（私たちの用語では、原-象徴界）を形成する。この書き込みの際に、「隣人」のうちの表象へと翻訳されることができなかった部分は、象徴化不可能な部分として、〈物〉（=現実界）を構成する。こうして、「隣人」から得られた乳幼児期の満足体験は、シニフィアンに取って代わられる。すると、ひとはもはや原初的な満足体験そのものにはアクセスできないことになる。

要約しよう。〈物〉とは、人間がシニフィアンとかかわり、言語の世界に参入する際に、もはや取り返しのつかないような形で失われてしまう原初的対象を指す。どれほど強く望んだとしても、絶対に到達できないような現実界の水準にあるもの、それが〈物〉である。(4)

さて、『精神分析の論理』における〈物〉をめぐる議論は、それまでのどの議論を継承しているのだろうか。「隣人」の二つの部分の区別、すなわち（1）シニフィアンへと翻訳され、象徴界に属するようになるものと、（2）シニフィアンへと翻訳されることができず、現実界に属することになるものの区別の発生は、すでに私たちが論じてきた「第三の排除」（原抑圧）に相当すると考えられる（⇩166頁）。確認しよう。第三の排除の定義、すなわち「象徴界の明るみに至らないものは、現実界のなかに現れる」というラカンの記述は、（1）あるものは主体の内への取り込み Einbeziehung がなされて象徴界を構成するのに対して、（2）あるものは主体の外へと排出 Ausstossung されて現実界を構成する、ということを意味していた（E388）。心的装置における（1）シニフィアンと（2）〈物〉との区別の発生は、第三の排除（原抑圧）における象徴界と現実界の同時発生と同じものなのである。これを図式化すると**表3**のようになる。

この表からも明らかな通り、フロイトのいう「隣人」（母）の二分割、ラカンのいう象徴界と現実界の切り離し（第三の排除）、あるいはシニフィアンと〈物〉の切り離しは、いずれも正常な心的システムの構造化のプロセスである原抑圧 Urverdrängung/refoulement originaire を説明するものである。それゆえ、このプロセスは病的なものではなく、神経症と精神病の別を問わず、ほとんどすべての主体が経験するものと考えられる。[5]

（4）　ここで注意しておかなければならないことは、このような〈物〉の説明は、すでに失われた「起源」から人間の心的装置の説明を開始するために採用されたものであり、本来、ひとは〈物〉については語ることができない、ということである。つまり、ラカンの〈物〉についての議論は、一種の創世記神話なのである。

表3　フロイトとラカンにおける〈物〉

フロイト（一八九六年）	ラカン（一九五六年）	ラカン（一九五九年）
翻訳／翻訳の拒絶 「隣人」（母）の二分割	「象徴界の明るみに至らないものは、現実界のなかに現れる」 第三の排除＝原抑圧	言語の世界への参入 〈物〉の切り離し
記録 ―― 〈物〉	象徴界 ―― 現実界	シニフィアン ―― 〈物〉

実際、人間の欲望 désir は、このシニフィアンの世界と〈物〉の世界の切り離し（原－象徴界と現実界の切り離し）によって構成されている。

人間は、不快を避けて快を追求する快原理に従って行為をなしている。しかし、この快原理はシニフィアンのシステムそのものであり、この原理に従っているかぎり、〈物〉の水準の原初的な満足体験に到達することはできない。この時期のラカンがつかう「享楽 jouissance」という語は、〈物〉の水準にある禁じられた満足体験に到達することに相当する。[6] ただし、この到達不可能な満足体験＝享楽は、たとえ到達できたとしても、人間に快を与えてくれるようなものではない。〈物〉が、不快を避けて快を追求する快原理の彼岸にある以上、快原理に従う主体にとって享楽は不快ないし苦痛を引き起こすシステムの撹乱として現れてこざるをえないのである。

しかし人間は、享楽を快原理の彼岸にある絶頂をもたらすような快としてしばしば空想してしまう。そして、享楽がシニフィアンのシステムという法によって禁止されている、という事実は、「〈物〉への到達を禁止している法を侵犯 transgression しさえすれば、〈物〉へと到達しうるのではないか」というさらなるファンタスムを掻き立ててやまない。こうして、人間は〈物〉を再発見しようとする永続的運動を開始するが、そもそもの定義からして、シニフィアンを経由することによっては決して〈物〉に到達することができない。人間の欲望とは、この不可能な永続的運動に与えられた名にほかならない（S7, 83/上101頁）。

禁止と侵犯をめぐるラカンの議論は、ジョルジュ・バタイユが『エロティシズム』（1957）のなかで展開した議論を下敷きにしていると考えられる。バタイユは、人間のエロティシズムの究極の意味は「融合」であると考えた。ラカンの言葉で言えば、言語の世界に参入する際にもはや取り返しがつかないような形で失われてしまった〈物〉とのあいだに連続性を回復することが、エロティシズムでは目指されているのである。しかし、〈物〉との融合は禁止されているため、ひとはその禁止を不安のなかで侵犯するようにして背徳的な快を得るほかはない。ただし、侵犯を行っても禁止がなくなるというわけではなく、むしろ侵犯の存在こそが禁止を完全にしているとバタイユは指摘している。〈物〉への到達を禁止されている人間にとって、侵犯は〈物〉において想定される快を断片的な形で与えてくれるだけであり、侵犯によって〈物〉への到達が可能になるというわけではないのである。

4　〈物〉の侵入に対する防衛のモードによる神経症と精神病の鑑別診断（一九六〇）

ラカンは、『精神分析の倫理』のなかで、〈物〉という観点から神経症と精神病を鑑別しようとしてい

（5）このプロセスにおける失敗、すなわち原初的象徴化の失敗は、スキゾフレニーや自閉症にみられる（Soler, 2008, p.119）。

（6）この時期のラカンが言う享楽は、フロイトが『快原理の彼岸』のなかで「一次的満足体験を反復すること」という定義を与えた「十全な満足 volle Befriedigung」を引き継ぐ概念であるといえる（GW13, 44）。

る。しかし、〈物〉が、人間が言語の世界に参入する際に、取り返しのつかないような形で失われた原初的対象であるならば、〈物〉は人間の経験のなかに現れてこないはずである。ならば、〈物〉という観点から神経症と精神病の鑑別を行うことなど、不可能なのではないだろうか？

そうではない。臨床が示すところによれば、〈物〉は人間の経験のなかに現れないどころか、折にふれて、たとえば不気味なものや罪責感、崇高の感覚として、私たちの経験に断片的に侵入してくることがありうる。〈物〉は、ふいに主体を襲ってくるのである。[7]『精神分析の倫理』では、おそらくそのような考えから、〈物〉の侵入に対して主体がとる防衛のモードによって神経症と精神病の鑑別診断を行うことが議論されている。

この議論を検討するためには、ラカンによる「科学」の位置づけを参照することが必要になる。確認しよう。ラカンは『精神分析の倫理』のなかで、「科学は〈物〉を排除 Verwerfung/rejeter するディスクールである」と述べている（S7, 157/上198頁）。科学は、ルネサンス以降に生まれた「すべては理性的である（すべてのものごとの因果関係は理性的に説明可能である）」という信念にもとづき、理性的なものの外部を一切認めないのである。しかし、林檎が木から落ちる原因としての重力が、重力それ自体の原因、その原因の原因……と無限後退をつづける他はないように、科学が想定する因果関係における「原因」には、つねに何らかの裂け目がある（S11, 24/26頁）。このような裂け目としての原因は、象徴化不可能なものとしての現実界に位置づけられる。だが、「科学は、原因としての真理について、何も知ろうとしない」（E874）。つまり科学は、〈物〉の存在をそもそも考慮に入れておらず、たとえ〈物〉が主体を襲うことがあったとしても、〈物〉などはじめから存在しなかったかのように振る舞う。このような態度が、科学における「〈物〉の排除」と呼ばれているのである。

さて、以上の検討からすでに明らかなように、ラカンのいう「〈物〉の排除」は、「〈物〉が存在しない」ことでもなければ、「〈物〉に接近することが不可能である」ことでもない。〈物〉は、その定義からして、あらゆる主体にとって接近不可能なものだからだ。しかし、〈物〉は、接近不可能であるにもかかわらず、ふいに私たちの経験のなかに断片的に侵入してくる。この侵入してきた〈物〉を無視し、その侵入を初めからなかったことにすること、つまり侵入してきた〈物〉について「何も知ろうとしない n'en vouloir rien savoir」ことこそが、科学を特徴づける「〈物〉の排除」である。そしてラカンは、この「〈物〉の排除」は、パラノイアにも生じていると述べる（S7, 157/上198頁）。すなわち、一方では神経症者に侵入してきた〈物〉は一旦受け入れられ、何らかの加工を受けるが、他方では精神病者に侵入してきた〈物〉は初めから受け入れを拒絶される。この点が、神経症と精神病の鑑別診断のための新たな指標としてもちいられるようになるのである。

この鑑別診断論は、実のところ、フロイトが一八九六年の「草稿K」と「防衛－精神神経症再論」のなかで強迫神経症とパラノイアの鑑別のために導入した議論を翻案したものである。

一八九六年のフロイトの議論を確認しておこう。強迫神経症とパラノイアには、ひとつの共通点がある。それは、両者はともに何らかの非難（罪責感）が、否応なしに患者に到来する病である、というこ

（7）次のジジェクの主張を参照せよ。「ラカンにとって現実界は、それが決して起こりえない……という意味で不可能なのではない。そう、現実界の抱える問題は、それが起こるということ、そしてそれこそがトラウマだということだ。……ラカンは、私たちがいかに現実界に〔出会い〕損ねるのかを語る詩人ではありません……。重要なのは、あなたは現実界に遭遇できるということ、またそれは非常に受け入れがたいものだということである」（Žižek & Daly, 2004, p.70/99頁）。

とである。例えば、強迫神経症では「自分は汚れた人間である」といった自己非難の表象の到来に伴って罪責感が頻繁に経験される。また、パラノイアでも「自分は『悪い人間』である」といった表象の到来に伴って罪責感が頻繁に経験される。そのため、非難（罪責感）の到来という指標だけでは、両者を鑑別することはできない。では、どうすればよいのか。フロイトが両者の鑑別のために着目するのは、主体に到来した非難（罪責感）に対する防衛のモードの違いである。

（1）強迫神経症の場合では、患者は「強迫表象として蘇ってくる非難〔＝罪責感〕に信 Glauben を置かなくてもよい」（GW1, 401）。つまり、強迫神経症者は、罪責感を伴った表象を加工して妥協形成物を作りあげることによって、自分に向けられた非難をかわすことができる。この加工が、強迫神経症における「手洗い」などの強迫行為を生み出す[8]。

（2）パラノイアの場合では、「本人が信 Glauben を置く回帰する症状に対して、どんな防衛も無効である」（GW1, 402）。パラノイア患者は、到来した非難（＝罪責感）から身をかわすことができないのである。その結果、パラノイア患者は非難を矛盾なく受け入れることができるような妄想を作りあげることを余儀なくされる。例えば、パラノイア患者の妄想の多くは、自分に向けられた非難に対して、「それは私のせいではない、私は他者にやらされたのだ」と反論することから成立している。パラノイア患者はしばしばこの投射 Projektion のメカニズムをつかって、自分の無垢性 indignité を主張する[9]。

言い換えれば、強迫神経症者は、自らに侵入してきた〈物〉（＝非難）を加工することによって、非難を自分の無意識のなかで処理しようとするのに対して、パラノイア患者は侵入してきた〈物〉(=非難)を認めることができない(〈物〉について何も知ろうとしない)。その結果、パラノイア患者は自己非難を行う代わりに、他者が自分のことを非難しているという考えを妄想のなかに組み入れてしまうのである

(8) ところで、なぜ〈物〉は罪責感として回帰してくるのだろうか。〈物〉は、人間の心的システムが形成される際に、シニフィアンのシステムの側から拒絶された部分である。シニフィアンのシステムは、不快を避け、快を求めるという快原理 Lustprinzip に従っている。すると、〈物〉の水準における快――と呼べるものを想定するとすれば――は、快原理(=シニフィアンのシステム)にとって受け入れることができないほどの過剰な快となる。罪責感が発生するのは、この過剰な快の接近が、禁じられた〈物〉との結合を含意するからである。快原理に従う主体は、この過剰な快を避ける必要がある。特に、強迫神経症者は、自らにとって快となる物事を避ける傾向にある(S7, 67/上79-80 頁)。

(9) 実例としては、既に紹介したフロイトの女性症例をふたたび取り上げることができる(⇩85~86頁)。その女性は、家にひとりの男性労働者を間借りさせていた。ある夜、彼女はその男性から性的誘惑を受けるが、その男性はその後すぐに旅に出てしまう。その結果、彼女は、「近所の女たちが彼女のことをいまだに例の男〔=男性労働者〕を待っている売れ残りとして哀れんでいる」「〔近所の女たちが〕彼女についてこの男に関連したさまざまなことを噂している」という被害妄想を形成した。この女性は、男性から性的誘惑を受けた際に彼女に侵入してきた過剰な快を受け入れることができていない。その結果、後にその過剰な快(=罪責感)が回帰してきた際に、彼女は自らを非難するのではなく、周囲の他者が自分を非難していると考えることになったのである。このように、パラノイア患者は投射のメカニズムをもちいて自分の無垢性を主張することができる。反対に、自分に向けられた非難を加工なしに自らの罪責性 culpabilité として引き受ける病がメランコリーである(Soler, 2008, p.57)。

なお、「私は他者にやられたのだ」と主張するパラノイア患者は、実は正しいことを述べている。なぜなら、パラノイア患者を非難する表象が大他者から到来するものである以上、それは大他者の症状であると考えられるからである。「精神病の主体は正常である」とラカンがしばしば主張するのは、精神病において「病」と呼ばれるものが、主体の側ではなく大他者の側に局在しているからである(Miller, 1983a: Cours du 20 avril 1983)。実際、精神病者にしばしばみられる精神自動症(バラバラになったシニフィアンの到来)は、主体の支配を超えたところから言葉が主体をめがけて襲ってくる「〔大他者が主体に向けて語っているという意味での〕大他者のディスクール」にほかならない。

(Miller, 1983a: Cours du 5 janvier 1983)[10]。

こうして、〈物〉をめぐる人間の態度は次の正反対の二極に分割されることになる。

（1）一方では、原初的な満足体験そのものの場である〈物〉を回復するために、ひとは欲望する。しかし、その欲望はシニフィアンによって構成されているため、ひとは〈物〉に到達することができない。

（2）他方では、まったく予想だにしていないところから、〈物〉は断片的に侵入してくる。多くの場合、その侵入は、かつてありえたかもしれない〈物〉との結合を断罪する非難（罪責感）の声の到来を引き起こし、しばしば主体に病をもたらす。そして、この〈物〉の侵入に対する防衛のモードの違いによって、神経症と精神病を鑑別することができる。

次節からみていくように、以後、ラカンはこの二極（欲望と精神病理）を基盤として対象 a の理論と、対象 a の観点からみた鑑別診断論を組み立てていくことになる。

5　対象 a の導入（一九六〇〜一九六三）

五九〜六〇年のセミネール第七巻『精神分析の倫理』以後、六〇〜六一年の第八巻『転移』、六一〜六二年の第九巻『同一化』、六二-六三年の第一〇巻『不安』のなかで、ラカンは次第に「〈物〉の侵入」を「対象*a*の顕現」として捉え直していく。それに伴って、神経症と精神病の鑑別診断の指標もまた、〈物〉ではなく対象*a*との関係にもとめられるようになる。

まず、対象*a*という術語を定義しておこう。先に確認したように、言語の世界へと参入する以前には、「はじめに享楽があった」あるいは「はじめに〈物〉があった」とでも表現できるような神話的な段階がある。この段階では、ひとは「十全な満足 volle Befriedigung」と呼びうる享楽を得ているとされる。しかし、この享楽は、シニフィアンの導入によって取り返しのつかないような形で喪失されてしまう。後のラカンの言葉を引くなら、「シニフィアンとは享楽を停止させるもの」(S20, 27/46頁)なのである。しかし、人間の生活のなかには、喪失したはずの〈物〉ないし享楽の痕跡がしばしば顔をのぞかせる。この痕跡が、対象*a*である。ここではその痕跡のパラダイムを二つあげておこう。

(1)〈物〉ないし享楽の痕跡の第一のパラダイムは、到達不可能なはずの享楽を、別の仕方で到達可能なものにすることと関係している。先に述べたように、人間の欲望は、失われた原初状態である〈物〉を回復しようとする空想に支えられた、不可能な試みである。対象*a*は、このような欲望の支えとして導入される(S10, 52/上61頁)。つまり、〈物〉の喪失の場に、〈物〉の痕跡をとどめる特権的な対象(*a*)を置くことによって、主体と〈物〉のあいだに一定の関係

(10) なお、ヒステリーにおいても〈物〉との関係が問題となる。ヒステリー者の行為は、〈物〉を再生産するための手段である。ヒステリー者は、主体の原初的状態を回復することを求めているのである。しかし、そのような行為の末に、ヒステリー者は嫌悪を引き起こすような対象に到達してしまう。なぜなら、ヒステリー者にとって原初的な対象は不満足の対象として組織化されているからである(S7, 67/上79頁)。

をつくることが可能になるのである。(11)

精神分析家ドナルド・ウィニコット（1953）が「移行対象 objet transitionnel」と呼んだものは、人生の最初期における対象 *a* であると考えられる。周知の通り、移行対象とは、幼児が全能性を喪失する（＝享楽を喪失する）際に現れる特権的な対象である。例えば、子供は特定の毛布を手放さず、つねに手元においておこうとすることがあるが、この毛布が移行対象にあたる。この移行対象は、母の乳房のような母子関係における重要な対象の代理であることをウィニコットは指摘している。マルヴァルの表現を借りるなら「享楽の原初的対象の喪失が、代理的な対象〔＝移行対象〕を生み出し、その代理的な対象によって主体はある種の満足を獲得するに至る」のである（Maleval, 2009, p.133）。

また、移行対象は子供のときにだけみられるのではなく、後の人生のなかでもフェティッシュとして現れる。実際ラカンは、対象 *a* が欲望の支えであることを、フェティッシュの機能を参照しながら論じている（S10, 122/上157頁）。周知の通り、フェティッシュは、母の身体におけるペニスの不在を発見した子供が、その欠如を覆い隠すことのできるもの（例えば、下着）として採用する任意の対象である。このフェティッシュは母の身体そのものではないが、母の身体の痕跡となり、人間の欲望の原因 cause として機能する。この意味で、対象 *a* は〈物〉そのものではないが、〈物〉という高額紙幣を分割した末に残る「〈物〉の小銭」（Miller, 1999b）、すなわち〈物〉の断片であると言いうるのである。

（2）〈物〉ないし享楽の痕跡の第二のパラダイムは、精神病にあらわれる幻聴がもつ対象としての側面、すなわち声 voix と関係している。ラカンは、五〇年代末に至るまで、精神病における幻聴（言語性幻覚）を主としてシニフィアンの側から理解していた。しかし、『不安』のセミネールになると、むしろ「声」がもつ対象 *a* としての性質が注目されるようになる（S10, 342/下216頁）。あるいは、同時期に書かれた論文「カントとサド」では、サドにおける拷問執行者の現れ方と精神病の幻聴を類比しながら、「このような声の現象、とりわけ精神病の声の現象は、まさにその対象の側面をもっている」（E772）ことが指摘されている。この指摘は、サドが決して精神病者ではなかったことからも示唆されるように、精神病だけでなく神経症においても、「〈物〉の小銭」としての対象 *a* が顕現しうることを示唆している。

シニフィアンの導入は、〈物〉や享楽を取り返しの付かないような形で喪失させる。しかし、この喪失は完全なものではなく、つねに残余 reste を残している。それゆえ、対象 *a* には「大他者の場への主体の到来の全体的操作のなかで還元不可能なものとして残ったもの」（S10,189/下8頁）という定義が与えられる。そして、その残余としての対象 *a* が、欲望を支えるとともに、さまざまな病態において顕現することになるのである。

（11）　ラカンは『転移』のセミネールのなかで、大他者の非一貫性（Ⱥ）があらわになる場所に出現する欠如（−φ）を埋めるものとして対象 *a* を定義している（S8, 259/下35頁）。同様に、『不安』のセミネールでは、次のように言われている。「フランス語の欲望 désir がラテン語の desiderium〔〜を喪失したことを嘆く〕から来ていることには理由があります。そこにあった対象の事後的な認識があるのです」（S10, 48/上55頁）。

6 対象aの顕現に対する防衛のモードによる鑑別診断（一九六二～一九六三）

では、対象aの顕現という観点からは、どのように神経症と精神病を鑑別することができるのだろうか。六〇年代のラカンは、六二年五月三〇日には「対象aの切断 coupure」が神経症と精神病（および倒錯）を分ける（S9, 340-1A）と述べたり、六五年二月三日には「精神病、倒錯、神経症にひとつの対象aがあるが、それは同じものではない可能性が十分にある」（S12, 147A）と述べたりもしており、対象aの観点からの鑑別診断論を構想していたことは間違いない。しかし、対象aがもっとも重点的に扱われる『不安』のセミネールでは、主として神経症と倒錯における対象aのあり方の違いが論じられており、議論は神経症と精神病の鑑別診断へと進んでいかない。そのため、この時期のラカンの鑑別診断論の構想を理解するためには、同時期の複数のテクストとセミネールの断片を横断的につなぎあわせていかなければならない。

まず、セミネール『不安』における不安 angoisse の取り扱いを参照しよう。精神医学や心理学の教科書を開くと、たいてい次のような説明を読むことができる――「恐怖は、動物恐怖や先端恐怖のように、特定の対象に向けられたものであるのに対して、不安はそのような特定の対象をもたない」。しかしラカンは、このような理解に断固反対する。「ふつう、不安には対象がないとされています。……しかし、不安は対象をもたないわけではないのです l'angoisse *n'est pas sans objet*」（S10, 105/上136頁、強調は引用者）。なぜか。ここで、子供と母の原初的関係をふたたび参照しよう（⇩196頁）。母が自分の前に現前したり不在になったりするのを見た子供は、母には「何か」が欠如しており、母はその「何か」を欲望しているために自分の前から不在になるのだ、と空想する。この母に欠如している「何か」は、想像的ファルス

（−φ）と呼ばれる。子供は、この欠如を介してさまざまな空想を発展させることが可能であり、その後の欲望の展開もこの欠如ぬきには考えることができない。では反対に、母が子供の前につねに現前し、つねに子供の世話をしつづけるとき、何が起こるだろうか？ そのとき起こるのは、想像的ファルスという欠如が欠如することである（S10, 67/ 上 81 頁）。欠如が欠如したところには、充溢した対象が現れる。その対象は、母の身体の痕跡をとどめた、子供に不安を引き起こす「不気味なもの」である（S10, 53/ 上 62 頁）。すなわち、不安は、対象が存在してはならない欠如（−φ）の場所に対象 *a* が顕現するときに生じるのである。ラカンは次のように述べる。

> この対象 *a* のもっとも明白な顕現 manifestation の信号、対象 *a* の介入の信号、それが不安です。（S10, 102/ 上 132 頁）

不安は、快原理に従う人間がなるべく遠ざけておかなければならない現実界が接近していることを示すシグナルである。つまり、不安は、一次的な満足体験の場である〈物〉の世界が近づいていることの報《しら》せなのである。これは危機的な状況である。というのも、先に述べたように、この現実界の接近が主体にもたらすのは快ではなく、むしろ快原理のシステムを撹乱する苦痛であるからだ。もし、主体が現実界に到達してしまったなら、そのときひとは母の身体に飲み込まれ、消滅してしまうことになるだろう。だからこそ、ひとは、現実界の接近をなんとしても避けなければならないのである。

すぐさま理解できるように、この対象 *a* の顕現（現実界の接近）は、私たちが「〈物〉の侵入」と名指しておいたものにほぼ等しい（⇩276 頁）。〈物〉の侵入は、安定的に作動している快原理のシステムを撹乱してしまう。そのため、神経症者は〈物〉を加工して妥協形成物をつくりあげ、精神病者は〈物〉について「何も知ろうとしない」態度をとり、〈物〉の侵入を避けようとするのであった。同様に、対象*a*の顕現に対しても、神経症と精神病では異なった防衛のモードがとられる。

（1）神経症者は、ファンタスム fantasme をバリアのように使い、対象*a*の顕現から身を守っている。すなわち、「神経症者がもちいるファンタスムは、……彼を不安から防衛し、不安を覆い隠すために最も役立っている」（S10, 63/上75頁）のである。ファンタスムは「$\$ \lozenge a$」と表記されるが、この意味では、この表記は対象（*a*）を主体（$\$$）から無限に遠ざけるためにバリア（◇）が置かれているさまを図式化したものとして読むことができる。事実、ラカンは後の六六年六月八日に、「ファンタスムと欲望は、享楽に対するバリアそのものである」（S13, 367A）と述べている。

では、このファンタスムはどのように作られるのだろうか。ラカンは、一九五八年の論文「前提的問題」を『エクリ』（一九六六年）に収録する際に書き加えた注釈のなかで、神経症者のファンタスムは「対象*a*の抽出 extraction de l'objet *a* によってはじめて下支えされ」、その対象*a*がファンタスムに枠組みを与えるものであることを指摘している（E554）。

（2）反対に、精神病者はファンタスムをうまく形成できていない（⇩245頁）。それは、後にラカン（1967）が精神病者は「対象*a*をポケットのなかにもっている」と比喩的に表現したことからも類推されるように、彼らがファンタスムの形成に必要な「対象*a*の抽出」を行えていないからである[12]。その結果、精神病者は対象*a*の顕現をせきとめることができず、世界には対象*a*

が氾濫することになる。精神病にしばしばみられる「どこへ行っても、自分の悪口を言う声が聞こえてくる」という幻聴の訴えや、「みんなが自分を見張っている」「家中のいたるところに盗聴器が仕掛けられている」という被注察感の訴えは、対象*a*としての声や眼差しの氾濫を主観的に表現したものにほかならない。このように、精神病者は、とくにその急性期において、対象*a*の顕現を防衛することができない。後に精神病者は、この対象*a*の氾濫をシニフィアン化し、妄想のなかで処理していくという方法で防衛を行うことになる。

精神病における対象*a*は、パラノイアやスキゾフレニーだけではなく、メランコリーと躁病にも現れる。メランコリーでは、ファンタスムがうまく形成できていないことから、主体はナルシシズム的なイメージに阻まれることなく対象*a*に向い、自殺へと方向づけられてしまう（S10, 387-8/下 278 頁）。反対に、躁病は「対象*a*の非‐機能 non-fonction de *a*」（S10, 388/下 279 頁）によって特徴づけられる。これは、対象*a*の重みを一切無視して、罪責感にさいなまれることなしに軽快に言葉を弄する躁病患者の姿に対応していると考えられる。

こうしてラカンは、対象*a*の導入によって、神経症と精神病に現れる諸現象を統一的に説明することを可能にしたのである。

（12）マルヴァル（2011）は、これを「対象*a*の非‐抽出 non-extraction de l'objet a」と名づけ、精神病にみられる特異的現象のひとつとしている。後にみるように（⇩294〜296頁）、〈父の名〉の排除と対象*a*の非‐抽出は等価なものである。

7　疎外と分離（一九六四）

ここまで確認してきたように、一九六〇年代前半のラカンは、シニフィアンを重視する構造論的な理論から、〈物〉・享楽・対象 *a* を重視する力動論的な理論へと大きく軸足を移動させた。しかし、その作業が一段落しかけたとき、ラカンはフランス精神分析協会から除名処分を受ける。その結果、『〈複数形の父の名〉』を主題とするサンタンヌ病院でのセミネールは一九六三年一一月二〇日の初回講義だけで中断されてしまう。

そこでラカンは、一九六四年にパリ・フロイト派を立ち上げ、セミネール第一一巻『精神分析の四基本概念』（原題『精神分析の基礎』）を高等師範学校で再開する。このセミネールと、それと同じ内容を含む論文「無意識の位置」のなかで、ラカンは六〇年代前半の議論を「疎外と分離 aliénation et séparation」という二段階の操作にまとめている。この理論的変遷によって、神経症と精神病の鑑別診断もまた、疎外と分離という観点から再び展開されることになる。

疎外

まず、疎外から確認していこう。疎外とは、シニフィアンの世界（象徴界）への参入によって、享楽の喪失と引き換えに主体を現れさせる操作である。

さらに詳しく述べよう。象徴界に参入していく際に、ひとは自らの原生的主体（S）を何かのシニフィアン（S_1）によって代理表象してもらわなければならない。この代理表象の結果、主体はひとつのシニフィアン（S_1）によって表されることになるが、このシニフィアン（S_1）はひとつきりで存在するだけでは無意味であり、そこに意味を生じさせるためにはペアとなるシニフィアン（S_2）を必要とする。すると、主体（S）は、あるシニフィアン（S_1）によって別のシニフィアン（S_2）に向けて代理表象されることになる。

ラカンは、次のような例をあげてこのことを説明している。砂漠で象形文字（S_1）が書かれた石版をみつけたとき、私たちはその文字を書いた主体が存在したことを理解する。しかし、主体が存在したということが理解できるのは、その象形文字（S_1）が他の文字（S_2）と関係しているからである（例えば、ロゼッタ・ストーンに刻まれた古代文字が、ギリシア文字と並置されていたことによって、はじめて読むことが可能であったように）（S11, 181/264-5頁）[13]。

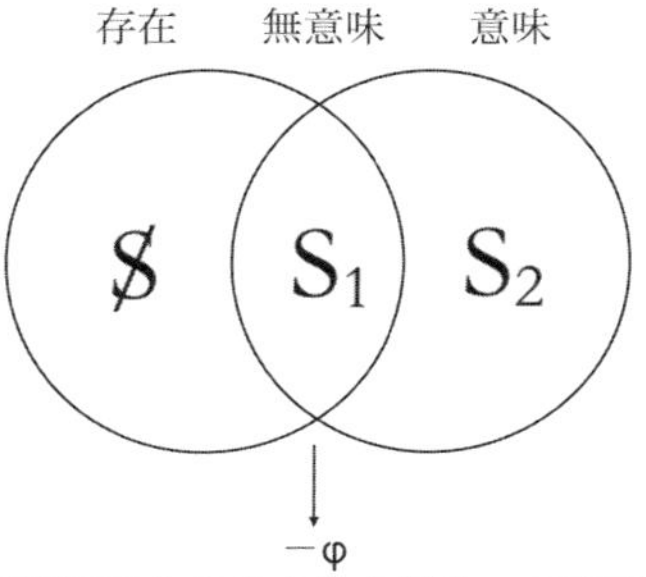

図38　疎外のシェーマ

こうして、主体は二つのシニフィアンのペア（$S_1 \to S_2$）に取って代わられ、一方では象徴界のなかで何らかの意味をもつことができるようになる。しかし、他方では、シニフィアンに取って代わられた主体は、象徴化不可能な享楽を内包する「存在の生き生きした部分 part du vivant（de l'être）」（E847）を決定的に喪失してし

（13）あるいは、次の例をあげてもよい。主体（$\$$）が労働に従事するとき、彼は自らの労働力を資本家に売ることによって、自分（$\$$）を交換価値（S_1）で代理している。しかし、その交換価値（S_1）が労働力という使用価値（S_2）と関係しないかぎり、労働は意味をなさない。実際、後にラカンは、労働者、交換価値、使用価値の関係に「シニフィアンは、他のシニフィアンに対して主体を代理表象する」という定式をあてはめており、この代理表象の際に生み出される剰余価値＝剰余享楽が対象 *a* と関係していると主張している（S16, 21）。

まう（Laurent, 1995）。こうして、原生的主体は「存在の生き生きした部分」を象徴界の外部へと落下させ（$-\varphi$）、それと引き換えに斜線を引かれた主体（$\$$）として登場することになる（S11, 199/294頁；E840）[14]。ラカンは、この疎外の操作、つまりあるシニフィアン（S_1）がもうひとつ他のシニフィアン（S_2）に対して主体（$\$$）を代理表象する操作によって設立されるシニフィアンの領域が、「夢、言い間違い、機知、といったすべての無意識の形成物」を支配するものであると述べている（E840, 強調は引用者）。すると、疎外の操作によって構成される構造は、同じく無意識の形成物である症状についてもあてはまることになる。五〇年代のラカンは、（神経症の）症状は、あるシニフィアンをもうひとつ別のシニフィアンで代理した隠喩であると述べていた（⇩205～206頁）が、この見解は六四年の疎外の操作にも維持されていると考えられる。

分離

疎外の操作によって、ひとは象徴界に参入するとともに、享楽を喪失する。この議論は、セミネール第七巻『精神分析の倫理』において、象徴界に参入した主体にとって〈物〉や享楽が接近不可能になったことに相当する。シニフィアンと享楽は二律背反的であり、シニフィアンの領野に居つづけるかぎり、主体は享楽に到達できないが、仮に享楽に到達したとすれば、その到達は主体の死滅を意味する、というわけだ。

しかし、話はそれだけでは終わらない。セミネール『精神分析の四基本概念』のなかでラカンが「分離」と呼ぶ第二の操作では、失った享楽を別の仕方の享楽（対象aの享楽）として回復することが試みられる。言い換えれば、「疎外と分離」の理論の導入は、セミネール『精神分析の倫理』のようにシニフィアンと享楽を二律背反的なものとして捉えることをやめ、むしろシニフィアンと享楽の緊密な結びつきを考えることを可能にする、大きなパラダイムの転換点なのである（Miller, 1999b）。

分離においてシニフィアンと享楽が結びつくロジックを追っていこう。シニフィアンによる疎外をこうむった子供は、自由をもたない主体（$\not{S}$）となる。なぜなら、象徴界のなかでの主体のありようを決定するものが大他者（既存の言語）に由来するシニフィアンの連鎖（$S_1 \rightarrow S_2$）である以上、子供がそこに何か別のものを付け加えることは不可能だからである。これは現実の水準では、子供が「排泄しなさい」「眠りなさい」といった大他者（＝母）が発する要求に従うだけの不自由な存在となってしまうことを意味する。

しかし、子供には、このような要求にあふれた息苦しい世界から脱出する道がひとつ存在する。「存在の生き生きした部分」すなわち享楽を喪失した子供は、ひとつの欠如を抱え込んでいるが、それと同じように、子供を疎外している大他者（＝母）の側にもひとつの欠如があるということを子供が発見することが、子供を大他者の要求の鎖から解放する契機となるのである。

ひとつの欠如に主体が出会うのは、大他者のなかで、すなわち大他者が自身のディスクールによって主体に対して行う通告のなかでのことです。大他者のディスクールの間隙において、子供の経験

（14）このように、主体（$\not{S}$）は、享楽を内包する「存在の生き生きした部分」の喪失と同時に姿を現す。だからこそ、ラカンはアーネスト・ジョーンズの「アファニシス aphanisis」（つまり、性的欲望の消失）に言及し、「致死的とも呼ぶべきあの消失の運動においてこそ主体が姿を現す」と述べているのである（S11, 189/277頁）。

のうちに次のようなはっきりとみてとれる事態が生じます。「大他者は僕にこれを言っている。でも大他者が望んでいる〔＝欲望している〕ことはなんだろう」。／シニフィアンたちを分断してはいるが、まさにシニフィアンの構造の一部をなしているこの間隙……〔すなわち〕大他者の欲望は、主体にとって、何かうまく納まらないものとして、大他者のディスクールの欠如として、捉えられます。（S11, 194/286-7頁）

大他者（＝母）が発する要求を聞き取った子供は、その要求の意味を理解するだろう。しかし、そこで一つの問いが浮上する。要求を通じて、大他者は私に何を欲望しているのだろうか？　という問いである。この問いは、子供にとって答えようがないばかりか、大他者にとっても答えようがないものである。なぜならば、既に確認しておいたように、大他者が一貫的なものであることを保証する〈父の名〉のシニフィアンはあらゆる主体にとって欠如しており、大他者の領野にある要求のシニフィアンをメタレベルから基礎づけるシニフィアンはどこにもないからである（⇩267頁）。ラカンが六〇年代に導入した大他者における欠如のシニフィアン（S(Ⱥ)）は、この欠如を指し示すものにほかならない。

子供は、この大他者における欠如に対して、自分が先に失った欠如である「存在の生き生きした部分」（−φ）をもって答える。この二つの欠如を重ね合わせる操作が、分離と呼ばれる（S11, 199/294頁；E844）。こうして、疎外によって失われた「存在の生き生きした部分」、すなわち享楽が、大他者（＝シニフィアンの体系）における欠如に重ね合わされる。そして、この重ね合わされた欠如の点に、抽出された対象 *a* が到来する。つまり、対象 *a* とは、大他者における欠如（Ⱥ）を埋め合わせてくれる対象であるとともに[15]、主体が原初的に喪失した「存在の生き生きした部分」を部分的に代理し、主体に別種の満足を獲得させてくれる対象でもあるのだ（S11, 180/264頁）[16]。

では、分離の操作によって獲得することが可能になる別種の満足とは、一体どのようなものだろうか？　この満足は、たしかに享楽と呼ぶことができる何かである。しかし、それは原初状態にあったと想定される〈物〉を全体的に回復するような享楽ではない。すでに象徴界に参入した主体にとって、そんなことは不可能だからだ。分離の操作によって獲得される享楽は、むしろフロイトが部分欲動と呼んだものに相当する、部分的な享楽である。この部分的な享楽は、身体の全体から享楽をかすめとり、それを身体の一部分（器官）に凝縮したものである（AE368-9）。実際ここでラカンは、欲動は生殖という究極的な目標 goal に達することなしに、口唇や肛門のような部分的器官の周囲を経巡ることによって目的 aim を達してしまうというフロイトの説を援用している（S11, 163-4/238頁）。この享楽は〈物〉そのものを目指すのではなく、〈物〉の断片としての「対象の周りを経巡る」（E849）ものなのである。このような享楽は、後に

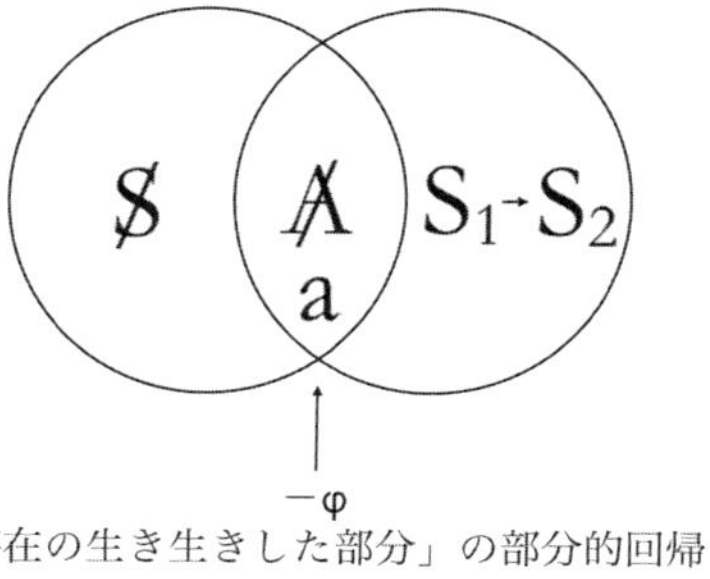

図39　分離のシェーマ

（15）ラカンが分離をフロイトの「自我分裂 Ichspaltung」と関連づけたのは、この理由からである（E842）。自我分裂においては、母にペニスが欠如している（Ⱥ）という耐えがたい光景をみた子供が、その欠如を知りつつも、欠如をフェティッシュ（*a*）で覆うことによって欠如を認めない（Ⱥ＋*a*＝A）ことが可能になる（⇨59～60頁）。

（16）ミレールは、これを「$\frac{a}{-\varphi}$」というマテームで表している。すなわち、対象 *a* は、失われた「存在の生き生きした部分」を代理するように到来するのである（Miller, 1994: Cours du 18 mai 1994）。

ラカンによって「ファルス享楽 jouissance phallique」ないし「器官の享楽 jouissance de l'organe」(S20, 13/16頁)と呼ばれることになるだろう。[17]

ここまで確認してきた『精神分析の倫理』から『精神分析の四基本概念』までの道のりのなかで、享楽のパラダイムが変化していることは明らかである。『精神分析の倫理』ではシニフィアンと享楽は完全に分断されており、両者の交通の可能性はほとんどないが、『精神分析の四基本概念』ではシニフィアンと享楽のあいだの交通が部分的なものとして再建されている。享楽はもはや不可能なものではなく、対象 *a* という抜け道を通って獲得可能なものになった。対象 *a* は、シニフィアンと〈物〉のあいだの分断をふたたび繋ぎあわせる理論的接着剤として機能しているのである。ミレール(1999b)は、この理論的変遷を「不可能な享楽」から「正常な享楽 jouissance normale」へのパラダイム転換とみなしている。

8 疎外と分離による神経症と精神病の鑑別診断(一九六四〜一九六七)

では、疎外と分離という観点からは、どのように神経症と精神病の鑑別診断を考えることができるだろうか。

まず問題になるのは、六四年の疎外と分離の理論が、それ以前の理論とどのような関係にあるのかということである。疎外と分離(特に、分離)では、大他者における欠如(Ⱥ)に直面した主体が、その欠如を対象 *a* によって埋め合わせ、それと同時にセクシュアリティの制御(ファルス享楽の体制の確立)がおこなわれるのであった。すると、分離は〈父の名〉の導入、父性隠喩の成立に相当すると考えられる。

実際、ラカンは論文「無意識の位置」のなかで「父性隠喩とは、分離の原理 principe de la séparation である」(E849) と述べており、分離を、父性隠喩を受け継ぐ概念として構想していたと考えられる。言い換えるなら、疎外と分離は、五〇年代に構造化されたエディプスコンプレクスを――規範性を相対化しつつ――論理操作へと抽象化し、さらに洗練させたものなのである。

ミレールは、分離が父性隠喩に相当するという論点から出発し、五〇年代のラカン理論において精神病の構造論的条件であった〈父の名〉の排除(父性隠喩の失敗)は、六〇年代のラカン理論では分離の失敗に相当する、と述べている。[18] 以下のとおりである。

「無意識の位置」の結論を引用すればいいのです。その結論は、「父性隠喩とは分離の原理である」ということです。ここから出発すると、父性隠喩の失敗(私たちはこれを精神病の原因として位置づけてきたわけです)とはまさに主体の分離の失敗である……と考えることができます。よく知られた父性隠喩の公式を思いだしてください。この主体の x〔=父性隠喩の式の「x」〕は、父性隠喩からファ

(17) ファルス享楽の特徴は、(男性を例にとれば)女性の身体そのものを享楽するのではなく、むしろ自己の身体の一部分(器官)に享楽を集め、その器官を自慰的な仕方で享楽する――その際に、対象 *a* はフェティッシュとして、いわば仮初めの標的としてもちいられるにすぎない――ことにある(⇩332〜333頁)。

(18) この理解は、少なくとも一九八五年にはフロイトの大義派における一種の共通見解になっている(Collectif, 1985)。反対に、ブルース・フィンクは、精神病を疎外が失敗した構造として捉えている(Fink, 1999, p.195/282頁)。これは彼が精神病に関してスキゾフレニーとパラノイアを区別せずに論じてしまっているためであると考えられる。この点について、彼は弁明を行ってもいる(Fink, 2007, p.232/302頁)。同様に、フィンクは神経症を分離が失敗した構造と考えているが、むしろ神経症は疎外と分離を終えた上で、疎外または分離に固執している構造として考えるべきである(⇩298〜301頁)。

リックな意味作用を受け取るものです。分離とはこのことに他なりません。主体の分離、それはファリックな意味作用を受け取ることを主体に可能にすることであり、それゆえ、主体の享楽の避難先である対象との制御された関係のなかに戻ることを主体に可能にすることなのです。(Miller, 1982: Cours du 28 avril 1982, 強調は引用者)

それゆえ、六〇年代のラカン理論を基盤とする神経症／精神病の鑑別診断は、〈父の名〉の有無(父性隠喩の成功／失敗)ではなく、分離の成功／失敗という観点からなされることになる。[19]

精神病における分離の失敗とその帰結

後にラカンがはっきりと述べるように、「あらゆる人間形成の本質は、享楽を抑えることにある」(AE364)。「疎外と分離」における分離の操作も、セクシュアリティの制御(ファルス享楽の体制の確立)を行うものである。言い換えれば、生まれたままの状態の人間において、享楽は過剰であり、それは致死的な結末をもたらしかねない。そこで、分離の操作によって、「享楽の制御」「器官リビードの局在化 localisation」を行う必要があるのだ(Miller, 1993b)。

他方、分離が失敗している精神病では、享楽は制御されず、身体器官に局在化されていない。その結果として、精神病者は「脱局在化された、荷崩れした、象徴化不可能な享楽から侵襲をうける危険性がある」(Collectif, 1985)。この享楽の侵襲のあり方によって、精神病の下位分類であるパラノイアとスキゾフレニーの二つを区別することができる。

（1）パラノイアの場合、享楽が大他者の場に回帰する（Miller, 1982: Cours du 28 avril 1982）。その結果、大他者が主体を享楽するようになる（つまり、主体が大他者の享楽の対象となる）。例えば、症例シュレーバーは、神や主治医のフレックシヒ教授が彼を性的な慰み者として利用していると訴えていた。このような現象は、享楽が大他者の場に見いだされるために生じていると考えられる。このことをラカンは、パラノイアとは「大他者それ自体の場に享楽を見出す identifiant la jouissance dans ce lieu de l'Autre comme tel」者である、と表現している（AE215）[20]。

（2）スキゾフレニーの場合では、享楽は身体に回帰する（Miller, 1982: Cours du 28 avril 1982）。通常（すなわち、神経症の場合）では、享楽は身体から分離されている。神経症者の言語使用のなかに性的な、ファリックな意味作用があふれるのは、身体の多くの部分が享楽の機能を担わない代わりに、言語が享楽の機能を担うからであると言ってよい。スキゾフレニーの場合では、その

（19）なお、ラカンはセミネール第一四巻『ファンタスムの論理』、および第一五巻『精神分析的行為』のなかで、疎外と分離の図式を改定している。ミレール（1985a）が「新たな疎外 nouvelle aliénation」と呼ぶその理論は、しかし神経症と精神病の鑑別診断論には影響を与えていないため、本書では検討を行わない。

（20）前精神病者は、分析家や医師との関係のなかで転移を生み出す際に、しばしば精神病を本格的に発病させてしまう。それは、自由連想を開始すると、人は容易に分析家を「知を想定された主体」の位置に置くようになるからである。「知を想定された主体」の登場は神経症者の精神分析においては欠かせないものであるが、精神病者にとっては発病の危機となる。自分が知らない知を分析家（大他者）が持っていると想定することは、分析家（大他者）が特定の意図にもとづいて自分を享楽しようとしているのではないか、というパラノイア的な享楽の同定を賦活してしまうのである。このような現象を、ラカンは一九六六年に「屈辱的エロトマニー érotomanie mortifiante」（AE217）と名づけている。それゆえ、精神病が疑われる患者との予備面接においては、「なにかいわくありげだ」と患者に感じさせるような思わせぶりな介入をしてはならない。精神病の妄想はまさに「なにかいわくありげだ」（病的な自己関係づけ！）から発生するからである。

享楽は直接的に身体に回帰する。この享楽の身体への回帰は、臨床的な水準では、陰部を撫で回される、頭をもやもやしたもので覆われる、あるいは体のいたるところに電気が走るといった異常感覚体験として現れるだろう。

六〇年代のラカン理論は、もはや精神病を父性隠喩の失敗によるシニフィアンの脱連鎖として把握するだけではない。精神病では、享楽が局在化されておらず（享楽の脱局在化 délocalisation）、それゆえ、通常とは異なった場所に享楽が回帰する。そして、パラノイアとスキゾフレニーは、その享楽の回帰する場所によって区別されるのである。

神経症における疎外と分離

では、神経症では疎外と分離はどのように機能しているのだろうか？ 前述のとおり、父性隠喩が分離の原理である以上、父性隠喩の成功によって特徴づけられる神経症は、疎外と分離を終えた主体であると考えられる。つまり、精神病者が疎外だけを経験しているのに対して、神経症者は疎外と分離の両方を経験しているのである。この意味で、「疎外は運命であり、どんな語る主体も疎外を避ける事はできない。……しかし、分離は運命ではない」（Soler, 1995, p.49）と言うことができる。

ミレールもまた、神経症は分離に達している構造であると考えている。さらに彼は、神経症の下位分類であるヒステリーと強迫神経症の区別について次のように述べている。

ヒステリーとは、分離を大他者への関係の選択的モードとして選ぶことです。強迫とは、分離において問題となる対象を与えられたうえで、疎外を好むことです。〔強迫神経症者の〕回路が分離にまで達していないという意味ではありません。それでも、〔強迫神経症者は〕疎外、および疎外の作業を好むのです。疎外には、彼がもつ存在の喪失が含まれていますからね。(Miller, 1985a: Cours du 5 decembre 1984)

ヒステリーと強迫神経症の両者は、ともに疎外と分離を終えている。しかし、両者が疎外と分離に対してとる態度はそれぞれ異なっており、その違いが両者の構造を決定づけている。

(1) ヒステリー者は、疎外と分離を終えたあとも、分離の操作に執着する主体である。つまり、ヒステリー者は、大他者に欠如しているもの(−φ)を見出し、その欠如に自分自身(*a*)を捧げようとするのである。このことは、歴史的なヒステリー症例をみればすぐに理解できる。『ヒステリー研究』に登場するアンナ・Oは、父が病気になり、その父の看病をするようになったときにヒステリーを発病させている。あるいは症例ドラは、不能の父の欲望の支えとなることを自らの行動において実現していた。つまり、ヒステリー者にとっては大他者における欠如(病気)がきわめて重大な発症の契機となり、その症状は大他者における欠如に対して彼女たちが結ぶある種の自己犠牲的かつ支配者的な関係のなかで展開されるのである。反対に、「ヒステリーの主体にとって不安の重大な源泉となるのは、おそらく、大他者のなかに彼ないし彼女〔=ヒステリー者〕の場所がなくなってしまうこと」である(Soler, 1995)。

(2) 強迫神経症者は、疎外と分離を終えたあとに、以前の疎外の操作にたちもどり、疎外を拒絶しようとする主体である。どういうことだろうか。先にみたように、疎外とは、あるシニフィアン（S_1）が主体（$\$$）を他のシニフィアン（S_2）に対して代理表象する操作であった。この操作は、ひとつのシニフィアンによって、ふたつのシニフィアン（S_1とS_2）を同時に表現することをヒステリー者に可能にする。その結果、例えば、ヒステリー者はある人物に対する愛情（彼の欲望を支えること）と憎悪（彼の不能を暴くこと）という対立するふたつの情動を、ひとつの表現でまかなうことができるようになる（GW7, 196）。他方、強迫神経症者は疎外を拒絶し、S_1とS_2の二つのシニフィアンを両方とも保持しようとする。すると、ある人物に対する愛情と憎悪は、ヒステリー者のようにひとつの表現でまかなわれるのではなく、ひとつずつ独立して現れざるをえなくなる。例えば、症例ねずみ男は、愛する女性の車が通る予定の道路にある石を取り除き（＝愛情の表現）、その後で、石をふたたび元の道路に置き直すという奇妙な行動をとっていた（＝憎悪の表現）（GW7, 412）。このような、しばしば無意味な――本人にも無意味であることがわかっている――儀式的強迫行為は、強迫神経症におけるシニフィアンの性質（S_1とS_2の保持）によって繰り返されているのである（Miller, 1985b）。

また、強迫神経症者が疎外を拒絶するということは、享楽を内包する「存在の生き生きした部分」の喪失を拒絶することでもある。強迫神経症者は疎外と分離を終えており、実際には享楽をすでに喪失している。しかし彼は、自分のファンタスムのなかでは、享楽を喪失せずに保持していると考えている。フロイトの症例ねずみ男が、メガネの代金を支払うように上司から命令されたことでひどく混乱してしまったのは、この支払いが、いわば享楽の喪失という未払いのツケを――「父親が返さなかった負債」（GW7, 430）を――払うことに相当するものと空想

されていたからにほかならない（Miller, 1985b）。

要約しよう。ヒステリー者は分離の操作に執着し、大他者の欠如を見出し、その欠如を自分で埋めようとする。強迫神経症者は、疎外を拒絶し、享楽の喪失を避けようとする。

では、神経症者はそもそもなぜ大他者に対してこのような態度をとるのだろうか。それは、「神経症者は、ヒステリーと強迫のどちらであっても……大他者の欠如を大他者の要求と同一視する者」（E823）だからである。疎外と分離の操作を終えた神経症者は、大他者が欠如をもった存在（Ⱥ）であることを知っている。大他者の欠如を知った神経症者は、次のように想像する――「大他者は、大他者自身の欠如（Ⱥ）を埋めるために、私に何かを要求している。大他者は、私が自分の享楽を大他者に差し出し、私が去勢されることを私に要求しているのだ」、と。当然、神経症者はこのような大他者の要求に答えるわけにはいかない。

> 神経症者が望まないもの、彼らが分析の終結に至るまで執拗に拒絶するもの、それは自分の去勢を大他者の享楽に捧げることである。……というのも、神経症者は、自分の去勢を大他者が要求していると思っているのだ。（E826）

大他者に対する強迫神経症者の戦略は、疎外を拒絶することで、そもそも大他者に享楽される余地をつくらないようにするものである。ヒステリー者の戦略は、大他者に欠如を認めることによって彼の不能を暴き、その欠如をあらかじめ自分から埋めておくことによって、大他者がそれ以上自分を享楽しないようにするものであると言えるだろう。

神経症者は自分の享楽を大他者に差し出すことを恐れている。しかし、彼らは疎外と分離を経験している以上、そもそものはじめから享楽を喪失しているはずであるし、そのときにはすでに去勢を経験しているはずである。ではなぜ彼らは、享楽を差し出すことや去勢を要求されることを恐れているのか？その答えは、「去勢とは、結局のところ、去勢の解釈の瞬間にほかならない」（S10, 58/上69頁）という点に求められる。すなわち、神経症者は去勢を経験してはいるものの、去勢を想像的な水準で解釈してしまっているのである（E826）[21]。

去勢を想像的な水準で解釈するとは、どういうことだろうか。それは、自分を去勢する誰かがどこかに存在している、と空想することである。もし自分を去勢する人物が存在するのであれば、その人物を打倒することができれば、神経症者は去勢から回復することができることになる。しかし、実際には去勢はそのようなものではない。去勢（享楽の喪失）は、人間がシニフィアンの世界に参入し、その世界のなかで自らのセクシュアリティを何らかの形で制御していく操作のなかに、ロジックとして最初から組み込まれている。原初的に喪失した「存在の生き生きした部分」を取り戻すことが不可能なように、私たちは去勢を回復することができないのである。神経症者は、そのことを理解できていない。彼らは、疎外と分離の操作を終えてはいるものの、すでに終わってしまった喪失を、喪失として受け入れることができていないのである。私たちがしばしば陥ってしまうこのような想像的誤認、すなわち去勢の想像的な解釈は、私たちを苦しめてやまない（⇩191頁）。

精神分析の目標のひとつは、この去勢について想像的な解釈を変更することにある。その解釈の変更作業は、この時期のラカンが分析の終結に位置づけていた「ファンタスムの横断 traversée du fantasme」

（S11, 246/368頁）に相当するだろう。私たちは、ファンタスムを横断することによって、「大他者が私たちの去勢を要求している」という想像的解釈を打ち捨てることができてはじめて、自らに固有の欲動のあり方へと向かうことができるようになるのである。

（21）次の議論を参照せよ。「神経症の主体は実際に去勢を経験している、しかしそれに関して想像的な解釈にとどまっている。……このことが意味するのは、神経症者は去勢が印しづける欠如を克服できる可能性を信じているということである」（Van Haute, 2002, p.248）。

第七章　七〇年代ラカンにおける神経症と精神病の鑑別診断（一九六五～一九七六）

神経症と精神病の鑑別診断をめぐる一九五〇年代から六〇年代までの議論を簡単に振り返っておこう。議論をわかりやすくするために、論点を（1）象徴界に関するものと（2）セクシュアリティに関するものに二極化させておく。

五〇年代のラカンは、エディプスコンプレクスの練り直し作業を通じて、神経症では（1）〈父の名〉の導入によって原‐象徴界が統御されるとともに、（2）ファルスによってセクシュアリティが規範化＝正常化されていることを示した。反対に、精神病では（1）〈父の名〉が排除された結果として原‐象徴界が未統御のままになり、（2）セクシュアリティが規範化されないままにとどまると考えられた。

六〇年代に入ると、〈父の名〉は相対化され、対象 *a* や享楽の側面が前景化してくる。すると、神経症と精神病は、（1）〈父の名〉という虚構を信じる（神経症）か信じない（精神病）か、（2）分離（対象 *a* の抽出、ファンタスムの形成）に成功している（神経症）かしていない（精神病）かによって区別されるようになった。この一連の理論的変遷のなかで、五〇年代に（1）〈父の名〉と（2）ファルスの概念によって構造論化されたエディプスコンプレクスは、六〇年代にはさらに抽象化され、（1）主体の象徴界への参入を印づける「疎外」と、（2）制御された享楽（セクシュアリティ）へと主体を導く「分離」の二つの操作へと改版されることになった。これを図式化すると表4のようになる。

この表からもわかるように、五〇年代から六〇年代にかけてのラカンの理論は、（1）象徴界に属す

表4　五〇年代、六〇年代のラカンの鑑別診断論

	五〇年代	六〇年代
(1) 象徴界	神経症：〈父の名〉による統御 精神病：〈父の名〉の排除	神経症：〈父の名〉を信じる 精神病：〈父の名〉を信じない
(2) セクシュアリティ	神経症：ファルス的組織化 精神病：組織化されていない	神経症：分離の成功 精神病：分離の失敗

るもの（シニフィアン、〈父の名〉、隠喩など）と（2）セクシュアリティに属するもの（〈物〉、享楽、対象a）の二つの側面を分割しつつ、両方の側面から神経症と精神病の鑑別診断を行うことを試みるものであったといってよい。

では、七〇年代のラカンは何を論じたのか。結論を先取りするなら、七〇年代の理論は、（1）象徴界と（2）セクシュアリティという二つの側面の関係をあらためて問い直し、両者を分割するのではなく統合して論じるものである。さらに問おう。なぜ七〇年代のラカンは、象徴界とセクシュアリティの関係を問い直したのか。その理由は、ラカンが六〇年代後半に症状の概念を変化させたことに求められると私たちは考えている。どういうことだろうか。

1　症状概念の再検討
——七〇年代ラカンの前史（一九六五〜一九六八）

五〇年代のラカンは、フロイトの『夢解釈』、『日常生活の精神病理学』、『機知——その無意識との関係』といった著作を「無意識についての聖典」（E522）と呼んでいた。それは、これらの著作がすぐれて「症状とシニフィアンの関係」（E446）を明らかにするものだったからである。このように、五〇年代には、症状はシニフィアンによって構成された象徴的なものであり、隠喩によっ

てつくられるファリックな意味作用を孕むものだと考えられていた（⇩205〜206頁）。症状をこのように理解するならば、精神分析の臨床は、症状がもつ（隠された）意味作用を解読し、それをシニフィアンに分解することを本義とするべきだ、ということになるだろう。また、六四年の疎外と分離の図式でも、症状をはじめとする無意識の形成物はシニフィアンによる疎外の操作（$S_1 \rightarrow S_2$）において発生すると考えられていた（⇩290頁）。

しかし、五〇年代からすでに指摘されていたように、「症状が象徴的なものであるということだけですべてを言い尽くせるわけではない」（E437）。実際、フロイトも指摘していたように、症状を意味の側面から扱うだけでは、症状を解消することはできない。症状を解釈によって解き明かし、症状を一旦解消させたとしても、その症状を作り出していた抑圧が別の形であらわれてしまうことは稀ではない（GW13, 16-7）。あるいは、解釈によってむしろ症状を増悪させてしまう場合（陰性治療反応）すらみられる（GW15, 117）。ラカン的な見地からは、こういった現象は、症状がシニフィアンだけでなく享楽とも関係をもっているために生じていると考えられる。つまり、症状がたえず反復されるのは、症状がもつ享楽の側面のためなのである。ならば、症状を意味の側面からのみ論じるのではもはや不十分である。むしろ、症状がもつ享楽の側面に注目し、症状におけるシニフィアンと享楽の関係に注意を払わなければならない[1]。

六〇年代後半から七〇年代にかけて、ラカンはおおむねこのような構想のもとに、いくつかのステップを踏みながら症状の概念を書き換えていった。まず、セミネール第一二巻『精神分析の核心的諸問題』の六五年五月五日の講義を参照しよう。そこでは、フロイトが分析した症例ドラの咳（転換症状）が、シニフィアン連鎖（$S_1 \rightarrow S_2$）との関係から次のように論じられている。

ドラの咳をとりあげましょう。ドラの咳を、フロイトはどこに見出しているでしょうか？……フロイトが症状を指し示しているのは、この咳がシニフィアンの機能として働いているときであり、ドラが……何かを通知しようとしているときです。フロイトのテクストを、父をめぐる言葉遊びという純粋にシニフィアン的な展開を追いかけて読む必要があります。その言葉遊びとは、次のようなものです。父が役に立つ男〔＝金持ちの男〕であるということは、この「役に立つ」という語がドイツ語では性的能力のことをも述べているという意味において、役に立たない〔＝性的不能である〕ということです。……その不能の代理として、ドラの父とK夫人は……口腔性交《オーラルセックス》の関係をもちいているわけです。(S12, 334A)

一体、何が語られているのだろうか。ヒステリー者であるドラは、自分の父親がK夫人と不倫関係にあることを知っていた。彼女はある日、「Kさんの奥さんが父のことを好きな理由は、父が役に立つvermögend〔＝金持ちの〕男だからです」とフロイトに語った。フロイトは、ドラが語ったこの「役に立つ」という表現がもつ独特の雰囲気に着目し、この一見たわいもない表現が実は性的な意味を――「父

(1) 前章でみた疎外と分離は、シニフィアンと享楽のあいだの関係を考える最初の試みであったと考えられる。セミネール第七巻『精神分析の倫理』では、シニフィアンと享楽（ないし〈物〉）のあいだに関係は存在せず、享楽は神経症や精神病における異質な侵入者としてのみ問題となるものであった。セミネール第一一巻『精神分析の四基本概念』では、喪失された十全な享楽は、部分的な享楽としてシニフィアンの秩序の空隙に回帰してくるものであるものの、その論理は依然としてシニフィアンが主で、享楽が従であった。七〇年代のラカンの革新は、シニフィアンと享楽を同時に考えようとするところにある。

は役に立たないunvermögend〔＝性的不能の〕男だ」という意味を――もっていることに気づき、その解釈をドラに伝えた（GW5, 206-7）。ドラは、この解釈を受け入れる。次にフロイトは、性的不能の（すなわち、ペニスの挿入によって享楽を得ることができない）ドラの父が、どうやってK夫人と不倫関係を送っているのか、とドラに問うている。

私〔＝フロイト〕は、彼女〔＝ドラ〕に次のような指摘を行った。「あなたは、Kさんの奥さんとの関係はごく普通の恋愛関係だと主張する一方で、父親は不能であると、つまりそういった関係の甘い汁を吸い尽くすことはできないと言いはる。これは矛盾ではないでしょうか」。彼女の答えは、この矛盾は承認する必要のないものだ、ということを示していた。彼女は、「私は性的満足を得る方法はべつに一つではないことを十分よく知っています」と言うのだった。……そこで私は、次のように問いを進めることができたのだった。「そう考えるからには、あなたは今まさしく、病気で敏感になっているあなたの体の部分（喉、口腔）のことを考えていますね」と。（GW5, 207, 強調は引用者）

性的不能の父が、享楽する際にペニスを挿入する代わりにK夫人の喉や口腔をつかっているのとちょうど同じように、ドラは喉や口腔といった身体器官をつかって咳をすることによって享楽しているのである。

引用したラカンの発言にふたたび戻ろう。ラカンによれば、ドラの咳は「シニフィアンの機能として働いて」おり、ドラはこの咳によって「何かを通知しようと」しているのであった。そう、（1）ドラの咳と、（2）「役に立つ」――「性的不能」という言葉遊び、そして（3）性的不能の父が享楽を得る際にもちいる喉や口腔、という三つの要素の繋がりは、次のことを分析家（フロイト）に知らせているのである。

（1）ドラの咳という症状が、「役に立つ vermögend」――「性的不能 unvermögend」という二つのシニフィアンの連鎖（$S_1 \to S_2$）と関連していること（症状の象徴的な性質）(2)。

（2）このシニフィアン連鎖が、「性的不能」の父がK夫人の喉や口腔といった身体器官をつかって享楽していることを意味していること（症状が想像界において生み出すファリックな意味作用）。

（3）そして、ドラ自身の症状（咳）もまた喉や口腔といった身体器官による享楽と密接に関係していること（症状の現実的な性質）。

このように、症状は一般的に、象徴界・想像界・現実界に相当するこれら三つの要素が層をなして形成されている（⇩216頁）。この三つのうち、象徴界におけるシニフィアン連鎖（$S_1 \to S_2$）は、「シニフィアンは他のシニフィアンに対して主体を代理表象する」というラカンの定式(3)を非常に明快に説明してくれ

（2）フロイトは、ドラの咳における言葉遊びを論じる直前に、「症状が生み出されるためには無意識の思考の流れ……がただ一つだけではほとんど不十分なように思われる」（GW5, 206）と述べている。この一節は、ラカンのシニフィアン連鎖（$S_1 \to S_2$）という概念の出処のひとつである。後にフロイトはヒステリーと強迫神経症を対比して、前者は「一つの表現で対立する両者［＝二つの相対立する心の動き］を満足させ、一石二鳥となるような妥協を見出す」のに対して、後者は「対立する両者を、最初は一方を、その次にもう一方をという形で、それぞれ個別的に満足させる」と述べている（GW7, 414）。これは、ヒステリーと強迫神経症におけるシニフィアン連鎖のあり方を定式化する記述と考えられる（Miller, 1985b）（⇩300頁）。

るだろう。そして、症状の想像界は、症状の隠喩が生み出すファリックな意味作用の意義を十分に説明してくれるだろう。しかし、本章で注目したいのはこれらの象徴的・想像的な要素ではない。『精神分析の核心的諸問題』の読解にとって重要なのは、むしろ、ドラの症状には現実界の側面が存在すること、そして、症状がその現実界の側面において口唇粘膜、口腔粘膜における享楽と密接に関係していることである。症状は、身体における「一次的な性源域」(GW5, 212) と密接な関係をもっているのである。

言い換えよう。ドラの症状（失声や咳）の発生は、三つの側面から把握することができる。ひとつは、シニフィアンの側面である。この側面からは、フロイトが「役に立つ」――「性的不能」という二つのシニフィアンの連鎖を見出したように、ドラの症状がシニフィアンによって決定されていることを把握することができる。二つ目は、象徴的なシニフィアンの連鎖が生み出す想像的な意味作用である。しかし、これらの象徴的・想像的な決定論では、なぜドラの症状が口唇的領域（喉と口）に集中的に発生しているのかを説明することができない。フロイトも、それは「身体側の同調 somatisches Entgegenkommen」によってしか説明できないと言っていた (GW5, 212)。つまり、ドラにおける失声や咳は、ドラに元来備わっていた身体の素質とシニフィアンが出会ったことによって発生しているのである。実際、幼い頃のドラは「おしゃぶりっ子」であった (GW5, 211)。この身体の素質は、もはやシニフィアンによってアクセスできる水準にはない。症状がもつシニフィアン的な側面（隠喩とファリックな意味作用）を問題とする五〇年代のラカン理論では、もはや症状の全体を把握することができないことは明らかである。ならば、症状がもつ三つ目の側面、すなわち享楽の側面を問わなければならない。

『精神分析の核心的諸問題』以降、ラカンはこの方向性を推し進めていった。セミネール第一三巻『精神分析の対象』の六六年四月二七日の講義では、「症状はそれ自体が享楽である」(S13, 264A) といわれるようになる。さらにセミネール第一四巻『ファンタスムの論理』になると、症状がもつ非‐意味的な側面が「真理」と呼ばれるようになり、六七年四月一九日の講義では「症状のなかで、すなわち、うまくいかない何かのなかで、真理が話している」(S14, 318A) と主張されるようになる。そして、五月革命のあおりを受けてセミネールが一時中断された後の六八年六月一九日、セミネール第一五巻『精神分析的行為』を構成する最後の会合で、ラカンは遂に次のような見解を表明する。

真理は、主体が知を拒絶 rejete する点に隠れています。象徴界から拒絶されたものすべては現実界に再出現します。これが、症状と呼ばれるものの鍵です。症状、それは主体の真理が存在するところの現実的な結び目なのです。(S15, 303A)

この一節は、症状の定義の力点が、象徴界から現実界へと移動したことを明確に記録している。かつて、症状はあるシニフィアンを別のシニフィアンによって置き換える隠喩によって構成された無意識の形成物であった。しかしいまや、症状を論じる際に力点が置かれるのはシニフィアンや隠喩ではない。ここでは、症状が象徴的なものの限界において現実的なものとしての側面を際立たせることが重視され

(3) この定式は、セミネール第九巻『同一化』において初めて述べられたが、その際にもラカンは症状形成的な反復について触れている (S9, 60A)。「シニフィアンは他のシニフィアンに対して主体を代理表象する」というラカンの定式は、主体についての哲学的分析を述べたものである以前に、転移空間のなかでドラ(分析主体)が語った「役に立つ男」というシニフィアンが、「性的不能の男」というシニフィアンと関係を取り結ぶなかに、無意識の主体が顕現するという臨床的事実を述べているのである。

表５　七〇年代のラカンの鑑別診断論

	七〇年代前半	七〇年代後半
象徴界	象徴界とセクシュアリティの統合	
セクシュアリティ（現実的なもの）	(1) ディスクール（六八～七〇年） 神経症：ディスクールの内部 精神病：ディスクールの外部 (2) 性別化の式（七〇～七三年） 神経症：ファルス関数への従属 精神病：例外の位置の受肉化	現実的なものの主題化 （鑑別診断論の衰退） (3) 症状の一般理論（七二～七五年） (4) サントーム（七五～七六年）

ており、まさにそこに症状の真理が存在すると言われている。ラカンは、症状における隠喩や意味作用といった象徴的な側面よりも、享楽という現実的な側面を重視するようになったのである[4]。

こうして、六八年以降、象徴界とセクシュアリティ（享楽）の関係の問い直しが本格的に開始され、その問い直しのなかで神経症と精神病の鑑別診断論はさらに書き換えられていく。この理論的変遷は、次の四段階で進行していく。見通しをよくするために先に述べておくと、この四つの理論的変遷のうち、最初の二つの段階は象徴的なものと現実的なものの関係を問い直すものであり、後の二つの段階はもはや象徴的なものを取り扱うのをやめ、現実的なものを集中的に取り扱うものであると考えられる。**表5**をもちいて説明しよう。

（1）ディスクールの理論の練り上げ：象徴界とセクシュアリティを統合的に論じることが目指された結果、疎外と分離という二つの操作を分割して論じる必要がなくなる。そこでラカンは、六八－七〇年にかけて、疎外と分離を一つの式で表現できる「主人のディスクール discours du maître」を導入する。この式は、その変形である大学のディスクール、ヒステリー者のディスクール、分析家のディスクールとともに「四つのディスクール」の理論として提出された。では、ディスクールの理論では、神経症と精神病の鑑別診断はどうなるだろうか。結論から述べるなら、ディスクールは基本的には神経症を論じるためのものであり、精神病は、「ディスクールの外部」、すなわちディスクールに従属していない構造として位置づけられる。

（2）性別化の式の構築によるセクシュアリティの論理化：七〇－七三年には、むしろセクシュアリティが象徴的な論理で表現されるようになる。その結果、性的享楽のシニフィアンが排除されていること（性関係はない）が明らかになり、精神病はその排除された例外の位置を受肉化する運動として位置づけられるようになる。

（3）症状の一般理論の構築：七二－七五年にかけて、神経症と精神病を区別せずに論じることを可能にする「症状の一般理論」が構築される。この理論では、「症状はそれぞれの人物が無意識を享楽する方法としてしか定義できない」（S22, 100A）とされる（七五年二月一八日）。つまり、神経症者や精神病者の症状は実に多様であるが、症状の多様性は「症状の意味」の側にではなく、むしろ「症状の根」の側に、すなわち症状がもつ享楽の側面にある、というわけである。症例ドラの咳が喉や喉頭といった身体器官における享楽との関係から生じていたように、症状は身体における享楽の素質によって第一義的に規定されるのであって、それが「症状の意味」をもつのは、「症状の根」がさまざまな言語（シニフィアン連鎖）を介して表現されていくからに

（4）さらに、この引用では、症状における真理は「象徴界から拒絶され、現実界に再出現する」ものとされている。これは、五〇年代のラカンならば「排除」（私たちの言う、「第一の排除」および「第三の排除」）と呼んだであろうメカニズムである（⇩134～135、166頁）。このことの意義は、後に検討する（⇩339～342頁）。

すぎない。ならば、今や理論の力点は症状の根に、つまり各主体に固有の享楽のモードに置かれなければならないことになる。

（4）サントームと「特異的＝単独的なもの le singulier」の導入による精神分析の再定義：七五－七六年にかけて、ラカンはボロメオの結び目と、症状の古い綴りである「サントーム sinthome」という観点から症例ジョイスの検討を行う。それと同時に、ラカンは各主体に固有の特異的＝単独的なものの理論によって、精神分析そのものを書き換えていく。

では、この四つの理論的変遷を順番に検討していこう。

2　ディスクールの理論の練り上げ（一九六八～一九七〇）

六〇年代後半における症状概念の再検討は、症状がもつ象徴的な側面と現実的な側面を同時に取り扱える理論をつくることをラカンに要請した。そこでラカンが六〇年代末から七〇年代初頭にかけて作りあげたものが、ディスクールの理論である。この理論は、六八－六九年のセミネール第一六巻『ある大他者から小他者へ』、六九－七〇年のセミネール第一七巻『精神分析の裏面』、および七〇年のラジオ放送のテクストである「ラジオフォニー」のなかでそのほとんどが練り上げられた。

ミレール（1999b）によれば、ラカンは「疎外と分離をひとつに統合したものをディスクールと呼んだ」のだという。[5] すでに確認しておいたように、疎外とはシニフィアンの導入（$S_1 \to S_2$）によって斜線

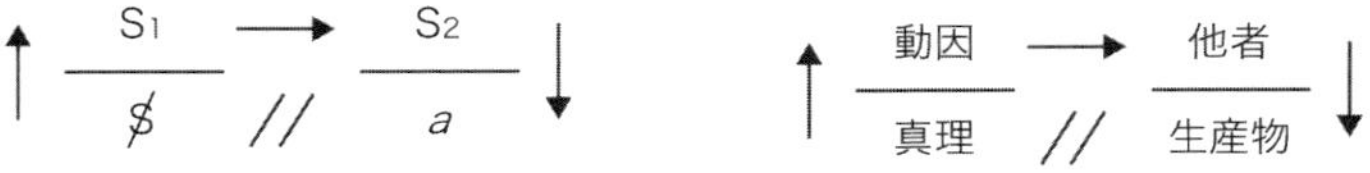

図40　主人のディスクールとディスクールの構造

を引かれた主体（$\$$）を登場させる操作であり、分離とは享楽を制御された形で担保する対象a（a）を抽出する操作である。この二つの操作をあわせると、たしかに主人のディスクール discours du maître と呼ばれている図式を得ることができる（図40）。つまり、ディスクールとは、象徴界に属するものとセクシュアリティに属するものを二つに分割させた状態で捉えるのではなく、結合させた状態で捉えようとする理論装置なのである。より正確に言うなら、ディスクールの理論以前のラカンは、「まず初めに構造、シニフィアンの分節化、大他者、主体の弁証法を記述し、そして二番目に生ける存在、生体、リビードがいかに構造に捕捉されているのかを知ることを問題としていた」のだが、ディスクールの導入によって、ラカンは「シニフィアンと享楽の関係こそが根源的で原初的だ」と考えるようになったのである（Miller, 1999b）。

　ディスクールの構造をより詳しくみていこう。ディスクールの図式は、左側下段に「真理 vérité」、左側上段に「動因 agent」、右側上段に「他者 autre」、右側下段に「生産物 production」と名づけられた四つの位置をもっている。この四つの位置のそれぞれの関係は、真理→動因→他者→生産物という方向に進む矢印に示されている。すなわち、これらの位置は、真理によって支えられた動因が他者に命令し、その結果として生産物ができるという関係にある。そして、真理と生産物のあいだは遮断されており、両者を一

（5）『精神分析の裏面』のなかでディスクールを導入する際に、「知〔＝シニフィアンS_2〕と享楽のあいだには、根源的な関係がある」（S17, 18, 強調は引用者）ことが指摘されている。

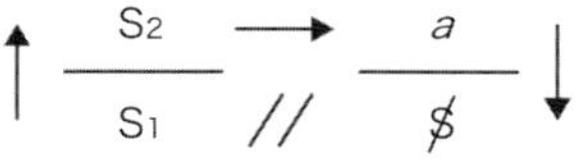

図 41　大学のディスクール

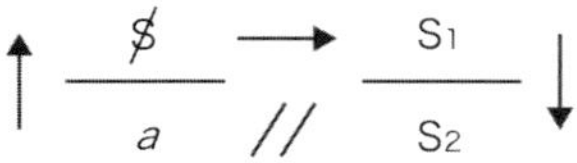

図 42　ヒステリー者のディスクール

致させることは構造的に不可能である。これらの四つの位置に、主人のシニフィアン（S_1）、知（S_2）、斜線を引かれた主体（$）、対象 a（a）の四項がどのように配置されるかによって、主人のディスクール、大学のディスクール、ヒステリー者のディスクール、分析家のディスクールという四つのディスクールが得られる。

大学のディスクール（図41）は、大学と学生の関係を示している。大学では「フロイトによれば〜」「マルクスによれば〜」式の話法が頻繁になされるが、それは知（S_2）を何らかの権威としての真理（S_1）によって成立させていることにほかならない。この知（S_2）は学生（a）に話しかける（S17, 172）。この教育の結果、学生は斜線を引かれた主体（$）として生産されるが、主体（$）として誕生した学生には、この知そのものの成立の根拠である真理（S_1）をラディカルに問い直すことは許されない（S_1//$）（S17, 120）。六八年五月のような学生運動が、結局のところ既存の主人のディスクールの動因である主人＝現行の体制の支配者（S_1）を温存し、革命を失敗させてしまうのはそのためである。

ヒステリー者のディスクール（図42）は、ヒステリー者と医師（あるいは、分析の初期における分析家）の関係を示している。ヒステリー者は分裂した主体（$）として存在している。つまり、彼女は「自分の症状の意味は何か？」という知（S_2）を医師のような主人（S_1）にむけて問いながらも、むしろ自分自身が支配できる人物を主人として選ぶ、という両義的な関係を主人に対してとっている（S17, 150）。それゆえ、医師が彼女の症状について与えることのできる様々な知（S_2）は、ヒステリー者の症状が真理として隠しもつ剰余享楽（a）とは関係をもつことができない（a//S_2）。その結果、医師は主人（S_1）としての位置から失墜することになる。

分析家のディスクール（図43）で念頭におかれているのは、分析家と分析主体の関係である。分析家のディスクールでは、分析主体は分析家の背後に知（S_2）を想定している。その知は、精神分析家がもっているエディプスコンプレクス等の既知の理論、「分析的なノウハウ savoir-faire」である（S17, 38）。分析家はこの知に支えられることによって「知を想定された主体」として立ち現れ、転移を構成する。

図 43　分析家のディスクール

分析家はプラトンの『饗宴』におけるアガルマのような魅力をもつ人物として、対象aのふりをして分析主体（$）の前に現れるのである（しかし最終的には、分析家は屑としての対象aとして捨てられる）。また、分析家は分析主体の自由連想を区切り、分析主体のディスクールが分裂したものにほかならないこと（$）を示す。その結果、「主人のシニフィアンの他なる様式」（S17, 205）が析出する。これは他のシニフィアン（S_2）から切り離された無意味のシニフィアン（S_1）である（S_2//S_1）。このようにして、分析家のディスクールは、大学のディスクールのように主人（S_1）を温存するのではなく、むしろ新たな主人のシニフィアン（S_1）の出現を可能にし、ひいては分析主体が新たな社会的紐帯を結びなおすことを可能にする[6]（⇩376〜377頁）。

（6）以上の検討から明らかなように、主人のディスクールは症状の構造を、大学のディスクールは強迫神経症的な知のあり方を、ヒステリー者のディスクールはヒステリー者のあり方を、分析家のディスクールは神経症者の精神分析の構造を示したものであり、基本的には四つのディスクールはそのすべてが神経症に関わるものであることに注意されたい。

では、主人のディスクールにおいて、シニフィアンは享楽とどのように関係しているだろうか。具体的にみていこう。まず、主人のディスクールの動因となるのは主人のシニフィアン（S_1）である。このシニフィアンは、主体を他のシニフィアン（S_2）という他者に向けて代理表象する。その際に、主体はみずからの存在の生き生きした部分を喪失し、享楽を断念させられる。ここまでは疎外の図式と同じである。しかし、主人のディスクールでは、シニフィアンの導入による享楽の断念と同時に、対象 a の享楽である剰余享楽が生産されている。すなわち、シニフィアンの導入は、主体に享楽の断念を迫ると同時に、主体に別種の享楽の可能性を与えるのである（S16, 40）。例えば、症状は、享楽の喪失に対する関係のなかで個々人がそれぞれの仕方で苦しむ＝享楽する方法である（S16, 41）。ここで獲得される別種の享楽を、ラカンは「剰余享楽 plus-de-jouir」と呼んでいる。これが剰余享楽と呼ばれるのは、主人のディスクールの導入によって、ひとはもはや享楽そのものにアクセスすることが不可能になる（もはや享楽しない《プリュ・ド・ジュイール》）が、それと引き換えに対象 a の回路を通して、何度も反復を繰り返しながら「もっと享楽する《プリュス・ド・ジュイール》」ことを希求するようになるからである。

セミネール第七巻『精神分析の倫理』では、享楽はシニフィアンの導入によって禁止されたものであった。そのため、もし享楽にアクセスしようとするならば、侵犯を行うしかなかった。「欲望は大他者の側からやってくるが、享楽は〈物〉の側にある」（E853）というラカンの言葉に示されているように、当時はおおむねシニフィアンと享楽の関係は不可能であると考えられていたのである。だが、『精神分析の裏面』になると、侵犯という語が「みだらな lubrique」ものとして格下げされるようになる一方で、シニフィアンそれ自体が剰余享楽を可能にする装置として扱われるようになる（S17, 23）。つまり、ディスクールの理論の導入によって、ラカンはシニフィアンと享楽を二律背反的なものとして考えることをやめ、両者の関係を考えるようになったのである。このような理論的変遷は、バタイユ的な禁止と侵犯の問題系からの離反として捉えることができる（⇩275頁）。

では、ファルス享楽と剰余享楽はどのように異なるのだろうか？　一方のファルス享楽は、〈物〉とその断片である対象 *a* の論理であって、象徴界の側からいかにして現実界にアクセスするかという困難のもとにある。その享楽は、禁止されている〈物〉を、いわばその断片である対象 *a* という例外的な抜け道を通って享楽するようなものである。ファルス享楽において範例とされる対象 *a* が、乳房、糞便、眼差し、声といった身体の一部と関係するものであったのはそのためである。他方の剰余享楽は、シニフィアンと享楽のあいだの関係を問題にしており、ここで問題となる享楽の対象は最初から禁止されたものではない。剰余享楽における対象 *a* は、ファルス享楽における対象 *a* とは少々異なるのである。実際ラカンは、剰余享楽の対象のリストに、社会にあふれる工業製品や文化製品といった「ささやかな対象 *a*」を付けくわえている（S17, 188）。このような享楽は、例えば電化製品やガジェットの新機種が出るたびにそれを喜んで購入する現代人の姿とも重なるだろう。しかし、このような対象は一度手に入れたとしても、享楽を満足させることはないため、享楽の回帰が生じ、それが反復をふたたび基礎づけることになる（S17, 51）。

さて、ディスクールの理論では、人間のセクシュアリティを決定づける去勢はどのように考えられるのだろうか。ラカンによれば、「去勢とは、性の関係における何らかのシニフィアンの結果から導入される現実的操作である」（S17, 149）。すなわち、去勢は主人のシニフィアンの導入によって決定されるのである。ただしそれは、シニフィアンの世界に参入する者がみな同じシニフィアンによってセクシュアリティを構造化されているということではない。なぜなら、「主人の審級は、どんなシニフィアンからでも主人のシニフィアンを生産することができる」からである（S17, 144）。主体を他のシニフィアンに対して代理表象し、主体を去勢し、そのセクシュアリティを決定づけるシニフィアンの機能は、唯一のシニフィアンによってではなく、任意のシニフィアンによって担われることが可能なのである（S17, 101）。このような考えは、定冠詞付きの「〈父の名〉le Nom-du-Père」から「〈複数形の父の名〉les Noms-du-Père」への移行を反映したものである。六〇年代ラカンにとって〈父の名〉が複数的なものであったように、七〇年代ラカンにとって主人のシニフィアン（S_1）は、何ら特別なシニフィアンである必要はなく、主人としての機能を果たすシニフィアンであれば何でもよいのである。

このような考えは、ファルス中心主義的なセクシュアリティは普遍的なものでも唯一のものでもないことを明らかにし、さらには時代によって別の仕方でのセクシュアリティが主流になりうる可能性を肯定するものだと言ってよい。実際、精神分析家マリー＝エレーヌ・ブルースは、次のように述べている。

> 主人のディスクールに関するかぎりでは、名は――〈父の名〉という表現における限定詞の意味において――S_1、すなわち主人のシニフィアンと関係するものであり、ディスクールそれ自体の組織化を命令するものです。言い換えれば、支配的な享楽のモードを決定づけるものです。主人のディスクールが歴史のなかで――社会的紐帯 lien social[7] が変化していくというのと同じような言い方で――変化していくにつれて、私たちのことを語る世界や、私たちが語る対象としての世界もまた変化しています。象徴界の幹線道路 grand-route は変化しているのです。（Brousse, 2009）

五〇年代のラカンは、「父である」というシニフィアン（＝〈父の名〉）は神経症者なら誰もが避けて通ることのできない家父長制的システムの幹線道路であると考えていた（⇩151頁）。このシニフィアンは、ファルス享楽を支配的な享楽のモードとして人々に押しつけていた。そして、もしこの幹線道路を利用することを拒絶するとすれば、ひとは精神病者として妄想の小道を歩んでいくしかないと考えられていた。反対に、七〇年代のラカンにとって、この幹線道路は変化しうるものであり、それが家父長制的な（エディプス的な）ものであるのは歴史的な偶然にすぎないことになる。ゆえに、ファルス享楽が支配的な享楽のモードではなくなる時代も到来しうるということになる。こうしてラカンは、「エディプスコンプレクスをフロイトの夢として分析すること」を提案するまでに至ったのである（S17, 135）。

　ここまでのラカンの歩みを振り返っておこう。彼は五〇年代にはエディプスコンプレクスを構造論化した。そして彼は、「エディプスを経験していない神経症などというものは存在しない」（S3, 227/下74頁）という原則に従って、神経症をエディプスコンプレクスが導入された構造として捉え、精神病をその導入に失敗した構造として捉えていた。六〇年代には、エディプスコンプレクスは疎外と分離の操作へとさらに抽象化され、神経症は疎外と分離を終えた構造として、精神病は分離に失敗した構造として位置づけられるようになった。しかし七〇年代初めになると、それまで神経症と精神病を差異化していたエディプスコンプレクスそのものが相対化されたのである。

（7）　社会的紐帯とは、ディスクールそのもののことである（S19, 42; S20, 21/34頁）。ラカンは、「あらゆる主体の決定、そして思考の決定はディスクールに依存している」と述べている（S17, 178）。すなわち、ディスクールは、実際の発話のみならず、教育、経済活動、神経症者の症状のあり方、精神分析における語り等々を表すものであり、それは結局のところ人間が社会とのあいだに取り結ぶ紐帯（関係）のあり方そのものであると考えられるのである。

ディスクールの外部としての精神病

では、ディスクールの理論からは精神病はどのように位置づけられるのだろうか。まず、「ラジオフォニー」における次の発言を検討しよう。

それぞれのディスクールの構造には、ひとつの不能が必要とされています。それらのディスクールの構造は、享楽のバリア barrière de la jouissance によって定義されるものであり、〔それぞれのディスクールにおける〕真理と生産物の切り離しの仕方によって区別されています。／主人のディスクールでは、剰余享楽とは、ファンタスムの現実に支えられることによってはじめて主体を満足させることができるものです。（AE445）

ディスクールの構造は、真理に支えられた動因が他者に働きかけ、生産物を生み出させるものであり、その際に真理と生産物のあいだは遮断されているのであった。主人のディスクールでは、主体（$）と対象 *a* のあいだが遮断されていた（$//*a*）。ラカンは、この遮断がファンタスム（$◇*a*）に相当し、享楽に対するバリアとしての機能を果たしていると言っている。この議論は、六〇年代の神経症論と接続することができる。それによれば、神経症者はファンタスムをつかって対象 *a* の顕現から身を守っているのであった（⇩286頁）。反対に、精神病者はファンタスムの形成に必要な「対象 *a* の抽出」を行えておらず、ファンタスムをうまく形成できていない。これは、精神病者にはディスクールの構造があてはまらない、ということを意味している。後にラカンが述べるように、精神病者は「ディスクールの外部 hors-discours」（AE490）にいるのである。

ディスクールの外部にあるものとしての精神病。この図式がもっともよくあてはまるのは、スキゾフレニーである（五〇年代ラカンの精神病のパラダイムがシュレーバーのようなパラノイアであったとすれば、六〇年代後半から七〇年代前半にかけてのそれは明らかにスキゾフレニーである。⇩268頁）。実際、七二年の「エトゥルディ」のなかで、ラカンはスキゾフレニーについて次のように述べている。

いわゆるスキゾフレニー患者 le dit schizophrène は、いかなる既成のディスクールにも捉えられていないことによって特徴づけられる。（AE474, 強調は引用者）

スキゾフレニー患者は、ディスクールに従属しておらず、ディスクールの外部にいる。このような考えは、すでに六六年の論文「哲学科学生への応答」のなかにも胚胎されていた。そこでは、スキゾフレニー患者は「あらゆる社会的関係の根源に迫るイロニー ironie を備えている」と規定されていた（AE209）。ここでいうイロニーとは、「大他者は存在しないこと、社会的紐帯はその根底において詐欺であること、みせかけ semblant[8] でないようなディスクールは存在しないこと」を示す機能のことである（Miller, 1993a）。つまり、スキゾフレニー患者は、神経症者が依拠している通常の主人のディスクールが正常なものでも普遍的なものでもないことを暴露する機能をもっているのである。イロニーと呼ばれて

（8）「みせかけ」とは「無を覆うもの」のことである（Miller, 1992）。覆われることによって、無は自らがあたかも「何か」であるようにみせかけることができる。このような機能をもつものをラカン派では「みせかけ」と呼ぶ。つまり「みせかけ」とは、覆いをとってしまえば何も残らないようなもののことである。

いるのは、ディスクールに対するこのようなニヒリズム的態度である。(9)

スキゾフレニー患者のこのようなあり方の発見は、既成のディスクールを相対化することを可能にする。つまり、どのディスクールが正統なものなのかは決定不可能であり、さらには「既成のディスクールとラカンが呼ぶものは、ノーマルな妄想 délires normaux のことである」(Miller, 2004) とすら言うことができるのである。エディプスコンプレクスに対応するものとしての主人のディスクールは、たしかに「正常」と地続きの神経症者を生み出す。しかし、スキゾフレニーの側からみた場合、主人のディスクールは「正常」なものでは決してなく、むしろ「妄想」のヴァリアントのひとつなのである。すなわち、神経症者が依拠する象徴秩序もまた「妄想」のひとつであり、その意味で「人はみな妄想する tout le monde délire」とすら言いうるのである。このようなパースペクティヴを、ミレール (1993a) は「妄想の普遍的臨床 clinique universelle du délire」と呼んでいる。

ディスクールからみた精神病の病理——人はみな妄想する

ラカンは、「主体のすべての決定、そして思考の決定はディスクールに従属している」と述べていた (S17, 178)。すると、スキゾフレニー患者は、ディスクールへ従属していない自由な存在であると考えられる。しかし、この自由は、少なくとも現状では、決してどこかに心地よく安住していられるような自由ではない。なぜなら、ディスクールの外部にいるということは、シニフィアンと享楽が主人のディスクールのような仕方で構造化されていないということであり、その結果、さまざまな現象が精神病者を襲うことになるからである。では、その病理はディスクールの理論ではどのように理解されるのだろうか。

まず、主人のディスクールによる構造化がなされていないということは、S_1がS_2に連鎖していないということである。その結果、シニフィアンは凝集し「ひとつきりのシニフィアン S_1 tout seul」になってしまう。ラカンは『精神分析の四基本概念』のなかで、このようなシニフィアンの凝集現象を「オロフラーズ holophrase」と呼んでいた（S11, 215/321-2頁）[10]。このシニフィアンの凝集からは、次の二つの現象が帰結する（Stevens, 1987）。

（1）S_1がS_2に連鎖せず、その代わりに「ひとつきりのシニフィアン」しか存在しないということは、あるシニフィアンを他のシニフィアンによって置き換えることによって可能になる隠喩を作ることができないということである。ラカンはかつて、シュレーバーの『ある神経病者の回想録』には詩的な隠喩がみられないことを指摘していたが、それはこのオロフラーズから説明できるだろう（S3, 90-1/上127-8頁）。また、これは精神病の症状がファリックな意味作用をもたないことの理由でもある。この意味で、ディスクールの理論における「〈父の名〉の排除」の対応物は、S_1やS_2といったそれぞれのシニフィアンが存在しないことではなく、むしろS_1がS_2に連鎖していないことであると考えられる（Moulinier, 1999, p.204）。

（9）スキゾフレニー患者がイロニーを備えているという考えは、一体どこから出てきたのだろうか。これはおそらく、破瓜型統合失調症にみられる独特の生活態度から得られた着想である。実際、破瓜型統合失調症者は、すべてのことに「いやです」と返答し、あらゆる問いかけを拒絶する態度をとることがある。あるいは、周囲に関する無頓着さや、愚直なまでの陽気さをみせたりすることもある。このような態度は、通常自明なものとみなされている秩序（象徴界）を相対化し、それらがフィクションであることを暴き立てることができる。

（10）ラカンは、オロフラーズは精神病のみならず、心身症や知的障害といった様々な病態にみられる構造横断的なものであると述べている（S11, 215/321-2頁）。

（2）また、「ひとつきりのシニフィアン」が現実界における幻覚のシニフィアンとして出現した場合、主体はその幻覚のシニフィアンを弁証法的に否定しうるような他のシニフィアン（S_2）をもっていないため、ただその出現を確信し、困惑することしかできなくなってしまう。以前にも指摘しておいたように、幻覚は「そんなことはありえない」とどれだけ自分に言い聞かせたとしても、その実在を否定することができないような確信をもって現れるのである（⇩161頁）。

また、ディスクールは主体と対象 *a* のあいだを遮断し（$\$//a$）、ファンタスム（$\$\diamond a$）を作ることによって、過剰な享楽の氾濫から身を守ることを可能にする装置でもあった。すなわち、ディスクールは「現実界に対する防衛」にほかならないのである（Miller, 1993a）。例えば、神経症者は多くの場合、身体の享楽をファルスというひとつの身体器官に局在化することによって、過剰な享楽の氾濫から身を守っている。しかし、ディスクールの外部にいる精神病者、とくにスキゾフレニー患者は、「象徴界という手段をつかって現実界から自らを防衛することのない唯一の主体」（Miller, 1993a）であり、彼らはその代償として、過剰な享楽を身体に直接受けることになる（⇩297〜298頁）。

いまや私たちは、パラノイアにおける妄想性隠喩を、ディスクールという観点から理解することができる。パラノイア患者は、その病初期にシニフィアンの連鎖から断絶した「ひとつきりのシニフィアン」の襲来（精神自動症や各種の言語性幻覚）を受ける。彼は、この襲来してきたシニフィアンを何か別のシニフィアンに連鎖させることができず、したがってそのシニフィアンの意味を理解することもできず、ただ困惑に支配されてしまう。しかし、後に彼はこのようなシニフィアンの崩壊に妄想的な意味を与え、その惨状をたった一人で回復させようとする。この妄想形成の作業が妄想性隠喩と呼ばれていたのであった（⇩257頁）。このシニフィアンの連結作業は、ひとつきりの形で存在していたS_1を、他のシニフィアンS_2へと繋げていく作業にほかならない（Miller, 2008a）。つまり、パラノイア患者の妄想は、主人のディスクールと同じ$S_1 \rightarrow S_2$の構造をもっているのである。[11] スキゾフレニー患者のイロニーが、ひとつきりのシニフィアンS_1の散乱状態にとどまることによって、主人のディスクールの虚構性を暴露するものであるとすれば、パラノイア患者の妄想形成（$S_1 \rightarrow S_2$）は、「正常」なものであるとされる主人のディスクール（$S_1 \rightarrow S_2$）が妄想形成と同じ構造をもっていることを示すことによって、主人のディスクールの正常性＝規範性を相対化すると言うことができるだろう。つまり、精神病者だけが妄想しているのではなく、神経症者も精神病者も「$S_1 \rightarrow S_2$」という仕方で等しく「妄想」していると考えることができるのである。

あらゆる人間が妄想しているという考えは、ラカン自身が七九年に述べていたことでもある――「フロイトはこう考えた。すべては夢であると。そして（こういう表現を使えるならば）人はみな狂人であると。言いかえれば、人はみな妄想的なのである」（Lacan, 1979）。この一般化された狂気のパースペクティヴを、ミレールは「人はみな妄想する tout le monde délire」「人はみな狂人である tout le monde est fou」というキーワードをもちいて展開している。

こうして、ディスクールの理論以降、ラカンは精神病を特殊なものとして論じることを徐々にやめて

（11）後にラカン（1977）が「パラノイアにおいても、シニフィアンは他のシニフィアンに対して主体を代理表象する」と述べていることは、おそらくこのことを指している。

いくことになる（ほぼ唯一の例外が、次節で扱う「女性－への－推進 pousse-à-la-femme」の理論である）。さらに七〇年代後半のラカンは、神経症と精神病の鑑別診断を論じることをやめ、両者を同時に論じることができる一般理論に傾斜していく。それはおそらく、これまで神経症と精神病の境界をつくりあげてきたエディプスコンプレクスが、ディスクールの理論の導入によって相対化されてしまったからである。

ただし、ディスクールの理論以降のラカンは、神経症と精神病の鑑別診断を捨て去ったわけではない。「人はみな妄想する」とは、あらゆる人間が「$S_1 \rightarrow S_2$」という仕方に一般化された意味での「一般理論における狂気」に位置づけられうるという意味であり、あらゆる人間が精神病になっているという意味ではないのである（Miller, 2013a）。では、ディスクールの理論以降、ラカンはどのように神経症と精神病の鑑別診断を行うのだろうか。その答えは、性別化の式の検討によって明らかになる。

3　性別化の式の構築――「女性（例外）－への－推進」としての精神病（一九七〇～一九七三）

〈父の名〉の相対化にはじまる六〇年代の理論と、七〇年に完成されたディスクールの理論[12]は、五〇年代のラカンが依拠していたエディプスコンプレクスを相対化することに成功した。つまり、いまやエディプスコンプレクスは規範的＝正常的なものではなく、時代によって変化しうるものになったのである。

七〇年以降のラカンは、ディスクールがもつ相対性をさらに先鋭化させていく。七〇－七一年のセミネール第一八巻『みせかけでないようなディスクールについて』では、前年度に論じられたディスクールは「みせかけ semblant」であると評されるようになる（S18, 19）。さらにラカンは、ディスクールの理論で論じた象徴的秩序の成立とセクシュアリティの制御を、さらに論理式にまで抽象化する。その作業は、『みせかけでないようなディスクールについて』、七一－七二年のセミネール第一九巻『ウ・ピール（あるいはさらに悪いもの）』、七二年七月一四日に執筆された難解極まる論文「エトゥルディ」、そして七二－七三年のセミネール第二〇巻『アンコール』のなかで行われ、よく知られた「性別化の式 formules de la sexuation」を生み出すに至った。

では、ラカンの理論展開とは逆の順序になるが、まず『アンコール』における性別化の式の完成形を提示し、そのあとで性別化の式の構築作業を追いかけ、神経症や精神病との関係を探っていこう。

性別化の式の完成形

ラカンは、『アンコール』のなかで、性別化の式の完成形を提示している。その式と、それに付随する性関係のシェーマを図44に提示しよう。

性別化の式は、左側の男性の論理式と、右側の女性の論理式によって構成されている。まず、男性側の式からみていこう。男性の論理式は、個別否定命題「$\exists x \overline{\Phi x}$」と、普遍肯定命題「$\forall x \Phi x$」によって構成されている。記号「$\Phi x$」は、「xはファルス関数に従う」「xは去勢されている」ことを示す関数で

（12）　実際には、七二年と七三年の二回のイタリア講演、および七四年のテレビ放送のテクストである「テレヴィジオン」のなかで、現代における主人のディスクールに相当する「資本主義のディスクール」が提出されており、ディスクールの理論はそこで完成されている（松本、2015）。

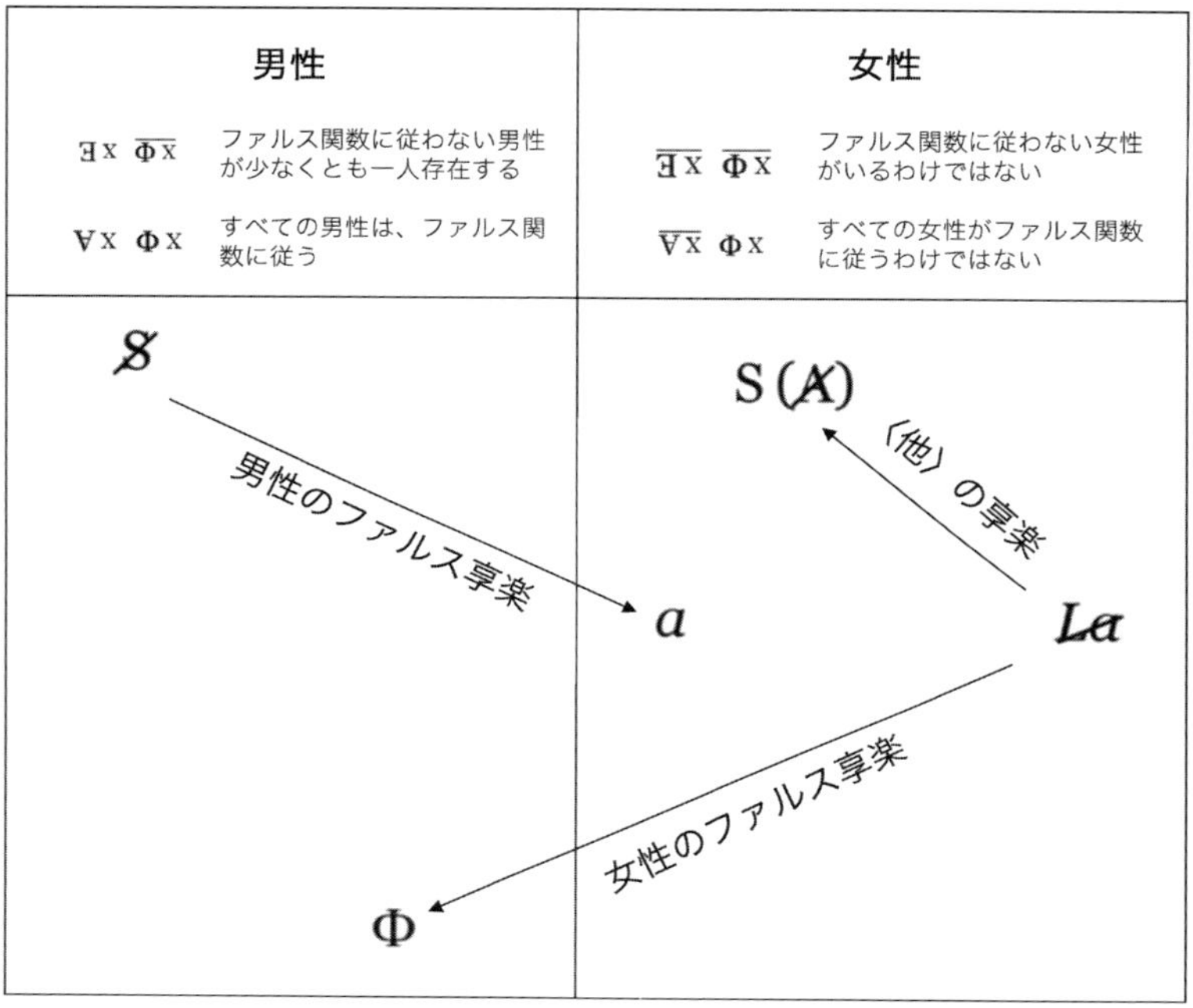

図 44　性別化の式と性関係のシェーマ

あり、これは「ファルス関数 fonction phallique」と呼ばれる。そして、「∃x」は「少なくとも一人のxが存在する」ことを、「∀x」は「すべてのxは～である」ことを示し、それぞれの記号の上に引かれた線は否定を示している。

　すると、男性の論理式は次のように読むことができる（説明の都合上、下段の「∀xΦx」の式から説明をはじめる）。

（1）$\forall x \Phi x$（普遍肯定命題）：この式は、「すべての男性はファルス関数に従う」と読む。これは、「男性」としてのセクシュアリティをもつ人間は――生物学的性別にかかわらず――すべて去勢されている、ということを意味している。

（2）$\exists x \overline{\Phi x}$（個別否定命題）：この式は、「ファルス関数に従わない男性が少なくとも一人存在する」と読む。つまり、去勢されていない男性が少なくとも一人存在する、という意味である。（1）の普遍肯定命題の式で確認したとおり、すべての男性は去勢されているが、例外として、去勢されていない男性が少なくとも一人存在するのである。

この例外的な存在は、フロイトの『トーテムとタブー』で語られる神話に登場する「原父 Urvater」に相当する。詳しく説明する。ある原始部族において、強大な力をもっていた原父が存在し、その原父がすべての女性たちを独占的に所有し、すべての女性たちを享楽し、享楽させていた（S18, 143）。この原父は、部族のなかでただひとりだけ去勢されていない存在（$\overline{\Phi x}$）、去勢に「否と言う dire que non」存在であり、他のすべての男性に対して例外の位置を占めていたといえる（S19, 203）。（2）の個別否定命題が示すのは、そのような神話的な例外者の存在である。

要約しよう。「$\forall x \Phi x$」の式は、すべての男性が去勢されているという普遍にかかわる命題を示し、「$\exists x \overline{\Phi x}$」の式は、少なくとも一人の男性（＝原父）は去勢を免れているという例外にかかわる命題を示している。

形式上は矛盾しているかのようにみえるこの二つの命題は、原始部族の神話を論理式として再構成したものである。原始部族の神話は、原父がすべての女性を独占的に所有している場面から始まる。このとき、息子たちは、女性を享楽する権利をもとめて、自分が原父の場所につくことをそれぞれ欲望している。そこで息子たちは一致団結してこの原父を殺し、その存在をなきものにする。しかし結局のところ、原父を殺害しても、息子たちは誰一人として原父の場所に立つことはできず、望んでいたような享楽を得るには至らなかった。なぜなら、原父の殺害後には、息子たちそれぞれがお互いのライバルになってしまったからである。そこで息子たちは、原父の立場に立つことを諦め（＝去勢）、原父殺害の罪責感を共有する彼らのあいだで「汝、殺すなかれ」という掟を共有し、安定した共同体をつくるに至った（GW9, 173-6）。この神話は、まさに例外（＝原父）の殺害が普遍（＝すべての男性、息子たち）を安定化させ、象徴的秩序を設立する様を描くものだと言ってよい。つまり、原父のような神話的な例外者は、普遍を囲い込むことを可能にする一種の「包摂機能 fonction inclusive」を果たしているのである（S19, 204）[13]。

こうして、象徴的秩序の成立をひとつの論理式として整理することが可能になった。では、男性の論理式からは、どのようなセクシュアリティのあり方が帰結するのだろうか？　結論から述べるならば、男性にとって享楽はファルス享楽しか存在しない（図44下段）。さらに詳しく説明しよう。

（1）男性のファルス享楽（$\$ \to a$）：去勢（Φx）の結果として得られる享楽が「ファルス享楽 jouissance phallique」である。すべての男性（$\$$）は、去勢をこうむった結果として、女性の身体そのものを享楽することができない。その代わりに、男性はフェティッシュとしての対象 *a* を仮初めの標的としながら、自分自身の身体器官（ファルス）を享楽するようになる（S20, 75/142頁）。かつてラカンは、男性（神経症者）は去勢（および女性の「おとしめ Erniedrigung」）によって、

女性をフェティッシュ化して享楽すると考えていたが、その際の享楽がこのファルス享楽に相当する（Monribot, 2013）（⇩193頁）。

　この享楽は、「大他者〔＝女性〕を対象 *a* へと縮減しているという点で倒錯的」（S20, 131/260頁）な享楽であり、〈他〉なる性としての女性（L̸a）と関係するような享楽ではない。この意味で、「ファルス関数は性関係の障害物であり、そのせいで男性は女性の身体を享楽することに到達できない」（S20, 13/16頁）のであって、そこには「性関係はない il n'y a pas de rapport sexuel」（S20, 17/25頁）。性関係のシェーマにおける「$\$ \rightarrow a$」の線は、このような男性のファルス享楽が、女性（L̸a）とのあいだに性関係をもたないことを表している。わかりやすく言い換えるなら、男性のファルス享楽は、セックスの際に、女性そのものを相手にするのではなく自分の身体器官（ファルス）をつかって自慰を行うようなものなのである。ラカンはその享楽を「白痴の享楽 jouissance de l'idiot」と呼んでいる（S20, 75/144頁）。

（2）〈他〉の享楽の想定：男性にはファルス享楽しか存在しないが、このファルス享楽は男性に性関係をもたらしてはくれない。そのため、男性は享楽を欠いた存在になってしまう。そこで男性は、「ファルス享楽以外の享楽がどこかに存在しているのではないか」という空想を行う

（13）　ラカンは次のようにも述べている。「[去勢されていない原父が] ひとり存在するということから出発して、この例外を参照することによってはじめて、その他のすべてが機能することができるのです」（S19, 36）。性別化の式の発明によって、ひとつの例外（例えば、〈父の名〉やファルス、あるいは、欺かない唯一のものとしての対象 *a*）によって普遍を包摂し安定化させるそれまでの古典的ラカン理論は、男性側の式のなかに収められることとなった。なお、東浩紀（1998）が『存在論的、郵便的』で批判の対象とした、いわゆる「否定神学的」なラカンは、この男性側の式にほぼ収まる。

ことによって、享楽の欠如を覆い隠そうとする。それが、〈他〉の享楽 jouissance de l'Autre の想定である。

男性のファンタスム（空想）である〈他〉の享楽の想定は、「この世界のどこかに十全な満足を得ている人物がいるのではないか」「私の享楽を奪った人物から享楽を取り戻せば、享楽に到達できるのではないか」「どこかに性関係があるのではないか」という論理によって駆動される。例えば、「世界のすべてを牛耳り、すべてを享楽している黒幕がどこかに存在するのではないか」という陰謀論や、「我々の身近にいる外国人が、我々の享楽を奪っているのではないか」というレイシズム、[14] あるいは「男性には到底獲得できないような享楽を女性（やセクシュアルマイノリティ）が密かに獲得しているのではないか」という考えを発端とする女性蔑視やセクシュアルマイノリティ差別がそれにあたる。男性は、〈他〉の享楽をこのように想定し、自分もいつか十全な満足に到達できるのではないかと空想しつづけることによって、はじめて自分の享楽の欠如（＝去勢）を否認することができるのである。

次に、女性の論理式をみていこう。女性の論理式は次のように読むことができる。

（1）$\overline{\exists x}\,\overline{\Phi x}$（個別否定命題の否定）：この式は、「ファルス関数に従わない女性がいるわけではない」と読む。すなわち、女性であるからといって去勢を免れることはできず、女性もファルス享楽に従わないわけではない、という意味である。また、女性には男性における原父に相当するような例外が存在せず、それゆえ、女性は例外によって普遍を支えるという男性的なロジックに頼ることができない。

（2）$\overline{\forall x}\Phi x$（普遍肯定命題の否定）：この式は、「すべての女性がファルス関数に従うわけではない」と読む。原父神話のなかでは、原父が「すべての女性」を所有することによって女性の集合を囲い込んでいたため、女性における「すべて」を考えることが可能であった。しかし、原父を殺してしまった後では、「すべての女性」なるものはもはや存在しえない（S18, 143）。つまり、女性については、普遍的な仕方で何かを語ることは不可能であり、ひとりひとりの女性について個別的に語らなければならない。ラカンはそのことを、「すべてではない pas-tout」、あるいは「女なるものは存在しない *La* femme n'existe pas」と表記したのである。

では、男性の論理式と女性の論理式の違いはどこにあるのか。一方の男性の論理式を考える際に援用されたのは、例外として「すべて」を包摂し、普遍を構築する原父であった。他方、女性の論理式を考える際に援用されるのはドン・ファンである。なぜか。ドン・ファンは、原父のように女性たちをひとつの集合としてわし掴みに囲い込むのではなく、出会う女性をその都度つねに新たなプラス一として、「ひとりひとり une par une」（S20, 15/20頁）取り扱うからである。女性の論理式は例外の存在を認めず、それゆえ包摂的な「すべて」というものを生じさせることがない。その代わりに、有限の数の女性たち

（14）実際ラカンは、『ウ・ピール』の最後で、ファルス関数に「否と言う［＝否をつきつける］」例外的な原父の周りに普遍が構築されることを、レイシズムの発生と結びつけている（S19, 236）。ここから帰結するレイシズムの論理については別稿で論じた（松本、2014a）。

を「ひとりひとり」取り扱うのである（女性の論理式において、普遍の量化子「∀」が否定され「$\overline{\forall x}$」と記されているのはそのためである）。

さて、男性のセクシュアリティがファルス享楽というひとつの享楽しかもちえなかったのとは反対に、女性の享楽には次の二つの種類がある。

（1）女性のファルス享楽（$\not{L}a$→Φ）：先に述べたように、男性と同じように、女性もまたファルス関数に従わないわけではない。つまり、女性も男性と同じようにファルス享楽をもっているのである。女性のファルス享楽は、女性（$\not{L}a$）が子供をファルス（Φ）として欲望したり（⇩198頁）、ファルス（Φ）をもっているような男性を欲望したりする姿（⇩192、339頁）にあらわれている。このように、女性のファルス享楽は「性的享楽のみせかけとしてのファルス（Φ）」（S19, 146）を欲望するものである。また、男性のファルス享楽もまた女性そのものではなくみせかけとしての対象 *a*（S20, 91/178頁）を欲望するものであった。この意味で、ファルス享楽は総じて男性と女性がそれぞれのみせかけを相手にして享楽するものであり、そこには両者のあいだで共有しうる享楽が存在しない。性関係が存在しないのはそのためである。

（2）〈他〉の享楽（$\not{L}a$→S(Ⱥ)）：女性の論理式における「$\overline{\forall x}\Phi x$」は、「女性の享楽のすべてがファルス関数に従っているわけではない」と読むこともできる。つまり、女性の享楽はファルス的でないわけではないが、しかしそれはファルス的でない享楽がありえないということではない、ということである（S20, 13/16頁）。このことは、性別化の式の下に描かれた性関係のシェーマにおいて、女性（$\not{L}a$）から二つの享楽の線が伸びていることからも確認できる（図44下段）。一方

は $\not{L}a \to \Phi$ へと向かうファルス享楽の線であり、他方は $\not{L}a \to S(\not{A})$ へと向かう享楽の線である。この後者の享楽が、〈他〉の享楽である（S20, 75 et 78/143頁, 148頁）。すなわち、男性がファルス享楽しか得られないのに対して、女性は「ある追加的 supplémentaire な享楽〔＝〈他〉の享楽〕をもっている」のである（S20, 68/131頁）[15]。ただしこの享楽は、ファルス享楽に欠けているものを補完する complémentaire ような享楽ではない。というのも、何かを補完するということは、何らかの「全体＝すべて tout」を想定することになってしまうが、女性の論理式はそもそも「すべてではない pas-tout」ものだからである。

ラカンが〈他〉の享楽の具体例としてあげているのは、ベルニーニの『聖テレジアの法悦』に示されているような神秘主義者の宗教的恍惚である。彼女たち神秘主義者の証言の本質は、たしかに彼女たちが享楽しているのだが、その享楽を経験しているのみであり、その享楽について彼女たちは何も知らないという点にある（S20, 71/136頁）。つまり、神秘主義者が経験することができるような〈他〉の享楽は、語ることができない享楽なのである。〈他〉の享楽が $\not{L}a \to S(\not{A})$ へと向かう線で示されているのは、まさにその享楽が大他者におけるシニフィアンの欠如（$\not{A}$）に向けられているからである。後にラカンは、七五年一月二一日の講義のなかで、ファルス享楽と〈他〉の享楽をボロメオの結び目（図45）の内部に位置づけているが、その際

（15）フィンクは、女性の側ではファルス享楽と大他者の享楽が排他的ではないことを指摘している（Fink, 2004, p.163）。男性の享楽は「あれかこれか」であり、ファルス享楽の体制下にあるかぎりでは〈他〉の享楽を空想することしかできないのに対して、女性の享楽は「あれもこれも」であり、どちらかの享楽の可能性を断念することなしに、両方の享楽を得る可能性をもっている。

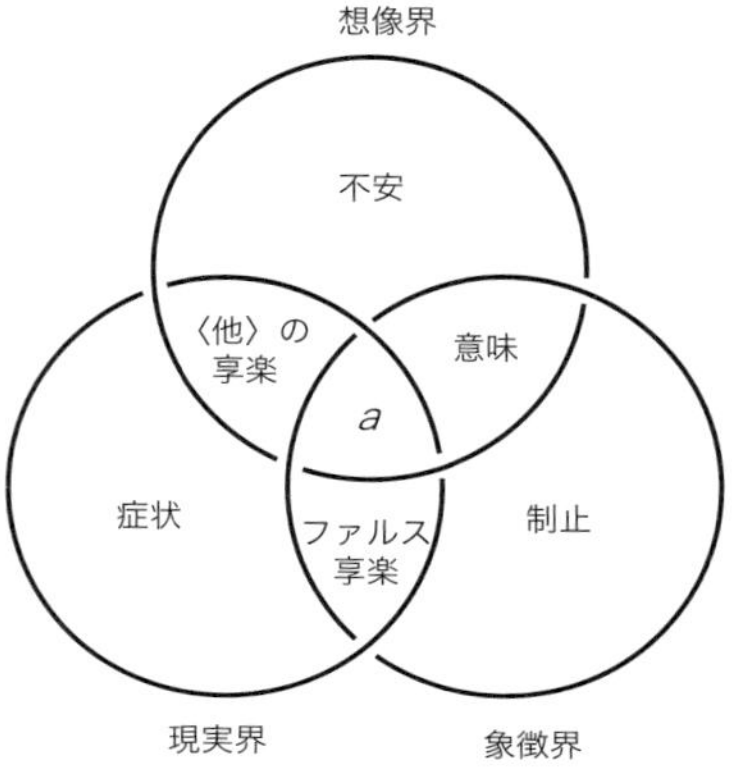

図 45　ボロメオの結び目

にも〈他〉の享楽は想像界（Ｉ）と現実界（Ｒ）の接合部に位置づけられており、象徴界（Ｓ）とは関わっていない（S22, 58A）。つまり、この享楽はシニフィアンとは関わっておらず、それを言うことも書くこともできないのである。

では、性別化の式からは神経症と精神病はどのように位置づけられるだろうか？　まず、神経症からみていこう。同時期のラカンは、神経症者とは「去勢の回避」のために様々な方法をもちいる存在である、と定義している（S18, 174-5）。以下に示すとおり、ここでは、男性の論理式がおおむね強迫神経症者に、女性の論理式がおおむねヒステリーに相当すると考えてよい。

（1）強迫神経症の男性は、原父のような例外の位置に去勢されていない〈他〉の享楽が存在することを空想することによって、去勢を回避する（S18, 177）。しかし、この〈他〉の享楽の想定はどこまでいっても空想にすぎない。

（2）ヒステリー者が去勢の回避のためにとる戦略は、「去勢を他の〔性の〕側に、パートナーの側に偏らせること」である。ヒステリー者は、いわば「去勢されたパートナー」を必要としているのである（S18, 174-5）。ただしこの「去勢されたパートナー」とは、弱々しい男性のことではなく、むしろヒステリー者に対して主人として現れはするけれども、その裏ではヒステリー者の側が支配できるような両義的な人物のことである（S17, 150）。症例アンナ・Oが病気の父との関係からヒステリーを発症させたことや、症例ドラが不能の父との関係からヒステリー症状を展開したことを思い出しておこう（⇩299頁）。極端な場合、女性のヒステリー者は、原父のような例外的な存在として自らをみせかける男性、つまり他の平凡な男性とは異なるふりをしている男性を、「少なくとも一人は存在する男《オモワンザン》 hommoinzin」[16] として所有する（＝その男性を支配する）という共犯関係に入ることもある（S18, 153）。しかし、すべての男性が結局のところ例外的な存在ではなく、ファルス関数に従う存在である以上、そのような関係は遅かれ早かれ破局に向かうことを運命づけられている。

性関係の排除（一般化排除）

以上の検討から明らかなように、性別化の式とそれに付随する性関係のシェーマは、主として両性の神経症者にみられるファンタスム、セクシュアリティ、去勢の回避の様態を説明するものである。では、精神病はどのように考えられるのだろうか？

ミレールは、「性関係はない」というラカンの公式は「排除」の概念の別バージョンであると述べている（Miller, 1987a: Cours du 27 mai 1987）。性別化の式と精神病の関係を探るために、まずはこの意味を明らかにすることから始めよう。

（16）「オモワンザン」とは、「少なくとも一人 au moins un」と「男性 homme」の掛詞である。

セミネール第三巻『精神病』の時期のラカンは、フロイトの諸論文に散発する「排除 Verwerfung」という用語を、精神病の構造を規定する「〈父の名〉の排除」という概念にまで精錬させていた（⇩151頁）。ただし、「排除」はすぐさま精神病と結びつけられたわけではない。すでに確認してきたように、当時のラカンの「排除」概念には、「〈父の名〉の排除」以外に少なくとも二つのヴァリエーションが存在していたのである（⇩167頁）。さらにその後も、「去勢コンプレクスの部分的排除」（S6, 237）、「主体の排除」（S6, 540）、「〈物〉の排除」（S7, 157/上198頁）、資本主義を特徴づける「去勢の排除」（Lacan, 2011, p.96）等、いくつかの「排除」概念のヴァリエーションが作られ、ラカンの「排除」概念はその意味を拡散させていったことが知られている(17)。

性別化の式の構築作業のなかで次第に目立ってくるのは、言うことができないものや、書くことができないもののことを「排除されている forclos」と形容する用法である。この用法はセミネール第一六巻『ある大他者からその小他者へ』のなかで初めて登場する。そこでラカンは、「性的享楽のシニフィアンは根底的に排除されている」と語り、その排除を「象徴界のなかで抑圧されたものは現実界のなかに再出現する」という排除の公式と関連づけている（S16, 321）。さらに『みせかけでないようなディスクールについて』では、ジャック・ダムレットとエドゥアール・ピションの『語から思考へ』（1987）に登場する否定の二様式である「排除 forclusion」と「不一致 discordance」を、それぞれ男性の論理式におけるファルス関数の否定と、女性の論理式における量化記号の否定にあてはめている（S18, 141）。そしてセミネール第一九巻『ウ・ピール』になると、男性の論理式における否定（排除）が現実界と関連づけられるようになる。次のとおりである。

私たちの〔女性の論理式における〕「すべてではない pas-tout」は、不一致です。／では、排除とは何でしょうか？　排除が、不一致とは異なる領域〔＝男性の論理式〕に位置づけられるべきであることは間違いありません。排除は、〔ファルス〕関数 fonction という用語で呼んだ項を書いたところに位置づけられるべきです。ここでは、言うこと dire の重要性が形式化されています。言うことにしか排除はないのです。存在 existe する何かが言われうるものであるのかどうかということ以外には排除はないのです。……言われることができないこの何かについては、現実界に関する問いが立てられるしかありません。（S19, 22）

パラフレーズしよう。男性の論理式と女性の論理式は、それぞれ別のものを否定している。一方の女性の論理式は、「すべての女性」ないし「女性なるもの」が存在しえないことを示しているという点で、普遍を否定していると言える。普遍の否定が、ここでは「不一致」と呼ばれているのである。他方、男性の論理式では、ある存在が去勢されているかどうかが問題であり、去勢されていない例外的な存在である原父はファルス関数に対して「否を言う dire que non」存在であるとされる（S19, 203）。しかしファ

（17）　ただし、ここに列挙した「排除」概念のヴァリエーションは、私たちの知るかぎりそれぞれ一回ずつしかつかわれておらず、いずれもラカン理論のなかで安定した概念となることはなかった。なお、これらの用法のうち、精神病に特異的なものは「〈物〉の排除」だけであり、「去勢コンプレクスの部分的排除」と「主体の排除」はおおむね原抑圧に相当すると考えられている（Maleval, 2000, p.154）。また、資本主義は「去勢を排除している」とするセミネール『精神分析家の知』の一節は、後期資本主義の体制下（＝資本主義のディスクール）において欲望の対象が主体に即座に与えられることによって、欲望を構成する欠如が否認されてしまうことを意味している（松本、2015）。

ルス関数に否をつきつけ、去勢を唯一免れていた原父は、後に息子たちに殺害され、その存在を否定されてしまう。この意味で、女性の論理式が普遍を否定しているのに対して、男性の論理式は存在 existence を否定している。ゆえに、この二つの否定はダムレットとピションの「不一致」と「排除」に関連づけられるのである。(18)

存在を否定されたものは、現実界に位置づけられる。こうして、例外によって普遍を構築し安定化させる男性の論理式には、言うことができないもの、書くことができないものが存在 exister する――いや、現実界に外 - 在 ex-sister している――と考えられるようになるのである。おそらくこのような考えのもとに、ラカンは「非 - 関係」(性関係のなさ)や「女性なるもの *La* femme」をも現実界に位置づけている(AE562-3)。つまり、これらのシニフィアンはみな排除されているのである。この意味での排除は男性の論理式にかかわるものであり、当然、神経症にも精神病にもみられるものであると考えられる。

なお、このような排除は、ミレールが「一般化排除 forclusion généralisée」と呼ぶものに相当する(Miller, 2009a: Cours du 26 novembre 2008)。この排除は、神経症にも精神病にもみられ、これなしでは普遍(象徴界)の安定化がなされえないという点で、私たちが先に「第三の排除」と呼んだ主体を構成する排除を継承する概念であると考えられる(⇩166頁)。

並外れた精神病――女性(例外)- への - 推進

一般化排除は、神経症にも精神病にもみられる。しかし、神経症者がこの排除(言いえないものや、書くことができないもの)の周囲をめぐるようにして人生を送っていくのとは対照的に、精神病者はこの排除されたものに突き進んでいく。そのことをラカンは「女性 - への - 推進 pousse-à-la-femme」と呼んだ

（AE466）。

女性‐への‐推進とは何か。具体例としては、症例シュレーバーの女性化が挙げられる。シュレーバーは、発病期に「性交を受け入れる側である女になってみることも元来なかなか素敵なことにちがいない」という観念を抱き、最終的には妄想のなかで「神の女になる」ことに同意していた。つまり、シュレーバーの妄想形成は、「女性なるもの」へと向かう長い行程として捉えることができるのである。ミレールは、この女性‐への‐推進が、精神病の構造的条件である〈父の名〉の排除の埋め合わせであることを指摘している。次のとおりである。

> シュレーバーは「女性なるもの」のシニフィアンを創造することに身を捧げています。彼は「女性なるもの」のシニフィアンを大他者の領野に包摂させることに身を捧げています。つまり、すべての人々にとって、「女性なるもの」のシニフィアンの排除があるのです。これが、ラカンの「女性なるものは存在しない」の意味です。このことは、私たちが持つことのできる唯一のシニフィアンはファルスであるということを意味しています。それぞれの主体がさまざまな仕方で自らを関係に刻み込むことができる唯一の機能がファルスなのです。／ですから、以前サンタンヌにいたときに、「女性なるもの」のシニフィアンの排除を私はすでに結論していたのです。〈父の名〉の排除の埋め合わせが「女性なるもの」のシニフィアンの包摂であることにも、私はもちろん気づいていました。

（18）　なお、ラカンはセミネール第三巻『精神病』のなかで、「排除 forclusion」の語を導入する際にも、ダムレットとピションの『語から思考へ』を典拠にしている。詳しくは、ルディネスコ（1993）を参照せよ。

（Miller, 1983a: Cours du 27 avril 1983, 強調は引用者）

ブルース（2002）が指摘しているように、シュレーバーのような精神病者が「女性なるもの」を受肉化することは、女性性 féminité の方に向かうことでもなければ、何らかの具体的な「ひとりの女性 une femme」になることでもない。それはむしろ、「女性なるもの *La* femme」という例外的なシニフィアンに向かうことである。かつてフロイトは、シュレーバーのようなパラノイアの原因を同性愛に見定めていたが、それが間違いであったことがあらためて理解されるだろう（⇩104〜109頁）。精神病の構造的欠陥（〈父の名〉の排除）は、その埋め合わせとして女性－への－推進を必要とする。パラノイアにおいて同性愛のように見えるものは、パラノイアの構造的原因（排除）ではなく、その原因の埋め合わせとして生じる女性－への－推進（排除されたシニフィアンへの推進）の結果である。いまや私たちは、ラカンがイダ・マカルピンに同意しつつ五八年に述べた、「同性愛はパラノイア性精神病の決定的要因だといわれるが、じつはその過程のうちで表明される症状なのだ」（E544）という宣言を、「同性愛は女性－への－推進という過程のうちで表明される症状なのだ」と書き直すことができるだろう。

さらにラカンは、セミネール第二二巻『R.S.I.』の七五年四月八日の講義のなかで、「性関係はない」というテーゼを再解釈し、シュレーバーのパラノイアでは「神以外との性関係は存在しない」と述べている（S22, 145A, 強調は引用者）。「神の女になる」というシュレーバーの妄想は、神とのあいだに例外的に性関係を結ぶことでもあるのだ。マルヴァルが言うように、「精神病の臨床は、女性なるものと神には現実界のなかでしか出会うことができないということを確かめさせてくれる」のである（Maleval, 2000, p.343）。

このように、古典的な精神病者は排除された例外へと推進する。ラカン派では、このような症例は「並外れた精神病 psychose extraordinaire」と呼ばれている。というのは、これらの精神病では、例外への推進が、奇怪な妄想や奇抜な行動において明確にあらわれるからである。

シュレーバーは、ジャック＝アラン・ミレールが「並はずれた精神病」と呼ぶものの一例です。この並外れた精神病を取り上げてみましょう。並はずれた精神病は、並はずれた妄想によって特徴づけられるものです。その妄想は、あるシニフィアンが欠如している場所に、想像界をもちいて手当をすることによって構成されたものです。この場合、主体は自ら、欠如している例外、つまり欠如している「命名する父 père qui nomme」という例外を受肉化することに身をささげていることになります。シュレーバーが、神に欠如している「女性なるもの」になるのは、そういうことです。他にも、あらゆる女性を誘惑したり満足させたりすることができる〔原父のような〕男性になることに身を捧げる患者もいますね。これらの例外の位置は、私たちが「並はずれた精神病」と呼ぶものに対応しています。Φx ではないような x がひとつ存在するという公理を支えることが〔並外れた精神病では〕問題となっているのです。(Brousse, 2009)

こうして、神経症と精神病の鑑別診断の基準は、普遍に依拠するか（神経症）、例外へと推進するか（精神病）という点に求められるようになる。このような精神病の特殊理論は、ディスクールの理論の導入によって象徴秩序が相対化され、ラカンが神経症と精神病の一般理論に向かった後でも有効性をもっている。つまり、七〇年代のラカンにおいては、精神病を神経症から区別する精神病の特殊理論と、神

経症と精神病を同じ枠のなかで捉える一般理論が併走していると考えられるのである。(19)

しかし、これだけが精神病のすべてではない。近年、後期ラカンについての研究と実践のなかから、例外－への－推進を行わない精神病が少なからず存在することが明らかになってきたのである。その精神病は、「普通精神病 psychose ordinaire」と呼ばれている。

普通精神病——非－例外の精神病

普通精神病とは何か。二〇世紀後半以降、シュレーバーのように華々しい妄想を開花させる並外れた精神病は徐々に減少し、その代わりに明らかな精神病の標識（古典的な要素現象など）がみられない精神病が増加してきたといわれる。普通精神病は、このようなポスト－精神病の時代の精神病である。

普通精神病は、並外れた精神病とは異なり、奇怪な妄想や奇抜な行動を示すことがない。むしろそこでは、精神病という事態が普通に生きられている。また、普通精神病には明確な発病地点というものがみられない。並外れた精神病は幻覚や妄想を呈することによって発病 déclenchement するが、普通精神病は発病する代わりにさまざまな社会的紐帯から脱接続 débranchement する。

普通精神病の患者は、精神病の構造をもっていながらも、その構造が妄想のような粗大な異常としては現れにくいため、微細な徴候によって診断される必要がある。そのような微細な特徴に注目する臨床を、ミレール（2009b）は「排除の小さな証拠の臨床 une clinique des petits indices de la forclusion」と呼んでいる。これは必ずしもミレールの独創ではなく、ラカンが五八年の精神病論のなかで「主体の感覚生活の中の最も内奥の接続点における乱れ」（E558）と呼んでいた病理に対応しているとされる。

ミレールは、普通精神病に頻繁にみられるこの「主体の感覚生活の中の最も内奥の接続点における乱れ」を次の三つの外部性を例にとって説明している。

（1）社会的外部性：ルソーをはじめとして、統合失調症者の放浪という現象は昔からよく観察されてきたが、このように社会のなかに固定した位置を占めないという外部性のことを指す。現代的な精神病では、職場や家庭から脱接続する特徴がみられる。反対に、社会（職場）に対して過剰に同一化する形式での普通精神病もありうる。この場合、職を失うことを契機に発病することもあるとミレールは言う。なぜなら、彼らにとって「職を持つことは〈父の名〉である」からである。

（2）身体的外部性：普通精神病では身体が自己に接続されず、ズレをはらむことがある。この実例は、ジョイスが『若い芸術家の肖像』のなかで記述した、自己の身体が崩れ落ちるような体験である（⇩368頁）。このような身体の不安定性に対する対処行動として、ミレールは「タトゥー」を挙げている。つまり、彼らにとって「タトゥーは身体との関係における〈父の名〉になる」のである。

（3）主体の外部性：普通精神病では、独特の空虚感がみられることがある。もちろんこのような空虚感は神経症でもみられうるものであるが、普通精神病の場合はその空虚感を弁証法的に否

（19）ミレール（2013a）は次のように述べている。「一般化された狂気は一般的なものであり、むしろ普遍的なものである。しかしそれは精神病ではない。精神病は、普遍なるものにはどうやっても書き込まれようのない何か〔＝例外〕をつかみとろうとするような臨床カテゴリーである」。

定することができないことが相違点であるとされる。

このような現代的な精神病のあり方は、並外れた精神病にみられるような「例外‐への‐推進」だけが精神病における〈父の名〉の排除を埋め合わせる仕方のすべてではないことを明らかにしている。ブルースによれば、普通精神病は、例外を必要としない論理にもとづく精神病である。

> 普通精神病は、並外れた精神病のような、例外を原理とする方法とは関係がありません。普通精神病においては、患者は象徴的組織化に欠如している例外の機能を自ら受肉化しようとはしないのです。ゆえに、普通精神病における「普通」とは、例外的ではないもの、共通のもの、凡庸なもの、という意味であり、それはハンナ・アーレントの「悪の凡庸さ」という表現におけるような意味をもっているのです。（Brousse, 2009）

奇怪な妄想体系を作り上げる並外れた精神病から、大きな異常が目立たない普通精神病への移行、すなわちポスト‐精神病の時代への移行は、性別化の式における男性の論理式から女性の論理式への移行として捉えることができるのである（松本、2014c）。

4　症状の一般理論の構築（一九七二〜一九七五）

存在論《オントロジー》から〈一者〉論《ヘノロジー》へ——白痴の享楽の肯定的用法（一九七二〜一九七三）

性別化の式の構築作業のなかには、実はもうひとつの大きな理論的変遷がみられる。それは、「存在論 ontologie」から「〈一者〉論 hénologie」への移行である。ラカンの理論が（特にハイデガーの）存在論から影響を受けていることは早くから指摘されていたが（S11, 31/37頁）、七二-七三年頃のラカンはむしろ存在論の価値下げをおこない、その結果として〈一者〉論がクローズアップされてくるのである。この移行が後期のラカン理論にとって極めて重要なものであるということが気づかれたのは、ラカン派のなかでも最近のことである。ここでは、その移行の定式化がなされた講義、すなわちミレールが二〇一一年一月から六月にかけておこなった講義『〈存在〉と〈一者〉L'Être et l'Un』[20]を参照しながら、その概略を提示してみよう。

先に確認しておいたように、六〇年代後半以降、ラカンは症状がもつ象徴的な意味の側面よりも、「象徴界から拒絶され、現実界に再出現した真理」すなわち享楽の側面を重視するようになった（⇩306〜312頁）。『ウ・ピール』では、この二つの側面が、それぞれ存在論と〈一者〉論に対応させられていると考えられる。ラカンは、存在論をつかっているかぎり、象徴界から拒絶された真理が自ら語りだす瞬

（20）この講義は、後に『ひとつきりの〈一者〉L'Un-tout-seul』、『ひとつきりの〈一者〉たち Les-Tout-Seuls』と改題され、ミレールの講義録として初めて出版される予定となっていたが、二〇一五年三月現在、刊行は実現していない。また、ミレールは主として体調上の問題から、この講義以降の連続講義を休止している。なお、ミレールの講義録はそのほとんどがオンラインの海賊版で閲覧することが可能である。

$$\frac{a}{S_2} \quad \rightarrow \quad \frac{\$}{S_1}$$
$$\leftarrow$$

〈存在〉L' Être　　〈一者〉L'Un

図46　分析家のディスクール、および〈一者〉論と存在論

間を捉えることはできないと述べる (S19, 116)。症状がもつ享楽の側面は、意味の側面を問題とする存在論では捉えることができないのである。ラカンは「主体を存在 être として考察するような存在論は恥である」とまで述べ、存在論の一種の価値下げを行っている (S19, 116)。そこでラカンが「存在」に対抗するものとしてもちだすのが、プラトンの対話篇『パルメニデス』に由来する「〈一者〉Un」である。ラカンは、この〈存在〉と〈一者〉の対立が分析家のディスクールと関係していることを示唆している (S19, 139)。そのことを図46に示す。

　分析家のディスクールにおけるS_2は、分析家がもっていると想定される既存の知 (例えば、エディプスコンプレクスのような、手垢のついた学説) のことであった (S17, 38)。知は、分析の導入のために必要な転移を成立させるためには不可欠なものである。しかし分析家は、分析主体が自由連想のなかで発する言葉を知 (エディプスコンプレクスのようなコード) に基づいて解釈するだけに留まっていてはいけない。なぜなら、繰り返し述べてきたように、意味の側面だけでは症状を消失させられないからである。むしろ分析家は、知のシニフィアン (S_2) から切り離された無意味のシニフィアン (S_1) の新たな様式を析出させるように分析主体に働きかけなければならない (S17, 205)。それは、このS_1、〈一者〉のシニフィアンにこそ、症状がもつ享楽の側面が刻み込まれていると考えられるからである。知のシニフィアン (S_2) よりも〈一者〉のシニフィアンを優位におくこのような考えを、ラカンは「〈一者〉論」と呼ぶ (S19, 153)。[21]

　ミレールによれば、ラカンにおける存在論から〈一者〉論への転回点は、『アンコール』の第八章に見出される (Miller, 2011a: Cours du 9 mars 2011)。ミレール自身は言及していないが、その転回がもっとも明

瞭に確認できるのは、『アンコール』の第七章（七三年三月一三日）と第八章（七三年三月二〇日）における「白痴 idiot」という語の解釈の変化である。

『アンコール』の第七章では——すなわち、〈一者〉論へと転回する以前には——、ラカンは男性のファルス享楽を自慰と関連づけ、それを「白痴の享楽 jouissance de l'idiot」と呼んでいた（S20, 75/144 頁）（⇩333頁）。この「白痴の享楽」という言葉は、ファルス享楽の体制下にある男性が自分の身体器官（ファルス）を享楽し、まるで自慰をおこなっているかのようなセックスをしているさまを評したものであり、そこには侮蔑的な意味があると考えられる。しかし、〈一者〉論へと転回した後の第八章では、そのニュアンスが変わり、白痴の享楽はむしろ分析家のディスクールにおける〈一者〉のシニフィアンS_1と関連づけられるようになる。ラカンは次のように言っている。

> 分析経験は、ここでそれ自身の終端〔＝S_1〕に出会います。というのも、分析経験が生産しうるもののすべては、私の書記素grammeに従えば、S_1なのですからね。前回〔＝『アンコール』第七章で〕私が、このシニフィアンS_1はもっとも白痴的ですらある享楽のシニフィアンである、という結論を導き出

（21）　ここでいう〈一者〉は、他者とひとつになることを目指す融合的な〈一者〉ではなく、むしろ全体化不可能なひとつきりの〈一者〉l'Un-tout-seul である。なお、ラカンは「〈一者〉論」を造語であると言っているが、それを額面通りに受け取ってはいけない。パルメニデスの〈一者〉論は、プラトンを経由して新プラトン派のプロティノスによって継承された。プロティノスは、〈一者〉が知性に対して優位にあり、前者から後者が流出すると論じていた。近年では存在論の導入によって失われた〈一者〉論を回復させようとする議論（ヘノロジー）が活性化していると聞くが、ラカンの〈一者〉論への注目も、おそらくはそのような潮流と無関係ではない。

すことに成功したという噂を、皆さんはまだ覚えているのではないかと思います。その際に、もっとも白痴的、と言ったのは語の二つの意味においてです。つまり、ここで参照の機能をもっている白痴の享楽と、もっとも特異的＝単独的 singulier でもある享楽、という二つの意味においてなのです。（S20, 86/166-7 頁）

ここでラカンは、「白痴 idiot」という言葉が「奇妙な peculiar／個別的な particular」という二つの意味をもつギリシア語「ἰδιώτης」に相当するという語源学的事実を参照している。そのことを考慮に入れると、「白痴の享楽」という術語は、次の二つの享楽のことを指していることになる。

（1）一方では、「白痴の享楽」という術語は、ファルス享楽の体制にある男性が、自分の身体器官（ファルス）を享楽し、女性を相手にしながらも他者と関係をもたない自慰のようなセックスをしているありふれた光景を「奇妙」であると否定的に論評するものである。

（2）他方では、「白痴の享楽」とは、精神分析が終結する際に出会われる〈一者〉のシニフィアン S_1 に刻まれた享楽である。この享楽は、男性のファルス享楽がきわめてありふれた普遍的なものであるのとは異なり、各分析主体にとって「個別的な」ものであり、より正確に言うならば他の誰とも似ていない「特異的＝単独的な」ものである。

この特異的＝単独的な享楽は、ファルス享楽と同じように、やはり身体と関係している。ミレールによれば、この享楽は、身体に言語がはじめて導入されるときの、つまり身体の領域にシニフィアンがはじめて導入されるときのトラウマ的な衝撃を刻み込まれた享楽である

(Miller, 2011a: Cours du 23 mars 2011)。ひとは、ラカンが後に「身体の出来事 évènement de corps」(AE569) と呼ぶことになるこの衝撃を忘れることができず、この享楽を依存症 addiction のように何度も反復することを余儀なくされる。[22] その姿は、男性が身体器官(ファルス)をもちいて自慰にふける姿と同じく「白痴」的なものである。しかし、身体の出来事によって構成される「白痴の享楽」は、分析の終結と関連する肯定的な意味をもつという点で、男性のファルス享楽とは異なっている。

直裁的に言えば、存在論から〈一者〉論への転回によって、ラカンはエディプスコンプレクスや原父神話によって制御されたものではない、大他者から断絶した白痴の享楽の肯定的側面をみるようになったのである。この享楽を、ラカンはどのようにして発見したのだろうか? ミレールによれば、その発見の道筋は次のとおりである。

この知られざる享楽を垣間見ることをラカンに可能にしたのは、『アンコール』のセミネールにおいて展開された女性のセクシュアリティの研究でした。それ以来、ラカンはその享楽を男性にも見

(22) ミレールは次のように述べている。「反復的な享楽、依存症 addiction と呼ばれる享楽——正確にいえば、ラカンがサントームと呼ぶものは中毒の水準にあるのです——は、〈一者〉のシニフィアン S_1としか関係をもっていません。このことが意味するのは、この享楽は知を表象するS_2とは関係をもっていないということです。この反復的享楽は知の‐外部 hors-savoir にあるもので、S_2を欠いたS_1という手段によって身体を自己‐享楽することに他なりません」(Miller, 2011a: Cours du 23 mars 2011)。

出したのです。いわば、その享楽は、ファルス享楽の空威張りの下で隠されているのです。その享楽は、ファルス享楽を通過しないことを選んだ男性にも明白にあらわれます。それは、たとえば神秘主義的な男性における禁欲の結果です。その享楽はジョイスのような症例にもまた現れます。
(Miller, 2011a: Cours du 23 mars 2011, 強調は引用者)

当初ラカンは、男性のファルス享楽を享楽それ自体の体制として考えていた。しかし、彼はファルス享楽の探求のなかから女性の〈他〉の)享楽を発見した。次にラカンは、女性の享楽を享楽それ自体の体制へと一般化した。その結果として得られたのが、〈他〉の享楽と同じように非ファルス的で、エディプスの装置の外部にある、〈一者〉のシニフィアンに刻まれた享楽だったのである。

いまや私たちは、女性だけが二つの享楽(ファルス享楽と〈他〉の享楽)をもっているのではなく、男性もまた非ファルス的で、非エディプス的な享楽をもっているのだと考えなければならない。ただし、男性がその享楽を取り扱えるようになるためには、宗教的禁欲[23]か、ずばぬけた創造行為か、あるいは精神分析をもちいて、ファルス享楽の体制をいったん解体するしかない。

「書かれることをやめない」ものとしての症状(一九七四 - 一九七五)——自閉症におけるララング

性別化の式の構築と〈一者〉論への転回を通じて、ラカンはエディプス的な理論を相対化・抽象化するだけにとどまらず、むしろ非エディプス的なものを重視する方向に進んでいった。この理論的変遷は、セミネール第二〇巻『アンコール』に始まり、七四 - 七五年のセミネール第二二巻『R.S.I.』を経由して、七五年一〇月四日に行われた「ジュネーヴにおける『症状』についての講演」で終結する。そして、この理論的変遷は、七五–七六年のセミネール第二三巻『サントーム』における「サントーム」概念の発明を準備することになる。

この一連の理論的変遷を検討するために、まずは七〇年代ラカンのこれまでの歩みを確認しておこう。これまでの議論からは、次の三つの論点が抽出される。

（1）症状がもつ享楽の側面の重視：かつて症状は、主として象徴界のなかで捉えられており、そこでは症状がもつ隠喩的な意味の側面が重視されてきた。しかし、意味の側面だけでは症状を把握することも消失させることも出来ないことが明らかになり、次第に症状がその根としてもっている享楽の側面（現実的な側面）が重視されるようになった（⇩306〜312頁）。

（2）他から切り離されたシニフィアンS_1の重視：ディスクールの理論は、主人のディスクールによる心的システムの構造化が、$S_1 \rightarrow S_2$という二つのシニフィアンの節合によって行われていることを明らかにした。また、精神分析家の役割（分析家のディスクール）は、S_1をS_2から切り離された形で析出させるように分析主体を仕向けることであった（S_2/S_1）。このことから、精神分析の実践において重要なのはS_2ではなく、むしろS_2の根源にあるS_1であり、さらに言えば他のシニフィアンから切り離された無意味なシニフィアンS_1であるということが結論づけられた（⇩317頁）。

（3）非ファルス的・非エディプス的な享楽の重視：性別化の式の構築によって、ラカンはエディ

（23）このような禁欲主義について、筆者はかつてキルケゴールを題材に検討した（松本、2014b）。

プスコンプレクスを論理に解消した。その結果、例外によって普遍を支える男性的論理に依拠することなしに存在する、非ファルス的・非エディプス的な享楽が発見された（⇩336～338頁）。この議論は、存在論から〈一者〉論への転回を経て、各個人においてそれぞれ異なる特異的＝単独的な享楽を重視する立場へとラカンを移行させた（⇩351～354頁）。

　これらの三つの論点を重ね合わせると、ソレールが「症状の一般理論 théorie généralisée du symptôme」と呼ぶ理論ができあがる（Soler, 2008, p.99）。表6をつかって説明しよう。

　表の右側は「症状の意味 sémantique des symptômes」、すなわち症状がもつ意味の側面を表している。他方、表の左側は「症状の根 racine des symptômes」、すなわち、あらゆる解釈を受けたあとも残りつづける、症状がもつ享楽の側面を表している。症状の一般理論とは、意味をもつようなあらゆる症状（S_2）は症状の根（S_1）から発展して出来上がっている、つまり症状の構造は「$S_1 \rightarrow S_2$」と書き表せる、という考えである。これが症状の一般理論と呼ばれるのは、先に確認しておいたように、神経症の症状形成のみならず、精神病の妄想形成もまた「$S_1 \rightarrow S_2$」と書き表すことができるからである（⇩327頁）。つまり、症状の一般理論は、神経症的な「無意識の形成物としての症状」という特殊理論を相対化することができるのである。このように症状を把握する場合、もはや神経症と精神病の鑑別診断は不要になる。症状の一般理論以降のラカンは、いわば「ポスト－鑑別診断」の立場をとっているのである。

　では、症状の一般理論を詳しく検討してみよう。

　まず、表の右側の「症状の意味」から出発する。通常、分析的な意味での症状は象徴的なものであり、隠喩によって生み出されるファリックな意味作用をもっている。しかし主体はその意味に気づいておず、症状は無意識的なものである。フロイトは、その症状がもつ意味を解釈することによって、症状を消失させることができることを発見した。しかし、やがてフロイトは、どれだけ解釈しても症状が消失しない症例や、たとえ解消したとしてもすぐに別の症状が生み出される症例に頻繁に出会うようになった。

表の左側の「症状の根」に示されているのは、この症状の治癒不可能性の理由、すなわち症状が絶えず反復される理由である。ラカンは、症状が反復される理由は、症状がもつ享楽の側面にあると考えた。この享楽の側面は、絶えず同じ場所に回帰し、新たな症状を生み出すことをやめないという点で、現実的なものである。(24) さらにラカンは『R.S.I.』の七五年一月二一日の講義のなかで、「症状のなかで書かれることをやめない ne cesse pas d'écrire ものは〈一者〉に由来している」(S22, 65A) と述べ、〈一者〉が症状の反復を基礎づけていることを指摘している。つまりラカンは、症状がもつ享楽の側面を、身体の出来事が刻まれたシニフィアン S_1、「〈一者〉のシニフィアン signifiant Un」に見定めたのである。

症状の一般理論は、七五年一〇月四日の「ジュネーヴにおける『症状』についての講演」(Lacan, 1985) で完成される。ここでの議論を追ってみよう。ラカンは、「症状の意味」と「症状の根」という二つ

表6　症状の一般理論

症状の根	症状の意味
S_1	S_2
現実的 享楽の側面 〈一者〉 身体の出来事 ララング 『入門講義』第二三講 自体性愛	象徴的 意味の側面 〈存在〉 無意識 言語《ラング》 『入門講義』第一七講 剰余享楽

(24) ラカンの定義によれば、現実的なものとは「つねに同じ場所に再来するもの」である (S11, 49/65頁)。

の側面を、それぞれフロイトの『精神分析入門講義』の第一七講「症状の意味」と第二三講「症状形成の道」の内容に対応させることから議論を始めている。前者の第一七講において、フロイトは、症状が無意識の形成物であり、象徴的な意味をもっていることを語っている。後者の第二三講において、フロイトは、症状には「満足」があると述べる。症状は、それをもつ主体になんらかの満足をもたらしているのである。症状の意味がどれだけ解釈されたとしても、主体がその症状を手放そうとしないのはそのためである。フロイトによれば、この症状における満足は、もとをたどれば「性欲動にはじめての満足をもたらした自体性愛」(GW11, 380) に由来している。それゆえ、満足のあり方はそれぞれの主体において異なるもの、つまり特異的＝単独的 singulier なものであると考えられる。何らかの意味をもつ象徴的な症状は、その自体性愛的な満足が不可能になった際に、「新たなかたちのリビード満足を求めて起こされる葛藤の結果」(GW11, 373) として生じたものである。実際、ラカンは次のように言っている。

> フロイトの『入門』、すなわち『精神分析入門講義』を少し読んでみてください。『精神分析入門講義』が皆さんにそれほど届いていないということを私は確信していますよ。この著作には症状に関する章が二つあります。ひとつは『症状形成の道』と題された章で、第二三章です。それにくわえて、『症状の意味』と題された第一七章があることに気づかれるでしょう。フロイトが何かをもたらしたのだとすれば、彼がもたらしたものはまさにこのこと〔＝この二つ〕なのです。つまり、一方では、症状が意味をもっていること、そして他方では、その意味は症状の最初の経験に応じてしか正確に——正確に、というのは、主体が症状の始まりを解く、という意味ですが——解釈されえない、ということです。言い換えれば、症状は……性的現実と出会うかぎりでしか解釈されえない、

ということです。(Lacan, 1985, 強調は引用者)

ラカンにとって、フロイトの発見は二つに大別される。ひとつは、症状が意味の側面をもっている、ということである。そしてもうひとつは、症状は、意味の側面だけでは解釈されつくすことが不可能であり、むしろ主体の最初の経験に位置する性的現実との関係のなかで解釈される必要がある、ということである。ここでラカンが言う「性的現実」は、「子供が身体の上に最初に発見する性的現実」、すなわち自体性愛のことである(Lacan, 1985)。つまりラカンは、症状の解釈は、究極的には人間の性愛の最初の段階にある自体性愛を――すなわち、各主体それぞれに固有の享楽のモードを――相手にしなければならない、と考えるに至ったのである。

つづいてラカンは、自体性愛から症状の発生に至る二段階のプロセスを、時間的順序に従って次のように説明している。

> ひとは最初の刻印をララング lalangue から受け取るわけですが、そのララングにおいて語は不明確なものです。……言語 langue がどんなやり方でも遺産をつくらないという意味ではありません。その後に、夢や各種の躓きや各種の言い方のなかに何かが生じるわけですが、それは、各々においてランガージュが話され、また聴かれる仕方の個別性において生じるわけです。これは、まったくもって確かなことです。もし、この語を初めて使うことを許してもらえるならば、「語の物質主義 motérialisme」にこそ無意識の手がかりがあるのです。私が先ほど症状と呼んだものを維持するために各人が見出すのはこの方法でしかないのだ、と申し上げたいと思います。(Lacan, 1985, 強調は引用

者）

パラフレーズしよう。子供が初めて言語に出会うときのトラウマ的な衝撃（身体の出来事）の際に刻印される最初の言語のことを、ラカンは「ララング lalangue」と呼ぶ。つまり、ララングとは、子供が初めて出会う原初的な言語（S_1）のことである（「ララング」という奇妙な綴りがもちいられているのは、子供がもちいる「喃語 lallation」との言葉遊びのゆえである）（S20, 126/248頁）[25]。このララングは「不明確」な語であり、子供はその意味を理解することはできないが、そこには「子供が身体の上に最初に発見する性的現実」、すなわち自体性愛が刻まれている。通常では、このトラウマ的なララング（S_1）に、新たに獲得した他のシニフィアン（S_2＝知）を付け加える作業がなされ、そうすることによって子供は次第に「ララングと折り合いをつけること savoir-faire avec lalangue」ができるようになる（S20, 127/250頁）。このようにして無意識（S_2）が、すなわち無意識の形成物である夢や言い間違いや症状が形成される。この際に、ララングに刻まれた自体性愛的な享楽の残滓は、ララングが他のシニフィアンに置き換えられていく過程のなかで、剰余享楽へと変貌することになるだろう。しかし、症状を解消不可能なものとして維持しているシステムの根幹には、自体性愛的な享楽をまとったシニフィアン（S_1）の反復がある（S22, 64-5A）。このように考えると、無意識を解明するためには、無意識の知（S_2）を相手にするのではなく、その知のすべての発生源にある物質的な語であるララング（S_1）を取り扱わなければならないということになる[26]。

症状の一般理論は、単に言語獲得における「原初」を遡及的に思弁することによって得られたわけではない。なぜなら、自体性愛的な享楽が刻まれたシニフィアンであるララングは、とりわけ自閉症の臨床において実際に確認できるからだ。

ここでは、自閉症の代表的症例として、精神分析家ロジーヌ・ルフォール（以下、ルフォール夫人）がラカンのセミネールのなかで提示した症例ロベールを取り上げてみよう。ロベールは、適切な養育を受けることができなかった、今でいうところのネグレクト（育児放棄）被害児である。ルフォール夫人がロベールに初めて出会ったとき、彼はまとまった文章を話すことができず、単語を発することしかできなかった。なかでも、不安を感じた際に「狼！」という単語を叫ぶ姿が頻繁に観察された。例えば、彼は扉が開いていることが我慢できず、扉をルフォール夫人に閉めさせては「狼！」と叫んでいた。また、彼は糞便や尿を排出する（自分の身体から切り離す）ときにも不安になり、おまるに溜まった糞尿を捨てる際にも「狼！」と叫んでいた。総じて、この「狼！」というシニフィアンは、なんらかの否定的な穴 **trou** が彼の前にあらわれるときに決まって叫ばれるものであった。つまり彼は、扉が開いて空間に穴があくことや、おまるの中身が捨てられて無の空間ができることにひどく不安を感じており、その不安を「狼！」というシニフィアンで表現していたのである。ルフォール夫人らは、この「狼！」というシニフィアンは「ひとつの現実的な穴にみあうシニフィアン」であると述べている（Lefort & Lefort, 1988, p.124）[27]。

(25) この段階では、「S_1《エスアン》」はお互いに連鎖を形成せずに、ひとつの「群れ《エサン》 essaim」になって存在していると考えられる（S20, 130/258頁）。
(26) ここにジャック・デリダの「エクリチュールの物質性」という考えの反響があることは明らかである。この点については、後に検討する（⇩410〜411頁）。
(27) 心的システムの通常の（神経症的な）構造化の際にも否定性が問題となるが、その否定性（欠如）は「$-\varphi$」というマテームで記される、想像界におけるファルスの欠如である。他方、自閉症において問題になっている否定性は、何も欠如することがないはずの現実界において欠如する、「$-\varphi$の、現実界における対応物」である（Lefort & Lefort, 1988, p.125）。

後に、この「狼！」というシニフィアンが、ロベールにとっては「破壊」を意味していることが明らかになった（S1, 109/上150頁）。ネグレクトによって、住居や施設や病院を転々としながら生きることを余儀なくされてきたロベールにとって、ドアから出ることや排泄物を捨てること（＝棄てられること）は破壊を意味しており、ロベールはそのトラウマ的出来事に対して「狼！」というシニフィアンをあてていたと考えられるのである。

　エリック・ローランは、ロベールが「狼！」というシニフィアンを反復する姿に、ララング（S_1）を他のシニフィアン（S_2）に連鎖させることなくララング（S_1）のまま中毒的に反復する試みをみてとっている（Laurent, 2012, p.89）。より詳しく説明しよう。ロベールのような自閉症者は、しばしばひとつのシニフィアンを常同的に反復してもちいる。また、自閉症者がしばしば行う儀式的行動も、ひとつのシニフィアンの反復と関連している。このような反復されるシニフィアンは、次のような特徴をもっている。

（1）自閉症者がもちいる「狼！」のような反復的シニフィアンは、他のシニフィアンと連鎖していない（＝分節化されていない）シニフィアンである。このようなシニフィアンしか存在しないことは、彼が「現実界だけを生きている」ことを示している（S1, 120/上168頁）。このようなシニフィアンは、他のシニフィアンへと回付されることができず、それゆえ子供は、自分でもこのシニフィアンの意味を理解することができず、困惑に陥ってしまう。つまり、このシニフィアンは、「〈一者の〉シニフィアン signifiant Un」に相当する。

（2）このシニフィアンは、単に言語であるだけではなく、むしろそこには享楽が一体化している。ロベールの場合、「狼！」というシニフィアンは耐えがたい穴の出現というトラウマ的な出来事を刻み込まれたものであり、先に検討した「ララング」の性質をもっている。そして、この〈一者の〉シニフィアン＝ララングは、他者とのコミュニケーションにはまったく役に立たず、むしろ各々の主体が自体性愛的な享楽を独自に得るためのツールとしてもちいられている。

このように、自閉症者がもちいる常同的・反復的なシニフィアンは、原初的な言語であるララング（＝自体性愛的な享楽をまとったトラウマ的なシニフィアン）そのものを私たちに呈示していると考えられる。自閉症者は、いわばララング（S_1）というトラウマ的なシニフィアンに出会い、それ以降、言語（S_2＝知）を獲得しないことを自ら選択し、ララングの場所に立ち止まった子供たちである。言語（S_2）の領野を受け入れることを拒絶し、言語（S_2）の領野の前で立ち止まるという選択をした主体、「存在の計り知れない決定 insondable décision de l'être」（E177）を行った主体、それが自閉症者であると考えられるのである。[28]

ならば、「症状の意味」（言語）ではなく「症状の根」（ララング）をめざす精神分析は、自閉症と関係しているのだろうか？　私たちの答えは、イエスである。症状の一般理論以降の七〇年代後半のラカン

（28）もちろん、これは自閉症が心因性疾患であるという意味ではない。むしろラカンは、心因論そのものを批判している。ラカン派の自閉症論に対するありがちな批判に対しては、すでに別稿で応答しておいた（松本 & Delphine, 2012）。

（29）こうして私たちは、（1）五〇年代、（2）六〇年代後半から七〇年代前半、（3）七〇年代後半のラカン理論のパラダイムを、それぞれ（1）パラノイア、（2）スキゾフレニー、（3）自閉症と関連づけたことになる（⇩268、323〜324頁）。

は、ある意味では自閉症を精神分析のモデルにしていると考えられるのである[29]。次節では、症状の一般理論をもとに展開される「サントーム」の議論を俯瞰しながら、そのことについて考えていこう。

5 症状からサントームへ（一九七五〜一九七六）

七〇年代後半のラカンのセミネールには、ボロメオの結び目 nœud borroméen（三つの輪のうち、どの二つの輪も互いに交差しておらず、三つの輪が三位一体構造を形成することによって初めて輪が脱落せずに安定化するようなトポロジー的な結び目のこと）への言及が頻出する。ここで、ごく簡単にラカンのボロメオの結び目の理論を概説しておこう。ボロメオの結び目は、早くもセミネール第一九巻『ウ・ピール』とセミネール第二〇巻『アンコール』において導入された（S19, 91; S20, 112/223 頁）。七三‐七四年のセミネール第二一巻『騙されないものは彷徨う』では、七三年一一月一三日の講義において、ボロメオの結び目を構成する三つの輪が想像界、象徴界、現実界の三つの領域と同一のものとされるに至る（S21, 16A）。つづくセミネール第二二巻『R.S.I.』になると、ラカンは数学者ピエール・スーリーとミシェル・トメの協力を得ながらボロメオの結び目の理論をさらに展開していく。まず、七五年一月一四日の講義のなかでボロメオの結び目の三位一体性は一旦解除され、現実界（R）、象徴界（S）、想像界（I）、の三つの輪を結びつける第四の輪の存在が論じられるようになる（S22, 54A）。ついで、同年三月一一日の講義のなかで、〈父の名〉は三つの輪を結びあわせる輪として外化される（S22, 111A）。さらに、同年三月一八日の講義では、想像界、象徴界、現実界それぞれに対応する「〈複数形の父の名〉の三形態」が論じられる（S22,

133A)。そして同年五月一三日、想像的な命名が制止、現実的な命名が不安、象徴的な命名が症状であることが示されるところで『R.S.I.』のセミネールは終わる(S22, 183A)。そしてセミネール第二三巻『サントーム』では、前年度からのボロメオの結び目の拡張が探求され、第四の輪としての「サントーム」が結び目の構造を安定化させうることが示される。

しかし、こういった議論がどのようにラカンの理論と実践を豊かにしたのかという点については疑問が残る。ボロメオの結び目の議論は、たしかにこれまでのラカンの理論を整理するという意義はあるものの、精神分析に新しい何かを付け加えるようなものではない。かつて十川幸司はそのことを次のようにはっきりと批判していた。

> しかしなぜ結び目理論が精神分析の臨床と関係を持つのだろうか。それはラカンが結び目の特性から臨床的事象を説明できるように理論構成を行っているからである。例えばボロメオの輪を使った臨床経験の説明においては、まずすでに自分が知っている経験的事実からの類推によって最初の設定がなされ、結び目理論によってその構想を形式化した後に、それを解釈の次元で臨床経験と一致するようにと調整がなされている。(十川、2000, p.227)

ボロメオの輪を論じるラカンは、たしかに理論的変遷を行ってはいるものの、その理論的変遷は臨床との絡み合いを欠いたものである、と十川は言う[30]。このような理論的変遷には、精神分析的思考の独自性を決定づける「臨床経験の中で、未知の抵抗に出会い、生まれ出るきわめて力強い思考」が欠けている(十川、2000, p.211)。たしかにそうだ。ボロメオの輪の理論を推し進めていった最晩年のラカンが、ひどく絶望的な結論に至ったことを私たちは知っている。七七‐七八年にかけて、ラカンは数学者で精神分析家のジャン＝ミシェル・ヴァップローらと「一般化ボロメオ理論」を作り上げる。そして七八‐七九年の最後のセミネール『トポロジーと時間』において、ラカンは何度か一般化ボロメオ理論について話しはじめるものの、その都度「わけがわからない」「一般化されたものが信じられない」「何も理解できない」と言って早々と講義を中断してしまう。ラカンは、自らのボロメオの結び目の理論が最終的にがらくた同然のものになってしまったことをある程度自覚していたのだろう。

しかし、七〇年代後半のラカンは、臨床との絡み合いを欠いた思弁だけを行っていたわけでは決してない。小林芳樹（2014）が指摘するように、当時サンタンヌ病院で行っていた患者呈示 présentation de malades のなかでラカンが出会った主な患者は、「幻覚や妄想といった古典的なパラノイアや統合失調症の症状が顕著ではない一方、現実感・身体感覚の欠如、言語新作をはじめとする特異な言語使用、集団からの孤立、奇妙な言動、異性関係の欠如、独特の浮遊感、社会や法に対する逸脱行為といった特徴から、神経症ではなく精神病と判断せざるを得ない患者」であった。つまりここでラカンは、自らのエディプスコンプレクスを中心とした理論ではもはや臨床の現実に立ち向かうことができないことに気づかざるをえなくなったのである。そこでラカンは、『サントーム』と「症状ジョイス」のなかで自らの理論の欠陥を克服し、精神分析を再定義するために最後の理論的変遷を行う。後にみるように、その理論的変遷のキーワードは「ボロメオの結び目」ではなく、「特異性＝単独性 singularité」である。

当時のラカンは、一方ではトポロジーの理論を思弁的に推し進めながらも、他方では臨床との絡み合いのなかからトポロジーによらない理論的変遷を行っていたと考えられる。それゆえ、私たちは七〇年代後半のラカンについては、「トポロジーのラカン」よりもむしろ「トポロジーではないラカン」を積極的に読んでいく必要がある。

ジョイスにおけるボロメオの結び目の失敗とその補填

では、そのことを踏まえた上で、『サントーム』の中核となるジョイス論を読んでいこう。『サントーム』におけるトポロジーの基本的発想は、R、S、Iの三つの輪は、なんらかの第四の輪（サントーム）によって繋ぎ止められることなしには解体してしまう、というものである。この第四の輪が三つの輪を繋ぎ止めることを、ラカンは「補填する suppléer」と表現している。この見方では、エディプスコンプレクスも症状という形での補填とみなされるため（S23, 22）、もはや神経症と精神病の違いは第四の輪がほかの三つの輪を結びつける補填の方法の違いに過ぎないことになる。[31] すなわち、サントームの概念の導入は、ある意味では神経症と精神病の境界線を消し去ってしまうのである（Miller, 2009a: Cours du 3 décem-

（30）なお、十川は同じ論理をもちいて、ディスクールの理論や性別化の式においても、臨床との絡み合いのなかで生じる真の理論的変遷が起こっていないことを指摘している。その点については、私たちは部分的にしか同意することができない。なぜなら、ディスクールの理論や性別化の式は、その後の症状の一般理論をつくるための前段階であり、症状における享楽の側面の重視や、自閉症におけるララングの発見といった臨床と絡み合いのなかで生じる最後の理論的変遷を準備したと考えられるからである。ただし、後に私たちが検討する主体の特異性＝単独性を重視する議論が、それ自体形式的なものに陥り、がらくた同然のものになってしまわない保証はどこにもない。それを避けるためには、絶えず臨床との対話のなかから理論を展開していくことが求められるだろう。

（31）ラカンの「補填」への注目は、実は五八年の論文「前提的問題」にまで遡れる。引用しよう。「フレックシヒ教授の人物像が、……創始的「排除 Verwerfung」という突然気づかれた空白を補填すること suppléer ことに成功しなかったことは間違いない」（E582）。フレックシヒ教授との出会いはシュレーバーに発病をもたらした。しかし、もしその出会いが補填的なものであったとすれば、シュレーバーは発病を予防することができたかもしれないのである。

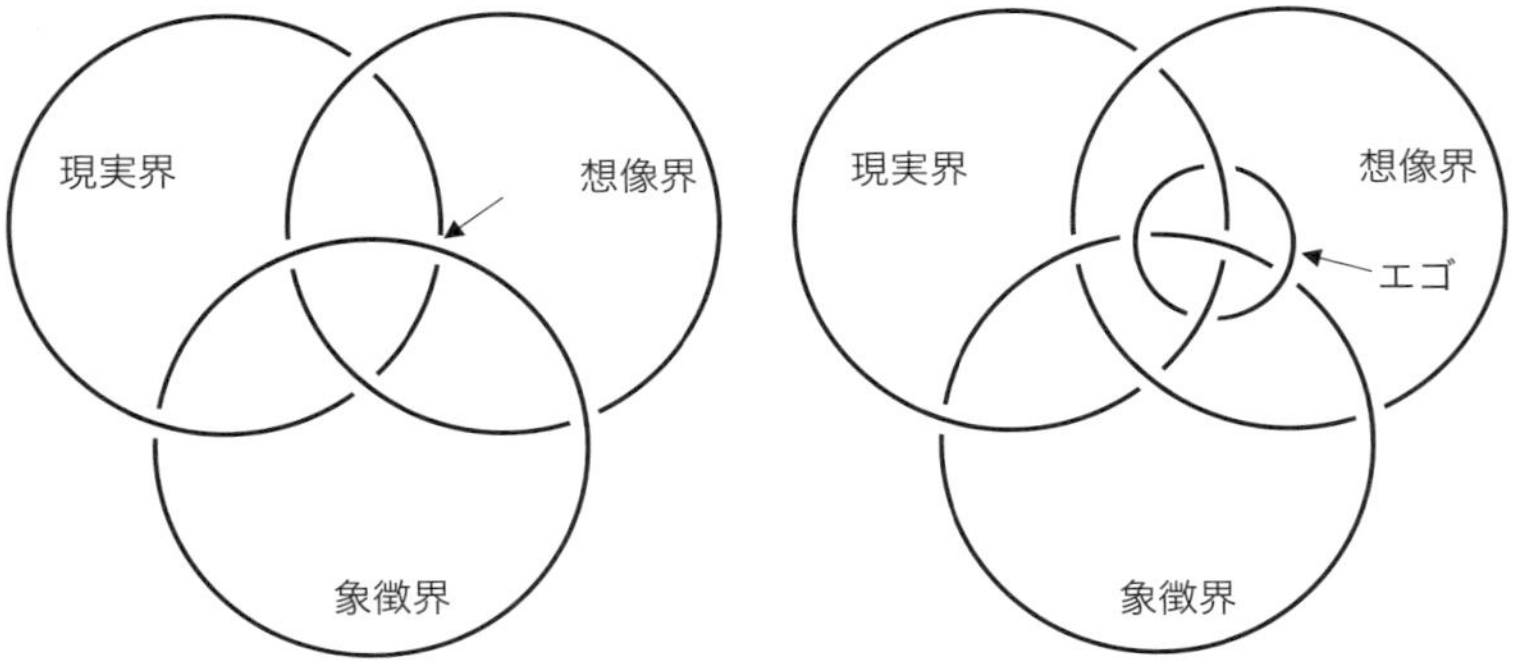

図47　ジョイスにおける失敗した結び目（左）とそれを補正するエゴ（右）

bre 2008)。

それゆえ、ジョイスの症例もまた、「結び目のほどけを補填 suppléer するひとつの方法に見合うもの」(S23, 87) として論じられる。では、ジョイスにはどのような結び目の解体がみられるのだろうか。ラカンは、ジョイスが『若い芸術家の肖像』のなかで描写した、同級生からリンチを受けた際のエピソードに注目している。ある日主人公スティーヴン・ディーダラス(=ジョイス)は、文学者の評価をめぐって数人の同級生と口論になり、彼らからリンチを受ける。しかしその際に、彼には「自分をいじめた連中への憎しみがちっともわいてこ」ず、むしろ「ある力が、まるで果物の熟したやわらかい皮をむくみたいに、あの唐突な怒りをあっさりと剥ぎとってしまったように感じた」だけであった(S23, 149)。ラカンによれば、これは想像界（I）の輪が滑り落ちることに相当する(S23, 151)。すなわち、ジョイスはボロメオの三つの輪のうち、想像界の輪(想像的身体イメージ)が脱落しかかっていたのである。[32]

ラカンによれば、ジョイスはその脱落を第四の輪である「エゴ」で結びつけることによって補填していた。図47に、ラカンが「失敗した結び目 nœud raté」(S23, 151) と呼ぶジョイスにおける想像界の脱落と、それを「補正するエゴ ego correcteur」(S23, 152)の図式を呈示しよう。

では、ジョイスにおける結び目の解体を補填する「エゴ」とは一体何だろうか。ラカンは、「エゴはジョイスにとって、エクリチュールの様態によってしか理解できない機能を満たしている」、「エクリチュールがジョイスのエゴの本質である」(S23, 147)と述べている。つまり、ジョイスは作品を書くことによって結び目の解体を防いだと考えられるのである。

また、ジョイスは明確な発病は示さなかったものの、さまざまな観念が頭のなかに突然浮かんでくる「霊的顕現」をしばしば経験していた。彼はその現象を自ら「エピファニー」と呼び、作品のなかに書き記している。これは、精神病者における精神自動症(現実界におけるシニフィアンの出現)に相当するだろう(⇩226〜228頁)。実際ラカンは、ジョイスのエピファニーが「結び目の失敗によって無意識(＝象徴界)と現実界が結び合わされたこと」(S23, 154)によって生じたことを指摘しており、エピファニーが「現実界におけるシニフィアン」という古典的な精神病現象とほぼ同じものであることを認めていると考えられる。

私たちは、ジョイスにおける結び目の失敗を、二つの病理の混合として理解することができる。つま

(32) ミレール(1977)が伝えるところによれば、この議論の一ヶ月ほど前にあたる七六年四月一六日のサンタンヌ病院での患者呈示において、ジョイスと同様に身体がボロメオの輪から外れてしまっているような症例について、ラカンは次のようなコメントを残したという——「精神疾患の境界を考えることは非常に難しいですね。この人物は、ドレスの下に身につけるべき最小限の身体観念を持っておらず、彼女の衣服に住み着くものは誰もいません。彼女は私がみせかけと呼ぶものを例証しています。誰も彼女に明確な形を与えるに至らないのです。それは深刻な精神疾患ではありません…」。このような患者を、ラカンは「マンタリテ(メンタリティ)の病 maladie de la mentalité」と呼び、それを「大他者の病」(パラノイア)と対比している。

り、一方では想像界（想像的身体イメージ）の輪が脱落しそうになり、他方では象徴界（無意識）の輪が現実界の輪と直接的に結びついてしまっていることが、ジョイスの病理を決定づけているのである。そして、この二つの病理は、前者が「エゴ」のエクリチュールによって、後者が「エピファニー」の文学作品を書くことによって代償されたのだと考えられる。

これらの議論を、ラカンは「父性の不在 carence paternelle」、およびそれに対する「埋め合わせ compensation」と関連づけている。以下のとおりである。

> 世界全体を支配する芸術家になるというジョイスの欲望は……ジョイスにとって彼の父が決して父ではなかったことの埋め合わせではないのでしょうか？（S23, 88）
>
> この父の放棄への埋め合わせとなるものはなかったのでしょうか。この事実上の排除 Verwerfung から、ジョイスは父を犠牲にして、自らに固有の名を高く評価するようになるように……否応なく呼びかけられると感じています。ジョイスが敬意を払うことを望んだのはこの名に対してであって、他のどんなものにも彼自身は敬意を払うことを拒絶しました。（S23, 89）
>
> ジョイスはある症状を持っており、この症状は彼の父が不在であったこと、徹底的に不在であったことから始まっています……ジョイスは自らが名を望むことで、父性の不在の埋め合わせを行っているのです。（S23, 94）

ジョイスの父親はアルコール依存症であり、ジョイスに父として関わることがなかった。ジョイスのボロメオの輪の失敗は、そのような父性の不在から生じたと考えられる。そこでジョイスは、自らの芸術を「自分のファルスの真の保証人 le vrai répondant de son phallus」(S23, 15) とし、自分自身で第四の輪をつくり、ボロメオの結び目を繋ぎあわせたのである。

なるほど、このような議論はたしかに図式的でわかりやすいものではある。しかし、そこには大きな欠点がある。というのは、ここではジョイスの芸術の特異性＝単独性はほとんど考慮されていないからだ。ならば、わずかでも精神病らしい症状があり、後に芸術作品をつくった芸術家であれば誰にでもこの図式を転用し、すぐさま「ラカン的説明」なるものを提出できてしまうだろう。もしそのような議論が『サントーム』のすべてであるとすれば、私たちはそれを読む必要はない。なぜなら、すべては同じことの繰り返しだからだ。十川が批判していたのは、そのことにほかならない。

症状ジョイス——特異性＝単独性の重視

ボロメオの結び目は、『サントーム』のすべてではない。『サントーム』には、ボロメオの結び目とは異なる議論の線が走っている。例えば、ラカンはアリストテレスの論理学を自らの「すべてではない pas-tout」と対立させながら、次のように述べている。

アリストテレスは、特異的＝単独的なもの le singulier が彼の論理学のなかで役目を果たすことを望みませんでした。ソクラテスは都市《ポリス》が生き延びるために死ぬことを受け入れたのですから、当該の論理学のなかでアリストテレスが認めていることとは反対に、ソクラテスは人間ではない、と言わなければなりません。彼が受けいれたものは、ひとつの事実です。それにくわえて、その機会において彼は妻の言葉を聞こうとしませんでした。それゆえ、言うなれば、私の女性についての式は

――私はそれをあなた方〔＝分析家〕が使うために洗いなおしているわけです――すなわち私が『オルガノン』のなかから取り出した「すべてではない mè pantes」は、アリストテレスによって退けられており、すべて pan の普遍的なもの l'universel と対立しているのです。(S23, 14)

アリストテレスの演繹法では、「人間は死ぬ」、「ソクラテスは人間である」、「ゆえに、ソクラテスは死ぬ」という三段論法によってソクラテスの死を理解する。この論理では、普遍的存在としての人間がもつ「死ぬ」という特徴が、個別的存在であるソクラテスにそのまま受肉化されていると考えられる。しかし、ソクラテスは実際には「人間は死ぬ」という普遍命題にしたがって死んだわけではなく、都市の法律という別の普遍によって自死を選んでいた。さらに、ソクラテスは女性（妻）の論理を聞き入れておらず、その死には女性の論理式における「すべてではない pas-tout」は反映されていないことになる。精神分析家は、アリストテレスの演繹法のような論理のあり方とは反対に、むしろ普遍から外れるもの、特異的＝単独的なものを利用しなければならない。ラカンはそう言っているのである。

そしてラカンは、芸術家としてのジョイスもまた特異的＝単独的なものであったと言う。

『芸術家の肖像 Un portrait de l'artiste』〔＝ジョイスの作品のタイトル〕。芸術家 L'artiste、これについては定冠詞の le を強調しなければなりません。The〔という英語の定冠詞は〕、これはもちろん、私たちに定められた私たちの〔フランス語の〕冠詞ではまったくありません。しかし、ジョイスを信頼することができます。ジョイスが the と言ったとすれば、それは彼が、芸術家というものは彼がその唯一の人物であり、彼は特異的＝単独的 singulier なものである、と考えているからです。(S23, 17)

ジョイスの芸術は、たしかに「父性の不在に対する埋め合わせ」として整理することができる。そのような整理は、「父性が不在であるような芸術家はすべて、作品のなかでその不在を埋め合わせる」という普遍的命題をすぐさま導いてしまう。しかし、ラカンがここで言っているのはそれとは反対のことである。ミレールが指摘するように、ジョイスのような主体がボロメオの輪の解体を防ぐためにつくり上げるサントームは「主体の真の固有名」であり、そこには各々の主体において異なる、特異的＝単独的な享楽のモードが刻み込まれていると考えなければならないのである（Miller, 2009a: Cours du 4 mars 2009）[33]。

ラカンは、「ジョイスは精神分析の終結に期待できる最良のものに直接到達した」（AE11）のだと言う。つまり、ジョイスは文学作品の創造によって、分析経験に訴えることなく精神分析の終結に到達したのだとラカンは言っているのである（AE570）。この議論をする際に、ラカンはジョイスの作品のなかでもとりわけ『フィネガンズ・ウェイク』を念頭においている。『フィネガンズ・ウェイク』では、言葉は極限まで解体され、あらゆる外国語が動員されている。そこに通常の意味を読み込むことはもはや不可能であり、もはや私たちはその作品を「理解しようと務めることなしに」読むことを強いられる。しかし、それはつまらない苦行のような読書ではまったくない。まさに「理解しようと務めることなしに」読むことによって、私たちは『フィネガンズ・ウェイク』のなかにそれを書いたジョイスの享楽が呈示されていることを感じ取れるからである（S23, 165）。

ここで私たちは、ラカンが七二－七五年にかけて作り上げた「症状の一般理論」を思い出す必要があ

（33）この意味で、症状 symptôme が言語の次元を孕む象徴的な症状であるとすれば、サントーム sinthome は享楽の側面を孕む現実的な症状であると言うことができる。

る（⇩354〜360頁）。症状の一般理論によれば、精神分析は無意識の知（S_2）を相手にするのではなく、その知の発生源にある物質的な語であるララング（S_1）を取り扱わなければならないのであった。なぜなら、そのララングにこそ、身体に言語がはじめて導入される際のトラウマ的な衝撃が、自体性愛的な享楽として刻み込まれているからである。ジョイスをふくむあらゆる主体においてもっとも特異的＝単独的なものは、彼らに固有の享楽のモードであり、それが刻み込まれたララングなのである。

ラカンによれば、ジョイスは創造行為を通じて「無意識の購読停止 désabonnement」をおこなったのだという（S23, 166）。つまりジョイスは、象徴的な無意識（S_2）に関わることをやめて、〈一者〉のシニフィアン、特異的＝単独的な享楽にわかちがたく結ばれたララング（S_1）に関わる体制へと移行したのである。ジョイスが『フィネガンズ・ウェイク』のなかで呈示している享楽は、ララングの水準にあらわれる享楽であり、「自閉的な享楽 jouissance autistique」（Miller, 1987b）と呼ばれるべき享楽である。その享楽の呈示の効果を、ミレールは次のように表現している。

> 『フィネガンズ・ウェイク』は解釈も翻訳もされません。なぜなら『フィネガンズ・ウェイク』は、それ自体が解釈ではないからであり、読者という主体を、ララングにおける主体の要素現象 phénomène élémentaire としての困惑へと、みごとに連れ戻すからです。（Miller, 1996b）

症状の一般理論の導入以降のラカンは、精神分析の終結を意味の発生源であるシニフィアンの水準ではなく、自体性愛的な享楽が刻まれたララングの水準にもとめる。ジョイスが「精神分析の終結に期待できる最良のものに直接到達した」（AE11）というラカンの記述は、ジョイスが、分析主体と同じように、このラングに辿り着いたことを示している。ラカンのジョイス論は、「ラカンによる新たな精神病論」としてしばしば紹介されるが、実際にはラカンはジョイス論を通じて、精神分析の再定義すら行っていたのである。

精神分析的解釈の再定義としての「逆方向の解釈」

精神分析への導入は、ある人物が自分の症状に苦しみ、「この症状には何か意味があるのではないか」と想定するときから準備される。分析家のところにおもむいた彼は、数回の予備面接のなかで、自分が気づいていないような無意識の知が存在することに気づき、さらには自分の症状のなかに無意識の主体が現れていることに気づく。こうして、知と主体の存在が想定されたとき、転移が成立する（「知を想定された主体」としての転移）。そして彼は分析主体となり、寝椅子に横たわるだろう。彼は自由連想を開始し、その連想のなかにふたたび無意識の知と無意識の主体の存在を発見していくことになるだろう。

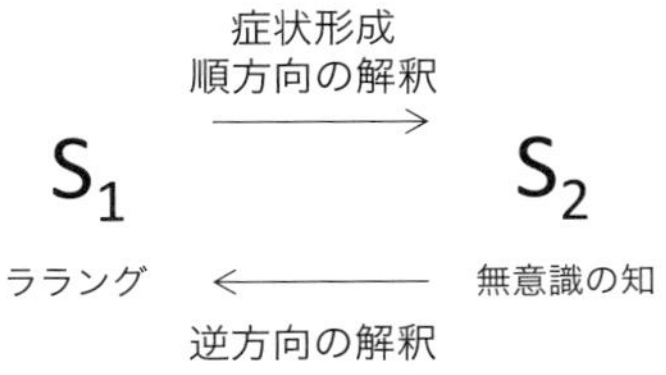

図48　症状形成のシェーマ

問題はその後である。一般的に、精神分析では、分析家は分析主体に解釈を与えるものだと信じられてきた。たしかに、そのこと自体は間違いではない。分析家は、ラカン派では他学派よりも極端にその回数が少ないとはいえ、解釈を行う。しかし、その解釈は症状とどのような関係をもち、症状をどのように変化させるのだろうか。

症状と解釈の関係をあらためて考えてみよう。解釈は、症状に意味を与える。患者は、解釈によって、症状にはそれまで知らなかった無意識的な意味があることを知るようになる。それは、症状の一般理論で言えば、ララング（S_1）に無意識の知（S_2）が連鎖しているということである。その構造は図48のように示すことができる。

フロイトが行っていたような古典的な解釈は、意味の解釈である。分析家は、分析主体の症状がもつ意味を分析主体に伝える。それは、既存の無意識の知（S_2）に、新たな知（S_3）を付け加えるような解釈である。このような解釈を、「順方向の解釈」と呼ぶことができる。しかし、ラカンが『精神分析の四基本概念』で指摘していたように、症状をはじめとする無意識の形成物が形成されるのは、無意識それ自身が日頃から既存のシニフィアンを勝手に解釈して、そこに意味を付けくわえつづけているからである（S11, 118/170頁）。すると、意味の解釈（順方向の解釈）は、「$S_1 \to S_2 \cdots$」という方向で進んでいくものである以上、症状を解消させるどころか、むしろ症状形成の原理に手を貸してしまう危険性を孕むことになる。最悪の場合、このプラス方向の意味の増殖は、意味のパラノイアである「解釈妄想病 délire d'interprétation」まがいの水準にまで行き着いてしまうかもしれない。ラカンの古典的な解釈技法である「句読点を打つこと ponctuation」（E252）もまた、分析主体が何気なく発している語りを区切ることによって、その語りに新たな意味を贈与するものである点で、同じ危険性を孕んでいると言えるだろう。

しかし、症状の一般理論の導入以降のラカンは、無意識の知（S_2）ではなく、ララング（S_1）を目指していたのであった。ならば、「順方向の解釈」とは正反対の解釈技法が要求されることになるだろう。そのためにミレール（1996b）が導入したのが、「逆方向の解釈 interprétation à l'envers」である。逆方向の解釈は、症状の意味（S_2）を削り取り、ララング（S_1）を掘り起こすことを目指すものである。このような解釈の技法は、六四年にラカンが「解釈とは主体における無意味の核を取り出すことである」（S11, 226/338頁）と述べていたときに初めてラカン理論のなかに胚胎され、後にディスクールの理論のなかで分析家のディスクールの下段が「$S_2//S_1$」と記されていたときに形式化されていた。さらにラカンは、「精神分析的解釈のなかで、自分なりの享楽との関係と出会ったのだ、という命題を示すためのものでないものはありません」と七一年に述べており、解釈が目指すべき「S_1」には「自分なりの享楽との関係」が内包されていることを指摘していた（Lacan, 2011, p.64）。ラカンは、症状の一般理論の構築を通じて、このような逆方向の解釈が、自体性愛的な享楽が刻まれたララングを、シニフィアンと身体の物質的な出会いが刻まれたシニフィアンを浮かびあがらせるものであるという結論に至ったのである。このような解釈の前景化は、必然的に精神分析のセッションのあり方を更新していくことだろう。実際、ミレールは次のように述べている。

> 句読点を打つことは、意味作用のシステムに属しています。それは、つねに意味的なものであり、常にポワン・ド・キャピトンを実現します。ポスト‐解釈時代の実践は、……句読点を打つことではなく、切断することによって印づけられます。この切断は、今のところS_1とS_2のあいだの分離として想像することができます。これはそれ自体、「分析的ディスクール」のマテームの下段に$S_2//S_1$と書き込まれています。セッションが長いか短いか、沈黙で満ちているか言葉で満ちているかは重要ではありません。セッションが意味的な単位であるか、非意味的な単位であるかが重要なのです。つまり、前者は、S_2が練り上げられたもの――〈父の名〉に仕える妄想――へ句読点を打つためにやってくることです。多くのセッションがそのようなものです。後者のセッションは、主体を彼の享楽の不透明さへと立ち返らせる非‐意味的な単位です。（Miller, 1996b）

このような逆方向の解釈によって取り出されるのは、他の誰とも異なる、それぞれの主体に固有の享楽のモード、すなわち「ひとつきりの〈一者〉」と呼ばれる孤立した享楽のあり方である。精神病の術語をもちいれば、それは他のシニフィアンS_2から隔絶された「ひとつきりのシニフィアンS_1」としての要素現象phénomène élémentaireであり、自閉症の用語をもちいれば、それはララング（S_1）を他のシニフィアン（S_2）に連鎖させることなくララング（S_1）のまま中毒的に反復することに相当するだろう。いずれの場合でも、そこで取り出されているのは無意味のシニフィアンであり、そこに刻まれている各主体に固有の享楽のモードである。ミレール（2011b）がいうように、現代のラカン派にとって、「症状を読む」こととは、症状の意味を聞き取る＝理解することではなく、むしろ症状の無意味を読むことにほかならないのである。

精神分析の終結を再定義する――「折り合いをつけること」と「うまくやっていくこと」

かつてラカンは、五〇年代には「未来への関係における自らの歴史の主体による実現」（E302）を分析の目標にしていた。それは、家族の神話、家系の象徴的物語のなかで伝承されてきた位置を分析主体が自ら引き受けることに等しい。六〇年代になると、分析の終結はファンタスムの横断と関連づけられるようになった。では、症状の一般理論を導入した後の精神分析は、自体性愛的な享楽が刻まれたララングをむき出しにするところで終結するのだろうか？

そうではない。逆方向の解釈は、たしかに症状の意味を削減し、ララング（S_1）をむき出しにすることができる。しかし、そこで現れた自体性愛的な享楽は、いつかまた無意識の知（S_2）と結びつき、意味をもった症状を形成するかもしれない。その意味では、ララングは症状の治癒不可能性の証であり、あらゆる分析が「終わりなき分析」であることの証でもある。

しかしラカンは、症状の治癒不可能性をネガティヴなものとして捉えるのではなく、むしろその治癒不可能性こそが分析の終結のポジティヴな条件であると考えるようになった。その議論は、『サントーム』の翌年、七六‐七七年のセミネール第二四巻『L'insu que sait de l'une bévue, s'aile a mourre』のなかで行われている。ラカンは、症状の治癒不可能性を肯定する方向に舵をとり、それぞれの分析主体が自らの症状の根にある固有の享楽のモード（特異性＝単独性）とのあいだに適切な距離をとることが出来るようになったとき、精神分析は終結すると考えるようになった。ラカンは、七六年一一月一六日の講義のなかでそのことを「自分の症状との同一化」（S24, 11A）と呼び、すぐにそれを「自分の症状とうまくやっていくこと savoir y faire avec son symptôme」（S24, 12A）と呼び直している。

では、分析の終結の条件である「自分の症状とうまくやっていくこと」とは、一体何のことだろうか。ここで私たちは、先に検討した「ララングと折り合いをつけること *savoir-faire* avec lalangue」（S20, 127/250頁）と「自分の症状とうまくやっていくこと *savoir y faire* avec son symptôme」のあいだの微妙なニュアンスの違いに注目する必要がある（⇩360頁）。

ミレール（2002b）は、「折り合いをつけること（＝ノウハウ）savoir-faire」がひとつのテクニック、すなわち何らかのマニュアルにしたがって行動することであるのに対して、「うまくやっていくこと savoir y faire」には予見不可能なものにどう対応していくかという論点が含意されていることを指摘している。言い換えよう。前者はララングに対して象徴的な無意識（これは、社会的に共有されたものであり、テクニックやマニュアルに通じる）によって「折り合いをつけること」であり、それは普遍的なものに依拠している。ひとが神経症になるのは、ララングに対してエディプスコンプレクスのような普遍的なものを連鎖させているからである。反対に、後者は象徴的な無意識のような普遍的なものに依拠せずに、それぞれの主体において異なる、特異的＝単独的なやり方でララングと「うまくやっていくこと」である。このような試みは、逆方向の解釈によってむき出しにされたララングから、オルタナティヴな主体のあり方とオルタナティヴな社会的紐帯を生み出すことを可能にするだろう。

このような新しい精神分析のパラダイムは、どこか自閉症者の姿に似てはいないだろうか？　より直裁的に言うならば、ここで論じたような精神分析の終結に到達した人物の姿は、他の誰とも似ていない奇抜な方法をもちいて、トラウマ的なララングとうまくやっていく自閉症者の姿を思わせはしないだろうか？　症状に含まれる固有の享楽のモードを「症状の自閉的側面」と呼んだミレールとローランなら、おそらくこの問いに肯定的に答えることであろう（Miller & Laurent, 1997: Cours du 21 mai 1997）。ただしその場合の自閉症とは、不安と困惑に支配された自閉症の原初状態のことではないし、規範的な大他者（規則や法）を無理やり押しつけられてパニックに陥っている自閉症者の姿のことでもなく、むしろ様々な対象や知識を自由に――しかし彼ら自身のロジックに従いながら――組み合わせ、自分なりの大他者を発明し、そのことによって他者と別の仕方でつながることを可能にする自閉症者の姿である。

現代ラカン派の理論をもっとも挑発的に敷衍するならば、最後期のラカンは精神分析をいわば自閉症化し、洗練された自閉症を目指すことを分析の終結に据えることによって、フロイトの精神分析における「終わりなき分析」のアポリアを乗り越えることに成功したと言えるのである。

つづく第三部では、このような新しい精神分析のパラダイムから、一般的にラカンの批判者であると目されているドゥルーズ＝ガタリとデリダの思想を検討していこう。

第三部

鑑別診断「以後」の思想

第一章　人はみな妄想する――後期ラカンとドゥルーズ＝ガタリ

1　はじめに

現在のラカン派の指導者であるジャック＝アラン・ミレールが「政治への回帰」を果たし、左派・リベラル系の紙面をにぎわすようになってから、すでに一〇年以上の月日が経過した。オランド大統領の選挙公約であった「同性間の結婚及び養子縁組を認める法案」、通称「みんなのための結婚 marriage pour tous」について国民的関心があつまる二〇一三年初頭のフランスでも、紙面に少なからぬ話題を提供する精神分析家の姿があった。同性婚反対派の論者が、「男女間の自然な性のあり方」としての異性愛を推奨する根拠として精神分析に言及したことに対して、ミレールはすぐさま抗議を行ったのである。ミレールは、フロイトの大義派の同僚の分析家らとともに「精神分析が（同性婚反対派の）道具として利用されることへの抗議」なる署名活動を展開した。彼らが主張したのは次のようなことである――パパ－ママ－ボクで構成されるエディプスは人類にとって不変のものではないこと、無意識の水準には両性間の理想的な相補性など存在しない（性関係はない！）こと、そして、語る存在は自分それぞれの欲望を見出すべきであり、その欲望は特異的＝単独的 singulier なものであること、等々。つまり、現代におけるエディプスは規範としての機能をもっておらず、それぞれの主体の欲望の特異性＝単独性が尊重されるべきだ、というのである。

後期ラカン、あるいはラカン以後の精神分析の動向に明るくない向きには、ラカン派のこのような主張は少々意外に映るのではないだろうか。というのも、かつて精神分析は、それぞれの人間のなかで蠢く欲望の多様な流れをエディプスという家父長制的、異性愛的な規範に回収してしまう装置として戯画化され、批判の対象となってきたのである。ドゥルーズ＝ガタリ（1972）による『アンチ・エディプス』（以下、ＡＯ）はそのような批判の代表である。しかし、ラカン派精神分析の射程はそのような規範に収まるようなものではまったくない。

ＡＯと同時代的にラカン自身に生じていた理論的・実践的変化がどのようなものであったのか、あるいはＡＯ以後のラカン、つまりこの書物にラカンがどのように応答し、またそれがいかに現代ラカン派へと継承されているのかという点について、本邦ではほとんど紹介がない。そこで本章では、ドゥルーズ＝ガタリの精神分析批判の射程と、後期ラカン、すなわち『サントーム』に代表される七〇年代以降のラカン理論が提示するエディプス以後の地平を簡単にふりかえり、その上でドゥルーズ＝ガタリとラカン派の差異をあらためて問うてみることにしたい。

2　ガタリによるラカンへの抵抗

ドゥルーズとの共同作業を含むガタリの一連の仕事は、少なくとも現在から回顧的にみるならば、一九六〇年代末から七〇年代にかけていわゆるフランス現代思想のなかで共有されていたラカンへの抵抗という空気のなかで行われたといえる。まず、ＡＯ刊行以前のラカン理論と、それに対するガタリの抵抗を確認しておこう。

神経症と精神病の脱構築

五〇年代から六〇年代にかけてのラカン理論では、神経症と精神病は厳密な対立項であった。両者はその中心となる否定のモード（抑圧／排除）に従って区別され、両者に対する治療の方向性は正反対と言ってよいほど異なっていた。神経症者が分析を開始する際には、自分に関する何らかの「知」を分析家がもっていると分析主体（患者）が想定することがほぼ必ず起こる。他方、精神病では、同じ「知の想定」という事態が危機となってしまう。精神病者にとって、「自分のことが何もかも分析家につつぬけである」ことは非常に恐ろしい事態だからである。一般に精神分析において、寝椅子をつかう面接の前に対面での予備面接が行われるのは、分析主体の構造が神経症と精神病のどちらであるのかを自由連想を始める前に見定めるためである。予備面接の際に分析主体が精神病の構造をもつことが判明すれば、もはやオーソドックスな精神分析は推奨されない。

神経症と精神病を厳密に鑑別するこの時期のラカン的臨床には、いくつかの限界を指摘することができるだろう。実践的な限界としては、マイノリティとしての精神病者を精神分析の埒外に置き、精神分析をブルジョアジーの嗜みへと矮小化してしまう恐れがある。ガタリはその点をすでに六六年に批判していた（Guattari, 1972, p.89/145頁）。事実、八〇年代にミレールが精神病における「主体の生産」を提唱するようになるまで、ラカン派では精神病者に対する精神分析は必ずしも頻繁に行われてはいなかったのである（Miller, 1983b）。

もう一つは、理論的な限界である。端的に言って、精神病（パラノイア）の専門家としてそのキャリアを開始したラカンの可能性の中心は、神経症を中心としたフロイトの理論を精神病の側から読み直したことにある。たとえば、ラカンの「無意識は大他者のディスクールである」というテーゼは、主体の支配を超えたところから言葉が主体をめがけて襲ってくる「精神自動症」のモデルによってフロイトの無意識を再解釈したものでもある（Miller, 1977）。このように、ラカンの基本的な考えはフランスの精神病研究のなかに深く根ざしている（松本&加藤, 2011）。しかしこの点について、ガタリは「ラカンには、自分のスキゾフレニー性に対して何らかの防衛がある」と批判する（Guattari, 2012, p.185/180頁）。ラカンの可能性の中心が精神病にあるならば、その理論と実践は必然的に精神病を主軸とするものでなければならない。そしてラカンは、精神病によって方向づけられた精神分析というモチーフを知っていたにもかかわらず、それを上手く機能させていなかった。そのことをガタリは告発しているのである。ガタリが精神分析に対抗して、精神病の一形態であるスキゾフレニー[1]をモデルとした分析、すなわち「スキゾ分析」を提唱するのはこのためである。ガタリは分析の理論の中心を、神経症から精神病へと移動させた。その移動は、個人開業の精神分析から、スキゾフレニー患者が生活する精神病院へ、という分析の実践の場の移動をも伴っていた。ただし、この移動は単に神経症と精神病という二項対立を転倒させ、精神病を神経症よりも上位に置くことではない。ガタリの戦略は、むしろ「神経症をスキゾフレニー化する」というものであった。つまり、神経症と精神病というリジッドな分割（鑑別診断の原理）を、神経症

（1）本書ではschizophrénieを「スキゾフレニー」とリテラルに表記している。それは、この用語は精神医学と精神分析では意味が異なる（例えば、症例シュレーバーは、精神分析ではパラノイアと診断されるが、精神医学では統合失調症《スキゾフレニア》の代表例である）ため、この用語に「分裂病」「分裂症」「統合失調症」といったオイゲン・ブロイラー由来の精神医学用語に対応する訳語を与えることはそもそも不適切であると考えるからである（⇩24頁）。

と精神病の全体を覆う原 - 精神病とでも呼ぶべきより大きなカテゴリーに開くことによって脱構築したのである。

しかし、本書で検討してきたように、神経症と精神病の鑑別診断についてのラカンの考えは時代によって変遷している。特に七〇年代には、ガタリの構想とほぼ同じように「人はみな精神病である」とされ、神経症と精神病は包括的に捉えられるようになる。

構造とその外部

あらためて確認しておこう。五〇年代のラカンは、「無意識は言語のように構造化されている」というテーゼに要約されるような構造論の立場をとっていた。その理論では、母親が子供の前に現れたり、いなくなったりする現前／不在の運動が「＋－＋－＋＋…」というセリーを作ることが象徴界の母体（原 - 象徴界）となるとされていた。子供は、この母の現前／不在の運動がなぜ生じているのかを問う。つまり、母を現前／不在の運動へと突き動かしているものは何か、母という大他者にとっての大他者は何か、ということが問われるのである。この問いには、母が欲望するものは想像的ファルスである、という回答がひとまず与えられる。最終的に、この＋－のセリーが〈父の名〉のシニフィアンによって置き換えられる（隠喩化される）ことによって、象徴界が統御されるようになる。この理論では、〈父の名〉による隠喩化が成功している者は正常者と地続きの神経症であり、失敗している者は精神病であるとされる。この構造論的なモデルでは、〈父の名〉は人間を神経症化するものとして、ある種の規範的＝正常的なものとして現れているといえよう（⇩262頁）。

六〇年代になると、ラカンは構造とそれを超えるものの絡み合いを理論の中心に据えるようになる。

ここで導入されるのが「疎外と分離」という新たなモデルである。疎外と分離は、主体の原因づけ causation du sujet を行うもの、つまり人間における因果性を説明するモデルである。疎外とは、人間が大他者というシニフィアンの宝庫に占拠され、享楽を消失《アファニシス》させてしまうことを指す。しかし、欠如を抱えているのは人間だけではなく、彼を疎外した大他者それ自体も欠如を抱えている（Ⱥ）。この事実が、人間が疎外から自由になることを可能にする。それは、大他者の欠如を埋めるべく、主体が自らの喪失を大他者に差し出すことによってなされる（分離）。このモデルでは、五〇年代に〈父の名〉と呼ばれていたものは「分離の原理」として捉えられるようになり、分離（対象*a*の抽出）が成功しているものが神経症、失敗したものが精神病であるとされる。こうして、〈父の名〉の理論から「疎外と分離」の理論への移行によって、シニフィアンの理論は、対象*a*を付加されて書き直されたことになる（⇩288頁〜）。

六九年にガタリが執筆した論文「機械と構造」は、この五〇年代から六〇年代にかけてのラカンの理論的変遷にとって両義的な論考である。というのも、ガタリは一方では「構造に侵入する機械（＝対象*a*）」というモチーフを押し出すことによって、六〇年代のラカンを独自に定式化したとみることができるが、他方で彼は六〇年代のラカンを超出する論点をも提出しているからである。

理解を容易にするため、ここではガタリの「機械と構造」を、同じくミレールが六〇年代のラカンについて述べた二つの論考と比較してみよう。ガタリは「機械と構造」のなかで、「歴史を無意識の場とみなして、それ〔歴史〕が『言語のように構造化されている』……などといいつづけてはなるまい」と述べ、言語や構造を重視する五〇年代のラカンをはっきりと批判している（Guattari, 1972, p.247/388頁）。他方、ミレール（1984）もまた論文「もうひとりのラカン」のなかで、「無意識は言語のように構造化されている」とは言わなかったラカン、という想定を持ち出し、六〇年代のラカン理論が言語や構造には収まりきらないものを取り扱っていたことを指摘している。そして、両者はともに、構造を超えるものとしての「対象a」に注目している。

さらに、「構造」の取り扱いにおいても両者は一致をみせている。ミレール（1975）は論文「母体」のなかで、欠如（無）としての主体、というラカンの議論を次のように形式化している――ある全体があるとき、その全体の外には何もない。何もない、ということは無があると考えることができる。それゆえ、今度は全体と無を含んだ新しい全体を考えることができる。この再‐全体化の過程は、無限に繰り返すことが可能である。そして、ある構造のなかからその都度「無」として出現するものが、ラカンのいう欠如としての主体に相当する。[2] 他方、ガタリが「機械と構造」のなかで「構造」と呼ぶものは、シニフィアン同士の相互的な決定原理によって作動する全体である。その構造のなかには、ときに構造それ自体を非‐全体化する要素としての主体が現れる。しかし、すぐさまその主体を構造の内部に回収しうるような新たな全体が登場するとガタリは述べる。すぐさま理解されるように、これはミレールの議論とまったく同じものである。

しかし、ミレールの議論が無としての主体と事後性の理論を位置づけることに終始しているのに対して、ガタリはさらに先へ進んでいる。ガタリは、構造という考え方のもつ限界、すなわち構造という一般性を修正された一般性へとわずかに書き換えることしかできないという限界（構造のベルンシュタイン主義！）を乗り越えようとするのである。言い換えれば、ラカン派の考える「構造」には、構造それ自体を根底的に変動させる契機、すなわち構造変動（革命）の可能性が存在しない。[3] そこでガタリは、「機械」という概念を導入することによって、構造のこの非‐革命的性格を乗り越えようとする。

六〇年代のラカン理論では、対象aは自由の機能を担う「分離」と関わっていたが、そこで得られる自由は、「自由か死か」のどちらかを選ばされた際に、自分が自由であることを示すために死を選ぶような強制的な選択（疎外）という不自由性を前提とした括弧付きの自由であった。いわば、対象 *a* は因果性の安全装置の役割を担っていたのである。他方、ガタリの機械‐対象 *a* は、因果性のなかの爆弾であり、そのような自由とはまったく異なる自由をもたらす。どういうことか。ガタリは、機械の本質は「因果上の切断 coupure causale としての一つのシニフィアンが離脱すること」であると述べている。つまりガタリは、因果性を切断する機能を機械‐対象 *a* のなかに読み込んでいるのだ。機械は、既存の構造を切断し、一般性のなかに回収されえない出来事を導入し、他の何かと交換することができない特異性をもたらすことを可能にする。この時点のガタリがラカンやミレールより優れていた点があるとすれば、それは革命の可能性、すなわち私たちが今まさに生き、行動している際に生じている因果性を変えることを考えようとしたところにあるだろう。(4) 機械とは、ドゥルーズが簡潔に表現するように、「シニフィアンの構造のなかの爆破機械」なのだ。もちろんガタリは政治運動や臨床における制度論としてその革命論を展開したのだが、これは分析によって如何にして人が変化するか、という臨床的な問いとも

（2）より有名な論考「縫合」ではフレーゲの議論を参照しつつ、ほぼ同様の議論が行われている（Miller, 1966）

（3）六〇年代後半のドゥルーズの躓きの点もここにあった。國分功一郎（2013）によれば、ドゥルーズは「構造主義はなぜそう呼ばれるか」において構造が実践と切り離せないことを強調していた。しかし彼はシニフィアンやシニフィエが消え去ることを待つ、という消極的な構造変動の理論しか提示できていなかった。この消極性は、ある意味では六〇年代のラカンも共有していたものである。

（4）マオイストのグループに属していた初期のミレールは革命を熱望する政治的人物であった。フーコーから「〈革命〉は欲望されうるものであることを止めた」と聞いたとき、ミレールは「そんなことはないはずだ、革命は不可能だが、不可能であるがゆえになおさら欲望されるものだ」と思ったと述懐している。なお、ミレールは七〇年代初めに分析に入る際に革命闘争への参加をすべて辞めている（Miller, 2002c）。

通底している。

　そしてガタリは、この構造変動の理論のモデルを精神病に求めた。ある既存の制度のなかに新しいジャンルの対話を導入し、その制度に変化をもたらすためには、横断性が必要であるとガタリは述べる。横断性とは、官僚制度のような垂直《おしつけ》性や、標準からの変異を抑圧する水平《よこならび》性のどちらでもなく、むしろそれらを乗り越えようとする次元である。このような横断性の導入を説明する際に、ガタリは「妄想や、病者がそのときまでそのなかに孤立的に閉じこもっていた自己表示などが、ひとつの集団的な表現形式にいたりつくことができるようになる」という事例を挙げている（Guattari, 1972, p.82/136頁）。つまり、精神病の妄想のように平均から突出したものが集団のなかで疎外されずにうまく機能するための可能性を保持しておくことが重要なのだ。この論点は後に『カオスモーズ』で明確化されている。それによれば、ラカン派の精神病論において重視される現実的なものは、「象徴的去勢を排除したことの罰」ではなく、むしろ「潜勢的で開かれた参照軸として……特異的な出来事の自己発生的生産として出現する」（Guattari, 1992, p.110/126頁）。ここでは、排除 forclusion はネガティヴなものとしては捉えられていない。むしろ、排除されたものが回帰する現実界こそが特異性や出来事といった根底的変化をうみだす契機となるとガタリは考えていたのである。

　しかし、ここでもやはり、ガタリ対ラカンという単純な図式化を行うことはできない。五三年のローマ講演では精神病者に「パロールの陰性の自由」しか認めていなかったラカンは、六九年になると精神病者を「自由な人間」として積極的に規定している。さらに七〇年代後半のラカンは、ガタリが重視した特異性を、精神分析の終結——それは人が変化すること、そして変われば変わるほど変わらないことに関わる——をめぐる議論のなかで展開している。この点については後に取り上げることにしよう。

3 『アンチ・エディプス』――ラカンへの抵抗?

六九年、ガタリはドゥルーズとの共同作業を開始する。ラカンは、五四年から自分のセミネールに出席していた弟子ガタリが、哲学者ドゥルーズと共同作業をしていると聞き、ガタリに対する評価を高める。そして、ラカンはガタリを呼び出し、彼らが準備中の書物の大筋を聞きだそうとしている。ラカンはガタリが語るAOの大筋に非常に興味深く耳を傾け、「まったく肯定的な反応」を示したという(Dosse, 2007)。

ラカンがガタリに「まったく肯定的な反応」をしたのはなぜだろうか。反ラカン分子となりつつあったガタリをもう一度自分の陣営に連れ戻そうとしたわけでは、おそらくない。むしろ、AOの構想には当時のラカンと共鳴する点があり、ラカンにはガタリの話す構想を肯定する十分な理由があったと考えられる。というのも、ガタリとドゥルーズの共同作業が精神分析のエディプス主義を攻撃する準備をしていた頃、ラカンもまたエディプスの相対化を行なっていたからである。ラカンは『精神分析の裏面』のセミネールのなかで、エディプスコンプレクスを再定式化し、母親の獰猛な享楽という脅威から逃れるために神経症者が作り上げるものとしてそれを位置づけている。そのため、精神分析家の側がエディプスコンプレクスをつかうことはまったく無益であるとされる。最終的に七〇年三月一一日には「すべての事柄をエディプスという同じ皿に盛りつけることはまったく不当なことである」――なんとガタリ的な一文であろうか!――とラカンは述べ、「エディプスコンプレクスをフロイトのひとつの夢として分析すること」を提唱している(S17, 135)。おそらくガタリはこのラカンの発言を知っていたのだろう。事実、七〇年四月二八日、ガタリはドゥルーズに宛てた草稿に「オイディプス的な先入観とは結局フロイトの夢だとラカンは言っている」と記している（Guattari, 2012, p.142/138 頁）。ＡＯにおけるエディプスの相対化は、ラカンに対する抵抗というよりも、むしろラカンとの並走なのである。「ＡＯはラカンと同じことをしている」というガタリの一文は、この文脈において把握されなければならない（Ibid., p.128/124 頁）。

かくして七二年春、ＡＯは刊行された。フランソワ・ドッス（2007）によれば、ラカンはこの出版に苛立ち、自らの学派のメンバーに対して、この書物について沈黙を守るように言い渡したという。他方、エリザベート・ルディネスコ（1993）が伝えるラカンの反応は、それとは少々異なっている。ＡＯの出版後何ヶ月かたった後、ラカンはドゥルーズを呼び出し、彼の前でミレール以外の弟子たちをこき下ろし、「わたしには、あなた〔ドゥルーズ〕のようなだれかが絶対に必要なんだ」と述べたという。またラカンは、ＡＯは自分のセミネールが当時すでに胚胎していたものであると考えていたことをルディネスコは伝えている。

ルディネスコは、このようなラカンの態度に、彼の人生において何度も現れる「剽窃されることへの恐れ」というテーマの反復を読み取っている。しかし、七〇年代のラカン理論の展開をみるかぎり、両者のどちらにプライオリティがあるのかというジャーナリスティックな問題に拘泥することはおそらく無益であろう。安易にドゥルーズ＝ガタリ対ラカンという構図を立てることは公平な見解ではない。むしろラカンはＡＯに対して皮肉を孕んだ肯定を行っているとみるほうが、より適切であるように思われる。実際、ミレールはあるインタビューのなかで七〇年代におけるラカンに対する批判について問われ、次のように答えている。

ＡＯは、ラカンの主題によるひとつの変奏曲であり、素朴なエディプス主義に対する批判です。それを飾るスキゾフレニー礼賛にはユーモアがないわけではありません。しかもラカンは、それを妄想的と評しつつも、彼の子として認知しました。（Miller, 1989, 強調は引用者）

ドゥルーズの言い方を借りるなら、ＡＯはラカンがドゥルーズ＝ガタリにオカマを掘られて身ごもった子供なのだ。しかも、その子供は非嫡出子ではあったが、ラカンによって認知されていた。それは、一体どのような子供だろうか。それを明らかにするためには、『サントーム』を中心とした七〇年代ラカンによる精神分析の新しいパラダイムの読解が必要となるだろう。

４　精神分析の新しいパラダイムとスキゾ分析

再度確認しておくが、「ドゥルーズ＝ガタリ対ラカン」という対立図式は正しくない。ラカンへの抵抗が七〇年代のフランスの知的風土における流行であったとすれば、そのとき強力にラカンに抵抗していた人物のなかには、ほかならぬラカン自身が含まれている（それをミレールは「ラカン対ラカン」と呼んだのである）。

驚くべきことに、ミレールは最近の講義のなかで「ある観点からみれば、『サントーム』はＡＯの陽性化である」と述べている（Miller, 2005: Cours du 19 janvier 2005）。だとすれば、私たちは両者の類似点を把握した上で、あらためて両者の差異を問わなければならないだろう。ここでは、まず両者の類似点を表

表7　ラカンとドゥルーズ＝ガタリの比較

五〇年代ラカン	ドゥルーズ＝ガタリ	七〇年代ラカン（ミレールの整理）
神経症－精神病の断絶	神経症をスキゾフレニー化	排除の一般化、人はみな精神病
解釈	脱コード化	逆方向の解釈
シニフィアンの優位	非シニフィアン的記号論	文字論《レットル》
規範化＝正常化？	特異性	特異性＝単独性
終わりある分析	終わりなきプロセス	終わりある分析

7に示し、それぞれについて順に論じていく。

排除の一般化

七〇年代のラカンは、あらゆる象徴体系は欠如を抱え込んでおり、それを統御するとされた〈父の名〉はひとつのみせかけ semblant に過ぎないものと考える。すると、もはや神経症と精神病の鑑別診断は以前のような形では維持されえない。むしろ、それまで精神病を特徴づけるメカニズムであった「排除」は、あらゆる主体が構造的に孕まざるをえない欠如として一般化されることになる（排除の一般化）（⇩339〜342頁）。それと相関して、R、S、Iの三つの輪で構成されるボロメオの結び目の捉え方も変化する。この三つの輪は、そのどれかひとつが抜けるとすべてがバラバラになってしまうような仕方でかつては結ばれていた。しかし、七四年以降、R、S、Iの三つの輪は、なんらかの第四の輪（サントーム）によって繋ぎ止められることなしには解体してしまうものとして理解されるようになる。この見方では、神経症と精神病の違いは、第四の輪がほかの三つの輪を結びつける方法の違いに過ぎない。例えば、想像界の輪が脱落しかかっていたジョイスはいくらかの精神病症状を呈していたが、Iの輪を「エゴ」の輪で結びつけることによって補填したとされる。このような補填のあり方は、「症状」によってR、S、Iを結びつける神経症者と並列的に捉えることが可能なのである（⇩367頁）。

ただし、この理論は、境界例（神経症と精神病の中間）の存在を認めるものではまったくない。神経症と精神病では、輪の結び方が異なり、両者のあいだに連続性はない。しかし、両者ともに第四の輪によってボロメオの輪を結ばなければ全体が解体してしまうという点で、根源的に「人はみな精神病」であり、この意味ではじめて神経症と精神病のあいだに相同性をみることができる。つまり、神経症は、広義の精神病（すなわち、すべての人間）における多種多様な結び方のなかにあって、エディプスコンプレクスという一つの単純な結び方を採用したにすぎない。近年のラカン派で「神経症は精神病のサブセット（部分集合）」、「〈父の名〉の隠喩は、社会的に共有された妄想性隠喩にすぎない」といわれるのはそのためである。ここにガタリの神経症－精神病の脱構築との親近性をみてとることができるだろう（⇩69頁）。

現実界へと向かう「逆方向の解釈」

あらゆる人間を一種の「一般化された精神病」として捉えるこのような視点は、必然的に精神分析の臨床実践の変化を伴う。AOは、既存のコードを徹底的に脱コード化することによって潜在的なものが蠢く現実界を問題とする道を切り開いたが、七〇年代ラカンが提示する精神分析の新しいパラダイムでも、すべての主体に存する精神病的な核（要素現象）へと到達することが重視される。では、それはどのように実践されるのだろうか。

AOで特に批判されていたのは、精神分析における「解釈」であった。それは、精神分析のセッションでは患者の語りはつねに何かを別のことを意味しているものとして捉えられ、別の言葉に翻訳され、そのような作業が際限なく続く、と一般に考えられていたからである。例えば、分析家との関係のなかで生じた患者の何気ない言葉を、彼と母親との関係を述べたものであると理解するような転移解釈の実践がそれにあたるだろう。このような意味での解釈は、言葉に意味作用を次々と付け加えていくプラス方向の解釈であると言える。しかし、これでは分析のセッションは意味作用の無限の増殖に終わってしまう。ＡＯが目指すのは、それとは反対の方向である。つまり、意味作用を削減する方向に進み、無意識をある種の直接性において取り扱うような実践をガタリは構想したのである。

ガタリは、意味作用を生産するようなプラス方向の解釈とは反対に、数学においてもちいられるような無意味性を特徴とする記号を重視する。つまり、患者の語りの意味作用を支えているシニフィアンを削りとり、「記号を墓から『掘り起こす』」ことを目指すのである (Guattari, 2012, p.270/257 頁)。すなわち、スキゾ分析は精神分析の解釈とは反対に、意味作用をマイナスの方向に向かわせる。後に、ガタリはこの方向性を非シニフィアン的記号論と名づけ、現実界を取り扱うことが可能な理論として位置づけている[5]。その理論では、意味作用を生産しない記号は、脱領土化の手段となり、記号をもちいることによって「記号機械と物質的流れとのあいだの生産諸関係ならびにその相互的創生の関係を根本的にくみかえる」ことが可能だとされる (Guattari, 1977, p.37/99 頁)。

なるほど、たしかにシニフィアンを削減する方向に向かう実践は、言語の導入の際に最初に起こる是認 Bejahung の外にある不可能なもの、すなわち現実界にかぎりなく接近することが、少なくとも理論的には可能であろう。しかし、ラカンがつかう解釈は、元来、脱コード化を目指すマイナス方向のものであったという事実を忘れてはならない。実際、ラカンは五〇年代後半にはすでに、噛み砕いた意味を患者に与えることは解釈ではないと述べていた。六四年になると、解釈は主体における「無意味の核」を取り出すことであると定式化される（S11, 226/338頁）。さらに七一年には、解釈は主体にとって意味のわからない神託のように機能し、真理を荒れ狂わせる＝鎖から解く déchaîner ものとして定式化される（S18, 13）（⇩185頁）。意味作用をつくりだすシニフィアンの連鎖を解き、無意味の核へと接近し、真理を荒れ狂わせること。このような解釈は、意味作用をマイナスの方向へと向かわせる脱コード化の実践とほとんど同じものではないだろうか。

ミレールは、このような精神分析の新しい解釈を「逆方向の解釈 interprétation à l'envers」と名づけている（Miller, 1996b）。一般的に、一つ目のシニフィアンS_1は常にS_2（知）を構成しようとする。通常の解釈はこのような知の構成と同じものである。しかし、このプラス方向の意味の増殖は「解釈妄想病 délire d'interprétation」(6) に行き着いてしまうほかはない。もし精神分析の解釈がS_2（患者の言葉に何らかの知＝意味を与えるもの）に相当するものであるならば、分析家は解釈など口にせずに沈黙していた方が良い。沈黙よりも良い解釈の実践があるとすれば、それは逆方向の解釈である。つまり、$S_1 \rightarrow S_2$……と意味の増

（5）ガタリによれば、非シニフィアン的記号論とは、「言語学的な意味における意味作用の効果を生み出すことはなくて、図表的（ダイアグラム的）な相互作用の枠組みのなかでその指示対象と直接的に接続関係に入ることができる」ものである（Guattari, 2009, p.290/262頁）。

（6）ドゥルーズらも参照した疾患概念である。なお、既存のドゥルーズらの邦訳ではこういったフランス精神医学や精神分析の用語が正しく訳されておらず、その含意が十分に示されていない。délire はバラバラになることを含意する「錯乱」ではなく、むしろ統合によって体系を作り上げるような「妄想、妄想病、狂気」のことを指す。フランスでは délire に様々な語を付加することによって妄想性疾患を分類しようとしていた。解釈妄想病 délire d'interprétation は、妄想解釈 interprétation délirante という中心となるメカニズムによって妄想を発展させる。その他、ドゥルーズらは復権妄想病 délire de revendication、熱情妄想病 délire passionnelle などの概念を頻繁に参照している。

殖を無限に続ける解釈とは反対に「S_2を抑止し、何も付け加えず、S_1を包囲すること」、これが解釈の新しいパラダイムとなるのである。意味を増殖させる知S_2を退け、あらゆる主体に存する原初的な無意味のシニフィアン〈〈一者〉のシニフィアン〉へと遡ること、つまり$S_2 \to S_1$という逆方向にむかって分析を進めること。この逆方向の解釈は、主体を自らの享楽へと立ち返らせ、現実界における身体の出来事 événement de corps を取り扱うことをその最終的な目標としている（⇩375〜378頁）。

ガタリの非シニフィアン的記号論が現実界を探索することを可能にしたように、ミレールの逆方向の解釈はあらゆる意味の外部にある非合理なものの場所に到達しようとする。両者に差異があるとすれば、ガタリの記号論が記号機械の複数的な作動を問題とし、それを集団の問題に架橋しているのに対して、ミレールの逆方向の解釈は、身体の出来事と結びついたS_1という単一のシニフィアンを問題としていることにその差異は求められるだろう。しかし、それでも両者の実践が目標とする地点で立ちあらわれるものは共通している。それは、特異性＝単独性 singularité である。[7]

特異性を目指す臨床

ＡＯにおける精神分析批判のもう一つの要点は、精神分析の「主体化」へのアンチテーゼである。主体化とは、「シニフィアンは他のシニフィアンに対して主体を代理表象する」というラカンの公式に示されるように、精神分析がシニフィアンを必ず主体と結びつけてしまうことを指している。つまり、精神分析はあらゆる言表行為を個人としての主体に帰属させ、そうすることによって「言表行為の主体」を形成してしまうのである。

反対に、ガタリの立場からは、言表行為の主体は存在しない。存在するのはただ言表を生産するアジャンスマン（さまざまな次元の構成要素からなる異種混交的な編成）だけである。つまり、言表は個人としての主体に帰属させるべき行為ではなく、むしろその言表の生産される現場を社会の集団や権力関係のなかで捉えることが必要だというのである。この立場からは、主体ではなく、むしろ集団的主体性が問われることとなる。そして、その実践のなかでは「共通規範を逸脱する主体の欲望的特異性にそれ相応の場所」が付与される。つまり、集団的アジャンスマンは「特異性の〈素材〉として現出するあらゆるものと連結することのできる開かれたシステム」なのである（Guattari, 1977, p.39/104頁）。人間は、つねに何らかの集団のなかにあるが、それでも集団の規範を逸脱する特異性がつねに蠢き、生じている。スキゾ分析の任務は、その特異性を抑圧から解放し、「前人称的な複数の特異性を開放すること」にほかならない（Deleuze & Guattari, 1972, p.434/下272頁）。

　では、精神分析において目指される特異性はどのようなものであり、それはどのように主体と関わっているのだろうか。ラカン派のなかに本格的な特異性の概念を持ち込んだのは、分析家セルジュ・ルクレールである。ルクレールは、一九六〇年にジャン・ラプランシュと共同発表した強迫神経症の症例における「一角獣の夢」の分析を通して、患者の歴史が、いくつかの無意味なシニフィアンの要素の集合に還元できることを見出していた（Leclaire, 1975）。その症例では、LILI - plage - SOIF - sable - peau - pied - CORNE というシニフィアンの要素が取り出され、最終的にそこから「Poor(d)j'e-li」という謎めいた無意味のシニフィアン（S_1：ルクレールはそれを文字《レットル》と呼ぶ）が取り出された。そして、このシニフィアン

（7）ドゥルーズ＝ガタリはこのようなラカン派の解釈のポテンシャルを熟知していた。実際のところ、彼らが批判しているのはラカン派の解釈ではなく、エディプス的な順方向の解釈である（Deleuze & Guattari, 1972, pp.359, 392–3/下161-2頁、下209頁）。

（S_1）を構成する様々な音素が多方向へと発散することによって、患者の人生のさまざまな局面や無意識の形成物が導き出されることが明らかにされていた。ラカン自身もこの症例を六四年の『精神分析の四基本概念』のセミネールで取り上げ、このような原初的なシニフィアン（S_1）に直面することによって、患者の「絶対的差異」が取り出されうると述べていた。さらに、翌年の『精神分析の核心的諸問題』のセミネールでは、六五年一月二七日にルクレールが「固有名について」という発表を行い、再びこの症例を取り上げている。この発表では、先述の症例における無意味なシニフィアンの要素が主体の固有名（名前）と関係していること、そしてそれが「特異性や主体の内密性の本質それ自体に触れている」ことが指摘されている（S12, 118A, 強調は引用者）。つまり、ラカン派精神分析では、逆方向へ向かいS_1に到達することによってはじめて、その分析主体の特異性、すなわち他の誰とも似ていないそれぞれの人々の絶対的差異が得られると考えるのである。さらにルクレールは六五年三月に論文「欲望の現実」を執筆し、「一角獣の夢」の症例にも触れながら、主体の欲望をつくりだす無意味でありながら反復されるシニフィアンの要素を「純粋な諸特異性」と呼んでいる（Leclaire, 1998）。これらの特異性は、それぞれのあいだにいかなる紐帯も持たず、他のシニフィアンへと還元することのできないものであるとされる。周知の通り、このルクレールの論文こそが、「人称以前の特異性の多様体」について述べられたものとしてAOで何度か肯定的に参照された論文にほかならない。しかし、ここまでの議論から明らかなように、ルクレール＝ラカンのいう欲望の特異性や絶対的差異は確かに何らかの同一性（＝人称性）に還元することができない差異であるが、それは無意味のシニフィアンのように主体の固有名と深く関係する要素、主体や人称化のために必要不可欠な要素の抽出によってはじめて到来しうるものなのである[8]。

後にラカンは、七五年の『サントーム』の初回講義のなかで、普遍－個別の軸をもちいるアリストテレスの論理学から排除されていた特異的＝単独的なもの le singulier を重要視するようになる。そこでは、精神分析家が扱うものは普遍には還元不可能な特異的なものであることが強調される。近年、ミレールはこのような後期ラカンの精神分析臨床を、特異性＝単独性 singularité の臨床として定式化している（Miller, 2009a）。その臨床では、いかなる構造にも還元されえない、各主体がもつそれぞれに固有の「享楽のモード」としての特異性＝単独性が重要となる。その概略は次のようなものである。精神分析は、分析主体の症状を変化させることはできるが、どれだけ作業を行なっても症状を完全に消しさることはできない。それは症状が満足（享楽）の側面を含むがゆえに、つねに残余を残すからである。しかし、だからといって精神分析は「終わりなき」ものではなく、むしろ分析作業の最後に残った享楽の屑（特異性）としての症状＝サントームに同一化すること、あるいはそれと「うまくやっていく savoir y faire」ことが最終的なラカンの分析の終結の公式となった。[9] この意味で、サントームは私がこの私であることを示す、主体の真の固有名なのである（⇩373頁）。

（8）ルクレールはここで無意味のシニフィアンを、それぞれの主体に固有のファンタスムとほぼ同じものと捉えている。ところで、三脇康生（2007）によれば、ラボルド病院でガタリと活動を共にしたジャン・ウリは、自らとガタリの違いを「集団のファンタスムを認めるかどうか」という点に見出していたという。ラカン的な立場をとるウリにとっては、集団のファンタスムは存在せず、ファンタスムはそれぞれの主体に固有のものである。他方、ガタリにとっては、個人と集団という二項対立を超えたところでファンタスムを扱うことが問題であった。

（9）千葉雅也（2013）はガタリの機械の概念の詳細な読解を通して「ラカンは、後期（七〇年代）になると、残余としての対象*a*をさらに肯定的にし、主体化において特異に構成された症状、『サントーム』と『うまくやっていく』ための精神分析へと向かった」と的確に整理している。なお、千葉のいう「非意味的切断」は、現代ラカン派の「逆方向の解釈」といくつかの共通点をもっている（松本、2014c）。

ならば、私たちは次のように結論できる。ドゥルーズ＝ガタリにおいて、そしてラカンにおいて、特異性 singularité はともに享楽＝エスの蠢きの水準、すなわち現実界にある。しかし、前者がその非人称性を重視したのに対して、ラカン派ではそれは根源的に主体の固有名に結びついたものであり、さらに最終的に主体自身が同一化しなければならないものとして捉えられている。つまり、ラカン派では、知らないうちに自分を突き動かしていた特異性（享楽＝エスの蠢き）を取り出しながらも、それを多数の方向へと解放するのではなく、むしろ「これがまさに私である」という単独性＝単数性へと変化させることが目指されているのである。

終わりあるプロセスと終わりなきプロセス

ここまでのドゥルーズ＝ガタリと後期ラカンの比較を通じて、集団的主体性－個人としての主体、複数－単数、非人称性－固有名という両者の対立が浮かび上がってきた。言表を集団／個人のどちらにおいて分析するのか、そして特異性を非人称的な複数の流れへと解放するのか、あるいはたったひとつの特異性＝残余としての症状への同一化という形で固有名と関わるものとして捉えるのか、というこの二つの視点はすぐれて実践的な問いに関わっている。

三脇康生（2007）は、ジャン・ウリとラカンを対比して、分析に終わりがあるか否かという根本的な問いを検討している。彼によれば、ウリの制度分析は治療現場で起こっているつねに具体的な疎外状況の分析であり、それゆえに終わりがない。反対に、ラカンはその理論的変遷を通じて「分析は終わる」という確信をもち続けた。この対比は、ドゥルーズ＝ガタリとラカンを比較する私たちの作業にとっても示唆的である。実際、ＡＯでは、「精神分析にとって治療するということは、無限の対話や無限の諦め……を意味する」がゆえに、神経症は治療不可能であり、精神分析は必然的に終わりなきものとならざるをえない、と述べられていた（Deleuze & Guattari, 1972, p.433/下271頁）。しかし、治療によって除去できない残余という終わりのなさの袋小路を抜け出す方法こそが、ラカンの「（残余としての）症状への同一化」であり、『サントーム』のモデルであったことを私たちはすでに確認してきた。

ドゥルーズ＝ガタリとラカンにおける終わりなきもの／終わりあるものという対比は、「過程《プロセス》 processus」という術語の理解にもみてとれる。過程 Prozess とは、周知の通り、統合失調症の主体の歴史のなかで、了解によって把握可能なものの彼岸を措定するためにカール・ヤスパースが導入した術語である（⇩218頁）。つまり、統合失調症では心因によってはどうしても捉えることができない因果性の裂け目があり、そこでは「今までの生活発展にくらべてまったく新たなもの」が出現している。このような生活史における屈曲点＝出来事をヤスパースは過程と呼んだのである（この点で、「機械と構造」において因果性の切断を捉えようとしていたガタリが、そのモデルを精神病に求めたことは十分に理解できる）[(10)]。そして、過程は、そのほとんどの場合で慢性的かつ前進的に進行していく疾患の過程として捉えられていた。過程が行き着く先にあるのは、痴呆化（早発性痴呆）、人格の全般的解体というひとつの終わりである。

他方、ガタリにとって過程は終わりなきものである。ガタリは、過程に痴呆化という最終状態を想定する精神医学の見解とは反対に、「ある行為とか操作が別の行為や操作を次から次へと連続的に生起させていくこと」、すなわち決して平衡状態にならない散逸構造をとるもの、という意味を過程に与えて

（10） 実際ガタリは、ヤスパースの了解を「汎エディプス的な読解」と同一のものとみなし、それを「みずからの負担で」作動する機械状の読解と対比している（Guattari, 2012, p.265/252-3頁）。

いる（Guattari, 2009, p.296/267頁）。つまり、ガタリにとっての過程は、安定した状態ができるかと思えばすぐさまそこからの切断がなされ、過程そのものを不断に更新していくような終わりなき運動なのである。そして、ガタリらが「神経症と精神病の鑑別診断」を強調するラカン派を攻撃したのは、ヤスパースが統合失調症圏にのみ想定していたこの過程を、人間が普遍的にもつ可能性としての「過程としてのスキゾフレニー」「脱領土化の純粋なスキゾフレニー的過程」として捉えるためでもあった。

しかし、次のことはぜひとも指摘しておかなければならない。フランスにおいてヤスパースの過程という概念を最も早く受容したのは、ラカンその人であった。彼は、一九三二年の学位論文からヤスパースのこの概念に注目しており、五八年には「この〔ヤスパースの〕過程をシニフィアンに対する主体のもっとも根本的関係の決定因によって定義すること」を目標としていた。ラカンは、精神病において排除されたシニフィアンが現実界に解き放たれることを過程として理解している（⇩227頁）。そして、ラカンにとって過程はどこかで必ず終わりを迎える。例えば、ラカンにとって、シュレーバーの女性化はパラノイアの究極的な到達点であり、その状態への移行を示すシェーマIは「精神病の最終状態の産物」であり、「精神病性過程の最後における主体の構造のシェーマ」（E906, 強調は引用者）にほかならない。他方、AOでは、シュレーバーの女性化は決して過程の最終的な状態ではなく、むしろ「準安定的な停止状態」であり、シュレーバーはさまざまなものに生成変化し、永劫回帰する（Deleuze & Guattari, 1972, p.26/上45頁）。ならば、両者の差異は過程の終わりの有無にほかならない。

過程の終結をめぐる差異は、芸術作品の創造の理論においても両者を隔てている。AOでは目的のない過程が重視され、「進行するかぎり、たえず完成される ne cesse d'être accompli en tant qu'il procède 純粋な過程」が「『実験』としての芸術」として称揚されている（Ibid., p.445/下288頁）。あるいは、彼らが死に与えた規定「あらゆる生成変化のなかで、到来することやめず、到来することを完了しないもの ne cesse pas et ne finit pas d'arriver dans tout devenir」にも、終わりなきものという規定をみてとることができるだろう（Ibid., p.395/下212頁）。ところで、ここでドゥルーズ＝ガタリが過程の「終わりのなさ」を示すためにもちいている「やめない ne cesse［pas］」という表現は、ラカンがもちいた独特の様相論理――必然：書かれることをやめない ne cesse pas de s'écrire、偶然：書かれないことをやめる cesse de ne pas s'écrire、不可能：書かれないことをやめない ne cesse pas de ne pas s'écrire、可能：書かれることをやめる cesse de s'écrire ――を想起させないだろうか？　他方、ラカンは『サントーム』の初回講義のなかで、可能をあらわす「書かれることをやめる」にカンマを打ち、「書かれることによって、停止する cesse,［du fait］de s'écrire」と読み替えている（S23, 13）。それは、つねに残余を残す症状が、ジョイスが行ったような特異的なエクリチュールによって、すなわちサントームによって終結する可能性を述べたものだと言ってよい。症状は、創作によって終結する。この立場は、特異性の終わりなき運動としての過程というドゥルーズ＝ガタリの創作論とは対称的であると言えよう。

5　おわりに

結局のところ、ドゥルーズ＝ガタリとラカンはどこで袂をわかつのだろうか。私たちには、二人の齟齬は理論上のものである以上に、より実践的な、そして技法論上のものであるように思える。ラカンにとって、とくに分析の入り口において、普遍的な構造に依拠する鑑別診断の臨床は確かに有用である。

しかし、分析が進むにつれて、症状のなかの除去不可能な残余が問題となるとき、つまり残余としての症状＝サントームが問題となるとき、神経症と精神病の差異はほとんど重要ではなくなる。そのとき、分析主体は、普遍的な構造には決して回収できない、自分自身に特異的な精神分析を生きるからである。精神分析において、分析の出口はつねに特異的＝単独的なものである。この地点においてドゥルーズ＝ガタリとラカンの実践は交差する。

あらゆる分析経験は普遍性から外れている。しかし、分析経験という根源的に特異的な経験から、それでもなお普遍性が析出してくることがある。そのとき、その分析経験は他者へと伝達可能なものとなる。その伝達、つまり特異性から普遍性への不可能な変換が可能になったことの証を示すものが、ラカン派の「パス」にほかならない。パスはしばしば非人間的なものとして批判される。しかし、特異性が、その特異性を保ったまま何らかの普遍性を開示するものにならないかぎり、芸術作品の創造も起こりえないのではないだろうか。ラカンはＡＯを承けて、「既成のディスクールに捉えられていない」ことをスキゾフレニーの本質的特徴とみなしたが、それはむしろディスクールを「自分自身で発明しなければならない」という倫理の次元を含んでいる（Miller, 2004）（⇩322〜328、380頁）。もし私たちがみな精神病であるなら、普遍性から外れたアウトサイダーとして、妄想あるいはサントームを「発明する」という倫理が私たちには課せられている。発明でプロセスを止めるのか、アジャンスマンを休みなく修正しつづける終わりなき過程《プロセス》の作動を生きるのか。ここから先は実践において問われなければならないだろう。

第二章　ヴェリテからヴァリテへ——後期ラカンとデリダの真理論

1　はじめに

ジャック・ラカンとジャック・デリダ。好事家たちのあいだでしばしば話題にされてきたこの二人のジャックのあいだの「論争」に、いま私たちは何を付け加えることができるだろうか。まず、「論争」の基本的なラインを押さえておくことが必要だろう。一方では、一九五〇年代のラカンは構造言語学に依拠することによってフロイトの精神分析理論を書き換えた。この書き換えの作業の際に中心的な役割を果たしたのが、フェルディナン・ド・ソシュールの「シニフィアン」、すなわち語の聴覚イマージュという概念であった。精神分析の臨床のなかで分析主体が語る言葉は、分析家がそれを意味ありげに繰り返して発語したり、分析家がそれを言葉によって区切ったりすること（解釈による反響）によってさまざまな意味を発散することができるように、とりわけその音声（パロール）としての側面が重要であるとラカンは考えたのである。他方では、デリダは一九六六年の講演「フロイトとエクリチュールの舞台」のなかで——ラカンの名を明示することなしに、しかし明らかに反ラカン的なやり方で——フロイトの心的装置はシニフィアンやパロールに限定されるものではなく、むしろ文字の書き込み、痕跡の刻印によって構成される「エクリチュールの舞台」であったと主張していた。そしてデリダは断言する。「精神分析が協働すべき相手は、古い音声論理主義 phonologisme に支配されている言語学ではなくて、来たるべき書記素学 graphématique」なのだ、と（Derrida, 1967, p.326/444 頁）。この一文は、音声論理主義を体現するソシュールの構造言語学と協働するラカンと、エクリチュールの学との協働に来たるべき精神分析の可能性をみるデリダとの対立を決定づけている。ここにラカンとデリダのあいだの「論争」が始まる。

少なくともこの段階では、デリダのラカン批判は、形而上学批判（音声中心主義批判、ファルス＝ロゴス中心主義批判）という彼のより大きなプロジェクトに包摂される一要素であったと言ってよい。この時期のデリダの形而上学批判の概略をつかむために、そのモチーフが明瞭に現れている「プラトンのパルマケイアー」（Derrida, 1993）をひもといてみよう。この論文でデリダは、プラトンの『パイドロス』にみられる音声中心主義を脱構築している。『パイドロス』のなかで、ソクラテスは書き残された言葉《エクリチュール》は語られる言葉《パロール》よりも劣ったものだと述べる。読み手を選べずにどこへでも行ってしまい常に「誤解」に曝される可能性をもつエクリチュールは、発話者によってその発言の「真意」が保証されるパロールよりも価値が低く、パロールが利用できないときにしぶしぶもちいられるものにすぎない、というわけだ。しかし、ソクラテスは対話のなかで、充溢したパロールのことを「魂のなかでほんとうの意味で書き込まれる言葉」とうっかり表現してしまう。このように、パロールは何らかの書き込み（原‐エクリチュール）によってつねにすでに汚染されている。言い換えれば、音声中心主義は、自らが拠って立つパロールの内部にエクリチュールの侵入を被ることによって自壊してしまっているのである。デリダが一九六〇年代にラカンに注目したのは、ラカンがこのような形而上学の伝統を正確に引き継いでいたからにほかならない(1)。

一九七五年の「真理の配達人」において、デリダはラカンのファルス＝ロゴス中心主義を相手取り、より明確なラカン批判を展開していく。そこで取り上げられるのは、ラカンの「盗まれた手紙についてのセミネール」である。このセミネールのなかで、ラカンはポーの小説「盗まれた手紙」を精神分析的に解釈していた。ラカンによれば、ポーの小説にみられる、内容がわからないままに人々のあいだを循環する手紙は、その場に欠如しているという意味でファルスのシニフィアンである。そして、この手紙＝ファルスは、人々のあいだを循環することによって、物語に登場する各主体の行動を決定する。ラカンにとっての手紙は、人々のあいだを循環するが、決して「誤解」にさらされることなく、むしろ循環するそのたびごとにひとつの真理の効果を十全に発揮するものなのである。このようなラカンのヴィジョンに、当然デリダは同意することができない。むしろ手紙＝文字は、あらゆるところを循環するなかでたえざる「誤解」にさらされる可能性や、さらには循環の経路のなかで行方不明になってしまったり、バラバラになってしまったりする可能性をつねに抱えている、とデリダは考えるからである。このような予測不可能な誤配可能性にみちた手紙＝文字のあり方を、デリダは「散種 dissémination」と呼んだ（Derrida, 1980, p.472/59頁）。

ラカンとデリダのあいだの「論争」は、このようなある種のわかりやすさをもっている。「真理の配達人」では両者の対立は主として欠如（としてのファルス）と散種のあいだにあるが、これはパロールとエクリチュールをめぐる先述した対立の変奏でもある。しかし、もしそうだとすれば、議論はつねに同

（1）例えば、ラカンの次の記述は、エクリチュールをパロール化することによって原‐エクリチュールによる汚染を否認する身振りとしてデリダの眼に映ったことだろう。「ひとつのエクリチュールは、夢それ自体のように、象形〔文字〕的でありうる。エクリチュールは、ランガージュと同じように、象徴的に分節化されており、音素的なものであるも同然であり、実際に、それが読まれるやいなや音素的なものである」（E470, 強調は引用者）。

じものの反復である。このような議論を反復することには、もはや往時を懐古する以外の意義はないだろう。

残念なことに、ラカンとデリダの両者もまた、お互いの対立を常に同じ形で再生産することに加担してきた。デリダは、ラカンを音声中心主義とファルス＝ロゴス中心主義に依拠する形而上学のヴァリアントとしてみなすために、ラカンをおそらく故意に矮小化している。例えば、デリダは「『エクリ』が纏められ製本された時期、すなわち一九六六年における、一つのディスクールの強固で比較的一貫し、安定した布置にたいして」のみラカンを批判する（Derrida, 1996a, p.67/94-95頁）。言い換えれば、デリダは――信頼に足るテクストが刊行されていなかったという時代的制約はあるにせよ――同時代を生きた晩年のラカンを決して読むことがなかった。それは、ラカンをひとつの堅固な体系とみなす先入観を強化することにしかならないだろう。実際には、ジャック＝アラン・ミレール（2002a）が指摘するように、ラカンは理論の堅固な体系をつくったのではなく、むしろ理論の柔軟なセリーをつくっていた。つまり、体系化がなされるかと思えば、すぐさまそれを解体し、別の体系化へと向かう絶えざる理論改定――「ラカン対ラカン」という名の解体構築《デコンストリュクシオン》（！）――をラカンは行っていたのである。しかし、デリダはそのことを意図的に無視している[2]。この無視の体制下では、ラカンは音声中心主義とファルス＝ロゴス中心主義という枠のなかに永遠に嵌めこまれつづけることになるだろう。

では、ラカンはどのようにデリダに応答したのか。誤解を恐れずに言えば、ラカンの応答は、デリダに対して自分の優先権を主張する知的なマウンティングにすぎない。一九六七年、デリダと二回目の対面を果たしたラカンは、自分は『グラマトロジーについて』のテーマをデリダより先に語っていたのだ、とデリダに向かって語る。しかし、ラカンがシニフィアンの理論を大々的に導入する論文が「文字《レットル》の審級」と題されていたというだけでは、デリダに対する反論としては空振りであると言わざるをえない。さらにラカンは、「文字の審級」の書き直しといわれる七一年の論文「リチュラテール」でもデリダ批判を行っている。その論文でラカンは、デリダの言説を「混乱したディスクール」と評している。デリダはたしかにラカンを輸入したが、ラカンを大学のディスクールのなかに輸入してしまったために失敗してしまったのだ、とまでラカンは言う。そして、「文字がシニフィアンの諸効果において原初的なものである必要はない」(AE14) と述べ、はっきりとデリダに敵対する。七五–七六年のセミネール『サントーム』でも、デリダに道を示したのは自分であると主張するラカンは、おそらく文字やエクリチュールをめぐる優先権をデリダと本気で争っていたのかもしれない (S23, 144)[3]。

しかし、このようなラカンの身振りを追求していくことは、結局のところ晩年のラカンが密かにデリダに屈したのかどうか、あるいは実際にラカンはデリダより先んじていたのかどうかを云々するジャーナリスティックな論評にしか帰着しないだろう。ならば、これまで十分に着目されてこなかった側面から、ラカンとデリダのあいだの「論争」を辿り直してみることにこそ価値があるはずである。本稿では、両者のあいだの「論争」を、パロールとエクリチュールをめぐる論争ではなく、真理についての論争として捉え直してみることを試みたい。というのも、これからみていくように、ラカンとデリダの両者は

(2) デリダは、ラカンの論文集『エクリ』の製本にさえ批判を向け、「『エクリ』の綴集＝製本、それはそれら〔書かれたもの〕を一つに纏め、それらに最も堅固な体系的構造、最も形式化された、可能なかぎり形式化された構築構造を保証することである」と断じてもいる (Derrida, 1996a, p.67/95 頁)。

(3) このラカンの意思は、現代ラカン派にも継承されている。ミレールはラカンの結び目をエクリチュールや文字として捉える (S23, 236)。あるいはソレール (2009) は七〇年代ラカンの文字論から「語物質性 motérialité」というキーワードを取り出している。

その晩年まで真理のことをたえず考え続けていたからである。

2　真理とエディプス

デリダは、真理という概念が家族主義（血統の正嫡性）と共犯関係を結んでいることを批判する。例えば、何らかの情報が真理である（正しい情報である）ということは、その情報が正統的な経路を通って伝達されることをその条件としている。伝言ゲームで回ってきた情報が不確かなデマであることが多いように、情報が非正統的な経路で伝達（散種）されてしまったとすれば、その情報はもはや真理としての保証を失ってしまうからである。この真理の条件を家族関係に適用するなら、真理とは、ある情報が父から子へ、子から孫へと正嫡的な系譜を経て伝達されることと等価となるだろう。しかし、もし真理の世代間伝達が、家族主義が想定するような堅固なものではなく、伝言ゲームのように各世代の伝達のなかで容易に書き換えられる可能性をもつ脆弱なものであったとしたら、どうだろうか。もしそうであれば、これまで「真理」とされてきたものは、つねに別様なものである可能性をもつことになる。デリダの哲学は、その可能性、世界を別の仕方で読みかえる可能性に賭けている。

このようなデリダの真理批判は、五〇年代中盤のラカンに顕著にみられるエディプス主義を直撃するものと考えられる。ラカンは、一九五三年のローマ講演のなかで、ひとには真理が書き込まれていると述べていた。真理は、主体が気づかないうちに、幼年期の記憶や、家族の内部で語られる伝説や、身体にあらわれるヒステリー症状のなかに既に書き入れられているのである（E259）。そして精神分析は、充溢したパロールをもちいることによって、その真理を開示するとともに、主体が過去に経験してきた偶然の出来事を、その唯一の真理から必然的に生じたものとして秩序づけるものであるとされる(E256)。

エディプスの物語が精神分析にとって特権的な位置を占めているのは、真理についてのこのような考えと関係している。まず、エディプスが属するラブダコス家では、父ライオスからエディプスを経て娘アンティゴネーに至るまで、ひとつの真理＝〈法〉が正確に伝達されている(正嫡的に伝承されている)ということを指摘しておく必要がある。例えば、『エディプス王』は国家を襲った干魃、すなわち作物の不毛性から物語が始まり、『アンティゴネー』は子供を産まずに死んでしまうことを嘆くアンティゴネーの姿で終わる。このように、エディプスの物語には不毛性＝不妊症 stérilité というシニフィアンが何度も繰り返しあらわれる。この不毛性＝不妊症というエディプスの家系に書き込まれた〈法〉の起源は、エディプスの父ライオスにまで遡ることができる。ライオスは、プリュギア王ペロプスの息子クリュッシポスに二輪馬車の操縦を教えているうちに、クリュッシポスに恋をし、彼を強姦してしまう。その結果、クリュッシポスは死んでしまう。そのことに激怒したペロプスは、ライオスに対して、彼の一族が根絶やしになるように断罪する呪いの言葉を放つ。この呪い――性的な罪と、死、そして不毛＝不妊症の呪い――が、ライオスからアンティゴネーに至るまで、ラブダコス家の血統を通じて伝達されているのである(Raimbault & Eliacheff, 2001)。

ラブダコス家の人物はつねにこの〈法〉の影響下にある。まず、この〈法〉は神託のパロールの形でライオスに告げられる――「正統な生まれの者、嫡出子が父(ライオス)を殺し、母(イオカステ)と床をともにするだろう」、と。ライオスとイオカステの夫婦は、この〈法〉から逃れるために、生まれてきた嫡出子エディプスを山に遺棄する。しかし、エディプスは隣国のコリントス王夫妻に拾われて生き延びてしまう。そして、エディプスにも、ライオスに告げられたものと同じ神託――「エディプスは父を殺し、母を妻とする運命にある」という神託――が告げられる。エディプスは、その〈法〉から逃れるために、生まれ育ったコリントス王のもとを去る。しかし、この〈法〉は、まさに〈法〉からの逃走のなかで正確に実現されてしまう。コリントス王国を去ったエディプスは、道中でライオスに出会い、彼が実父であることを知らずに彼を殺害してしまうのである。これが『エディプス王』のあらすじである。つづく『コロノスのエディプス』で描かれているのは、自らに書き込まれた〈法〉を知ったあと、そこに記された自らの運命にまっすぐに突き進んでいく主体としてのエディプスである。エディプスは、自らの死すべき運命を告げる〈法〉に従い、コロノスの神の杜の近くにたどりつく。彼の二人の息子は、エディプスを奪還して〈法〉の完遂を妨害することを企むが、エディプスは〈法〉の命令を貫徹し、コロノスの地で死を迎える。最後の『アンティゴネー』で描かれているのは、父エディプスの志を正嫡的にうけつぎ、共同体の法よりも、書かれてはいない〈法〉を尊重する主体としてのアンティゴネーである。アンティゴネーは、兄の埋葬を禁止する国王クレオンに対して徹底抗戦し、ラカンが「二つの死のあいだ」と呼んだ死へと向かっていく。

　このように、『エディプス王』から『アンティゴネー』に至るラブダコス家の物語のなかでは、登場人物は知らないうちに〈法〉＝真理に従属しており、たとえ彼／彼女らが〈法〉に抵抗しようとしても〈法〉は実現され、それぞれの主体の症状として結実する。そして、この〈法〉は究極的には父ライオスの罪へと帰着する。この意味で、ラカンが述べたように、「法は『知らなかった』では済まされない」（すなわち、法律を知らなかったからといって無罪にはならない）という慣用句が、「〔精神分析という〕私たちの経験が依拠している真理、そして私たちの経験が確認することになる真理を表現している」(E272, 強調は引用者) と言えるのである。ラブダコス家の物語は、父に由来するひとつの〈法〉=真理が、血筋のなかで正確に伝達され、再生産されていくさまを描くものだと言ってよい。各世代の登場人物のあいだを循環し、そのつど誤読されることなく真理の効果を発揮するこの〈法〉=真理は、ラカンが「盗まれた手紙」から抽出したシニフィアンとしての手紙と同じ効果をもっている。

では、ラブダコス家の物語と「盗まれた手紙」のあいだの違いは何か? それは、前者では呪いのパロールとその世代間伝達が具体的に——すなわちラブダコス家という特殊な事例のなかで——問題とされているのに対して、後者ではその世代間伝達の構造それ自体が普遍的な構造として形式化されていることである。この形式化は、伝達される父の罪が、人類の血統を保持するとされる「大いなる負債」(ラブレー) や「象徴ゼロ」(レヴィ=ストロース) へと還元されることによって始まり (E278-9)、「その場所に欠如しているもの」という資格でつねにその場に存在するファルスの機能へと還元されることによって完成される (S4, 38/上41頁)。この意味で、ラカンの「盗まれた手紙についてのセミネール」は、真理の伝達における通時的な嫡出性を単一のファルスによって可能になる共時的な構造へと変換していると言うことができるだろう。(4)

ラカン派精神分析にみられるこの嫡出的/ファルス中心主義的な真理観のもとでは、真理はつねに父

(4) デリダは、ラカンがハイデガー的な「覆われていないものとしての真理」の概念に依拠していながら、それとは異なる古典的な「物と知性の一致」という真理概念にも言及していることを批判している (Derrida, 1972, pp.115–6/167頁)。しかし、ラカンの古典的な真理概念の使用は、「物 rei」を「被告 reus」へと読み替えることにその力点があり、そこではやはり父の罪の開示が問題となっている (E434)。

から正確に伝達される（正嫡的に伝承される）ものであり、それは主体がこの世に生を受けたときにはすでに主体のなかに書き込まれている（ラブダコス家の場合）。あるいは、真理はつねに「その場所に欠如しているもの」としてのファルスでもある（「盗まれた手紙」の場合）。この意味で、デリダが述べたように、ラカンのいう象徴界、主体を象徴的に秩序づける審級は「父に帰着する」ものである。当時のラカン派精神分析の臨床の一端は、知らないうちに書きこまれているこのような系譜的な〈法〉＝真理を暴き出し、それを自らの歴史として分析主体に引き受けさせることにあった。

デリダは、ラカンの嫡出的／ファルス中心主義的な真理観に対して、散種を対置する。散種とは「父に帰着しないもの」を表現するものである（Derrida, 1972, p.120/128頁）。つまり散種は、父から正確に伝達されるものとしての真理を脅かし、真理を最終審級の座から引きずり下ろすことによって、その終わりなき置換を肯定するのである。父に帰属する唯一の真理の引き受けを分析の終結＝目的とするラカンと、真理の固有の場とはなりえない散種と終わりなき解釈を肯定するデリダのあいだには、後に私たちも検討することになる「終わりある分析」と「終わりなき分析」の対立というモチーフがすでに現れてきているが、ひとまずそれは措いておこう。

私たちにとって興味深いのは次のことである。一九五三年のローマ講演のなかで、ラカンは父による伝達の機能を、人間の象徴機能の支えとなる「父の名」に見出していた（E278）。しかし、ラカンは父からの真理の伝承という嫡出的なモデルに安住していたわけではない。五六年七月、セミネール『精神病』のなかで、ラカンは女性による単性生殖に触れ、もし単性生殖が可能になったとすれば父という存在は不要になると述べる（S3, 357/下283頁）。さらに翌五七年六月、セミネール『対象関係』のなかで、ラカンは冷凍保存された精子による人工授精が実現された場合、父から子へのパロールの伝達が毀損されてしまうのではないかという危惧を表明している。

> 百年もすれば、女性たちには、いま我々が知っている天才の男たち——彼らはその時まで小さな壺〔＝精子バンクのようなもの〕に大事に保存されるわけですが——の実子が与えられることになるでしょう。この機に、父の何かが徹底的に裁断されたのです。それと同時に、パロールも裁断されました。問題は、この時、いかに、どんな方法で、いかなる様式のもとに、祖先のパロールが子供の心性に書き込まれることになるかです。ここでは、その代表者、運搬車であるのは、もはや母だけなのですから。壺に入った祖先に、母はどうやって話をさせるのでしょうか。（S4, 375-6/下 236-8 頁）

人工授精の導入は、再生産から父を不要にする。そのとき、父から子へと真理を伝達するパロールは裁断され、真理の伝達は困難になってしまう。このラカンの考えは——もちろんデリダなら、母を確実なものとみなすこの考えを代理母の可能性に言及することによって再び脱構築しただろうけれども（Derrida & Caputo, 1997, pp.26-27/38-39 頁）——、真理／ファルスによる決定論が瓦解してしまう可能性を——それを、父に帰着しない散種と呼べるかどうかはさておき——考慮にいれるものと考えてよいだろう。さらに指摘するなら、ラカンは一九五九年以降に〈父の名〉を相対化し、〈父の名〉は最終的にはボロメオの環を結び合わせる複数の方法のなかのひとつにすぎないと考えられるに至ったことを私たちはすでに知っている（⇩394頁）。ならば、私たちは真理とその伝達の問題について、ラカンとデリダのあいだに起こらなかった対話を生じさせなければならない。

3　精神分析はアルゴリズム化可能か？

精神分析がいうところの真理は、精神分析の実践のなかで見出されるしかない。では、それはどのような方法で見出されるのだろうか？

この問いに答えるために、私たちはルートヴィヒ・ウィトゲンシュタインによる精神分析批判を参照することができる。ウィトゲンシュタインは、精神分析の実践的技法のひとつである自由連想に対して疑念を呈していた。「この自由連想等々という手続きは奇妙である。なぜなら、われわれがどこで〔自由連想を〕止めればいいのか――どこに正しい解決策があるのかをフロイトは示していないのだから」、と（Wittgenstein, 2007, p.42/210頁）。もし精神分析において問題となる心的現象が何らかの法則に収まるものであるとすれば、その心的現象の解明に適したアルゴリズムをつかうことによって、自由連想の終結にまでたどりつくことができるはずである。ならば、自由連想という技法それ自体に自由連想の終結＝分析の終結の条件が示されていなければならない。おそらくウィトゲンシュタインはそのように考えたのだろう。

なるほど、あらゆる精神分析が、父から伝達された真理を主体の歴史として引き受けることや、ファルスという特権的シニフィアンの覆いをとることへと形式化可能なものであるとすれば、たしかに精神分析をアルゴリズムへと還元することも可能かもしれない。しかしそれは、分析家をコンピュータープログラムで取り替えてしまうことに等しい。そのような精神分析がもしありうるとすれば、それは主体――とりわけ、知を想定された主体としての分析家と分析主体――ぬきでなされる計算にすぎない。そこでは計算可能なもの、予測可能なものだけが問題となる。そして、あらゆる精神分析はひとつの定型的な精神分析の単なる変奏へと還元されてしまうだろう。

しかし、精神分析はそのようなものではない。かつてルクレール（1975）が明晰に述べたように、精神分析家は普遍的な理論をもっていなかればならないが、実践の際にはその理論を拒絶しなければならない。どういうことだろうか。普遍的な理論がなければ、私たちは分析を開始する前の予備面接において主体の構造を診断することもできないし、分析をうまく方向づけていくことも不可能になる。しかし、普遍的な理論を分析主体に適用してしまうと、普遍的な理論に含まれる要因（例えば、〈父の名〉やファルス）を分析主体のなかに見出すことしかできなくなってしまう。それでは、単にアルゴリズムにしたがっていることにしかならないだろう。それゆえ、分析家は実践においては既存の理論を拒絶し、分析主体の特異性＝単独性に向き合わなければならないのである。ルクレールは問う、「不可避な問いが立てられる。いかに精神分析理論を、理論の構成そのものによって理論の適用の基本的な可能性を消し去ることのないものとして考えることができるであろうか？」、と。この問いは、精神分析が普遍的なもの（理論）に依拠しながらも、実践のなかでたえずあらわれる特異性＝単独性を尊重しなければならない、というパラドクスを含意している。同様の議論は、ミレールによってもなされている。彼は一九七八年の論文「精神分析のアルゴリズム」において、「真理が問題となる場合に情報の数学から何を引き出すことができるだろうか」と問う（Miller, 1978）。ここで彼は、伝達を取り扱う現代科学、とりわけ直観主義数学における選列の理論を援用することによって、精神分析的の解釈の位置づけを行おうとしている。議論の詳細は省くが、この議論からミレールは「無意識を解読するアルゴリズム〔＝計算可能性〕は存在しない」こと、そして「解釈の効果は計算不可能」であることを結論づけている。

このような精神分析の考えは、計算可能なものと計算不可能なものの関係をめぐるデリダの議論とよく似ていないだろうか。例えば、デリダは一九九四年の『法の力』のなかで、「正義」と呼びうる行為が可能であるための条件を次のように描写している。

正義にかなうものであるためには、例えば裁判官の決断は、ある法／権利の規則または一般的な掟に従わねばならないだけでなく、再設定的な現実的解釈行為によってそれを引き受け、是認し、その価値を確認せねばならない。あたかも、つきつめてみると掟など前もって現実に存在してはいないかのように。あたかも裁判官が自らそれぞれのケースにおいて掟を発明するかのように。(Derrida, 1994, pp.50-51/55頁)

裁判官は、個別の事例について判断を下す際に普遍的な法に従わなければならない。しかし、その法に従っているだけでは、単に事例をアルゴリズムによって処理しているだけにすぎず、そこに「正義」と呼びうるようなものは何もない。法は、計算可能なものしか扱うことができないからである。「正義」と呼びうる行為をなすためには、ひとはアルゴリズムに還元することのできない不可能なもの l'impossible に関わらなければならない。「正義」は、「他者が、常に他なるものである特異性＝単独性として到来する」可能性を維持するものとならなければならない（Ibid., p.55/63頁）。裁判官におけるこのような「正義」の要請は、精神分析家が臨床実践のなかで普遍的な理論を一旦カッコ入れした上で、分析主体がもつ計算不可能な特異性＝単独性を取り扱わなければいけないことと同じ構造をもっている。

このようなパースペクティヴのもとでは、精神分析的な真理をどのように位置づけることができるだろうか。もはや真理を父の罪やファルスといった象徴的なものの枠内で扱うだけでは不十分であることは明白である。なぜなら、象徴的なものがシニフィアンの連鎖である以上、シニフィアンとしての父の罪やファルスは普遍的な法則によってアルゴリズム化されうるからである。ここで私たちは、ラカンが一九六八年六月一九日に呈示した新たな真理の概念を導入するべきであろう。以下のとおりである。

真理は、主体が知 savoir を拒絶する点に隠れています。象徴界から拒絶されたものすべては現実界に再出現します。これが、症状と呼ばれるものの鍵です。症状、それは主体の真理が存在するところの現実的な結び目なのです。(S15, 303A)

ラカンはここで――この方向性は一九五五年の講演「フロイト的事象」においてすでに伏流していたとはいえ――症状の真理を象徴的な知と関係づけることをやめ、現実的なものと関係づけることを宣言している(⇩311頁)。この方向転換のインパクトを理解するためには、初期のフロイトもまた、症状の真理を象徴的な知に位置づけていたことを確認する必要がある。フロイトは、ヒステリー症者の症状が何かを意味している(何かを言わんとしている)ことに気づくことによって、精神分析を発明した。つまり、症状の真理は、主体が気づいていない何らかの知にあり、フロイトはその知＝真理を暴き出すことによって症状を消失させることができたのである。しかし、そのような分析実践をつづけていくなかで、フロイトは症状が知に還元することのできない次元をもっていることに次第に気づくようになった。例えば、症状の意味を知の次元で解釈しつづけても、一向に症状が消失しない症例がそれにあたる。陰性治療反応や反復強迫といったフロイトの概念は、このような症例の経験から要請されている。

フロイトによるこの症状の二つの側面(象徴的なものとしての症状と、現実的なものとしての症状)は、それぞれ『精神分析入門講義』の第一七講「症状の意味」と第二三講「症状形成の道」で詳細に論じられる事柄である（ミレール（1998b）によれば、すべての西洋哲学がプラトンの注釈であるのと同じ意味で、ラカンのすべての議論はこの二つの講義の注釈である）。ラカンは症状の後者の側面、すなわち症状における知に還元されえない真理を現実界に位置づけている。ここでいう現実界は、フロイトの言う「症状における満足」に相当すると考えることができる。この症状における満足は、「性欲動にはじめての満足をもたらした自体性愛」（GW11, 380）に由来している。何らかの意味をもつ象徴的な症状は、その自体性愛的な満足が不可能になった際に、「新たなかたちのリビード満足を求めて起こされる葛藤の結果」（GW11, 373）として生じるのである。ラカンが『テレヴィジオン』のなかで「主体はつねに幸福である」（AE526）と述べているのは、症状に苦しむ主体は、つねに症状からこの満足＝享楽を得ていると考えられるからである（⇩358頁）。

症状における享楽のあり方が「性欲動にはじめての満足をもたらした自体性愛」に由来している以上、その享楽のあり方はそれぞれの主体において異なるもの、つまり特異的＝単独的なものであると考えられる。この視点を手に入れた精神分析は、もはや症状の象徴的な構造における真理を相手にするのではなく、症状の現実界における真理、すなわちそれぞれの主体がもつ特異的＝単独的な享楽のモードを相手にすることになるだろう。「サントーム」の概念によるラカンの理論的変遷や、近年ミレール（2009a）が『精神分析における繊細のもの』と題された講義でおこなった特異性＝単独性の重視は、精神分析のこのようなパラダイムシフトを明確化するものにほかならない。いまやミレールを中心とする現代ラカン派では、意味論的な次元における症状は二次的なものであり、あらゆる症状は身体と言語の最初の出会いが刻まれた非意味論的で自体性愛的な「身体の出来事 évènement de corps」（AE569）をその根にもっていることが共有されている。

ならば私たちが問わねばならないのは、一方では症状の満足が現実界に位置するという点に特異性＝単独性をみるラカンと、他方ではつねに他なるものの到来を可能にするという意味での特異性＝単独性を問題とするデリダとの差異である。次に、この問題を、精神分析の終結と伝達という観点から検討してみよう。

4　精神分析の終結とその伝達

ラカンとデリダの大きな相違点が、精神分析の終結をどのように考えるかという点にあったことはよく知られている。晩年のフロイトは、あらゆる精神分析が去勢不安とペニス羨望という頑として揺るがない岩盤に突き当たってしまうことを指摘し、この袋小路《アンパス》の克服に成功するかどうかという問いに悲観的に答えていた。つまり、あらゆる分析は「終わりなき分析」としての側面を少なからずもっているのである（GW16, 99）。このフロイトの議論をどう解釈するかによって、ラカンとデリダは袂をわかつことになる。

ラカンは、分析は終結する、ということをはっきりと確信していた。それは、前節で確認した症状の捉え方の変化とも関係している。たしかに、症状を知の次元で解釈するだけでは、症状は消失しない。その意味では、精神分析は結局のところ治癒不可能なものを前景化させてしまうことになる。しかしラカンは、逆説的にも、症状のこの治癒不可能な部分、それぞれの主体において異なる特異性＝単独性として現れる部分を肯定し、これこそが分析の終結を可能にすると考える。この発想は、セミネール『精神分析の四基本概念』の最後の頁において、分析の到達点が各主体の「絶対的差異」（S_1）と関係していると述べられたときからラカン理論のなかに胚胎されていたと言ってよい（S11, 248/371頁）。精神分析が終結するのは、この絶対的差異としての特異性＝単独性、すなわち症状における各主体それぞれに独自の享楽のモードに対して、各主体がうまくやっていくsavoir-y-faireことができるようになったときである（S24, 12A）。晩年のラカンはそう考えた。「分析をそれほど遠くまで推し進めるべきではない。分析主体が自分は生きていて幸せだと考えるなら、そのとき分析は十分である」という一九七五年のラカンの発言はそのように読む必要がある（Lacan, 1975, p.15）（⇩379頁）。

このような分析の終結のモデルは、ジェイムズ・ジョイスによって与えられている。ラカンによれば、ジョイスは精神分析を実践することなしに、「精神分析の終結に期待できる最良のものに直接到達した」（AE11）。というのは、特に『フィネガンズ・ウェイク』に顕著なように、ジョイスの実験的な作品はもはやその意味を理解することや翻訳することが誰にも不可能であり、むしろその作品からは「それを書いた人物の享楽が呈示されていることが感じ取れる」からである（S23, 165）。つまり、ジョイスの作品は、作品の意味を呈示しているのではなく、作者であるジョイスの特異的＝単独的な享楽のモードを呈示していると考えられるのである。ここで表現されている特異的＝単独的な享楽は、他の誰の享楽とも共約することができない自閉的な享楽[5]であるが、それでも私たちはジョイスの作品を読むことによって、そこに普遍的な文学と呼びうるものを発見しうる。分析の終結においては、このような享楽のあり方、治癒不可能性の肯定化が実現されるとラカンは考えたのである（⇩379頁）。

反対に、論文「抵抗」のなかではっきりと述べられているように、デリダにとって分析はつねに終わりなき分析である（Derrida, 1996b, p.49/66頁）。ラカンが述べるような、各主体のそれぞれにおいて異なる絶対的差異（S_1）や、症状における特異的＝単独的な享楽のモードは、象徴的な知の水準における形式化を免れてはいるものの、それでもひとつの起源を設定する思考であるとデリダなら批判するであろう。そう、デリダが分析に終わりがないと言うのは、「分割不可能な元素や単純な起源などというものはない」と彼が考えるからである（Ibid., p.48/64頁）。デリダは、このような分析の終わりのなさを、症状における「痕跡」というフロイトの――そしてデリダ自身の――概念に見出している。フロイトは、抑圧された表象の痕跡に対してヒステリー者の注意を向けさせようとしたときに、そこに抵抗を感じとっていた。この抵抗は、症状を生み出す原動力であるとともに、その症状を除去しようとする分析の作業にとっての抵抗にもなる。それゆえ、痕跡は分析不可能なままに残りつづけることになる（Ibid., p.45/59頁）。終わりなき分析が要請されるのはそのためである。

先に晩年のラカンの理論を確認してきた私たちにとって、ここでデリダが述べている事柄に、症状がもつ象徴的／現実的な側面という二分法が現れていることに気づくことは容易である。症状の象徴的な側面を取り扱うだけでは、分析は終結にいたらない。この点は、ラカンとデリダの両者がともに同意するところである。ラカンとデリダの相違点は、前者が症状の現実的な側面に主体の特異性＝単独性を見出し、それを分析の終結の積極的な条件と考えるのに対して、後者が症状の分析において不可避的に出会われる抵抗と、その抵抗を生み出す痕跡を分析の終結不可能性の理由と考えることにある。

このように、分析の終結をめぐる両者の違いは明らかである。しかし、驚くべきことに、分析家の共

（5）　ミレールの表現による（Miller, 1987b, p.11）。

同体や、来るべき精神分析のことを考えるとき、ラカンとデリダの意見はふたたび共鳴しはじめる。

ラカンにとって、分析主体が自らに特異的＝単独的な享楽のモードに対してうまくやっていくことができるようになったとき、分析は終結する。そして、このまったく特異的＝単独的な分析経験が、その分析主体が所属する分析家の共同体のなかで共有できるものであるかどうかを確認する装置が、「パス」と呼ばれるラカン派の装置である。言い換えれば、パスにおいては、そもそも定義上、他者へと伝達することができず、それまで普遍的なものとされてきた分析理論から外れるものであるはずの特異的＝単独的な分析経験が、分析家の共同体のなかであらたな普遍として伝達されることができるかどうかが問われているのである。この仕組みは、分析家の共同体のなかで、精神分析というものがつねに新たなものへと変化していくことを可能にするために設けられている。つまり、ラカン派の分析家の共同体とは、ラカンの理論に杓子定規に従いながら精神分析を行う分析家の集団なのではなく、ラカンのつくったパスという装置にしたがって精神分析をたえず書き換えていく集団なのである。あえてデリダ的な言い方をすれば、パスとは、他なるもの（特異性＝単独性）を迎え入れることによって、分析家の共同体や精神分析そのものを異なるものへと変化させうるという意味で、ひとつの歓待の原理なのである。ラカン派において分析の「終わりのなさ」が存在するとすれば、それは各個人の分析経験のなかに存在するのではなく、むしろ分析家の共同体における精神分析の不断の書き換え、すなわち来るべき精神分析の到来を待ち望む、精神分析の永久革命にこそ存在すると言えるだろう。

では、デリダにとって分析家の共同体とはどんなものでありうるだろうか。デリダの読解によれば、精神分析における「抵抗」の概念は、統一的な意味をもたない。それゆえ、精神分析は抵抗という概念のもとにひとつのまとまった統一体をつくることができない。しかし、この不可能性は、精神分析にとって悲劇ではなく、チャンスでもある。デリダは次のように述べる。

分析への抵抗の概念が……統一されえないということが事実だとすれば、その場合には、分析概念も、精神分析的な分析概念も、精神分析という概念そのものも、同じ運命をたどることになるだろう。……精神分析が一つの概念ないし一つの使命のうちに結集されることはけっしてないだろう。抵抗が単一でなければ、単数定冠詞付きの精神分析——ここではそれを、理論的規範のシステムとして、あるいは制度的実践の憲章として理解していただきたい——もないのである。／事情がこのようであるとしても、この状況は必ずしも挫折を意味しない。成功のチャンスもまたそこにあるのであり、芝居じみた嘆き方をするには及ばない。(Derrida, 1996b, p.34/44 頁)

デリダにとって、抵抗が分析の終わりのなさとして残りつづけるかぎり、精神分析は——立木康介(2009)の優れた表現を借用するならば——「抵抗の関数」として存在することになる。それゆえ、さまざまな抵抗の数だけ、精神分析は複数的に存在することになるだろう。つまり精神分析は、抵抗の概念とともに、つねに他なるものへと開かれているのである。ここに、来るべき精神分析が到来する可能性が確保される(6)。

いまや私たちは、ラカンとデリダの相違点をより明確に把握することができる。一方では、ラカンはそれぞれの分析主体の分析経験という個人のレベルと、「精神分析なるもの」を定義づける分析家の共

(6) 十川幸司(2000)は、この意味でのデリダ的精神分析の可能性を明晰に提示している。

同体のレベルを峻別している。そのため、個人のレベルにおける特異性＝単独性が、共同体のレベルにおけるあらたな普遍性として伝達されうるかどうかが問題となる。他方では、デリダは個々の分析経験における抵抗の複数性を「精神分析なるもの」の複数性へとダイレクトに接続してしまう。ここでデリダが「抵抗」と呼んでいるものが、痕跡が差異を含んだ反復によって他なるものの到来を可能にするという意味でのデリダ的な特異性＝単独性の思考と肉薄していることを考慮に入れるなら、両者の最終的な相違点は、やはり特異性＝単独性という概念の取り扱いにあると考えることができるだろう。(7)

5　真理からヴァリテへ

象徴界における伝達を保証するファルス＝ロゴス中心的な真理から、症状の現実界としての真理へと進展したラカンの考えは、最終的に、それぞれの分析主体において特異的＝単独的な享楽のモードを重視することを現代ラカン派に要請することになった。では、晩年のラカンにおいても真理という用語は維持されうるのだろうか。

ラカンは、一九七七年四月一九日のセミネールのなかで、真理《ヴェリテ》という言葉を「ヴァリテ」という造語で置き換えることを提案している。

自由に連想するというのは、何を意味しているのでしょうか？　発言 énonce する主体がもう少しだけ価値のあることを言うということの保証でしょうか？　しかし皆さんご存知のとおり、屁理屈

ratiocination、精神分析において屁理屈と呼ばれるものは、理屈 raisonnement よりもずっと重いのです。発言 énoncé は真の提案とどんな関係をもっているのでしょうか？　フロイトが言っているように、消耗するように機能することしかできないこの何かが何を基盤としているのかをみるように努めなければならないでしょう。その何かから真理が想定されるのです。可変的なものとしての真理 vérité comme variable の次元、私がヴァリテ varité と呼ぼうとするもの、多様性 variété の「é」を抑えたものに開かれていなければならないでしょう。（S24, 115A）

精神分析が特異的＝単独的なものを目指すとすれば、自由連想のなかでは最終的に、他者と共有することのできない言語新作のようなものしか出てこないことになる。しかし、ラカンはそこに真理の出現をみる。ただし、その真理は、もはや普遍的な真理といったものではありえず、可変的なものとしての真理であり、多様性《ヴァリエテ》に開かれたヴァリテである、とラカンは言う。ならば、精神分析は他者と共有することのできないものを無制限に肯定するということだろうか。そうではない。ラカンの発言は次のように続く。

ある分析中の主体が自分のディスクールのなかで、私がさきほどつくった〔ヴァリテの〕ような言語

（7）晩年のデリダは、メシア的な正義が「諸単独性の普遍化可能な文化」であると論じている（Derrida, 2000, p.31/101頁）。彼は特異的＝単独的なものと普遍的なものをひとつの表現に結びつけているのである。この含意は、精神分析との関係からより詳細に論じられるべきであろう。

新作に滑りこんだとしても、それが現実的なものであるということを信じる理由に自動的になるわけではありません。……要するに、精神分析が二人組自閉症 autisme à deux[8] でないかどうかという問いを提起する必要があるのです。／この自閉症を突破することができるものがあるでしょうか？ それは、ララングが共通 commune の問題であるということです。私が存在するまさにここで、私はここにいらっしゃる皆さんに私のことを理解させることができます。それが保証なのです――私が精神分析の伝達を〔パリ・〕フロイト派の議題にしたのはそのためですよ――精神分析が二人組自閉症から還元不可能な形で足かせをはめられていないということの保証なのです。（S24, 115-6A）

分析中の主体は、しばしば言語新作のような新しいシニフィアンを生み出す。しかし、それがすぐさま症状の現実界としての真理であるというわけではない。その新しいシニフィアンが真理であるためには、分析家の共同体のなかで、それが伝達されなければならない。もしそれが伝達されえないものであれば、その精神分析は他者に対して閉じられた「自閉症」にすぎない。すぐさま理解されるように、ラカンはここでパスとほぼ同じ原理について語っている。ラカンが語る精神分析は独創的なものではあったが、決して自閉的なものではない。なぜなら、ラカンの言葉は当時のパリ・フロイト派のなかで伝達されていたからだ。その成否はともかくとして、ラカンは少なくともそう考えていたのである。

しかし、このラカンの発言は、分析家の共同体において伝達されることのない特異性＝単独性が自閉的であるということをも意味している。すでにミレール（1987b）は、ジョイスの作品において表現されている彼の特異的＝単独的な享楽が、他の誰の享楽とも共約することができないという点で自閉的な享楽と呼びうるものであると述べていた。ならば、精神分析の終結とは、ある意味では、洗練された自閉症を目指すことなのではないだろうか。

現代ラカン派の技法は、それぞれの分析主体における自閉的な享楽が刻まれたシニフィアン（S_1）を取り出すことだと言ってよい。通常、精神分析の技法としての解釈は、分析主体の語りに句読点を打ち、既存の症状に何らかの意味を与えるものである。しかし、このような解釈では、「$S_1 \rightarrow S_2$」というマテームで示されるようなシニフィアンの連鎖が永遠に続いていくだけである。それは意味の増殖を引き起こし、最終的には分析主体を意味のパラノイアたる解釈妄想病の水準へと導いてしまうだろう。反対に、現代ラカン派では、「$S_2//S_1$」というマテームで示される逆方向の解釈をもちいる。この逆方向の解釈は、分析のセッションを意味的に豊かなものにするのではなく、反対に「主体を彼の享楽の不透明さへと立ち返らせる非-意味的な単位」にすることによって行われる。分析主体の語りに意味を付け加えるために句読点を打つのではなく、語りを非意味的に切断すること。そうすることによって、S_2から切断された、特異的＝単独的な享楽のモードが刻まれたシニフィアンS_1を取り出すことが可能になる。このようなS_1の取り出しは、ジョイスのような文学作品を創造するかどうかは別として、自分の人生を、いわば他の誰とも似ていない一つの作品として創造することを可能にするだろう。

ここで私たちはふたたびデリダを参照することができる。分析主体の語りに意味を授けるS_2を切断して、単独のS_1を取り出すという逆方向の解釈は、デリダの言うところの「コンテクスト（＝S_2）を切断する力」としてのエクリチュールを取り出す営為に相当するだろう（Derrida, 1990, p.27）。さらに、二〇〇三年、彼の死の前年に行われたインタビューのなかで、デリダは伝達不可能な真理による作品の創造に

（8）　二人組自閉症とは、「二人組精神病 folie à deux」のように、二人で行う自閉症という意味であろう。

ついて次のように語っていた。

伝達可能な真理とは類似していない何ものかを真理と呼ぶべきときもあるのではないでしょうか。私自身もまた、そうしたものを指して真理と呼ぼうとしたことが幾度かあります。こうした真理の概念については「蚕」において取り上げています。ハイデガーの言う意味での、啓示としての、覆いとしての真理、覆いを暴くこととしての真理には、もう疲れてしまった。それは事実です。にもかかわらず、懐疑主義の名のもとに真理を放棄してしまうというのは、私の流儀ではないのです。……真理と類似する何かが私を惹きつけるのです。この何かとは、私にとっては、到来するものの経験のなかで贈与されるものです。この経験は翻訳できませんし、おそらくは伝達も……不可能です。……特異的な、伝達不能な真理こそが問題なのです。特異的で伝達不能な真理は「ありのまま」に現出することすらないのかも知れない。無意識——精神分析的な意味でというには漠然としていますが、少なくとも精神分析的なタイプの——無意識のうちに残存したままでいることもあるのです。にもかかわらず何らかの働きかけをおこなう〔＝作品を作る〕。それは真理の一様態であって、これが物事を変形させ、働きかけ、またこれに働かせ、物事を変容していくのです。変化や革命の生じるときには、いつも何かしらの真理が介在します。啓示というよりもむしろ、変化や革命の話です。……いわば真理の欲動とでも言えそうなひとつの要請がある。真理の欲動は私の解釈の作業の滋養分となっています。それでいてなお、究極的な意味としての真理と一般に呼ばれるものに対する、ある種の警戒心や猜疑心とも両立するものなのです。(Derrida, 2004, pp.19-20/68-9 頁)

ハイデガー的な真理や、究極的な真理といったものに信頼を置くことができないとしても、伝達不可能な真理を真理として捉えることが可能である。そして、その真理は新たな創造（作品を為すこと）を可能にする。ここでデリダが述べているのは、他の誰とも共約できない伝達不可能な享楽をみずからの作品として提示した、ジョイスのような自閉的な享楽のモードによる創造と同じものではないだろうか。

一方では、ラカンはセミネール『サントーム』のなかでジョイスを題材にこのような創造を論じた。他方では、デリダは――先のインタビュー記事での言及をみるかぎり――エレーヌ・シクスーとの共著『ヴェール』に収録された「蚕」というテクストのなかで、蚕の蛹が糸を吐き出し、繭をつくることによって自らを外界から切断することが、伝達不可能な真理による創造と関係していると考えているようだ。『ヴェール』の訳者である郷原の言を引くなら、蚕は「自己の内に閉じこもりつつ自己の身体を『消尽し』、あるいは無へとかぎりなく近づくまで『減らす』ことによって産出することであり、と同時に、そのようにして、自己自身が産出物となることである。蚕はいわば、この行為遂行的矛盾を生きている。……蚕は一個の作品を産出すると同時にその作品になる労働者であり、芸術家であり、発明家であり、創造者である」（郷原、2014, p.193）。訳者が適切にもこのテクストを「自閉したテクスト」と評しているように、ここにはコンテクストから切断された自閉的な行為が、作品を為すさまが描かれているといってよい。このような自閉的創造と、ラカンがジョイスにみてとった自閉的享楽による創造に、果たしてどれだけの距離があるだろうか。

ラカンは精神分析を科学化しようと何度も試みていたことが知られている。しかしミレール（2002b）は、最晩年のラカンの目標は科学ではなくむしろ芸術であったと述べている。というのも、科学化とは、結局のところ現実界をシニフィアンに還元することであり、それは分析経験においてあらわれる特異的

＝単独的なものを消去してしまうからだ。反対に、特異的＝単独的なものを扱うこと、あるいは、デリダのように伝達不可能な真理を真理として扱うことによって、精神分析は決してアルゴリズムに還元されえないみずみずしい臨床であるとともに、芸術であることができる。おそらくこの二つの領域において、精神分析と脱構築のあいだの終わりなき対話が続けられていくことであろう。

結論

本書の議論を簡単に振り返っておこう。

ラカンは、フロイトのさまざまな鑑別診断論を体系化し、神経症ではエディプスコンプレクスが導入されているのに対して、精神病では導入されていないことを明らかにした。この鑑別診断論は、一九五〇年代後半に〈父の名〉とファルスをめぐる構造論として定式化された。そこでは、〈父の名〉が原-象徴界（＝母の欲望）を隠喩化し、その結果としてファルスが導入されることによって、象徴界とセクシュアリティの規範化＝正常化が達成されると考えられていた。神経症の構造を決定づけるこの規範化は、父性隠喩と呼ばれていた。そして、精神病（パラノイア）は、父性隠喩によって象徴界とセクシュアリティを規範化する代わりに、父性隠喩のヴァリアントである妄想性隠喩（＝回復の試みとしての妄想）によってオルタナティヴな規範化を達成するのだと考えられた。

およそ六〇年代になると、ラカンは、〈父の名〉および父性隠喩が規範的＝正常的なものであることを疑いはじめる。すると、〈父の名〉（＝大他者の大他者）はもはや心的構造を規範化する単一の原理ではなく、むしろ大他者を一貫的なものであるかのようにみせかける虚構であると考えられるようになった。ラカンは、〈父の名〉のこのような虚構性を赤裸々に示すあり方を、既存の秩序の一切をイロニーによって否定するスキゾフレニーに見出していた。七〇年代前半になると、ディスクールの理論のなかで、これまで神経症と精神病のあいだを厳然と分割していたエディプスコンプレクスは「フロイトの夢」として相対化され、神経症者はディスクールに従属した存在として、精神病者はディスクールの外部にいる存在として再定義された。ここから、「人はみな妄想する」、「人はみな狂人である」といった、あらゆる主体を広義の精神病者として考えるパースペクティヴが開かれた。

七〇年代後半になると、ラカンが神経症と精神病をわけて論じることは少なくなった。その代わりに登場したのが症状の一般理論であり、この理論は神経症における無意識の形成物としての症状や、精神病における妄想を、「$S_1 \to S_2$」というひとつの式によって統一的に把握することを可能にした。そして、精神分析の終結は、症状の根にある享楽、各主体に固有の享楽のモードとうまくやっていくことができるようになることであるとされるようになった。今日的には、このような分析の終結のあり方は、他の誰とも共約することのできない自らに固有の享楽のモードをもとに、さまざまな対象や知識を自分なりに組み合わせ、奇抜な発明を行う、洗練された自閉症者の姿に相当すると考えられた。そして、この地点において立ち現れる創造性こそが、ラカンとドゥルーズ＝ガタリ、あるいはデリダのあいだの来るべき対話を可能にするのだということを、私たちは第三部で論じてきたのであった。

以上の理論的変遷を懐古的にみるなら、五〇年代、六〇年代、七〇年代を通じて、ラカンは理論の中心を（1）神経症とその妄想的ヴァリアントとしてのパラノイア、（2）スキゾフレニー、（3）自閉症へと順次移行させており、そのなかで鑑別診断論が絶えず改定され、最終的には鑑別診断という論点そのものが脱構築されるに至ったことがわかる。

ただし、それはラカンが最終的に神経症と精神病の鑑別診断を放棄したということではまったくない。序論でも引用したミレールの証言によれば、ラカンはその晩年に至るまで、サンタンヌ病院の若い精神科医たちに向けて「神経症か精神病か、どちらかに決めなさい」と言っていたという（Miller & 北山、1991）。ラカンは最晩年まで神経症と精神病の鑑別診断を重視していたのである。当時は、パリに反精神医学の風が吹き荒れた時代である。しかし、ラカンはそのような時代にあっても、古典的な精神医学の術語と診断カテゴリーをもちいつづけていた。ラカンの周囲にいたモード・マノーニをはじめとする反精神医学的な精神分析家たちが、ラカンの鑑別診断主義をどれだけ批判しても、ラカンの態度は変わらなかったのだという（Miller, 1998a）。このように、神経症と精神病の鑑別診断論を相対化しながらも、ラディカルな方向に向かうのではなく、古典的な診断カテゴリーによる鑑別診断論をもちいていくという、折衷的なあり方こそが、最晩年のラカンが到達した臨床を特徴づけているのである。

ただしそれは、ラカンがどっちつかずの、鵺のような臨床家だったということではまったくない。逆説的なことに、ラカンの折衷的なあり方は、むしろ現代の主流の精神医学臨床やメンタルヘルス政策にラディカルな批判を行うためのベースキャンプになりうると私たちは考えている。最後に、この論点について展望しておこう。

ラカンは、一九六七年にサンタンヌ病院の精神科医に向けて行われた講演のなかで、精神医学が一般医学のなかに回収されてしまい、その一般医学は薬力学に回収されつつあることを指摘していた（Lacan, 1967）。周知の通り、世界初の抗精神病薬であるクロルプロマジンの有効性がラカンとほぼ同世代の精神科医ジャン・ドレーによって発見されたのは一九五二年のことであった。ラカンが言うとおり、クロルプロマジンの発見以後の精神医学は、その他の一般医学と同じように生物学と薬理学によって基礎づけられるようになった。さらに、症状を記号としてしか扱わないＤＳＭの登場は、病の微細な種差を帳消しにしてしまった。その結果、非定型抗精神病薬は統合失調症や気分障害（うつ病と躁病）、自閉症スペクトラム障害の関連精神症状、さらには不安障害といったほとんどすべての病に投与されるようになった。まともな診断がつかなくとも、ひとまず非定型抗精神病薬を投与しておけばどうにかなる、とでも言わんばかりである。このような時代は、さしずめ精緻な鑑別診断論などというものを必要としていないかのようである。非定型抗精神病薬の無際限な適応拡大が生じたひとつの原因は、薬剤の効果を実証するための臨床試験が、ＤＳＭによる「不正確な診断」にもとづいた患者集団に対してなされているからではないだろうか（精神病の患者が他の疾患の患者群に誤って組み入れられたとすれば、当然、その疾患における見かけ上の非定型抗精神病薬の効果は上昇するのだ）。そこにつけこむのは、薬剤の適応拡大をつねに狙っている巨大製薬会社の資本の論理である。私たちは、臨床の場に主体を再導入し、鑑別診断の臨床を再興させることによって、このようなずさんな臨床と資本の専制に抵抗していく必要がある。

では、ポスト‐鑑別診断の理論は、私たちの臨床に何をもたらすのだろうか。

かつて反精神医学は、精神医学が社会的逸脱者に「精神病」というレッテルを貼り、彼らを精神病院に閉じ込めてきたことを告発していた。その告発は、必然的に神経症と精神病のそれぞれの領土を分割する原理として機能する鑑別診断論にも向けられていた。実際、ドゥルーズ＝ガタリ（1972）は、『アンチ・エディプス』のなかで反精神医学者ロナルド・Ｄ・レインの議論を換骨奪胎しながら、あらゆる人間が「過程」をもち、この過程を自由に開放させていくことができるのだと主張していた。つまり彼らは、神経症や精神病といった構造の別にかかわらず、すべての人間が精神病的な過程を展開しうると考えたわけである。

反精神医学の影響を受けた論者にみられるこういった考えは、七〇年代のラカンの「人はみな妄想する」という考えと近い位置にある。しかし、だからと言って、ポスト‐鑑別診断の臨床が反精神医学をそのまま肯定するということではまったくない。というのも、ある意味では、現代とは反精神医学的な理念が愚直に実現された時代であるとも言いうるからである。どういうことか。かつて、精神病者は精神病院に収容され、自分の人生を生きることができなかった。しかし現代では、「こころのバリアフリー」「入院医療中心から地域生活中心へ」等の脱病院化のスローガンのもとに、長期収容の時代は理念としても現実としても――いまださまざまな困難があるものの――徐々に終わりを迎えつつある。そして、「精神分裂病」から「統合失調症」への病名変更が象徴するように、精神病はいまでは非定型抗精神病薬と認知行動療法によって「治りうる」疾患になり、かつての不治の病としてのスティグマは軽減されつつある。彼らは、さまざまな困難に打ち勝ち、必要に応じてさまざまな支援を受けながら、自分の能力を――過程を?――存分に伸ばしていくことができる可能性を高めている。もちろん、それ自体は喜ばしいことである。しかし、この論理はしばしば、「己の能力を最大限に発揮せよ!」「享楽せよ! Jouis!」という、結局のところ資本の論理に回収されざるをえない超自我の命令そのものとして機能してしまっているのではないだろうか。ドゥルーズもまた、そのことに気づいていた。彼は、晩年に次のように指摘していたのである――「監禁環境そのものともいえる病院の危機においては、部門の細分化や、デイケアや在宅介護などが、はじめのうちは新しい自由をもたらしたとはいえ、結局はもっとも冷酷な監禁にも比肩しうる管理 contrôle のメカニズムに関与してしまったことを忘れてはならない」(Deleuze, 1990, pp.241-2/358頁)。

このような病の管理化と同時に進行しつつあるのは、すべての精神の病を包摂し、病からその最も鋭利な部分を剝奪するような、病の平準化ではないだろうか。二〇一一年、「メンタルヘルスは存在するか?」をテーマに掲げた「ラカン的オリエンテーションによる応用精神分析に関する研究の国際プログラム」の第五回大会がブリュッセルで開催された。その趣意書には次のようなことが書いてあった――メンタルヘルスという考え方は、すべての主体に対して健康・福祉の増進と精神疾患の予防を行うことを目的としている。メンタルヘルスは大衆的な秩序を利するためのものであるのに対して、精神分析はあくまでも個人的なものであり、しかも個人それぞれの「狂い」の場所を確保しようとするものである。それゆえ、メンタルヘルスと精神分析はアンチノミーをなす。現代の精神医学の疾患分類は、精神障害の苦しみと、人間に本来的ですらある状況の困難さの差異を消去してしまうような連続体を採用している。この流れは向精神薬のマーケットをまきこみ、メンタルヘルスの名目のもと際限なき適用が行われている（Caroz, 2011）。このようなメンタルヘルス政策は、病を普遍へと還元することによって、病の特異性＝単独性を消去してしまっているのではないだろうか？　普遍に依拠する論理は、つねに例外を必要とする。すべての人間を対象とするメンタルヘルス政策は、必ずやその外部に、メンタルヘルス政策によって包摂しようのない悪魔的な例外を位置づけることになるだろう。

このような時代に私たちが依拠するべきなのは、むしろ「すべてではない」臨床、それぞれの主体の特異性＝単独性を重視するポスト－鑑別診断の理論と実践である。この意味で、私たちの企図は「人はみな妄想する *tout le monde* délire」と表現するのでは不十分で、むしろ「それぞれに、自分の自閉症がある *à chacun* son autisme」と表現するべきかもしれない。ただし、この方向は険しい道になるだろう。なぜなら、「すべてではない」、「ひとりひとりが特異的＝単独的である」という議論は、それ自体が普遍的な、すべてについての議論として形式的に流通してしまう危険性を孕んでいるからである。そのような愚を避けるためには、絶えず臨床との対話のなかから理論を展開していく必要があるだろう。

ラカンはかつて、「人間の存在というものは、狂気なしには理解されえないばかりでなく、人間がもしみずからの自由の限界として狂気を自分のうちに担わなければ、それは人間の存在ではなくなってしまう」（E176）と述べていた。精神の病をめぐる問いは、私たちの社会や経済のシステム、そして「人問とは何か」という根本的な問いと切り離せない。問題の射程はどこまでも広い。私たちは、ひきつづき神経症と精神病についての理解を、そして私たちそれぞれが特異的＝単独的な仕方でもつ享楽についての問いを、より一層深めていかねばならない。本書は、そのためのささやかな前提である。

あとがき

本書は、自治医科大学精神医学教室元主任教授の加藤敏先生と精神分析家の向井雅明先生のあいだで書かれた。「あいだで」というのは、本書の問題設定それ自体が、この二人の師のあいだにいることによって、はじめて生まれることができたものだからだ。

一〇代後半からラカン派精神分析に強く惹かれながらも、精神分析を専攻する道ではなく、本邦の精神病理学の拠点である自治医大で臨床と研究を行う道を選んだ私にとって、精神分析の研究をするということは、精神病理学との交点において精神分析を論じることと同義であった。必然的に、私は精神分析と精神病理学がともに注目する問題に取り組むようになった。それが、「鑑別診断」だったのである。本書が二人のあいだで書かれたというのは、そういう意味である。そして、鑑別診断というテーマに注目しながら、フロイトやラカンのテクスト、さらにラカン派の古典から現代に至る雑誌群をそれなりに網羅的に探索する作業は、いつの間にかドゥルーズ＝ガタリやデリダをはじめとする、いわゆるフランス現代思想におけるラカンの位置づけを再考することを可能にしてくれたのであった。

加藤先生は、入局以来、私に精神病理学の指導をしてくださり、ゼミではラカンのフランス語を教えてくださった。ラカンの理論と実践を精神病理学というフィールドで展開する手法は、すべて先生から学んだものである。また、加藤先生は本書と並行して書かれた私の博士論文の指導教官でもあった。先生はこの三月に自治医大を定年退職されたが、精神病理学の大家である先生の指導のもとで博士課程を修了した最後の学生になれたことは、私の誇りである。

向井先生は、高松の精神分析相談室を突然訪問した学部生（当時）の私を暖かく迎えてくださった。その後、先生が主催する東京精神分析サークルのなかで行った作業が、今の私のラカン読解の大きな糧となっている。


東京大学の原和之先生と、講談社の互盛央さんにも格別の謝意をお伝えしたい。原先生は、二〇一一年に、本書の第一部の内容に相当する講演会を行う機会を私に与えてくださった上に、その原稿を当時『思想』の編集長をされていた互さんへと繋いでくださった。そして互さんは、荒削りな私の原稿を丁寧に添削してくださり、それまで精神医学の横書き論文しか書いたことのなかった私が縦書きで書くことを文字通り可能にしてくださった。結果として、その論文が、私の人文系雑誌へのデビュー作となった。お二人がいなければ、本書のような仕事は成立するきっかけすらなかっただろう。


本書は私の最初の著作である。これまでの長い助走期間のなかでは、数えきれぬほどたくさんの方々から影響や刺激を受けている。紙幅の都合上、すべての人に謝意を表することができずに恐縮であるが、ここに記した方々で「すべてではない」ということでご寛恕いただきたい。

まず、オンラインの読書会で共にラカンを読んでくださった、筑波大学の佐藤嘉幸先生、京都府立洛南病院の植野仙経先生に。彼らとの読書会は私のラカン読解の基礎となった。

日本精神病理学会をはじめとする様々な機会でコメントをくださった新宮一成先生、鈴木國文先生、内海健先生、兼本浩祐先生、そして医局の大先輩である十川幸司先生に。本書が、先生方から頂戴したご批判に応えることができているかは心許ないが、現時点の私による暫定的な回答として受け取っていただければ幸いである。

ラカンをめぐる数々の研究会等で大いに刺激を与えてくださった中野正美先生、小林芳樹先生、牧瀬英幹先生、上尾真道さん、小長野航太さん、早稲田大学戸山フロイト研究会の皆さんに。そして、さまざまなことを教えてくださった立木康介先生、赤坂和哉先生をはじめとする、日本ラカン協会の皆さんに。

現代思想に関しては素人である私と対話してくださり、ラカンと現代思想のあいだの対話の回路をひらいてくださった國分功一郎先生と千葉雅也先生に。

ラカンの難読箇所についてアドバイスをくださった信友建志先生と、フランス語の難しいところを教えてくれた柿並良佑先生に。本書の草稿に丁寧なコメントを下さった河野一紀先生、山本圭先生、志紀島啓さんに。本書がいくらか読みやすいものになったとすれば、それは彼らのおかげである。

自治医大精神医学教室に入局以来、精神病理学のさまざまな側面を教えてくださった阿部隆明先生、小林聡幸先生、大塚公一郎先生をはじめとする諸先輩方、および日常臨床のなかでともに切磋琢磨してきた同僚各位に。いくつかの症例で私とともに診療にあたった臨床心理士の永尾有樹子先生は、興味が精神病の方に向きがちな私を神経症の方に引き戻してくれた。おかげである程度バランスがとれたのではないかと思う。

執筆期間の大詰めのときに、息抜きにつきあって酒を酌み交わしてくれた図書新聞の須藤巧編集長、光文社の山川江美さん、堀之内出版の小林えみさん、アジア女性資料センターの濱田すみれさんにもお礼を言いたい。

本書の編集を担当してくださったのは、青土社の菱沼達也さんである。原稿の完成は当初の予定から半年以上も遅れてしまったが、辛抱強く待って下さり、人文書として売り出すための的確なアドバイスを頂いた。願わくは、菱沼さんの目論見どおり、本書が臨床家だけでなく、人文科学系の読者にもひろく届かんことを。

最後に。私たち――というのは、現在、私と共同作業を行っている、東京精神分析サークルを中心とするラカニアン諸兄のことである――の目標は、この困難な、さまざまな意味で困難な時代に、本邦にラカン派精神分析を根づかせることである。分析を根づかせるとは、つまり、分析が必要だと思う人が分析にアクセスできるようにすること、ラカンのテクストとその二次文献を可能なかぎり正確に把握する基盤をつくり、その上で多様な議論を戦わせることができるようにすること、そして、他の人文諸科学や精神医学とのあいだに実りある対話の可能性をひらくことである。後から振り返ってみたときに、本書がその目標へと向かう道のりの小さな一歩となっていることを私は望んでいるが、ひとまずの成否の評価は読者諸兄に委ねたい。叱咤激励を乞う次第である。

二〇一五年三月

松本卓也

初出一覧

第一部　「ラカン派の精神病研究——「精神病の鑑別診断」から「普通精神病」へ」、『思想』、1060号、二五 - 四四頁、二〇一二年

第二部第四章　「エディプスコンプレクスの構造論——フロイト、クラインからラカンへ」、『栃木精神医学』、31巻1号、一一 - 二九頁、二〇一一年

第三部第一章　「人はみな妄想する——ガタリと後期ラカンについてのエチュード」、『現代思想』、41巻8号、一一三 - 一二七頁、二〇一三年

第三部第二章　「ヴェリテからヴァリテへ——ラカン - デリダ論争を再考する」、『思想』、1088号、一七六 - 一九五頁、二〇一四年

＊特に記載のないものに関しては、本書のために書き下ろした。また、単行本化にあたり、いずれの論文にも改稿を施してある。

人名索引

＊斜体は脚注の頁数

事項索引

＊斜体は脚注の頁数

サ行

タ行

ナ・ハ行

文献一覧

フロイトの『全集』（巻号数、頁数順）

Freud, S.（1894）. Die Abwehr-Neuropsychosen. In *Gesammelte Werke*（Vol 1, pp.57-74）Fischer Verlag. 渡邉俊之訳「防衛－神経精神症」、『フロイト全集』第 1 巻所収、東京：岩波書店。

——（1895）. Studien über Hysterie. In *Gesammelte Werke*（Vol 1, pp.75-312）Fischer Verlag. 芝伸太郎訳「ヒステリー研究」、『フロイト全集』第 2 巻所収。

——（1896）. Weitere Bemerkungen über die Abwehr-Neuropsychosen. In *Gesammelte Werke*（Vol 1, pp.379-403）Fischer Verlag. 野間俊一訳「防衛－神経精神症再論」、『フロイト全集』第 3 巻所収。

——（1896）. L'Hérédité et l'Étiologie des Névroses. In *Gesammelte Werke*（Vol. 1, pp.407-422）. Fischer Verlag. 立木康介訳「神経症の遺伝と病因」、『フロイト全集』第 3 巻所収。

——（1900）. Die Traumdeutung（Mit Zusätzen bis 1935）. In *Gesammelte Werke*（Vol 2/3）Fischer Verlag . 新宮一成訳「夢解釈 I・II」、『フロイト全集』第 4,5 巻所収。

——（1901）. Zur Psychopathologie des Alltagslebens.. In *Gesammelte Werke*（Vol. 4, pp.1-310）. Fischer Verlag. 高田珠樹訳「日常生活の精神病理学」、『フロイト全集』第 7 巻所収。

——（1905）. Bruchstück einer Hysterie-Analyse. In *Gesammelte Werke*（Vol 5, pp.161-286）Fischer Verlag. 渡邉俊之・草野シュワルツ美穂子訳「あるヒステリー分析の断片〔ドーラ〕」、『フロイト全集』第 6 巻所収。

——（1908）. Über infantile Sexualtheorien. In *Gesammelte Werke*（Vol 7, pp.171-188）Fischer Verlag. 道籏泰三訳「幼児の性理論について」、『フロイト全集』第 9 巻所収。

——（1908）. Hysterische Phantasien und ihre Beziehung zur Bisexualität. In *Gesammelte Werke*（Vol 7, pp.191-199）Fischer Verlag. 道籏泰三訳「ヒステリー性空想、ならびに両性性に対するその関係」、『フロイト全集』第 9 巻所収。

——（1909）. Bemerkungen über einen Fall von Zwangsneurose. In *Gesammelte Werke*（Vol 7, pp.379-463）Fischer Verlag. 福田覚訳「強迫神経症の一例についての見解〔鼠男〕」、『フロイト全集』第 10 巻所収。

——（1910）. Über einen besonderen Typus der Objektwahl beim Manne. In *Gesammelte Werke*（Vol 8, pp.66-77）Fischer Verlag. 高田珠樹訳「男性における対象選択のある特殊な類型について（『性愛生活の心理学への寄与 I』）」、『フロイト全集』第 11 巻所収。

——（1911）. Psychoanalytische Bemerkungen über einen autobiographisch beschriebenen Fall von Paranoia（Dementia Paranoides）. In *Gesammelte Werke*（Vol 8, pp.239-320）Fischer Verlag. 渡辺哲夫訳「自伝的に記述されたパラノイアの一症例に関する精神分析的考察〔シュレーバー〕」、『フロイト全集』第 11 巻所収。

——（1913）. Totem und Tabu. In *Gesammelte Werke*（Vol 9, pp.1-194）Fischer Verlag. 門脇健

訳「トーテムとタブー」、『フロイト全集』第 12 巻所収。

——(1914). Erinnern, Wiederholen und Durcharbeiten. In *Gesammelte Werke* (Vol 10, pp.126-136) Fischer Verlag. 道籏泰三訳「想起，反復，反芻処理」、『フロイト全集』第 13 巻所収。

——(1914). Zur Einführung des Narzißmus. In *Gesammelte Werke* (Vol 10, pp.137-170) Fischer Verlag. 立木康介訳「ナルシシズムの導入にむけて」、『フロイト全集』第 13 巻所収。

——(1915). Triebe und Triebschicksale. In *Gesammelte Werke* (Vol 10, pp.210-232) Fischer Verlag. 新宮一成訳「欲動と欲動運命」、『フロイト全集』第 14 巻所収。

——(1915). Mitteilung Eines der Psychoanalytischen Theorie Widersprechenden Falles von Paranoia. In *Gesammelte Werke* (Vol 10, pp.234-246) Fischer Verlag. 伊藤正博訳「精神分析理論にそぐわないパラノイアの一例の報告」、『フロイト全集』第 14 巻所収。

——(1915). Die Verdrängung. In *Gesammelte Werke* (Vol 10, pp.248-261) Fischer Verlag. 新宮一成訳「抑圧」、『フロイト全集』第 14 巻所収。

——(1915). Das Unbewusste. In *Gesammelte Werke* (Vol 10, pp.264-303) Fischer Verlag. 新宮一成訳「無意識」、『フロイト全集』第 14 巻所収。

——(1915). Bemerkungen Über die Übertragungsliebe. In *Gesammelte Werke* (Vol 10, pp.306-321) Fischer Verlag. 道籏泰三訳「転移性恋愛についての見解」、『フロイト全集』第 13 巻所収。

——(1915). Trauer und Melancholie. In *Gesammelte Werke* (Vol 10, pp.428-446) Fischer Verlag. 伊藤正博訳「喪とメランコリー」、『フロイト全集』第 14 巻所収。

——(1917). Vorlesungen zur Einführung in die Psychoanalyse 1916-1917. In *Gesammelte Werke* (Vol 11) Fischer Verlag 新宮一成・高田珠樹・須藤訓任・道籏泰三訳「精神分析入門講義」、『フロイト全集』第 15 巻所収。

——(1918). Aus der Geschichte einer infantilen Neurose. In *Gesammelte Werke* (Vol 12, pp.27-157) Fischer Verlag. 須藤訓任訳「ある幼児期神経症の病歴より〔狼男〕」、『フロイト全集』第 14 巻所収。

——(1920). Über die Psychogenese Eines Falles von Weiblicher Homosexualität. In *Gesammelte Werke* (Vol 12, pp.271-302) Fischer Verlag. 藤野寛訳「女性同性愛の一事例の心的成因について」、『フロイト全集』第 17 巻所収。

——(1920). Jenseits des Lustprinzips. In *Gesammelte Werke* (Vol 13, pp.1-69) Fischer Verlag. 須藤訓任訳「快原理の彼岸」、『フロイト全集』第 17 巻所収。

——(1924). Der Realitätsverlust bei Neurose und Psychose. In *Gesammelte Werke* (Vol 13, pp.363-368) Fischer Verlag. 本間直樹訳「神経症および精神病における現実喪失」、『フロイト全集』第 18 巻所収。

——(1924). Neurose und Psychose. In *Gesammelte Werke* (Vol 13, pp.387-391) Fischer Verlag. 吉田耕太郎訳「神経症と精神病」、『フロイト全集』第 18 巻所収。

——(1925). Die Verneinung. In *Gesammelte Werke* (Vol 14, pp.11-15) Fischer Verlag. 石田雄

一訳「否定」、『フロイト全集』第19巻所収。

——(1925). Einige psychische Folgen des Anatomischen Geschlechtsunterschieds. In *Gesammelte Werke* (Vol 14, pp.19-30) Fischer Verlag. 大宮勘一郎訳「解剖学的な性差の若干の心的帰結」、『フロイト全集』第19巻所収。

——(1925). »Selbstdarstellung«. In *Gesammelte Werke* (Vol 14, pp.31-96) Fischer Verlag. 家高洋・三谷研爾訳「みずからを語る」、『フロイト全集』第18巻所収。

——(1927). Fetischismus. In *Gesammelte Werke* (Vol 14, pp.311-317) Fischer Verlag. 石田雄一訳「フェティシズム」、『フロイト全集』第19巻所収。

——(1931). Über die Weibliche Sexualität. In *Gesammelte Werke* (Vol 14, pp.517-537) Fischer Verlag. 高田珠樹訳「女性の性について」、『フロイト全集』第20巻所収。

——(1933). Neue Folge der Vorlesungen zur Einführung in die Psychoanalyse. In *Gesammelte Werke* (Vol 15, pp.1-197) Fischer Verlag. 道籏泰三訳「続・精神分析入門講義」、『フロイト全集』第21巻所収。

——(1937). Die endliche und die unendliche Analyse. In *Gesammelte Werke* (Vol 16, pp.59-99) Fischer Verlag. 渡邉俊之訳「終わりのある分析と終わりのない分析」、『フロイト全集』第21巻所収。

——(1940). Abriss der Psychoanalyse. In *Gesammelte Werke* (Vol 17, pp.63-138) Fischer Verlag. 津田均訳「精神分析概説」、『フロイト全集』第22巻所収。

Breuer, J. (1895). Studien über Hysterie. In *Gesammelte Werke* (Vol Nachtragsb, pp.196-310) Fischer Verlag. 芝伸太郎訳「ヒステリー研究」、『フロイト全集』第2巻所収。

Freud, S. (1895). Entwurf einer Psychologie. In *Gesammelte Werke* (Vol Nachtragsb, pp.375-486) Fischer Verlag. 総田純次訳「心理学草案」、『フロイト全集』第3巻所収。

その他のフロイトの文献

Freud, S. (1950). *Aus den Anfängen der Psychoanalyse, Briefe an Wilhelm Fließ, Abhandlungen und Notizen aus den Jahren* 1887-1902. London: Imago. 河田晃訳『フロイト フリースへの手紙——1887－1904』、東京：誠信書房、2001年。
Freud, S., & Jung, C. G. (1974). *Briefwechsel.* Frankfurt am Main: S. Fischer. 平田武靖訳『フロイト／ユング往復書簡集(上・下)』、東京：誠信書房、1979-87年。

ラカンの著作（初版刊行順）

Lacan, J. (1975). *De la psychose paranoïaque dans ses rapports avec la personnalité*. Paris: Seuil. 宮本忠雄・関忠盛訳『人格との関係からみたパラノイア性精神病』、東京：朝日出版社、1987年。

——(1966). *Écrits.* Paris: Seuil. 新宮一成訳(部分訳)『精神分析における話と言語活動の機能と領野　ローマ大学心理学研究所において行われたローマ会議での報告 1953年9月26日・27日』、東京：弘文堂、2015年。

——(2001). *Autres Écrits.* Paris: Seuil.

ラカンの『セミネール』（講義年度順）

Lacan, J. (1975). *Les écrits techniques de Freud. Le Séminaire Livre I (1953-1954)*. (J.-A. Miller, Ed.). Paris: Seuil. 小出浩之・小川豊昭・小川周二・笠原嘉・鈴木國文訳『フロイトの技法論』、東京：岩波書店、1991 年。

——(1978). *Le moi dans la théorie de Freud et dans la technique de la psychanalyse. Le Séminaire Livre II (1954-1955)*. (J.-A. Miller, Ed.). Paris: Seuil. 小出浩之・小川豊昭・鈴木國文・南淳三訳『フロイト理論と精神分析技法における自我』、東京:岩波書店、1998 年。

——(1981). *Les psychoses. Le Séminaire Livre III (1955-1956)*. (J.-A. Miller, Ed.). Paris: Seuil. 小出浩之・川津芳照・鈴木國文・笠原嘉訳『精神病(上・下)』、東京：岩波書店、1987 年。

——(1998). *La relation d'objet. Le Séminaire Livre IV (1956-1957)*. (J.-A. Miller, Ed.). Paris: Seuil. 小出浩之・鈴木國文・菅原誠一訳『対象関係』、東京：岩波書店、2006 年。

——(1998). *Les formations de l'inconscient. Le Séminaire Livre V (1957-1958)*. (J.-A. Miller, Ed.). Paris: Seuil. 佐々木孝次・川崎惣一・原和之訳『無意識の形成物(上・下)』、東京：岩波書店、2005-6 年。

——(2013). *Le désir et son interprétation. Le Séminaire Livre VI (1958-1959)*. (J.-A. Miller, Ed.). Paris: Édition de La Martinière.

——(1986). *L'éthique de la psychanalyse. Le Séminaire Livre VII (1959-1960)*. (J.-A. Miller, Ed.). Paris: Seuil. 小出浩之・鈴木國文・保科正章・菅原誠一訳『精神分析の倫理(上・下)』、東京：岩波書店、2002 年。

——(2001). *Le transfert. Le Séminaire Livre VIII (1960-1961)*. (J.-A. Miller, Ed.). Paris: Seuil. 小出浩之・鈴木國文・菅原誠一訳『転移(上・下)』、東京：岩波書店、2015 年。

——(2000). *L'identification. Le Séminaire Livre IX (1961-1962)*. Paris: Association lacanienne internationale.

——(2004). *L'angoisse. Le Séminaire Livre X (1962-1963)*. (J.-A. Miller, Ed.). Paris: Seuil. 小出浩之・鈴木國文・菅原誠一・古橋忠晃訳『不安(上・下)』、東京：岩波書店、2017 年。

——(1973). *Les quatre concepts fondamentaux de la psychanalyse. Le Séminaire Livre XI (1964)*. (J.-A. Miller, Ed.). Paris: Seuil. 小出浩之・鈴木國文・新宮一成・小川豊昭訳『精神分析の四基本概念』、東京：岩波書店、2000 年。

——(2000). *Problèmes cruciaux pour la psychanalyse . Le Séminaire Livre XII (1964-1965)*. Paris: Association lacanienne internationale.

——(1999). *L'objet de la psychanalyse. Le Séminaire Livre XIII (1965-1966)*. Paris: Association lacanienne internationale.

——(2004). *La logique du fantasme. Le Séminaire Livre XIV (1966-1967)*. Paris: Association lacanienne internationale.

——(1997). *L'acte psychanalytique. Le Séminaire Livre XV (1698-1968)*. Paris: Association lacanienne internationale.

——(2006). *D'un Autre à l'autre. Le Séminaire Livre XVI (1968-1969)*. (J.-A. Miller, Ed.). Paris: Seuil.
——(1998). *L'envers de la psychanalyse. Le Séminaire Livre XVII (1969-1970)*. (J.-A. Miller, Ed.). Paris: Seuil.
——(2007). *D'un discours qui ne serait pas du semblent. Le Séminaire Livre XVIII (1970-1971)*. (J.-A. Miller, Ed.). Paris: Seuil.
——(2011). *Ou pire.... Le Séminaire Livre XIX (1971-1972)*. (J.-A. Miller, Ed.). Paris: Seuil.
——(1975). *Encore. Le Séminaire Livre XX (1972-1973)*. (J.-A. Miller, Ed.). Paris: Seuil.
——(2001). *Les non-dupes errent. Le Séminaire Livre XXI (1973-1974)*. Paris: Association lacanienne internationale.
——(1999). *R.S.I. Le Séminaire Livre XXII (1974-1975)*. Paris: Association lacanienne internationale.
——(2005). *Le sinthome. Le Séminaire Livre XXIII (1975-1976)*. (J.-A. Miller, Ed.). Paris: Seuil.
——(1998). *L'insu que sait de l'une-bévue s'aile à mourre. Le Séminaire Livre XXIV (1976-1977)*. Paris: Association lacanienne internationale.

その他のラカンの文献

Lacan, J. (1933). Le problème du style et la conception psychiatrique des formes paranoïaques de l'expérience. *Le Minotaure*, 1, 68-69. 宮本忠雄・関忠盛訳「様式の問題――およびパラノイア性体験形式についての精神医学的構想」、『二人であることの病』所収、東京：講談社学術文庫、2011 年。
——(1966). Interview au Figaro Littéraire par Gilles Lapouge. *Figaro Littéraire*, 1080.
——(1967). *Petit discours aux psychiatres de Sainte-Anne*. Inédit.
——(1975). Yale University, Kanzer Seminar. *Scilicet*, 6/7, 7-31.
——(1977). Ouverture de la Section Clinique. *Ornicar?*, 9, 7-14.
——(1979). LACAN pour Vincennes! *Ornicar?*, 17/18, 278.
——(1985). Conférence à Genève sur « Le symptôme », 4 octobre 1975. *Bloc Note de La Psychanalyse*, 5, 5-23.
——(2005). Introduction aux Noms-du-Père. In *Des Noms-du-Père* (pp.67-104). Paris: Seuil.
——(2011). *Je parle aux murs*. Paris: Seuil.

その他の文献

André, S. (1995). *Que veut une femme?* Paris: Seuil.
——(2012). *La structure psychotique et l'écrit*. Paris: Le Bord de l'eau.
Bataille, G. (1957). *L'érotisme*. Paris: Minuit. 酒井健訳『エロティシズム』、東京：ちくま学芸文庫、2004 年。
Brousse, M.-H. (2002). Le pousse-à-la-femme, un universel dans la psychose ? *Quarto*, 77, 84-91.

――(2009). La psychose ordinaire à la lumière de la théorie lacanienne du discours. *Quarto*, 94-95, 10-15. 松本卓也訳「ラカンのディスクール理論からみた普通精神病」、『nyx』第1号、堀之内出版、2015年。

Brunswick, R. M. (1928). A Supplement to Freud's 'History of an Infantile Neurosis'. *International Journal of Psychoanalysis,* 9, 439-476. 馬場謙一訳「フロイトの「ある幼児期神経症の病歴より」への補遺」、『狼男による狼男　フロイトの「最も有名な症例」による回想』所収、東京：みすず書房、2014年。

Caroz, G. (2011). La santé mentale existe-t-elle ? *Mental,* 25, 179-181.

Castanet, H. (2013). *La perversion* (2nd ed.). Paris: Editions Economica.

Chiesa, L. (2007). *Subjectivity and otherness: a philosophical reading of Lacan.* Cambridge, Mass: MIT Press.

Ciaccia, A. Di. (1985). Le symptôme, du signe au signifiant. *Actes de l'Ecole de La Cause Freudienne,* 9, 52-54.

Collectif. (1985). Clinique des psychoses: Approches et repères dans la clinique psychanalytique des psychoses. *Ornicar?,* 34, 79-89.

Crosali Corvi, C. (2011). *La dépression - Affect central de la modernité.* Rennes: Presses Universitaires de Rennes.

Dali, S. (1930). L'Âne pourri. *Le Surréalisme Au Service de La Révolution,* 1, 9-12. 北山研二訳「腐ったロバ」、『ダリはダリだ　ダリ著作集』所収、東京：未知谷、2011年。

Damourette, J., & Pichon, E. (1987). *Des mots à la pensée : essai de grammaire de la langue française. Tome 1. 1911-1927.* Paris: Editons d'Artrey.

Deleuze, G. (1990). *Pourparlers. 1972-1990.* Paris: Minuit. 宮林寛訳『記号と事件　1972－1990年の対話』、東京：河出文庫、2007年。

Deleuze, G., & Guattari, F. (1972). *L'Anti-œdipe: Capitalisme et schizophrénie, 1.* Paris: Minuit. 宇野邦一訳『アンチ・オイディプス　資本主義と分裂症(上・下)』、東京：河出文庫、2006年。

――(1980). *Mille plateaux: Capitalisme et schizophrénie, 2.* Paris: Minuit. 宇野邦一、小沢秋広、田中敏彦、豊崎光一、宮林寛、守中高明訳『千のプラトー(上・中・下)』、東京：河出文庫、2010年。

Derrida, J. (1967). Freud et la scène de l'écriture. In *L'écriture et la difference* (pp.293-340). Paris: Seuil. 合田正人・谷口博史訳「フロイトとエクリチュールの舞台」、『エクリチュールと差異』、東京：法政大学出版局、2013年。

――(1972). *Positions.* Paris: Minuit. 高橋允昭訳『ポジシオン』、東京：青土社、2000年。

――(1980). Le facteur de la vérité. In *La carte postale : de Socrate à Freud et au-delà* (pp.441-524). Paris: Flammarion. 清水正・豊崎光一訳「真実の配達人」、『現代思想』1982年2月臨時増刊号、青土社。

――(1990). *Limited Inc.* Paris: Editions Galilée. 高橋哲哉・増田一夫・宮崎裕助訳『有限責任会社』、東京 : 法政大学出版局、2003年。

——(1993). La pharmacie de Platon. In *La dissémination* (pp.79-213). Paris: Seuil. 藤本一勇訳「プラトンのパルマケイアー」、『散種』所収、東京：法政大学出版局、2013 年。

——(1994). *Force de loi.* Paris: Galilée. 堅田研一訳『法の力』、東京：法政大学出版局、2011 年。

——(1996a). Pour l'amour de Lacan. In *Résistances : De la psychanalyse* (pp.57-88). Paris: Galilée. 守中高明訳「ラカンの愛に叶わんとして」、『精神分析の抵抗』所収、東京：青土社、2007 年。

——(1996b). Résistances. In *Résistances : De la psychanalyse* (pp.13-53). Paris: Galilée. 鵜飼哲訳「抵抗」、『精神分析の抵抗』所収、東京：青土社、2007 年。

——(2000). *Foi et savoir.* Paris: Seuil. 松葉祥一・榊原達哉訳「信仰と知　たんなる理性の限界内における「宗教」の 2 源泉」、『批評空間』1996 年 10 月号、太田出版。

——(2004). *La vérité blessante.* Europe, 901, 8-28. 逸見龍生訳「傷つける真理」、『現代思想』2004 年 12 月号、青土社。

Derrida, J., & Caputo, J. D. (1997). *Deconstruction in a Nutshell: A Conversation with Jacques Derrida.* New York: Fordham University Press. 高橋透・黒田晴之・衣笠正晃・胡屋武志訳『デリダとの対話——脱構築入門』、東京：法政大学出版局、2004 年。

Deutsch, H. (1965). Some Forms of Emotional Disturbance and Thier Relationship to Schizophrenia. In *Neuroses and Character Types* (pp.262-281). New York: International Universities Press.

Dosse, F. (2007). *Gilles Deleuze et Félix Guattari: Biographie croisée.* Paris: La Découverte. 杉村昌昭訳『ドゥルーズとガタリ　交差的評伝』、東京：河出書房新社、2009 年。

Eisler, M. J. (1921). A Man's Unconscious Phantasy of Pregnancy in the Guise of Traumatic Hysteria—A Clinical Contribution to Anal Erotism. *International Journal of Psychoanalysis,* 2, 255-286.

Fink, B. (1999). *A Clinical Introduction to Lacanian Psychoanalysis:* Theory and Technique. Cambridge: Harvard University Press. 中西之信・椿田貴史・舟木徹男・信友建志訳『ラカン派精神分析入門——理論と技法』、東京：誠信書房、2008 年。

——(2004). *Lacan to the Letter: Reading Ecrits Closely.* Minneapolis: University of Minnesota Press.

——(2007). *Fundamentals of Psychoanalytic Technique - A Lacanian Approach for Practitioners.* New York: W. W. Norton & Co. 椿田貴史・中西之信・信友建志・上尾真道訳『精神分析技法の基礎 ラカン派臨床の実際』、東京：誠信書房、2012 年。

Guattari, F. (1972). *Psychanalyse et transversalité : essais d'analyse institutionnelle.* Paris: F. Maspero. 杉村昌昭・毬藻充訳『精神分析と横断性』、東京：法政大学出版局、1994 年。

——(1977). La place du signifiant dans l'institution. In *Politique et psychanalyse* (pp.34-42). Paris: Des Mots Perdus. 杉村昌昭訳「制度のなかにおけるシニフィアンの位置」、『政治と精神分析』所収、東京：法政大学出版局、1994 年。

——(1992). *Chaosmose.* Paris: Editions Galilée. 宮林寛・小沢秋広訳『カオスモーズ』、東京：

河出書房新社、2004 年。
——(2009). *Les années d'hiver, 1980-1985.* Paris: Les Prairies Ordinaires. 杉村昌昭訳『闘走機械』、京都 : 松籟社、1995 年。
——(2012). *Écrits pour l'Anti-Œdipe.* Paris: Nouvelles Editions Lignes. 國分功一郎・千葉雅也訳『アンチ・オイディプス草稿』、東京：みすず書房、2010 年。
Herbert, P. (1999). Un phénomène élémentaire du président Schreber. In *Savoir de la psychose.* Paris: De Boeck & Larcier.
Jakobson, R. (1971). Shifters, verbal categories and the Russian verb. In *Selected writings II: Word and Language* (pp.130-147). The Hague: Mouton. 川本茂雄監修・長嶋善郎訳「転換子と動詞範疇とロシア語動詞」、『一般言語学』所収、東京：みすず書房、1973 年。
Jaspers, K. (1922). *Strindberg und van Gogh* (1st ed.). Leipzig: Ernst Bircher. 村上仁訳『ストリンドベルクとファン・ゴッホ』、東京：みすず書房、1959 年。
——(1928). *Psychopathologie générale.* Paris: Alcan. 内村祐之・西丸四方・島崎敏樹・岡田敬蔵訳『精神病理学総論(上・中・下)』、東京：岩波書店、1953-56 年。
Jung, C. G. (1913). *Versuch einer Darstellung der psychoanalytischen Theorie.* Leipzig/Wien: Franz Deuticke.
Kernberg, O. (1984). *Severe personality disorders : psychotherapeutic strategies.* New Haven: Yale University Press. 西園昌久訳『重症パーソナリティ障害——精神療法的方略』、東京：岩崎学術出版社、1997 年。
Klein, M. (1952). Some theoretical conclusions regarding the emotional life of the infant. In *Developments in Psycho-Analysis* (pp.198-236). London: Hogarth Press. 佐藤五十男訳「幼児の情緒生活についての二、三の理論的結論」、『メラニー・クライン著作集 第 4 巻』所収、東京：誠信書房、1985 年。
Kris, E. (1951). Ego Psychology and Interpretation in Psychoanalytic Therapy. *Psychoanalytic Quarterly,* 20, 15-30.
Laplanche, J., & Pontalis, J.-B. (2004). *Vocabulaire de la psychanalyse.* Paris: Presses Universitaires de France. 村上仁監訳『精神分析用語辞典』、東京：みすず書房、1977 年。
Laurent, E. (1995). Alienation and Separation (I). In *Reading Seminar XI: Lacan's Four Fundamental Concepts of Psychoanalysis* (pp.19-44). New York: SUNY Press.
——(2012). *La bataille de l'autisme : De la clinique à la politique.* Paris: Navarin.
Leclaire, S. (1958). À propos de l'épisode psychotique que présenta《l'homme aux loups》. *La Psychanalyse,* 4, 83-110.
——(1975). *Le psychanalyser.* Paris: Seuil. 向井雅明訳『精神分析すること——無意識の秩序と文字の実践についての試論』、東京：誠信書房、2006 年。
——(1998). La réalité du désir. In *Ecrits pour la psychanalyse* (Vol. 1, pp.139-159). Paris: Seuil.
——(2003). Jérôme ou la mort dans la vie de l'obsédé. In *Démasquer le réel* (pp.121-146). Paris: Seuil.
Lefort, R., & Lefort, R. (1988). *Les structures de la psychose. l'enfant au loup et le président.* Paris:

Seuil.
Liart, M. (2012). *Psychanalyse et Psychosomatique le Corps et l'Ecrit.* Paris: L'Harmattan.
Maleval, J.-C. (1981). *Folies hystériques et psychoses dissociatives.* Paris: Payot.
——(2000). *La forclusion du Nom-du-père - Le concept et sa clinique.* Paris: Seuil.
——(2003). Eléments pour une appréhension clinique de la psychose ordinaire. Retrieved from http://w3.erc.univ-tlse2.fr/pdf/elements_psychose_ordinaire.pdf
——(2009). *Autiste et sa voix.* Paris: Seuil.
——(2011). *Logique du délire.* Rennes: Press Universitaire du Rennes.
Melman, C. (1968). Introduction critique à l'étude de l'Hallucination. *Scilicet,* 1, 120-134.
Miller, J.-A. (1966). La Suture: Éléments de la logique du signifiant. *Cahier Pour l'Analyse,* 1, 37-49.
——(1975). Matrice. *Ornicar?,* 4, 3-8.
——(1977). Enseignements de la présentation de malades. *Ornicar?,* 10, 13-24.
——(1978). Algorithmes de la psychanalyse. *Ornicar?,* 16, 15-24.
——(1979). Supplément topologique à la "Question préliminaire." *Lettres de L'école,* 27, 127-137.
——(1980). La topologie dans l'ensemble de l'enseignement de Lacan. *Quarto,* 2, 13-29.
——(1982). *La clinique lacanienne. Cours de 1981-1982* (inédit).
——(1983a). *Du symptôme au fantasme, et retour. Cours de 1982-1983* (inédit).
——(1983b). Produire le sujet? *Actes de l'Ecole de La Cause Freudienne,* 4, 50-54.
——(1984). D'un autre Lacan. *Ornicar?,* 28, 49-58.
——(1985a). *1,2,3,4. Cours du 1984-1985* (inédit).
——(1985b). H_2O. *Actes de l'Ecole de La Cause Freudienne,* 8, 38-42.
——(1987a). *Ce qui fait insigne. Cours de 1986-1987 (inédit).*
——(1987b). Préface. In Collectif (Ed.), *Joyce avec Lacan* (pp.9-12). Paris: Navarin.
——(1987c). Sur la leçon des psychoses. *Actes de l'Ecole de La Cause Freudienne,* 13, 142-147.
——(1988). *Cause et consentement. Cours de 1987-1988* (inédit).
——(1989). Une histoire de la psychanalyse: un entretien avec Jacques-Alain Miller. *Magazine Littéraire,* 271, 20-26.
——(1992). Des semblants dans la relation entre les sexes. *La Cause Freudienne,* 36, 7-16.
——(1993a). Clinique ironique. *La Cause Freudienne,* 23, 7-13.
——(1993b). Schizophrénie et paranoïa. *Quarto,* 10, 18-38.
——(1994). *Donc. Cours du 1993-1994 (inédit).*
——(1996a). An Introduction To Lacan's Clinical Perspective. In *Reading Seminars I and II* (pp.241-247). New York: State Univ of New York Pr.
——(1996b). L'interprétation à l'envers. *La Cause Freudienne,* 32, 7-14.
——(1996c)「ラカン理論と精神病をめぐる諸問題」、『意味の彼方へ』所収、東京：金剛出版。

——(1996d)「総論」、『意味の彼方へ』所収、東京：金剛出版。
——(1997). *La Conversation d'Arcachon.* (J.-A. Miller, Ed.). Paris: Agalma/Seuil.
——(1998a). *Introducción al método psicoanalítico.* Barcelona: Ediciones Paidós Iberica.
——(1998b). Le Séminaire de Barcelone sur Die Wege der Symptombildung. In Champ Freudien (Ed.), *Le Symptôme-charlatan* (pp.11-52). Paris: Seuil.
——(1998c). Le symptôme: savoir, sens et réel. In Champ Freudien (Ed.), *Le Symptôme-Charlatan* (pp.53-60). Paris: Seuil.
——(Ed.). (1999a). *La convention d'antibes - La psychose ordinaire. La convention d'antibes - La psychose ordinaire.* Paris: Agalma/Seuil.
——(1999b). Les six paradigmes de la jouissance. *La Cause Freudienne,* 43, 7-29.
——(1999c). Psychose ordinaire et clinique floue. In J.-A. Miller (Ed.), *La convention d'antibes - La psychose ordinaire* (pp.229-234). Paris: Agalma/Seuil.
——(2002a). La "formation" de l'analyste. *La Cause Freudienne,* 52, 7-45.
——(2002b). La théorie du partenaire. *Quarto,* 77, 4-35.
——(2002c). *Lettres à l'opinion éclairée.* Paris: Seuil.
——(2004). L'invention psychotique. *Quarto,* 80/81, 6-13.
——(2005). *Pièces détachées. Cours du 2004-2005 (inédit).*
——(2008a). L'invention du délire. *La Cause Freudienne,* 70, 81-93.
——(2008b). *Nullibiété - Tout le monde est fou. Cours de 2007-2008 (inédit).*
——(2009a). *Choses de finesse en psychanalyse. Cours du 2008-2009 (inédit).*
——(2009b). Effet retour sur la psychose ordinaire. *Quarto,* 94-95, 42-47.
——(2009c). L'homme aux loups(1ère partie). *La Cause Freudienne,* 72, 79-132.
——(2010). L'homme aux loups(suite et fin). *La Cause Freudienne,* 73, 64-117.
——(2011a). *L'Un tout seul. Cours du 2010-2011 (inédit).*
——(2011b). Lire un symptôme. *Mental,* 26, 49-58.
——(2013a). Everyone Is Mad. *Culture/Clinic,* 1, 17-42.
——(2013b). L'Autre sans Autre. *Mental,* 30, 157-171.
Miller, J.-A., & Laurent, E. (1997). *L'Autre qui n'existe pas et ses comités d'éthique. Cours du 1996-1997 (inédit).*
Miller, J.-A.、北山修（1991）「精神分析は言語の壁を超えられるか」、『中央公論』、106 (6), 182-194。
Monribot, P. (2013). "There is no sexual relation" What does it mean? Clinical Consequences of Lacan's formulae of Sexuation. *Hurly-Burly,* 10, 148-164.
Moulinier, D. (1999). *Dictionnaire de la jouissance.* Paris: L'Harmattan.
Naveau, P. (1988). Sur le déclenchement des psychoses. *Ornicar?,* 44, 77-87.
Neisser, C. (1892). Erörterungen über die Paranoia vom klinischen Standpunkte. *Centralblatt Für Nervenheilkunde Und Psychiatrie,* 15, 1-20.
Raimbault, G., & Eliacheff, C. (2001). *Les indomptables - figures de l'anorexie.* Paris: Odile Jacob.

加藤敏監修・向井雅明監訳・佐藤鋭二訳・松本卓也解説『天使の食べものを求めて――拒食症へのラカン的アプローチ』、東京：三輪書店、2012 年。
Razavet, J.-C. (2008). *De Freud à Lacan: Du roc de la castration au roc de la structure.* Paris: De Boeck.
Recalcati, M. (2001). Les deux «riens» de l'anorexie. *La Cause Freudienne,* 48, 145-151.
Rey-Debove, J. (1971). Notes sur une interprétation autonymique de la littérarité : le mode du "comme je dis." *Littérature,* 4(4), 90-95.
Riviere, J. (1929). Womanliness as a Masquerade. *International Journal of Psychoanalysis,* 10, 303-313.
Roudinesco, E. (1993). *Jacques Lacan. Esquisse d'une vie, histoire d'un système de pensée.* Paris: Fayard. 藤野邦夫訳『ジャック・ラカン伝』、東京：河出書房新社、2001 年。
Sartre, J.-P. (1943). *L'Être et le Néant.* Paris: Gallimard. 松波信三郎訳『存在と無(上・下)』、京都 : 人文書院、1999 年。
――(1966). Jean-Paul Sartre répond. *L'Arc,* 30, 87-96. 平井啓之訳「サルトルとの対話」、『サルトルと構造主義』所収、東京：竹内書店、1968 年。
Sauvagnat, F. (1988). Histoire des phénomènes élémentaires: A propos de la signification personnelle. *Ornicar?,* 44, 19-27.
――(1991). De quoi les phénomènes élémentaires psychotiques ont-ils l'indice? In H. Grivois (Ed.), *Psychose naissante, psychose unique* (pp.69-83). Paris: Masson.
Schneider, K. (2007). *Klinische Psychopathologie - mit einem aktualisierten und erweiterten Kommentar von Gerd Huber und Gisela Gross* (15 Auflage.). Stuttgart: Thieme. 針間博彦訳『新版 臨床精神病理学』、東京：文光堂、2007 年。
Schreber, D. P. (1903). *Denkwürdigkeiten eines Nervenkranken.* Leipzig : Mutze. 尾川浩、金関猛訳『シュレーバー回想録――ある神経病者の手記』、東京：平凡社、2002 年。
Sechehaye, M. (1950). *Journal d'une schizophrène : auto-observation d'une schizophrène pendant le traitement psychothérapique.* Paris: Presses universitaires de France. 村上仁訳『分裂病の少女の手記――心理療法による分裂病の回復過程』、東京：みすず書房、1971 年。
Sérieux, P., & Capgras, J. (1909). *Les folies raisonnantes.* Paris: Alcan.
Skriabine, P. (1993). Clinique et topologie. *La Cause Freudienne,* 23, 117-133.
――(1997). La dépression: bon heur du sujet? *La Cause Freudienne,* 35, 16-20.
――(2006). La clinique différentielle du sinthome. *Quarto,* 86, 58-64.
Soler, C. (1995). The Subject and the Other (II). In *Reading Seminar XI: Lacan's Four Fundamental Concepts of Psychoanalysis* (pp.45-53). New York: SUNY Press.
――(2008). *L'inconscient à ciel ouvert de la psychose.* Toullouse: Presses Universitaires du Mirail.
――(2009). *Lacan, l'inconscient réinventé.* Paris: Presses Universitaires de France.
Stevens, A. (1987). L'holophrase entre psychose et psychosomatique. *Ornicar?,* 42, 45-79.
――(1990). Délire et suppléance. *Quarto,* 42, 33-37.
Svolos, T. (2008). Ordinary Psychosis. *Psychoanalytical Notebook,* 19, 79-82.

Targowla, R.-J., & Dublineau, J. (1931). *L'intuition délirante.* Paris: Médicals Norbert Malvoine.
Trichet, Y. (2011). *L'entrée dans la psychose.* Rennes: Presses Universitaires Rennes.
Van Haute, P. (2002). *Against adaptation : Lacan's "subversion of the subject".* New York: Other Press.
Winnicott, D. W. (1953). Transitional Objects and Transitional Phenomena—A Study of the First Not-Me Possession. *International Journal of Psychoanalysis,* 34, 89-97. 北山修監訳「移行対象と移行現象」、『小児医学から精神分析へ――ウィニコット臨床論文集』所収、東京：岩崎学術出版社、2005年。
Wittgenstein, L. (2007). Conversations on Freud. In *Lectures and Conversations on Aesthetics, Psychology and Religious Belief* (pp.41-52). Berkeley: University of California Press. 藤本隆志訳「フロイトについての会話」、『ウィトゲンシュタイン全集 10　講義集』、東京：大修館書店、1977年。
Žižek, S., & Daly, G. (2004). *Conversations with Zizek.* Cambridge: Polity. 清水知子訳『ジジェク自身によるジジェク』、東京 : 河出書房新社、2005年。
赤坂和哉 (2011)『ラカン派精神分析の治療論――理論と実践の交点』、東京:誠信書房。
浅田彰 (1983)『構造と力――記号論を超えて』、東京：勁草書房。
東浩紀 (1998)『存在論的、郵便的――ジャック・デリダについて』、東京：新潮社。
小川豊昭、笠原嘉 (1986)「構造としての対人恐怖パラノイア」、『分裂病の精神病理 15』所収、東京：東京大学出版会。
笠原嘉 (1984)「内因性精神病の発病に直接前駆する「心的要因」について」、『神経症と精神病Ⅰ』所収、東京：みすず書房。
小出浩之 (1997)「破瓜型(解体型)分裂病」、『臨床精神医学講座３』所収、東京：中山書店。
河野一紀 (2014)『ことばと知に基づいた臨床実践――ラカン派精神分析の展望』、大阪：創元社。
郷原佳以 (2014)「訳者解説：「蚕」、あるいは、脱構築の告白」、ジャック・デリダ、エレーヌ・シクスー (著)『ヴェール』所収、東京：みすず書房。
國分功一郎 (2013)『ドゥルーズの哲学原理』、東京：岩波書店。
小林芳樹 (2014)『ラカン 患者との対話――症例ジェラール、エディプスを超えて』、東京：人文書院。
千葉雅也 (2013)『動きすぎてはいけない――ジル・ドゥルーズと生成変化の哲学』、東京：河出書房新社。
立木康介 (2007)『精神分析と現実界――フロイト／ラカンの根本問題』、京都：人文書院。
――(2009)「結び目と振り子(上)」、『思想』1017号、24-40頁。
――(2013)『露出せよ、と現代文明は言う――「心の闇」の喪失と精神分析』、東京：河出書房新社。
塚本嘉寿、高垣忠一郎、山上雅子 (1973)「対人恐怖症について」、『精神医学』15巻、

237-242 頁。

十川幸司（2000）『精神分析への抵抗——ジャック・ラカンの経験と論理』、東京：青土社。

——（2012）「ジークムント・フロイト論——第一章 方法と問い」、『思想』1060 号、8-24 頁。

中山道規、柏瀬宏隆（1982）「一級症状（Schneider, K.）の「幻聴」に関する解釈をめぐって」、『精神神経学雑誌』84 巻、706-709 頁。

濱田秀伯（1998）「一級症状（Schneider, K.）の幻聴に関する一考察」、『精神医学』40 巻、381-387 頁。

松本卓也（2012a）「「疎外と分離」からみた精神病」、『臨床精神病理』33 巻、27-44 頁。

——（2012b）「要素現象（基礎的現象）——ヤスパースからラカンへの隠された道」、『I.R.S. —ジャック・ラカン研究』9/10 巻、334-356 頁。

——（2013）「身体型対人恐怖の構造——存在の確信をめぐるラカン的パラドクス」、『臨床精神病理』34 巻、185-198 頁。

——（2014a）「レイシズム 2.0 ？ 現代ラカン派の集団心理学」、『at プラス』21 号、92-109 頁。

——（2014b）「宮廷愛から神の愛へ キルケゴールとラカン」、『現代思想』42 巻 2 号、106-119 頁。

——（2014c）「現代ラカン派の諸論点——ジャック＝アラン・ミレールの議論を中心に」、『at プラス』19 号、98-116 頁。

——（2015）「ラカン：労働と「うつ」——4 つのディスクールと資本主義」、市野川容孝、渋谷望（編）『労働と思想』所収、東京：堀之内出版。

松本卓也、Delphine, H.（2012）「自閉症をめぐるフランス的問題：「壁－自閉症について試される精神分析」を中心に」、『精神医学』54 巻 9 号、931-937 頁。

松本卓也、加藤敏（2011）「フランスの精神病研究におけるベルクソンの哲学——セグラからラカンへ」、『精神医学史研究』15 巻 1・2 号、113-123 頁。

三脇康生（2007）「精神科医ジャン・ウリの仕事——制度分析とは何か」、『思想』998 号、43-60 頁。

向井雅明（1988）『ラカン対ラカン』、東京：金剛出版。

——（2008）「ジャック・ラカンの理論的変遷（一）」、『思想』1013 号、7-26 頁。

——（2012）『考える足——「脳の時代」の精神分析』、東京：岩波書店。

著者　松本卓也（まつもと・たくや）

1983年高知県生まれ。高知大学医学部医学科卒。自治医科大学大学院医学研究科修了。博士（医学）。専攻は精神病理学。おもな共著に『天使の食べものを求めて——拒食症へのラカン的アプローチ』（2012）、『現代精神医学事典』（2011）。論考を『思想』『at プラス』『現代思想』などに多数寄稿。2016年4月より、京都大学大学院人間・環境学研究科准教授。

人はみな妄想する

ジャック・ラカンと鑑別診断の思想

2015年 5 月 15 日　第 1 刷発行
2024年 7 月 30 日　第 10 刷発行

著者——松本卓也

発行人——清水一人
発行所——青土社
〒101-0051　東京都千代田区神田神保町 1-29　市瀬ビル
［電話］03-3291-9831（編集）　03-3294-7829（営業）
［振替］00190-7-192955

印刷所——双文社印刷（本文）
方英社（カバー・扉・表紙）
製本所——小泉製本

装幀——戸田ツトム

ISBN978-4-7917-6858-5 C0011